Das Buch

Die Geschichte Europas im 19. Jahrhundert wurde bisher vorwiegend als Geschichte des aufstrebenden Bürgertums geschrieben. Der amerikanische Historiker setzt dem eine aufsehenerregende These entgegen: er versteht die europäischen Gesellschaften bis zum Ersten Weltkrieg als vorindustriell und vorbürgerlich. Denn es gelang ihnen nicht, die Herrschaft des Adels abzuschütteln und das Bürgertum zur bestimmenden Klasse, zum entscheidenden politischen Machtfaktor zu machen. Mayers Interpretation dieser Epoche rückt statt des »Heldendramas des gesellschaftlichen Fortschritts und Wandels« die »unbarmherzige Tragödie eines historischen Selbstbehauptungskampfes« der Aristokratie in den Mittelpunkt. Gleichzeitig warnt er eindringlich vor einer Überbewertung der Moderne, die um die Jahrhundertwende eben nicht über eine zerfallende alte Ordnung triumphiert habe. Der kenntnisreiche Vergleich zwischen der Entwicklung Frankreichs, Englands und Deutschlands setzt auch neue Akzente in der Debatte um den sogenannten deutschen Sonderweg.

Der Autor

Arno J. Mayer, geb. 1926 in Luxemburg, ist seit 1961 Professor für Geschichte an der Princeton University. Veröffentlichungen u. a.: ›Internal Crisis and War since 1870‹, in: ›Revolutionary Situations in Europe 1917–1922. Germany, Italy, Austria–Hungary‹ (1977).

Arno J. Mayer:

Adelsmacht und Bürgertum

Die Krise der europäischen Gesellschaft 1848–1914

Deutscher
Taschenbuch
Verlag

dtv

Die englische Ausgabe erschien unter dem Titel ›The persistence of the Old Regime‹ bei Pantheon Books, a Division of Random House, Inc., New York
Übersetzt von Karl Heinz Siber

Februar 1988
Deutscher Taschenbuch Verlag GmbH & Co. KG, München

ISBN 3-406-09749-9
Umschlaggestaltung: Celestino Piatti unter Verwendung des Gemäldes ›Cercle am Hof Kaiser Wilhelms I.‹ von Adolf von Menzel aus der Sammlung Georg Schäfer, Euerbach.
Gesamtherstellung: C. H. Beck'sche Buchdruckerei, Nördlingen
Printed in Germany · ISBN 3-423-04471-3

Für Herbert Marcuse

Inhalt

Einleitung

Selbst aus zunehmender zeitlicher Distanz bietet sich die erste Hälfte des 20. Jahrhunderts als eine geschichtliche Periode dar, die von bislang nicht dagewesenen Eruptionen erschüttert wurde und sicher als eine der bedeutendsten Umwälzungsepochen in die europäische Geschichte eingehen wird. Der Erste Weltkrieg und der menschenverschlingende Moloch Verdun verlieren durch den wachsenden zeitlichen und psychischen Abstand so wenig an Ungeheuerlichkeit wie der Zweite Weltkrieg und Auschwitz. Die unübertroffene Unmenschlichkeit und Grausamkeit dieser Selbstaufopferung und dieses Völkermordens – Hiroschima inbegriffen – wird jedoch die Historiker immer wieder zu dem Versuch führen, die tieferen Ursachen, die zu diesen Katastrophen geführt haben, zu ergründen, ebenso wie sie immer wieder versuchen werden, den barbarischen Selbstbehauptungskampf und die Agonie der bolschewistischen Revolution und des aus ihr hervorgegangenen Regimes zu durchleuchten – dem hellsten Hoffnungsschimmer in einer der dunkelsten Perioden Europas. Rußland war auf schicksalhafte Weise in diese Turbulenz hineingezogen; diesem Land wurde ein größeres Opfer an Blut und an Überliefertem abgefordert als jeder anderen Nation. Paradoxerweise wirkte Rußland, obwohl ein eher randständiger Mitläufer der westlichen Zivilisation, für diese Zivilisation als einer der virulentesten Unruheherde und gehörte schließlich auch zu ihren Rettern.

Dieses Buch möchte einen Beitrag zur Debatte über die *causa causans* und den eigentlichen Charakter des europäischen „Meeres der Plagen" leisten. Es geht von der Prämisse aus, daß der Zweite Weltkrieg 1939–45 aus dem Ersten von 1914–18 hervorgegangen ist und daß diese beiden Konflikte nichts Geringeres waren als der Dreißigjährige Krieg der allgemeinen Krise des 20. Jahrhunderts.

Die zweite Prämisse lautet, daß der Weltkrieg von 1914 – also der erste kathartische Akt dieser allgemeinen Krise – nichts anderes war als ein letztes Sich-Aufbäumen der europäischen *anciens régimes* vor dem Untergang. Obgleich sie gegenüber dem Industriekapitalismus an Boden verloren, besaßen die tragenden Kräfte der alten Ordnung noch genug Willenskraft und Macht, sich ihrem unausweichlichen historischen Niedergang entgegenzustemmen und ihn zu bremsen – zur Not mit Gewalt. So war der Krieg von 1914–18 kein Emanzipationskampf des Industriekapitalismus um die Macht; er war der Kampf der alten Ordnung ums Überleben. Überall in Europa erschütterten die Anforderungen eines sich immer länger hinziehenden Krieges – etwa von Anfang 1917 an – die Grundfesten der mit dem Rücken zur Wand kämpfenden alten Ordnung, die selbst Hebamme dieses Krieges gewesen war. Jedoch von Rußland abgesehen, wo das archaischste unter den alten Regimen Europas mit Getöse unterging, erholten sich die restaurativen Kräfte nach 1918/19 wieder so weit, um die allgemeine Krise Europas weiterzuschüren, den Faschismus zu päppeln, und dazu beizutragen, daß Europa 1939 in einen neuen totalen Krieg hineingerissen wurde.

Die dritte und wichtigste Voraussetzung, von der ich in diesem Buch ausgehe, besagt, daß die europäische Gesellschaft bis zum Ersten Weltkrieg noch durch und durch vorindustriell und vorbürgerlich war. Die Historiker haben sich zu lange fast ausschließlich mit dem Fortschritt in Wissenschaft und Technologie, mit dem weltweiten Vordringen des industriellen Kapitalismus, mit dem Aufstieg der Bourgeoisie und des Bildungsbürgertums, mit der Liberalisierung der Gesellschaft, der Demokratisierung des politischen Lebens und der Herkunft des kulturellen Modernismus beschäftigt. Ihre Aufmerksamkeit galt viel mehr den Kräften der gesellschaftlichen Erneuerung als denen des Beharrens und des Widerstandes, die dem Niedergang der alten Ordnung entgegenwirkten. Wenngleich die westliche Geschichts- und Sozialwissenschaft durchweg dem Gedanken eines stetigen Fortschritts der Menschheit in bestimmter Beziehung abgeschworen haben, halten sie andererseits, wenn auch mit Einschränkungen, nach wie vor daran fest. Mit ihrem heimlich weitergepflegten Glauben an den Fortschritt verbindet sich eine intensive Aversion gegen den Gedanken des historischen Stillstands oder gar Rückschritts. So gibt es eine ausgeprägte Neigung, das Beharrungsvermögen traditioneller Kräfte und Ideen und des Raffinements, mit dem sie die kapitalistischen Umwälzungen einschließlich der Industrialisierung verlangsamten, neutralisierten, assimilierten und unter ihre Regie nahmen, nicht wahrzunehmen oder zu untertreiben. Und es bietet sich dem Blick aufs 19. und frühe 20. Jahrhundert nur eine unvollständige, ja verschobene Ansicht dar. Um zu einer ausgewogeneren Sichtweise zu gelangen, werden die Historiker sich dazu durchringen müssen, nicht nur das Heldendrama des Kampfes um gesellschaftlichen Wandel und Fortschritt, sondern daneben auch die unbarmherzige Tragödie eines historischen Selbstbehauptungskampfes in Betracht zu ziehen und die dialektische Wechselwirkung zwischen beiden zu erkunden.

Dieses Buch bietet keine ausgewogene Deutung der europäischen Entwicklung zwischen 1848 und 1914. Um jedoch einmal nachdrücklich gegen die chronische Überbetonung der Moderne, ihrer allmählichen Entfaltung und ihres Triumphs aufzutreten – unter deren Vorzeichen auch noch die allgemeine Krise selbst, einschließlich des Faschismus, zur unwillentlichen Vollstreckerin dieser universellen Tendenz und Bestimmung wird –, wird es sich einseitig mit der Resistenz der alten Ordnung beschäftigen. Es herrscht noch immer die Auffassung, daß Europa 1914 schon längst das Korsett seines *ancien régime* abgeworfen und die Schwelle zum modernen Zeitalter erreicht oder überschritten hatte. Gelehrte aller weltanschaulichen Richtungen haben die Bedeutung vorindustrieller wirtschaftlicher Interessengruppen, vorbürgerlicher Eliten, vordemokratischer politischer Systeme, vormoderner künstlerischer Ausdrucksformen und „archaischer“ Mentalitäten heruntergespielt, indem sie sie als schrumpfende Restposten, ja Relikte des Alten in einer in rapidem gesellschaftlichem und politischem Fortschritt begriffenen Gesellschaft deuteten. Sie haben den Niedergang des Grundbesitzes, des Adels und des bäuerlichen Lebens stark überzeichnet, ebenso auch den Rückgang des traditionellen Manufakturwesens, Gewerbes und Handels, des alten Städtebürgertums und der Handwerkerschaft, den Autoritätsschwund der Könige, des Hofadels und der Herrenhäuser, den Bedeutungsschwund der Kirchen und den Stillstand oder Bankrott der klassischen Hochkultur. Sofern sich der eine oder andere Historiker überhaupt dazu versteht, diesen Überbleibseln einer todgeweihten Vergangenheit noch irgendeine Lebenskraft zuzusprechen, tut er es unter der Prämisse, die noch vorhandene Lebenskraft sei zu nichts anderem mißbraucht worden, als den unaufhaltsamen Prozeß der kapitalistischen Industrialisierung, der sozialen Nivellierung und politischen Liberalisierung zu verlangsamen oder zu stören. Aus derselben teleologischen Perspektive haben die Kulturhistoriker die Leistungen der künstlerischen Avantgarde interpretiert und die akademischen Kulturformen der betreffenden Epoche nebenhin als ausgebrannte Kulturschlacke abgefertigt, die den vorbestimmten Siegeszug der Moderne hemmte.

Um die historische Form zu rekonstruieren, in der die allgemeine Krise und der Dreißigjährige Krieg des 20. Jahrhunderts sich entwickelten und vollzogen, muß man das Bild der über eine zerfallende alte Ordnung triumphierenden modernen Welt vermutlich korrigieren, möglicherweise sogar ganz neu setzen. Die „prämodernen“ Elemente waren, jedenfalls der These des vorliegenden Buches zufolge, nicht die wankenden, in Verfall begriffenen Überbleibsel einer fast schon entschwundenen Vergangenheit, sondern praktisch der Inbegriff der in Europa herrschenden gesellschaftlichen und politischen Ordnung. Das heißt nicht, die wachsende Bedeutung der modernen Kräfte zu leugnen, die diese alte Ordnung in Frage gestellt haben. Es heißt vielmehr, davon auszugehen, daß die Kräfte des Beharrens und des Widerstands diese dynamische, expandierende neue Gesellschaft noch bis 1914 den Bedingungen der alten Ordnung, die bis dahin die politische Anatomie Europas prägten, unterworfen haben.

Für die Beschreibung dieser Realität stehen keine wertfreien Kategorien zur Verfügung. Wenn man beispielsweise sagt, das Europa jener Periode sei noch vorwiegend prämodern, vorindustriell und vorbürgerlich gewesen, vermittelt man damit, zumindest implizit, die Vorstellung, der Triumph der Kräfte des Fortschritts sei nur eine Frage der Zeit gewesen. Oder ebenso: Die politische Ordnung Europas als *ancien régime* oder als quasifeudal zu beschreiben, heißt, implizit zu unterstellen, daß für die Kräfte und Institutionen dieser Ordnung eigentlich schon die letzte Stunde geschlagen hatte. In solchen Begriffsbildungen schwingt immer eine retrospektive, d. h. den faktischen Verlauf der Entwicklung reflektierende Prophetie mit, und die Bevorzugung eines Begriffsinventars gegenüber einem anderen ist an sich schon eine geschichtsphilosophische Festlegung. In einem Buch, das die verschiedenen Dimensionen des „Alten" im Europa der Jahre zwischen 1848 und 1914 erkunden und neu interpretieren will, kommt man nicht umhin, Begriffe wie *ancien régime* und „Feudalismus" zu verwenden und zu konkretisieren.

Die alten Regime Europas waren politische und gesellschaftliche Formationen mit spezifischen Traditionen, Gebräuchen, Konventionen und Machtstrukturen. Und gerade weil sie so kompakte, in sich ausgewogene gesellschaftliche, wirtschaftliche und kulturelle Systeme waren, konnten sie sich so außerordentlich gut behaupten. Selbst in Frankreich, wo das *ancien régime* spätestens 1793 rechtlich beseitigt war, kehrte es bald unter die Lebenden zurück und lieferte noch über ein Jahrhundert lang in vielen Bereichen kräftige Beweise seiner fortdauernden Präsenz. Natürlich war Europa kein homogenes Gebilde. Es gab bedeutsame nationale und regionale Unterschiede in der Wirtschaft, der Sozialstruktur, in der Rechtstradition und Mentalität, und diese Besonderheiten darf man nicht außer acht lassen oder herunterspielen. Dennoch war das *ancien régime* sowohl in seiner Blütezeit als auch in seiner weit in die Moderne hineinreichenden Spätphase eine entschieden gesamteuropäische Erscheinung.

Der gesellschaftliche Unterbau der alten Ordnung bestand zunächst und vor allem aus einer bäuerlichen Wirtschaft und einer ländlichen Gesellschaft, die von Adligen beherrscht wurden, deren Titel erblich war. Von einigen wenigen Bankiers, Kaufleuten und Reedern abgesehen, gründeten sich die großen Vermögen und Einkünfte auf Landbesitz. Überall in Europa nahm der grundbesitzende Adel die führende Stellung ein, nicht nur in wirtschaftlicher, gesellschaftlicher und kultureller Beziehung, sondern auch politisch.

Das politische Regime war im Grunde der Tragbalken dieser agrarischen, hierarchisch strukturierten Gesellschaft. Es nahm in allen Ländern Europas früher oder später die Form eines absolutistischen Autoritätssystems unterschiedlichen Aufgeklärtheitsgrades an, an dessen Spitze ein erblicher Monarch stand. Der Monarch regierte und herrschte mit Unterstützung einer ausgedehnten königlichen (bzw. kaiserlichen) Familie, eines höfischen Klüngels, willfähriger Minister, Generäle und Bürokraten.

Eine weitere wichtige und tragende Säule des *ancien régime* war die Kirche. Eng verbunden sowohl mit der Krone als auch mit dem Adel, wurzelte auch sie im Grundbesitz, ihrer wichtigsten Einnahmequelle. Die hohe Geistlichkeit entstammte höchsten gesellschaftlichen Kreisen, sie übte einen weitreichenden Einfluß aus und genoß bedeutsame steuerliche und rechtliche Privilegien. Als gesellschaftliche Institution konnte die Kirche ihren Einfluß auch dadurch sehr stark geltend machen, daß sie im Bereich der Schulbildung und der sozialen Dienste beinahe eine Monopolstellung einnahm; heiliggehaltene Rituale wie Taufe, Hochzeit und Begräbnis lagen ganz allein in ihrer Hand.

Die alte Ordnung war mit den Hinterlassenschaften eines Feudalismus infiziert, der eigentlich schon seit dem Ende des Mittelalters als überwunden galt und dessen offizielles Todesurteil im August 1789 in Frankreich gesprochen worden war. Da der Begriff des Feudalismus als geschichtswissenschaftliche Kategorie schon in bezug auf Mittelalter und frühe Neuzeit umstritten ist, braucht man sich nicht zu wundern, wenn seine Verwendung im Zusammenhang mit der Darstellung der jüngeren Geschichte auf Kritik stößt. Nach Ansicht Marc Blochs gab es nirgendwo in Europa jemals eine „voll ausgebildete“ feudale Gesellschaft; vielmehr seien die verschiedenen Regionen Europas zu je unterschiedlichen Zeiten in unterschiedlichem Tempo und Grad „feudalisiert“ worden bzw. gewesen. Ungeachtet der großen Unterschiede in Form, Intensität sowie räumlicher und zeitlicher Ausdehnung wiesen die feudalen Gesellschaften Europas, wie Bloch hervorhebt, auch wichtige gemeinsame Merkmale auf: die „Delegierung“ staatlicher Macht in Form von Lehen, die mit der verliehenen Verfügungsgewalt über Land und Leute verbundenen persönlichen Abhängigkeitsverhältnisse, Fürsorgepflichten und Erbrechte, die ausschließlich den höherrangigen Vasallen zustehende „ehrenhafte Pflicht zum Tragen der Waffe“ und die extreme soziale und politische Ungleichheit, deren Nutznießer eine kleine Oligarchie von Grundbesitzern, Rittern und Kirchenmännern war. Als historischer Vorläufer des *ancien régime* war das Feudalsystem durch eine spezifische Form des Eigentums, sehr häufig durch die Institution der Leibeigenschaft und stets durch die Existenz feudaler und patrimonialer Zwangsabgaben definiert. Sein Wirtschaftssystem beruhte auf der rechtlichen Inferiorität und der materiellen Ausbeutung einer breiten arbeitenden (im wesentlichen bäuerlichen) Klasse und war durch ein komplexes Gefüge gesellschaftlicher und politischer Institutionen abgesichert.

Die Wiedergeburt des Territorialstaates und das Aufkommen der Idee der politischen Souveränität ebneten einer strengeren monarchischen Autorität den Boden, die dem politischen und militärischen Feudalismus ein

Ende machte. Da sie das Gewaltmonopol für sich in Anspruch nahmen, geboten die Herrscherdynastien über stark vergrößerte stehende Heere und zentrale Verwaltungsapparate, die der Krone loyal ergeben waren. Die Monarchen sicherten sich auch die fiskalische Unabhängigkeit, die sie brauchten, um den wachsenden Staatsapparat finanzieren zu können, ohne dabei allzusehr auf den Adel angewiesen zu sein.

Wenn auch die politische, gesetzgeberische und militärische Macht eng mit dem Besitz an Grund und Boden verknüpft war, verfiel sie doch sehr rasch, während der Grundbesitz dem Adel noch eine Weile erhalten blieb. Das Patrimonialsystem prägte das *ancien régime* schon deshalb, weil die Existenz des privilegierten Adels ungebrochen blieb, der in seinem Verhalten das Ethos von persönlicher Loyalität, kriegerischer Tugend und Verpflichtung zum Dienst am Staat vorlebte. Gewiß, politisch verlor der Adel an Gewicht, weil ihm die direkte und ausschließliche Rechts- und Verwaltungshoheit über Land und Leute nach und nach abhanden kam und seine militärische Rolle im organisatorischen und technischen Wandel der Armee an Bedeutung verlor. Andererseits aber verfügte der Adel noch bis 1914 über seinen materiellen Besitzstand, seine land- und forstwirtschaftlichen Betriebsvermögen und ähnliche im Wirtschaftsleben dominierenden Produktionsfaktoren und konnte sich mithin seinen gesellschaftlichen Status bewahren. Der sogenannte Schwertadel fand nicht nur zu einem *modus vivendi* mit der Krone, sondern verstand es darüber hinaus, sein obsoletes Ritterethos zum Evangelium der gesamten – nicht nur der militärischen, sondern auch der zivilen – Dienst- und Beamtenaristokratie zu machen. Die Monarchen selbst ließen sich schließlich von diesem aristokratischen Standesbewußtsein vereinnahmen. Eingedenk der Tatsache, daß die hierarchische gesellschaftliche Ordnung das Fundament ihres eigenen Thrones war, hätschelten sie wirtschaftlich und gesellschaftlich die Nutznießer dieses Systems. Die absoluten Monarchen beraubten den Adel als Klasse zwar seiner souveränen politischen und militärischen Befugnisse, integrierten aber viele seiner individuellen Vertreter in ihren Staatsapparat. Dies gab dem Adel die Möglichkeit, sich dadurch, daß er dem Staatsapparat und vor allem den Nichtadligen, die ihm dienten, seine Anschauungen einimpfte und sich selbst Schlüsselpositionen in den neugebildeten Verwaltungsapparaten und stehenden Heeren sicherte, sich für den Verlust an direkter politischer Macht zu entschädigen. Der Adel profitierte ferner von seinen engen Bindungen an die Kirche, deren Spitzenfunktionäre zumeist aristokratischen Geblüts waren und deren materielle Basis gleichfalls überwiegend in Besitz an Grund und Boden bestand.

Der Feudalismus war also weit mehr als ein den europäischen *anciens régimes* übergestreiftes Schmuckgewand aus altehrwürdigen aristokratischen Traditionen, Bräuchen und Denkweisen. Im Gegenteil: Er war in diesen Regimen durch Adlige, die strategisch wichtige Positionen im wirtschaftlichen, militärischen, bürokratischen und kulturellen Bereich innehatten und für ihre gesellschaftliche Klasse monopolisierten, fest verwurzelt. Die Adligen des postfeudalen Zeitalters orientierten sich in ihren Abhängigkeiten, ihrer Erbschaftspolitik und ihren Aufstiegsambitionen nunmehr an dem Ziel, ihre privilegierte Stellung innerhalb der herrschenden und regierenden Klassen der neuen Territorialstaaten herauszustreichen und zu untermauern. Die konkreten Bedingungen und Repressionen, unter denen diese Verlängerung des Feudalismus sich vollzog, waren natürlich von Land zu Land und von Region zu Region verschieden. Die auffälligsten Diskrepanzen entwickelten sich zwischen West- und Osteuropa mit der Elbe als ungefährer Grenzlinie. Insbesondere in Rußland und Preußen, aber auch in Ungarn und im südlichen Italien erlebten Frondienst und gesetzlich sanktionierte Leibeigenschaft nochmals eine Blütezeit, ehe sie allmählich verschwanden. In den meisten übrigen Teilen Europas wurde der grundbesitzende Adel insofern zu einer in wirtschaftlicher Hinsicht postfeudalen Klasse, als er zu kapitalistischen Methoden der landwirtschaftlichen Produktion und Bodenausbeutung überging. Ungeachtet dieses Wandels der Aristokratie blieb die feudalistische Denk- und Lebensform stilbildend für die gesellschaftliche Oberschicht, für die herrschende Kultur und Politik.

Die Volkswirtschaften der europäischen Länder lieferten den materiellen Unterbau für diese fortdauernde Vorherrschaft der grundbesitzenden Aristokratie und des Beamten- und Offiziersadels. Grundbesitz blieb bis 1914 die wichtigste Einkommens- und Vermögensgrundlage für die herrschenden und regierenden Klassen. Nicht weniger bedeutsam war, daß die Konsumgüterproduktion im Blick auf ihren Anteil am Volksvermögen, am Sozialprodukt und an der Beschäftigungszahl einen Vorsprung vor der Investitionsgüterproduktion hatte. Dies galt sogar für England, wo die Landwirtschaft bereits stark an Bedeutung für die Volkswirtschaft verloren hatte, ebenso für Deutschland, wo sich zwischen 1871 und 1914 eine spektakuläre industrielle Entwicklung vollzog. Noch beherrschten überall in Europa kleine und mittlere Familienbetriebe die Bereiche der Verbrauchsgüterproduktion und des Handels. Dieser noch vorindustrielle Unternehmerkapitalismus brachte ein Bürgertum hervor, das man bestenfalls protonational nennen könnte. Als Klasse hatte dieses Bürgertum gleichgerichtete wirtschaftliche Interessen, doch gesellschaftlich und politisch war es heterogen und zersplittert, und konnte sich als Klasse im Blick auf Status und Macht nicht mit dem grundbesitzenden Adel messen. Gewiß, im Lauf des letzten Jahrhundertdrittels wuchs eine kapitalintensive Investitionsgüterindustrie heran, aus der eine industrielle Bourgeoisie hervorging. Doch ganz abgesehen davon, daß die neuen Großindustrien vor 1914 nicht über eine begrenzte gesamtwirtschaftliche Bedeutung hinauskamen, neigten ihre kapitalistischen Besitzer und deren Kompagnons im Bankgewerbe und im Bildungsbürgertum weit eher dazu, sich mit den Agrariern und den regierenden Klassen zusammenzutun als mit der „älteren" Bourgeoisie der Manufakturverleger, Kaufleute und Wechsler.

Ebenso wie zu keiner Zeit eine gleichsam vorbildliche feudale Gesellschaft existierte, gab es auch niemals und nirgendwo ein archetypisches postfeudales oder vorindustrielles *ancien régime*. England war nur eine der vielen Varianten. In der Wirtschaft des Landes dominierten zwar die kapitalistischen Fabrikanten und Kaufleute, aber gleichwohl blieb die Aristokratie auch hier ein überaus bedeutsamer Faktor: denn Grundbesitz war trotz des radikalen Rückgangs der britischen Landwirtschaft im Verlauf des 19. Jahrhunderts die wichtigste Vermögens- und Einkommensgrundlage geblieben. Mit anderen Worten: Die Monarchie und die grundbesitzende Elite Englands söhnten sich mit der Industrialisierung des Landes aus, ohne sich dabei etwas zu vergeben.

Es ist nicht zu bestreiten, daß in Großbritannien die Landwirtschaft aufhörte, „eine erstrangige gesellschaftliche Tätigkeit" zu sein, und daß die Macht des grundbesitzenden Adels eine Metamorphose durchmachte. England wurde freilich, auch nach diesem Schritt auf dem Weg in eine demokratische Zukunft, noch längst nicht zu einer Bastion der „bürgerlichen Ordnung" unter einer „siegreichen" oder „triumphierenden" Bourgeoisie. Das Unterhaus, gewählt mittels eines zunehmend demokratischen, wenn auch die Frauen noch ausschließenden Wahlrechts, kontrollierte zwar die Exekutive und repräsentierte auch regionale bürgerliche Interessengruppen, doch gab es zu keiner Zeit ernsthafte Bestrebungen, etwa die Krone, den Hof, das Oberhaus und den diesen Mächten verpflichteten Beamtenadel abzuschaffen. Trotz des relativen Bedeutungsschwundes der Landwirtschaft und der Sicherheit gewährenden Insellage Großbritanniens, die dem Land den Unterhalt eines großen Heeres und einer entsprechenden Offizierskaste ersparte, gelang es den grundbesitzenden Klassen, diese „archaische" politische Ordnung und Kultur zu festigen.

Die Vorteile, die Großbritannien zugute kamen, boten sich den großen kontinentalen Mächten nicht – sieht man von Frankreich einmal ab. Daher war die Stellung ihrer grundbesitzenden Oberschicht ungeschmälert, die Landwirtschaft war nach wie vor eine „erstrangige gesellschaftliche Tätigkeit", und unsichere Grenzen rechtfertigten die militärische Beschützerrolle, die sich Könige und aristokratische Eliten anmaßten. Dies erklärt wenigstens teilweise, warum in Rußland, Österreich-Ungarn und Deutschland die absolutistische Monarchie so lange Bestand hatte.

Als einzige unter den bedeutenderen europäischen Mächten gab sich Frankreich 1875 eine republikanische Verfassung. Abgesehen freilich davon, daß es nun keinen König mehr hatte und politisch von einer kleinbürgerlichen Klasse regiert wurde, fiel das Land auch weiterhin durchaus nicht aus dem kontinentaleuropäischen Rahmen: Landwirtschaft und traditionelle Verbrauchsgüterproduktion blieben die tragenden und beherrschenden Bereiche seiner Wirtschaft. Ironischerweise war es gerade die politische Demokratie, die in Frankreich den Industrialisierungsprozeß hemmte, namentlich nach Einsetzen der zweiten industriellen Revolution gegen Ende des 19. Jahrhunderts. Wenn Frankreich „eine halbherzige Republik in beständiger Krise" war, dann deshalb, weil seine Bourgeoisie zu schwach und in sich zu zerstritten war, um die politische Ordnung stabilisieren und garantieren zu können.

Man kann also weder von England noch von Frankreich behaupten, ihr gesellschaftliches und politisches System sei 1914 bereits industriekapitalistisch und bürgerlich gewesen. Ihre regierenden Klassen waren ebenso „offensichtlich unzeitgemäß" und richteten ihr Augenmerk ebenso „engstirnig ... auf ihren eigenen Fortbestand" wie die der vier anderen europäischen Großmächte. Sie alle waren *anciens régimes*, gestützt auf die fortdauernde Dominanz der Landwirtschaft oder der grundbesitzenden Eliten oder beider.

Die Monarchen blieben – außer natürlich in Frankreich – die, wie Joseph Schumpeter so klar erkannte, gottgewollten „Mittelpunkte" der europäischen Herrschaftssysteme. Ihre Stellung war feudal sowohl im „historischen als auch im soziologischen Sinn", nicht zuletzt weil „die Vertreter der feudalen Gesellschaft" nach wie vor „die Staatsämter besetzten, die Streitkräfte befehligten und die Politik bestimmten". Obgleich die kapitalistisch bestimmten Produktionsvorgänge national und international einen ständig wachsenden Beitrag zu den Einkünften des „steuereinnehmenden Staats" lieferten, blieb das feudale Element eine „*classe dirigente*" mit einem an „vorkapitalistischen Mustern" orientierten Verhalten. Während die in die Defensive gedrängten oberen Klassen durchaus auf „bürgerliche Interessen" Rücksicht nahmen und sich der „vom Kapitalismus gebotenen wirtschaftlichen Möglichkeiten" bedienten, achteten sie doch auch sorgfältig darauf, „sich von der Bourgeoisie abzugrenzen". Dieses Arrangement war kein „Atavismus, ... sondern eine *aktive Symbiose* zwischen zwei gesellschaftlichen Schichten", eine Symbiose, in der die alten Eliten ihre politische, gesellschaftliche und kulturelle Vorrangstellung behaupteten. Als Gegenleistung ließen sie das Bürgertum Geld verdienen und Steuern bezahlen. Nach Ansicht von Schumpeter gab das „aristokratische Element" selbst in England „*bis zum Ende der Periode eines intakten und vitalen Kapitalismus* den Ton an".

Die feudalen Elemente waren dadurch, daß sie das, wie Schumpeter es nannte, „Stahlkorsett" oder den „politischen Motor" des *ancien régime* kontrollierten, in der Lage, die Bedingungen für die wirtschaftliche Eingliederung des Manufaktur- und Industriekapitalismus zu diktieren und diese Produktionsformen damit vor den Karren ihrer eigenen Interessen zu spannen. Sie zwangen die Industrie, sich in bestehende gesellschaftliche und ideologische Strukturen einzufügen. Wohl ist unbestritten, daß der Industriekapitalismus diese Strukturen veränderte, je mehr er in sie hineinwuchs, ihre Statik sozusagen gewissen Spannungen und Belastungen aussetzte; er ging jedoch nie so weit, die symbiotische Beziehung zu gefährden. Die alte regierende Klasse zeichnete sich aus durch einen unverwüstlichen Behauptungswillen und durch Flexibilität. Sie war sich der Unterstützung durch den adligen und agrarischen Großgrundbesitz sicher, der im „Stahlkorsett" des *ancien régime* mit Recht einen Schutzschild sah, der die Unversehrtheit der eigenen privilegierten, aber auch exponierten Stellung gewährleistete. Die Häuptlinge der regierenden Klasse sicherten sich die Loyalität des Bürgertums außerdem durch Förderung und Absicherung seiner wirtschaftlichen Interessen durch staatliche Aufträge, Schutzzölle und die Gewährung kolonialer Ausbeutungsmonopole.

Wenn die feudalen Elemente in der Gesellschaft und innerhalb der regierenden Klasse ihre Vorherrschaft so wirksam befestigen konnten, so größtenteils auch deshalb, weil sie es verstanden, sich anzupassen und sich dem Neuen zu öffnen. Die Beamten- und Offiziersaristokratie zog qualifizierte und ehrgeizige Sprößlinge des Bildungs- und Besitzbürgertums an sich, wobei sie allerdings auf eine sorgfältige Dosierung dieser Injektion frischen Blutes und Talents achtete. Ambitionierte Kandidaten mußten eine der anerkannten Eliteschulen absolvieren, sich mit Haut und Haar dem aristokratischen Ethos verschreiben und ihre unbedingte Loyalität gegenüber der alten Ordnung demonstrieren, wenn sie in die erlauchte „gute Gesellschaft" aufgenommen werden wollten. Die höchsten Ränge innerhalb des Staatsapparats und der militärischen Hierarchie blieben aber in jedem Fall Männern von hoher Geburt und unzweifelhafter Angepaßtheit vorbehalten.

Auch die ländlichen Großgrundbesitzer erwiesen sich als Meister in der Kunst des Mit-der-Zeit-Gehens. Vor allem einmal übernahmen und praktizierten sie die Regeln des Kapitalismus und der Interessenpolitik, ohne deswegen jedoch in ihrer Weltanschauung, ihrem Auftreten und ihrem Umgang etwas von ihrer aristokratischen Tradition preiszugeben. Eine ganze Reihe adliger Großgrundbesitzer versuchte sich als Reform-Landwirte. Andere ergänzten die rationalisierte Ausbeutung ihres Bodens und ihrer landwirtschaftlichen Arbeitskräfte durch eine moderne, im großen Stil betriebene Weiterverarbeitungsindustrie – Mühlen, Brennereien, Brauereien, Molkereien. Wieder andere wandten sich der Forstwirtschaft oder der Ausbeutung von Bodenschätzen wie Kohle und Eisenerz zu, die sich auf bzw. unter ihrem Land befanden; erwirtschaftete Gewinne investierten sie natürlich auch in „bürgerliche" industrielle Unternehmen. Sie alle lernten ferner, durch Interessenpolitik, Kungelei und Repression sowie das Mitmischen in der Parteipolitik ihre Interessen durchzusetzen. Nach und nach bildete der grundbesitzende Stand alle Merkmale einer Klasse aus – einschließlich eines ausgeprägten Klassenbewußtseins – und verhielt sich dementsprechend.

Diese weitgehende und facettenreiche Anpassung wird gewöhnlich als Indiz für eine zunehmende Verbürgerlichung der herrschenden Klassen Europas und damit des *ancien régime* überhaupt betrachtet. Der Prozeß läßt jedoch auch eine andere Deutung zu. Ebenso wie die Industrialisierung auf bestehende ältere gesellschaftliche und politische Strukturen aufgepfropft wurde, paßten die feudalen Elemente ihr an modernen Rationalitätsgesichtspunkten orientiertes wirtschaftliches und administratives Verhalten den tradierten gesellschaftlichen und kulturellen Denk- und Verhaltensformen an. Anders gesagt: Die alten Eliten verstanden es meisterhaft, sich neue Ideen und Verhaltensnormen selektiv anzueignen, ohne zuzulassen, daß hierdurch ihr traditioneller Status, ihre Mentalität und ihre Weltanschauung ernsthafte Brüche erlitten. So richtig es sein mag, von einer Aufweichung und einem allmählichen „Ausverkauf" der Aristokratie zu sprechen, so sehr muß man betonen, daß dieser Prozeß langsam und schmerzlos vor sich ging und nicht das geringste mit einer Deklassierung des Adels zu tun hatte.

Erleichtert wurde der Aristokratie ihre geschickt kalkulierte Anpassungsstrategie durch den brennenden Drang des Bürgertums, von der „guten Gesellschaft" anerkannt und aufgenommen zu werden. Während die Aristokratie sich durch Anpassungsfähigkeit auszeichnete, tat sich die Bourgeoisie durch blinden Nachahmungseifer hervor. Die „Großbürger" des 19. und frühen 20. Jahrhunderts verleugneten und diskreditierten beständig den eigenen Stand, indem sie sich die Aristokratie in jeder Beziehung zum Vorbild nahmen und sie in der Hoffnung nachäfften, sich auf diese Weise Zutritt zu den Salons der aristokratischen Gesellschaft zu verschaffen. Die Großen der Geschäfts- und Finanzwelt kauften sich Ländereien, bauten sich Landhäuser, schickten ihre Söhne auf Eliteschulen und gewöhnten sich aristokratische Posen und Lebensformen an. Sie bemühten sich auch, Zugang zu aristokratischen und höfischen Kreisen zu gewinnen und für ihre Kinder aristokratische Heiratspartner zu finden. Nicht zuletzt strebten sie nach Orden und Auszeichnungen sowie vor allem nach einem Adelspatent. Diese titelhungrigen Industrie- und Handelsmagnaten waren nicht einfach dünkelhafte Emporkömmlinge, die bei den parasitären Nutznießern einer im Niedergang begriffenen alten Ordnung um dekorative Auszeichnungssymbole buhlten; im Gegenteil: Ihre Unterwürfigkeit brachte ihnen höchst greifbare und nicht zu verachtende Vorteile. Der Bourgeois strebte nach sozialem Aufstieg, weil er sich davon materielle Vergünstigungen, persönliches Prestige und „psychischen Profit" versprechen konnte. Indem sie sich aber um der Aufnahme in die alte Oberschicht willen korrumpierten, schwächten die aristokratisch orientierten Bürger ihre eigene Klasse; statt klassenbewußte Bürger zu sein, zogen sie es vor, als subalterne, aber materiell abgesicherte Juniorpartner in jene „aktive Symbiose der beiden gesellschaftlichen Schichten" einzutreten.

Es ergab sich aber noch eine weitere Konsequenz. In seinem Bemühen, in der gesellschaftlichen Pyramide nach oben zu klettern und seine politische Loyalität unter Beweis zu stellen, bekannte sich das aristokratisch orientierte Bürgertum zur herrschenden historistischen Kultur und warf sich zum Mäzen der von der alten Elite beherrschten kulturellen Institutionen auf. Es förderte also die klassischen und akademischen Konventionen, Richtungen und Symbole in Kunst und Literatur, anstatt sich etwa für moderne, avantgardistische Ansätze stark zu machen. Nur allzu bereitwillig ließen die Bürger sich von einem Bildungssystem und einer Kultur vereinnahmen, deren Funktion darin bestand, für das *ancien régime* zu werben und es zu reproduzieren. Dadurch blockierte das Bürgertum sein eigenes kulturelles Potential und versperrte sich selbst die Chance, eine neue Ästhetik und Philosophie hervorzubringen.

Bürger, die sich ihrer eigenen Klasse schämten, gehörten in der Tat zu den größten Bewunderern der traditionalistischen Architektur, Bildhauerei, Malerei und der darstellenden Kunst. Die sich als „klassisch" verstehenden Künstler genossen eine beträchtliche staatliche Unterstützung. Akademien, Konservatorien und Museen boten eine prestigeträchtige Ausbildung, die „eine Karriere" und damit die Chance zur Erlangung öffentlicher Auszeichnungen eröffnete. Die meisten dieser Institutionen wurden vom Staat finanziert, der auch Aufträge vergab und individuelle und kollektive künstlerische Projekte finanziell förderte. Auch Kirche und Universitäten waren tragende Säulen dieses mächtigen herrschaftssichernden kulturellen Überbaus.

Wenn man feststellt, daß die Konventionen und Ausdrucksformen der herrschenden Kultur den traditionellen und klassischen Idiomen verhaftet blieben, heißt das nicht, sie seien durchweg archaisch und ohne Vitalität gewesen. In dem Maße, wie die europäischen Gesellschaften ihrer Struktur nach dem *ancien régime* zugehörten, blieben ihre offiziellen kulturellen Darstellungsformen dem Historismus verhaftet. Man kann vielleicht sogar sagen, daß einige der bewundernswertesten kulturellen Leistungen Europas untrennbar waren vom „Milieu des Absolutismus, der äußersten sozialen Ungerechtigkeit, ja selbst der schreienden Gewaltherrschaft, in dem sie entstanden". Es besteht kein Zweifel daran, daß Bereiche des künstlerischen Schaffens, gerade wenn man an die verbreitete Neigung zur Imitation bewährter Formen, zum übertrieben Ornamentalen und zum Monumentalen denkt, steril wurden und den Kontakt zu ihrer Gegenwart verloren. Doch mußten kulturelle Schöpfungen nicht unbedingt an Eindruckskraft verlieren, nur weil sie der protzigen Größe und dem schönen Schein huldigten. Jedenfalls lief die offizielle Kultur zu keiner Zeit Gefahr, von der modernistischen Avantgarde aus dem Sattel gehoben oder auch nur verunsichert zu werden, verstand sie es doch, beständig gewisse moderne Impulse in sich aufzunehmen, die Avantgarde als Bewegung aber immer wieder zu spalten und zurückzuwerfen.

In ihrer Weltanschauung waren die gesellschaftlichen Eliten Europas wahrscheinlich noch weiter hinter der wirtschaftlichen Entwicklung zurück als in den Gestaltungen ihres gesellschaftlichen und kulturellen Lebens. Jedenfalls veränderten sich ihre Denkweisen nur sehr langsam, und vielleicht waren es gerade diese Denkweisen, die am deutlichsten offenbarten, wie sehr sie noch der alten Ordnung verhaftet waren. Die regierenden Klassen, innerhalb derer das feudale Element einen besonders herausgehobenen Platz behauptete, waren tief von aristokratischen Normen und Einstellungen durchdrungen. Ihre Weltanschauung entsprach viel eher einer autoritären und hierarchischen als einer liberalen und demokratischen Gesellschaft.

In den Jahren nach 1780 war es eine aristokratische Reaktion mit dem Ziel der Verteidigung steuerlicher, gesellschaftlicher und juristischer Privilegien gewesen, die als ein wichtiger, möglicherweise entscheidender, mittelbar und unmittelbar ursächlicher Faktor die Französische Revolution mit in Gang gesetzt hatte, den ersten Akt des Zusammenbruchs des *ancien régime* in Europa. Der weltliche und geistliche Adel hatten sich damals jedem weiteren Verlust an politischem Einfluß entgegengestemmt, nicht zuletzt, weil dieser politische Einfluß zu einem immer wichtigeren Garanten ihrer privilegierten gesellschaftlichen Stellung geworden war. In ähnlicher Weise schickten sich zwischen 1905 und 1914 die alten Eliten an, ihre materielle, gesellschaftliche und kulturelle Vorrangstellung durch eine Stärkung und Straffung ihres politischen Einflusses zu festigen und abzusichern. Die Art und Weise, in der sie dies taten, verstärkte die inneren und internationalen Spannungen bis zu einem Punkt, an dem sie in den großen Weltkrieg mündeten, der den letzten Akt des Untergangs des *ancien régime* in Europa einläutete.

Erstes Kapitel

Die Wirtschaft

Grund und Boden, Landwirtschaft, Güterproduktion

In Europa herrschten noch 1914 überwiegend vorindustrielle und vorbürgerliche Verhältnisse; Gebrauchsgüterproduktion, Kleinhandel und eine arbeitsintensive Landwirtschaft waren die wirtschaftlichen Stützpfeiler, auf denen die gesellschaftliche Ordnung in den Ländern des Kontinents ruhte. Gewiß, der Industriekapitalismus und die ihm zugeordneten Klassenformationen, vor allem die Bourgeoisie und die Fabrikarbeiterschaft, gewannen namentlich nach 1890 stark an Boden. Sie waren aber nicht in der Lage, die zählebigen Wirtschafts- und Klassenstrukturen des vorgefundenen kapitalistischen Systems herauszufordern oder gar aus den Angeln zu heben.

Selbst in den Ländern West- und Mitteleuropas war es noch weitgehend das Kaufmanns- und Manufakturkapital, das die Wirtschaft beherrschte, während der Monopol-, der Finanz- und der organisierte Industriekapitalismus noch in den Kinderschuhen steckten. So konnten internationale Kaufleute und Bankiers zusammen mit lokalen Manufaktur-Unternehmern einstweilen noch mehr wirtschaftliches Gewicht in die Waagschale werfen als die Besitzer und Betreiber der industriellen Großunternehmen und der Aktienbanken.

Während es im Bereich der industriellen Produktionstechniken einen rasanten und kontinuierlichen Fortschritt gab, verlief die wirtschaftliche Entwicklung krampfhaft und ungleichmäßig. Die erste industrielle Revolution trat in Teilen West- und Mitteleuropas gegen Ende des 19. Jahrhunderts in ihre technische und wirtschaftliche Spätphase, während die zweite industrielle Revolution einsetzte. Das bedeutet jedoch keineswegs, daß der Handels- und Manufakturkapitalismus zu dieser Zeit stagniert oder sich gar zurückentwickelt hätte – dies geschah weder auf nationaler noch auf regionaler Ebene. Zwar mußten einige Branchen dieses Wirtschaftsbereichs Produktions- und Gewinneinbußen hinnehmen, andere aber konnten ihre Geschäfte in alter Form weiterführen oder gar ausweiten. Unter dem Strich kann man sagen, daß der Kapitalismus der ersten industriellen Revolution im Verlauf der Übergangsphase zum neuartigen Kapitalismus der zweiten nicht nur intakt blieb, sondern daß er diesen Übergang sogar förderte und von ihm profitierte.

Die langwährende, aber durchaus nicht allgemeine wirtschaftliche

Krise, die sich von der Mitte der 70er bis zur Mitte der 90er Jahre des 19. Jahrhunderts hinzog, markierte nicht so sehr die Umbruchsphase zwischen dem alten und dem neuen Kapitalismus, sondern war gleichsam ein schmerzhafter Reibungsverlust im Frühstadium ihrer wechselseitigen Durchdringung. Es ist auch nicht so, daß diese Krise eine Ära der „sich verschärfenden Konflikte zwischen dem Wachstum der Produktivkräfte und der Gewinnträchtigkeit der Geschäfte“ eingeläutet hätte. Zwar setzte sich der neue Kapitalismus in Form halbautonomer Wachstumszentren innerhalb der bestehenden wirtschaftlichen Strukturen fest und trug zur Beendigung der anhaltenden Wirtschaftskrise bei, doch seine Macht reichte nicht aus, um in den europäischen Volkswirtschaften die Oberhand zu gewinnen. Nicht einmal im Deutschland der Jahre 1890 – 1914 gelang es den großen und miteinander verflochtenen Industrie- und Bankenkonzernen, eine wirtschaftliche Vormachtstellung zu erringen. In der Tat spricht vieles dafür, daß der Monopol- und Finanzkapitalismus 1914 noch längst nicht seine letzte Stufe erreicht hatte, sondern sich vielmehr erst im Anfangsstadium befand. Gewiß, der industrielle Wachstums- und Konzentrationsprozeß schritt kräftig und in raschem Tempo voran. Gleichwohl kann man nicht sagen, daß der neue Kapitalismus zu Beginn des 20. Jahrhunderts den alten überflügelt oder unter sich subsumiert hätte; und ebensowenig trifft es zu, daß der Kapitalismus in dieser Phase in einen nicht mehr auf Warenexport, sondern auf Kapitalexport angewiesenen Imperialismus umgeschlagen sei.

Nicht nur die Entfaltung des Industriekapitalismus, sondern auch die Schrumpfung der vorindustriellen Wirtschaftssektoren vollzogen sich sehr gemächlich. Die Folge war, daß die Landwirtschaft und die Verbrauchsgüterproduktion gegenüber der Investitionsgüterherstellung ein relatives Übergewicht behielten, vor allem deshalb, weil es den Schlüsselgruppen, die diese Wirtschaftsbereiche kontrollierten, vortrefflich gelang, sich neue Produktionstechniken anzueignen und sich die Unterstützung des Staates zu sichern; das linderte die Folgen ihres relativen wirtschaftlichen Niedergangs. Wenn auch der neue Kapitalismus spektakuläre Fortschritte machte, so waren zwischen 1848 und 1914 doch nach wie vor der ländliche und städtische Grundbesitz und die Konsumgüterindustrie die zentralen wirtschaftlichen Stützen der europäischen *anciens régimes*.

In allen europäischen Ländern, mit Ausnahme Großbritanniens, beschäftigte der Agrarsektor einen bedeutenderen Teil der arbeitenden Bevölkerung und lieferte einen größeren Anteil am Bruttosozialprodukt als jeder andere Einzelsektor der Wirtschaft. Dazu kam, daß – von Frankreich und insbesondere wiederum von England einmal abgesehen – ein beträchtlicher Teil des landwirtschaftlich genutzten Bodens aus riesigen zusammenhängenden Ländereien bestand, die entweder als landwirtschaftliche Großgüter oder, in Parzellen aufgeteilt, von Pächtern bewirtschaftet wurden. Der Grundbesitz blieb ausnahmslos in allen Ländern die wichtigste Form des persönlichen Reichtums und die bedeutsamste private Einkommensquelle, unter anderem auch infolge der steigenden Grundstückspreise in den Städten. Richtig ist aber auch, daß Landwirtschaft und Grundbesitz, obgleich sie, absolut gesehen, ihre führende Stellung behaupteten, doch gegenüber dem Industrie- und dem mobilen Finanzkapital relativ an Boden verloren. Damit ist nicht gesagt, daß für den Grundbesitz und den postfeudalen Grundherrn das letzte Stündlein geschlagen hatte. Namentlich die großen Magnaten konnten ihre Stellung nicht nur halten, sondern sogar ausbauen. Mancherorts erwarben sie zu günstigen Preisen den Grundbesitz verarmter Kleinadliger, anderswo profitierten sie in besonderem Maß von steigenden Grundstückspreisen. Dazu kam, daß zahlreiche Großgrundbesitzer sich als „Reformlandwirte“ betätigten: Sie rationalisierten die Bewirtschaftung ihrer Ländereien, beteiligten sich an der Weiterverarbeitung und der Holzindustrie und diversifizierten ihr Kapital durch Investitionen in städtischen Grund und Boden sowie in andere Geschäftsunternehmungen und Spekulationen. Und nicht zuletzt gelang es den Großagrariern – namentlich in wirtschaftlichen Krisenzeiten – dank ihrer engen Beziehungen zu den feudalen Elementen in Staat und Regierung, vorteilhafte Zölle, Zinssätze, Besteuerungs- und Subventionsregelungen durchzusetzen. In den meisten Fällen sicherten sie sich diese staatlichen Zuwendungen dadurch, daß sie gemeinsame Sache mit den Wortführern der traditionellen Gebrauchsgüterwirtschaft und denen der aufstrebenden Schwerindustrie machten, die ebenfalls lautstark nach staatlichen Hilfen riefen.

In bezug auf so gut wie jeden wichtigeren wirtschaftlichen Index rangierte der Sektor Konsumgüterproduktion unmittelbar nach dem landwirtschaftlichen, außer in Großbritannien, wo er seit der Jahrhundertmitte den führenden Platz einnahm. Dieser Sektor bestand im wesentlichen aus vier Branchen: Textil- und Konfektionsindustrie, Lebens- und Futtermittelverarbeitung, Lederherstellung und -verarbeitung (einschließlich Schuhfabrikation) und Holzindustrie (insbesondere Möbelfabrikation). Die Produktions- und Verarbeitungstechniken, die in diesen Branchen angewendet wurden, waren die der ersten industriellen Revolution. Kohle und Dampf wurden als Energieträger bzw. Antriebsmittel verwendet, Werkzeuge und Maschinen aus einheimischem Eisen und Stahl eingesetzt, die Eisenbahn als Transportmittel benutzt. Dieser weitverzweigte Wirtschaftssektor umfaßte vorwiegend kleinste, kleine und mittlere Betriebe (unterhalb der Fabrikstufe), in denen Handwerker und ungelernte Arbeiter mit Hilfe einfacher, wenig Energie verbrauchender Werkzeuge und Maschinen arbeitsinteniv produzierten. Aufgrund ihres geringen Anlagekapital-Anteils wurden die meisten dieser Produktionsstätten als Familienbetriebe geführt. Was die Klassenstruktur betraf, die dieser Unternehmerkapitalismus hervorbrachte, so kann man sagen, daß die Eigentümer der Kleinst- und Kleinbetriebe das Rückgrat der selbständigen unteren Mittelschicht bildeten, während die Besitzer mittlerer und großer Produktionsbetriebe, namentlich in der Textil- und Nahrungsmittelverarbeitung, eine bürgerliche Oberschicht – allerdings hauptsächlich lokalen und provinziellen und nicht etwa nationalen oder kosmopolitischen Charakters – stellten. Diese bürgerliche Oberschicht, zu der auch Handels- und Privatbankiers gehörten, verhielt sich weniger wie eine Gesellschaftsklasse mit einem bestimmten politischen und kulturellen Weltbild, sondern eher wie eine Interessengruppe, die bestimmte wirtschaftliche Ziele verfolgte.

Der Sektor der Investitionsgüterproduktion glich einer Inselgruppe inmitten eines Ozeans landwirtschaftlicher und herkömmlicher Produktionsbranchen. Seinen ersten großen Aufschwung nahm dieser Sektor paradoxerweise im Verlauf der langwierigen Depression der Jahre 1873 bis 1896; freilich war sein Anteil an der Gesamtwirtschaft noch 1914 eher bescheiden. Diese vier Jahrzehnte sahen die Entfaltung der zweiten industriellen Revolution: die bahnbrechenden Entwicklungen auf den Gebieten der organischen und synthetischen Chemie, der Elektrizität, des Turbinenbaus, der Elektro- und Verbrennungsmotoren, der Leichtmetalle und Speziallegierungen und der perfektionierten Eisenverhüttungstechnik. Diese Umwälzungen in der Technologie, der Antriebs- und Prozeßenergie und in der Verwendung von Material gingen Hand in Hand mit der Entstehung und Entwicklung von Großbetrieben, von denen manche eigene Forschungsabteilungen einrichteten.

Im Mittelpunkt dieses dynamisch aufstrebenden Investitionsgütersektors stand die inzwischen zu atemberaubender Entfaltung gelangte Eisen- und Stahlindustrie, daneben ferner die Bereiche Metallurgie, Maschinenbau, Chemie und Fahrzeugbau. Diese vier Branchen verzeichneten den höchsten relativen Anteil von Betrieben in Konzernbesitz; in der Regel waren dies große Fabrikeinheiten mit einem spezialisierten, durch hohen Energieverbrauch gekennzeichneten Maschinenpark und einer Belegschaft aus handwerklich geschulten Facharbeitern und Proletariern. Diese kapitalintensive Produktionsweise, die neue Dimensionen der Arbeitsproduktivität erschloß, verlangte ein Investitionsniveau, das die finanziellen Möglichkeiten des herkömmlichen Familienbetriebs überstieg. Auch familieneigene Unternehmen gerieten daher nach und nach in Abhängigkeit vom neuen Kapitalismus der Aktiengesellschaften und des Managertums, der ein national orientiertes Großbürgertum mit zunehmend engeren Beziehungen sowohl zu den Kreditbanken als auch zur Ministerialbürokratie hervorbrachte. Bergbau und Eisenbahnen sollte man dabei wegen ihres hohen Kapitalisierungsgrades dem „Aktienkapitalismus" zurechnen, der die zweite industrielle Revolution vorantrieb.

Seltsamerweise war die aufstrebende nationale Bourgeoisie des Industriekapitalismus noch weniger eine Gesellschaftsklasse *sui generis*, mit eigenen Interessen und Zielen, als das lokale und provinzielle Bürgertum der herkömmlichen Produktionssektoren. In allen europäischen Ländern verstanden es die Magnaten und „Räuberbarone" der Industrie und ihre (subalternen) Verbündeten im Bildungsbürgertum, von ihren Regierungen, die nach wie vor von vorindustriellen und vorbürgerlichen Klassen beherrscht wurden, staatliche Hilfen zu erlangen. Joseph Schumpeter spricht in diesem Zusammenhang von einem systematischen Interessenhandel: Als Gegenleistung für wirtschaftliche Vergünstigungen machte die Bourgeoisie ihren Frieden mit den feudalen Elementen, die „die Staatsämter besetzten, die Streitkräfte befehligten [und] die Politik bestimmten". Die neue nationale Bourgeoisie sicherte sich dafür ihrerseits günstige Zölle und setzte ein für sie vorteilhaftes Zivil- und Arbeitsrecht durch. Die traditionell herrschenden Klassen wiederum erwarteten von den Industriellen und Bankiers Hilfe, insbesondere bei der Modernisierung rüstungswichtiger Wirtschaftsbranchen des *ancien régime*, ohne hieraus einen Anspruch auf Mitsprache bei der Festlegung politischer und kultureller Orientierungen abzuleiten.

Für Thorstein Veblen war diese Verbrüderung zwischen „neuester mechanistischer Naturwissenschaft und ... Maschinenindustrie" einerseits und den feudalen Elementen inner- und außerhalb der Regierung das wesentliche Charakteristikum des zweiten Deutschen Reichs. Veblen weist zu Recht darauf hin, daß es den traditionell herrschenden Klassen in Deutschland nur deswegen so relativ reibungslos gelang, die kapitalistische Naturwissenschaft und Industrie unter ihre Herrschaft zu bringen, weil diese „im Windschatten der Interessen und traditionellen Ideale der dynastischen Herrscher und der privilegierten Klassen gut behütet" waren. In der Tat förderten gerade die traditionellen Eliten den „technischen Fortschritt", soweit er für die großindustrielle Produktion und den Handel sowie im Dienste einer „aufwendigeren und teuereren Ausrüstung und Strategie für den Krieg" erforderlich war, und trugen damit dazu bei, den „Herrschaftsbereich [der alten Ordnung] zu erweitern und [ihre] Effizienz zu verbessern".

In dem Geschick, mit dem sie die industriellen Errungenschaften der Moderne unter die gesellschaftlichen Bedingungen des *ancien régime* subsumierten, wurden die deutschen Fürsten allenfalls noch von den japanischen Oligarchen der Meiji-Ära übertroffen. Aber auch in den anderen europäischen Ländern, einschließlich Großbritanniens, gelang es den herrschenden Klassen, den Industriekapitalismus in überkommene gesellschaftliche und kulturelle Strukturen einzubinden. Die Methoden, mit denen sie dies bewerkstelligten, und die Konsequenzen, die sich daraus ergaben, unterschieden sich von Land zu Land allenfalls graduell.

Was den tertiären Sektor betraf, so dominierten dort Handel und Kaufmannschaft sowie die kleinen Finanzkapitalien. Gewiß, es gab einige wenige Banken, Handelshäuser, Reedereien und Versicherungsgesellschaften, die bereits eine beträchtliche Größe erreicht hatten, und Großbritannien, dessen Wirtschaft seit langem vom Außenhandel abhängig war, hatte in dieser Beziehung unbestritten die Nase vorn – die City von London war das augenfällige Nervenzentrum und Symbol dieser Vorherrschaft. Gleichwohl blieb selbst Großbritannien, im ganzen gesehen, eine Nation der kleinen Händler, genau wie die anderen europäischen Länder. Namentlich im Einzelhandel und im Dienstleistungsbereich dominierte der kleine Familienbetrieb. Die Kaufhäuser und die Ladenketten in den Großstädten spielten in diesem Bereich durchweg – sowohl was Umsatz als auch was Verkaufsfläche und Zahl der Beschäftigten betraf – eine untergeordnete Rolle. Auch im Großhandel und im Import- und Exporthandel war der familiäre Kleinbetrieb eher die Regel als die Ausnahme. Ähnliches galt für den Finanzsektor, in dem Privatbanken bescheidener Größenordnung dominierten, wenn auch hier das wachsende Kapitalbedürfnis der Großindustrie mit der Zeit einige große Aktien- bzw. Geschäftsbanken entstehen ließ.

Die „bürgerliche Gesellschaft" der europäischen Nationen war demnach auch noch 1914 alles andere als industriekapitalistisch und großbürgerlich. Latifundien-Landwirtschaft, Gebrauchsgüterproduktion und Kleingewerbe hatten trotz relativ zunehmender Schrumpfung eindeutig den Vorrang vor Investitionsgüterproduktion, Kreditbankwesen und den Dienstleistungsunternehmen, die sich zwar spektakulär entwickelten, aber ihren Anteil an der Gesamtwirtschaft doch nur allmählich ausdehnen konnten. Wirtschaftsbereiche, die in ganz Europa nach wie vor das Übergewicht hatten, kann man nicht als überkommene Relikte bezeichnen, das hieße die Realität verfälschen. Denn diese „Überbleibsel" waren nicht nur überaus präsent, sondern auch sehr vital. Wenn sie auch gegenüber dem neuen unpersönlichen Kapitalismus der Aktiengesellschaften wirtschaftlich an Boden verloren, konnten Grundbesitzer und der „Beamtenadel" doch ihre gesellschaftliche und kulturelle Vorherrschaft in den Hauptstädten und auf dem Land bewahren, während das kaufmännische Bürgertum in den Industrie- und Hafenstädten ein Mitspracherecht anmeldete. Die fortdauernde gesellschaftliche und kulturelle Dominanz der alten Eliten schlug sich in einem entsprechenden Einfluß auf den Staat nieder, der ihnen half, den absehbaren wirtschaftlichen Niedergang zu verlangsamen und die periodischen Krisen des Wirtschaftszyklus abzumildern.

In den meisten europäischen Volkswirtschaften blieb die Landwirtschaft bis zum Beginn des Ersten Weltkrieges der größte Einzelsektor der Wirtschaft, ungeachtet der Tatsache, daß ihr relativer Beitrag zum

Bruttosozialprodukt und ihr Beschäftigtenanteil zurückgingen. Gewiß gilt hier die Einschränkung, daß die englische Landwirtschaft damals nur 12 Prozent der arbeitenden Bevölkerung beschäftigte, 9 Prozent des Nationaleinkommens erbrachte und 15 Prozent des Bruttosozialprodukts erwirtschaftete; auf dem Kontinent jedoch behauptete sie alles in allem eine stärkere Stellung. Im Zarenreich waren gut und gern 66 Prozent aller Arbeitsfähigen in der Landwirtschaft beschäftigt, und mehr als 80 Prozent der Bevölkerung lebten auf dem Lande. Die russische Landwirtschaft steuerte einen Anteil von 35 Prozent zum Nationaleinkommen, von 45 Prozent zum Bruttosozialprodukt und von mehr als 70 Prozent zu den Exporten ihres Landes bei (Rußland war der größte Getreideexporteur der Welt). In Frankreich beschäftigte der Agrarbereich zwischen 40 und 45 Prozent der arbeitenden Bevölkerung und erwirtschaftete zwischen 30 und 35 Prozent des Nationaleinkommens bzw. rund 40 Prozent des Bruttosozialprodukts. Aber auch im Deutschen Reich, einem der Vorreiter der Industrialisierung und Verstädterung, lebten noch 1907 40 Prozent der Bevölkerung in Dörfern und Kleinstädten mit weniger als 10000 Einwohnern; 40 Prozent der Arbeitsfähigen waren in der Landwirtschaft beschäftigt und erarbeiteten dort ein Fünftel des Nationaleinkommens.

Unter dem Vergrößerungsglas präsentierte sich der europäische Kontinent als ein Reich von Grundherren und Bauern, in und um ländliche Ansiedlungen unterschiedlicher Größenordnung gruppiert: vom 100-Seelen-Dorf bis zum agrarischen Marktort mit 5000–10000 Einwohnern. Längst nicht alle Bauern waren kleine Grundbesitzer. Ganze Legionen von Bauern bewirtschafteten ihr Land lediglich als Natural- oder Zinspächter. Daneben gab es natürlich auch noch Landarbeiter und Taglöhner, die kein oder nur wenig Land besaßen. Dementsprechend groß war ihre Abhängigkeit von den Großgrundbesitzern: Bevölkerungszuwachs und „Deindustrialisierung" der ländlichen Regionen verursachten ein Überangebot an landwirtschaftlichen Arbeitskräften. So konnten die Großgrundbesitzer ihre ökonomische Vormachtstellung in der Landwirtschaft festigen. Auch die Ausdehnung ihrer Geschäftstätigkeit auf agro-industrielle Betriebsarten wie Brauereien, Mühlen und Schnapsbrennereien stabilisierte die Übermacht der Großagrarier gegenüber der marktorientierten selbständigen Bauernschaft.

Die Masse der Bauern blieb trotz oder vielleicht gerade wegen ihrer erbärmlichen materiellen und sozialen Existenzbedingungen apathisch. Gewiß, in Rußland kam es im Vorfeld und im Verlauf der Revolution von 1905 zu einigen bäuerlichen Krawallen, und in der oberitalienischen Poebene gab es nach der Jahrhundertwende immer wieder Landarbeiterstreiks. Doch diese Aufstände warfen eher ein Schlaglicht auf die ansonsten vorherrschende Resignation und Lethargie der ausgebeuteten europäischen Bauernschaft, und sie boten andererseits den Großagrariern und ihren politischen Verbündeten Gelegenheit, vorzuführen, wie entschlossen und erfolgreich man Volksaufstände niederschlagen konnte.

Die Großgrundbesitzer, einschließlich derjenigen unter ihnen, die sich zugleich als Agro-Industrielle betätigten, waren in der Tat die wichtigsten wirtschaftlichen und gesellschaftlichen Tragsäulen des *ancien régime.* Latifundien bildeten nicht nur die Hauptquelle für die außerordentlichen Einkünfte der großagrarischen Eliten und die Grundlage ihres Reichtums, ihnen verdankten sie auch ihr äußerst hohes gesellschaftliches Ansehen, ihre kulturelle Führungsrolle und ihre politische Vorherrschaft. Die Großagrarier waren den Industrie- und Finanzmagnaten und dem Bildungsbürgertum nach wie vor in jeder Beziehung – unter anderem sowohl an Zahl als auch an Reichtum – ein gutes Stück voraus. Selbst in England blieb der Großgrundbesitz einflußreicher, als man es angesichts eines schrumpfenden landwirtschaftlichen Anteils am nationalen Wirtschaftsaufkommen hätte vermuten können. Im Jahr 1873 befanden sich in England und Wales 42 Prozent des Bodens im Besitz von nur 2500 Personen mit Ländereien von jeweils mindestens 800 Hektar Größe, und in Schottland waren 3500 Personen mit Ländereien von jeweils mindestens 4000 Hektar Größe im Besitz von 66 Prozent des Bodens. Vier Fünftel des privaten Grundbesitzes in Großbritannien waren in den Händen von nur 7000 Personen bzw. Familien. Dem Herzog von Sutherland gehörten über 400 000 Hektar, ein Gutteil davon allerdings in unwirtlichen Landstrichen; dem Earl von Breadalbane und dem Herzog von Buccleuch gehörten je etwa 160 000 Hektar, den Herzögen von Devonshire, Northumberland und Atholl jeweils nahezu 80 000 und den Earls von Balfour, Derby und Moray je etwa 26 000 ha. Wenn man die im Verlauf der 40 Jahre bis 1914 durch Landverkäufe und andere Transaktionen eingetretenen Veränderungen in Rechnung stellt, kann man davon ausgehen, daß sich zu diesem Zeitpunkt noch die Hälfte allen in Privatbesitz befindlichen Bodens in Großbritannien auf etwa 4000 Grundeigentümer verteilte. Die meisten dieser Magnaten gehörten dem Hoch- und Kleinadel an, und die Durchschnittsgröße ihrer Besitzungen betrug 1600 ha. Innerhalb dieser Grundbesitzerelite waren es wiederum 1500 Personen bzw. Familien, die bei einer durchschnittlichen Besitzgröße von 3200 ha 40 Prozent des gesamten privaten Grundbesitzes ihr eigen nannten.

Viele dieser Besitzungen umfaßten teures städtisches Bauland oder bargen wertvolle Mineralvorkommen. Die Herzöge von Bedford, Norfolk und Westminster, der Marquis von Bute, die Earls von Scarbrough und Radnor und die Lords St. Levan und Plymouth hatten bedeutende Besitzungen in oder bei London und anderen großen Städten. Je drei dieser Herzöge und Lords waren außerdem Herren über Bodenschätze, vor allem Eisenerz und Kohle.

Die deutsche Agrarier-Elite konnte sich durchaus mit der englischen messen. Wohl gab es in Deutschland klein- und mittelbäuerlichen Grundbesitz. Für 1907 etwa sind 5,5 Millionen bäuerlicher Anwesen von 1 bis 20 ha Größe belegt, die sich zu einer Nutzfläche von insgesamt 16 Millionen ha addierten. Aber daneben gab es 286 000 Anwesen von über 20 ha Größe, die insgesamt 23 Millionen ha landwirtschaftlicher Nutzfläche bedeckten, und die 3000 größten Grundeigentümer verfügten zusammen über rund 15 Prozent des gesamten urbaren Bodens in Deutschland.

Unter den Großgrundbesitzern war der Hochadel am stärksten vertreten. Ihm gehörten etwa 5,5 Millionen ha Land, die etwa zu gleichen Teilen land- und forstwirtschaftlich genutzt wurden. In West-, Süd- und Mitteldeutschland waren diese Ländereien zu mehr als 50 Prozent verpachtet, wobei der Anteil der kleinbäuerlichen Pächter im Westen 25, im Süden 18 und in Mitteldeutschland 5 Prozent ausmachte. Dagegen waren in den östlichen Landesteilen nur 20 Prozent der adligen Besitzungen verpachtet, und davon wiederum nur weniger als die Hälfte an Kleinpächter.

Es gab in Deutschland 23 566 ländliche Besitzungen von jeweils über 100 ha Größe, die zusammen etwa 23 Prozent der landwirtschaftlichen Nutzfläche ausmachten; von diesen Besitzungen lagen allein 19 117 in Preußen. Etwa 3500 dieser preußischen „Rittergüter", auf denen zumeist Getreide angebaut wurde, waren größer als 500 ha, und immerhin noch etwa 125 Güter hatten eine Fläche von mehr als 5000 ha. Fast alle diese Latifundien waren in adligem Besitz, und die Gesamtfläche aller als Fideikommiß vererbten Landgüter wuchs sogar von 2,1 Millionen ha im Jahr 1895 auf 2,5 Millionen ha im Jahr 1912 an.

Wilhelm von Hohenzollern nannte als größter deutscher Grundbesitzer an die 100 000 ha Land sein eigen, wovon drei Viertel auf Waldgebiete entfielen. Die fünf nächst dem Kaiser größten Grundeigentümer besaßen jeweils zwischen 30 000 und 50 000 ha, im Durchschnitt 40 000 ha; es waren dies die Fürsten von Hohenlohe-Öhringen, Hohenzollern-Sigmaringen und Solms-Baruth, der Graf von Stolberg-Wernigerode und der Herzog von Ratibor. Das Dreiklassenwahlrecht sicherte dieser postfeudalen Grundbesitzer-Aristokratie, namentlich den ostelbischen Junkern, in Preußen – und über Preußen auch im Deutschen Reich – eine politische Vormachtstellung.

In den Ländern der Doppelmonarchie gab es mindestens zwei Dutzend aristokratische Familien mit jeweils mehr als 100 000 ha Grundbesitz. Im österreichischen Teil der Monarchie traten die Schwarzenbergs und die Liechtensteins besonders hervor. Alles in allem gab es in den österreichischen Stammlanden 230 Güter von jeweils mehr als 5000 ha Größe. Allein in Böhmen besaßen rund 500 Großgrundbesitzer zusammen 1,5 Millionen ha Land. In Südböhmen gebot Fürst Schwarzenberg über ein kleines Königreich von 145000 ha Größe mit Dutzenden von Gemeinden und Kirchen. Zu seinem Besitz gehörten an die 100 Molkereien, 20 Sägewerke, ein Dutzend Brauereien und ebensoviele Schlösser, zwei Zuckerraffinerien und einige Bergwerke. In Schlesien, Mähren und Niederösterreich betrug der Anteil des Bodens, der sich im Besitz großer Grundeigentümer befand, 20, 11 bzw. 9 Prozent der Gesamtnutzfläche. Die größeren Grundbesitzer waren in den Ländern der österreichischen Monarchie durchweg Adlige. Legte sich das Bürgertum Grundbesitz auf dem Lande zu, dann waren das eher Landsitze mit Parks als bewirtschaftete Großgüter. Um die Jahrhundertwende waren in Österreich noch 60 Prozent der arbeitenden Bevölkerung in der Landwirtschaft beschäftigt. Der vom Großgrundbesitz beherrschte Agrarsektor – die Forstwirtschaft eingeschlossen – trug mehr als 30 Prozent zum Sozialprodukt bei.

Im ungarischen Teil der Doppelmonarchie traten die Magyaren, die dort weniger als 50 Prozent der Bevölkerung stellten, als selbst nach europäischen Maßstäben außerordentlich reiche Großgrundbesitzer in Erscheinung. Zwar ging die Zahl der Adligen mit Besitzungen von 100 bis 400 ha Größe zwischen 1848 und 1914 von 30000 auf 10000 zurück, dafür aber stieg die Zahl der Besitzer großer Ländereien – auf Kosten des niedergehenden Kleinadels – beträchtlich an. 1910 verfügten rund 6000 adlige und geistliche Grundeigentümer – durchschnittlicher Besitz 500 ha – über 40 Prozent des urbaren Bodens. Etwa 4000 Grundbesitzer teilten sich in 33 Prozent der landwirtschaftlichen Nutzfläche. 2,5 Millionen Kleinbauern mußten sich hingegen 30 Prozent des urbaren Bodens teilen. Dazu kamen 1,5 Millionen Landarbeiter – nahezu 20 Prozent der arbeitenden Bevölkerung –, die um einen Hungerlohn schuften mußten – in einem Land, dessen Bevölkerung noch zu zwei Dritteln von der Landwirtschaft lebte und das 50 Prozent seiner Exporterlöse mit Agrarprodukten erzielte.

Das zaristische Rußland war nicht nur das Land der eigentumslosen Muschiks, der Kleinbauern und Kulaken, sondern auch das Land der Großgrundbesitzer. Auch hier beherrschte der Adel die Szene. Zwar ging zwischen 1861 und 1914 die Zahl adliger Grundbesitzer um 25 Prozent zurück und die im Besitz von Adligen befindliche Landfläche schrumpfte um annähernd 45 Prozent, auch waren unter den zirka 100000 adligen Grundbesitzern Rußlands nahezu 50000, deren Besitz kleiner als 110 ha war – den übrigen 50000 adligen Grundeigentümern jedoch gehörten 97 Prozent der insgesamt 40 Millionen ha adligen Bodens und damit mehr als 50 Prozent an nichtstaatlichem Boden im europäischen Rußland. Eine noch deutlichere Sprache sprechen die folgenden Zahlen: 75 Prozent allen privaten landwirtschaftlichen Bodens befanden sich im Besitz von nur 10 Prozent der adligen Grundeigentümer mit Ländereien von mehr als 1100 ha Größe, und die Spitze der Pyramide bildeten 155 Magnaten mit Besitzungen von durchschnittlich 110000 ha Größe, die zusammen über 33 Prozent allen adligen Grundeigentums verfügten.

Insgesamt gesehen, blieb der Großgrundbesitz bis 1905 eine Domäne des Adels. Anders jedoch als in den ostelbischen Gebieten Deutschlands wurde im europäischen Rußland der in adligem Großgrundbesitz befindliche urbare Boden zu mindestens drei Vierteln nicht vom Eigentümer selbst bewirtschaftet, sondern war an Kleinbauern verpachtet, zumeist gegen Pachtzins.

Nach der Revolution von 1905 nahmen die Landverkäufe adliger Grundeigentümer zu. Sobald die gesellschaftliche und politische Ordnung wiederhergestellt war und die Bodenpreise – zunehmend bis 1914 – wieder stark anzogen, ebbte diese Liquidierungswelle ab. Unter dem Eindruck der Forderungen nach einer Landreform, die in der Ersten und der Zweiten Staatsduma erhoben wurden, schloß sich die gespaltene Aristokratie wieder dichter an die Autokratie, das zentrale Bollwerk des *ancien régime*. Im Einklang mit den Interessen des grundbesitzenden Teils der Aristokratie sorgte Premierminister Stolypin 1907 mit einer Wahlrechtsrevision dafür, daß der Großgrundbesitz von da an die Duma unangefochten beherrschte. Die Folge war, daß die Duma, der eben flügge werdende russische Parlamentarismus, sich sogleich gegen die von Stolypin selbst verfolgten Landreformpläne sträubte, so gemäßigt diese auch waren. Stolypin entstammte selbst dem grundbesitzenden Provinzadel. Er wollte das kleine und mittlere Bauerntum fördern, aber nicht etwa durch eine zwangsweise oder durch staatlichen Druck herbeigeführte Aufteilung adliger und kirchlicher Ländereien, sondern durch die Freigabe kaiserlicher und staatlicher Domänen zum Verkauf an siedlungswillige Bauern. Die Großgrundbesitzer kamen darüber hinaus auch insofern nicht zu kurz, als Stolypin und seine Nachfolger, während sie auf der einen Seite die „nüchternen und starken" Kulaken (d. h. die selbständig wirtschaftenden Landwirte, im Gegensatz zu den „schwachen und betrunkenen" Bauern des vorkapitalistischen Typs) förderten, auf der anderen Seite zugleich den Inhabern landwirtschaftlicher Großgüter besondere staatliche Hilfen zukommen ließen. Die Regierung beließ es nicht nur bei hohen Schutzzöllen und niedrigen Steuersätzen, sondern gründete auch noch eine besondere Landbank, um den adligen Grundbesitzern Zugang zu billigen Krediten und Hypotheken zu verschaffen.

Frankreich war zwar nicht das Land der Großgüter und der riesigen Ländereien, aber es war auch ebensowenig eine Republik der kleinen, gutsituierten selbständigen Landwirte. 6 Millionen Kleinbauern mit weniger als 1 ha Grund – viele von ihnen mußten sich mit einem Ackerstreifen begnügen – lebten, selbst wenn sie ihren Unterhalt durch Lohnarbeit aufbesserten, an der Armutsgrenze. Im Jahr 1906 entfielen drei Viertel aller landwirtschaftlichen Betriebe Frankreichs auf Anwesen von 1 bis 10 ha Größe. Diese Betriebe nahmen zusammen nur 23 Prozent der gesamten landwirtschaftlichen Nutzfläche des Landes ein. Ihre durchschnittliche Flächengröße betrug weniger als 5 ha, und über die Hälfte von ihnen waren reine Familienbetriebe, die ohne Landarbeiter auskamen. Alles in allem entfielen 84 Prozent aller landwirtschaftlichen Produktionseinheiten auf Klein- und Kleinstbetriebe mit weniger als 10 ha Betriebsgröße; diese Betriebe hatten zusammen einen Anteil von nur 30 Prozent an der Gesamt-Agrarfläche Frankreichs und waren zu 76 Prozent Familienbetriebe mit höchstens einem Knecht oder Landarbeiter. Dazu kam, daß diesen Bauern der Boden, den sie bewirtschafteten, nicht unbedingt ganz gehörte; die größeren der in dieser Kategorie versammelten Landwirte hatten einen Teil lediglich gepachtet. Sie mußten dem Besitzer einen Pachtzins zahlen oder einen Teil der Ernte abtreten.

Unzweifelhaft waren es somit in der Dritten Republik die mittleren und großen Grundbesitzer, die, obgleich an Zahl bedeutend geringer als die Kleinbauern, den Löwenanteil des urbaren Bodens in ihrem Besitz hatten und bewirtschafteten. Während die Kleinst- und Kleinbauern mit 1 bis 10 ha Betriebsfläche drei Viertel aller landwirtschaftlichen Betriebe ausmachten und nur 23 Prozent des landwirtschaftlich genutzten Bodens bewirtschafteten, hatten die Mittelbauern der Kategorie zwischen 10 und 40 ha Betriebsgröße, obgleich sie lediglich über 20 Prozent aller bäuerlichen Betriebe verfügten, mehr als 30 Prozent der landwirtschaftlichen Nutzfläche inne. Und die großen Güter der Kategorie über 40 ha bedeckten bei einer Durchschnittsgröße von 160 ha zwar zwischen 40 und 50 Prozent allen landwirtschaftlich genutzten Bodens, stellten aber einen Anteil von lediglich 4 Prozent aller Agrarbetriebe. In dieser Kategorie sind zirka 17000 Großgüter von jeweils mehr als 200 ha Größe enthalten, die zusammen 15 Prozent der landwirtschaftlichen Fläche bedeckten.

Diese großen Ländereien bestanden zwar zu einem beträchtlichen Teil auch aus Waldgebieten und verhältnismäßig unwirtlichen Landstrichen, waren aber innerhalb der warenproduzierenden Landwirtschaft ein führender Teilbereich: Sie umfaßten 45 000 landwirtschaftliche Einzelbetriebe mit jeweils zwischen 6 und 50 Beschäftigten, darunter 8000 Betriebe mit über 10 Beschäftigten. Diese nach kapitalistischen Methoden quasiindustriell betriebene Landwirtschaft spezialisierte sich in den Gebieten nördlich der Loire (namentlich in der Ile de France, in der Picardie und im Artois) auf den Getreide- und Zuckerrübenanbau, im Süden (Languedoc, Provence) auf den Weinbau und in den Weidegebieten Westfrankreichs auf die Viehzucht. Dieser produktionstechnisch fortgeschrittene landwirtschaftliche Sektor war, weil in einigen wenigen Départements konzentriert und mit einem großindustriell angelegten Weiterverarbeitungs- und Vertriebssektor verflochten, nicht nur wirtschaftlich, sondern auch politisch von großem Gewicht, und auch hier spielte das aristokratische Element eine dominierende Rolle.

In Italien waren rund 60 Prozent der arbeitenden Bevölkerung in der Land-, Forst- und Fischereiwirtschaft beschäftigt, und diese drei Sektoren trugen zusammen an die 50 Prozent zum italienischen Bruttosozialprodukt bei. 80 Prozent der in der Landwirtschaft Beschäftigten besaßen praktisch keinen eigenen Grund und Boden, und 54 Prozent waren wandernde Taglöhner. Das Gros des urbaren Landes gehörte Großgrundbesitzern, von denen viele freilich ihr Land lieber an Kleinbauern verpachteten, als es selbst zu bewirtschaften. Im Mezzogiorno, namentlich in Kalabrien und Sizilien, beherrschten große, Hunderte von ha umfassende Latifundien das Bild. Bei den Besitzern der kalabrischen Großgüter handelte es sich zu zwei Fünfteln um Auswärtige, d. h. um Personen, die ihren ständigen Wohnsitz nicht in der Region hatten; und von den nicht ganz 800 Großgrundbesitzern, die zusammen ein Drittel der Bodenfläche Siziliens ihr eigen nannten, residierten mindestens zwei Drittel auswärts. Die Mehrzahl der süditalienischen Magnaten gehörte dem Adel an; nicht wenige von ihnen hatten ihren Adelstitel im frühen 19. Jahrhundert erworben. Den Borgheses gehörten in und um Rom nahezu 140 km^2 Land, und ein paar andere namhafte Familien besaßen zusammen weitere 1000 km^2, nicht zu vergessen die Kirche, die ebenfalls einen riesigen Grundbesitz ihr eigen nannte.

In der Provinz Bologna, die, abgesehen vom Süden, das Zentrum des italienischen Agrarkapitalismus bildete, besaßen 200 bis 300 Grundeigentümer zirka 64 000 von 95 000 ha oder zwei Drittel vom besten Boden. Die Hälfte dieser Großgrundbesitzer waren Adlige, zumeist Sprößlinge alter Familien. Sie spielten nicht nur in der Wirtschaft, sondern auch im gesellschaftlichen, kulturellen und politischen Leben der Provinz und der Stadt Bologna eine führende Rolle. In den anderen Provinzen, in denen der landwirtschaftliche Großgrundbesitz vorherrschte, war das Übergewicht des Adels sogar noch größer.

Viele Großgrundbesitzer kommerzialisierten die forstliche Nutzung ihrer Wälder und beuteten die unter ihrem Boden lagernden Kohle- und Eisenerzvorkommen aus. Vor allem jedoch engagierten sie sich in der Weiterverarbeitung landwirtschaftlicher Produkte. In allen europäischen Ländern mit Ausnahme Frankreichs gehörten sie überwiegend dem Hoch- oder Provinzadel an. Diese Elite der altehrwürdigen Namen hatte, über die Gleichartigkeit ihrer Wirtschaftsweisen und Einkommensquellen hinaus, eine Reihe weiterer Gemeinsamkeiten: Sie stellte in bezug auf Erziehung, Ausbildung, Lebensstil, Mentalität, Verhaltens- und Moralkodex und politische Überzeugung eine weitgehend homogene Gruppe dar. In der Provinz wurden die adligen Grundherren nicht nur von ihren Land- und Waldarbeitern, ihren Pächtern und Freibauern, sondern auch von den Handwerkern, Ladeninhabern, Akademikern und Geistlichen der zu ihrem Herrschaftsbereich zählenden Kommunen als Oberherren anerkannt. Sowohl auf lokaler als auch auf regionaler Ebene nahmen sie die führenden Plätze im gesellschaftlichen und kulturellen Leben ein, und auch in der politischen Welt, vor allem in den Machtzentren, übten sie einen, wenn nicht bestimmenden, so doch mächtigen Einfluß aus.

Kaum nötig zu sagen, daß der grundbesitzende Adel in bezug auf Geburt, Vermögen, Status und Weltanschauung keine homogene Gruppierung war. Man kann sagen, daß er aus drei Hauptkomponenten bestand: der reichen, kosmopolitischen Aristokratie der altehrwürdigen dynastischen Namen, die in den Hauptstädten lebte; der Provinzaristokratie, die dank ihres Grundbesitzes Ansehen und Einfluß genoß; und dem gut bis bescheiden situierten, lediglich auf lokaler Ebene etablierten und einflußreichen Kleinadel. Doch bei allen Unterschieden in bezug auf Stammbaum, Vermögen, Wirkungs- und Einflußbereich verband die grundbesitzenden Eliten doch eine Gemeinsamkeit hinsichtlich ihrer materiellen Interessen und ihrer Weltanschauung. Dazu kam, daß die Hauptgruppen des grundbesitzenden Standes sich letzten Endes trotz der in den eigenen Reihen bestehenden Gegensätze zum gemeinsamen Kampf um die Bewahrung der gesellschaftlichen und politischen Vorrangstellung zusammenfanden – namentlich in Zeiten einer alle bedrohenden Gefahr.

Die langwierige Deflationsphase zwischen 1873 und 1896 war eine solche Zeit, denn unter der Depression litten – wenn auch unterschiedlich – die Schlüsselbereiche der Landwirtschaft. Die Preise fielen, hauptsächlich infolge billiger Getreide- und Fleischimporte aus Übersee, so daß die Gewinnspannen und die Grundrenten schrumpften, während die Zahlungsrückstände bei der Hypothekentilgung und bei den Pachten sich ebenso häuften wie die Zahl der Bankrotte. Gleichzeitig sanken die Grund- und Bodenpreise, und viele, insbesondere die kleineren und wirtschaftlich weniger leistungsfähigen Grundeigentümer, mußten ihre Besitzungen ganz oder teilweise verkaufen. Die Folge war, daß die Großen noch größer wurden, denn sie konnten infolge des Überangebots auf dem Grundstücksmarkt einen großen Teil des Landes billig an sich bringen. Es kam zwar nicht zu einer ausgesprochenen Panik, aber vor allem in den Kreisen der Großgrundbesitzer breitete sich doch eine tiefe Besorgnis über die Zukunft der Landwirtschaft und des Grundeigentums aus. Man befürchtete zudem, die beständige Abwärtsentwicklung in der Landwirtschaft werde zu einem relativen Niedergang dieses Wirtschaftssektors im Vergleich zur Industrie führen.

Auf der Suche nach Mitteln und Wegen, wie diese Entwicklung einzudämmen sei, lernten die postfeudalen Agrarier, besonders die Adligen unter ihnen, die zentrale Bedeutung der Politik schätzen oder entdeckten sie wieder. Während die kleinen und mittleren Landwirte den wirtschaftlichen Entwicklungen schutzlos ausgeliefert waren, verfügten die Großagrarier dank ihrer unverhältnismäßig starken Stellung im Staatsapparat über Möglichkeiten, sich der Unterstützung des Staates in Gestalt von Schutzzöllen, billigen Krediten sowie Transport- und Steuervergünstigungen zu versichern. Da von dem Preisverfall auch wichtige Branchen der industriellen und handwerklichen Güterproduktion betroffen waren, hielten auch bestimmte bürgerliche Gruppen nach staatlicher Hilfe Ausschau. Als Agrarier und Geschäftsleute nun einander auszustechen versuchten, zeigte sich, daß die Agrarier am längeren Hebel saßen und bessere Vergünstigungen einheimsten. Die in einigen Wirtschaftsbereichen anhaltende Krise war für das aufstrebende Bürgertum eine brutale Mahnung daran, daß es innerhalb der „aktiven Symbiose zwischen den beiden Gesellschaftsschichten" (Schumpeter) eindeutig der schwächere Partner war. Die Agrarier waren zwar im ökonomischen Sinn ebensogut Kapitalisten wie die Industriellen, aber sie hatten doch einen besseren Zugang zu den ihnen wohlgesonnenen „feudalistischen Hilfstruppen", die „die Staatsämter besetzten, die Streitkräfte befehligten [und] die Politik bestimmten". Anders ausgedrückt: Die Agrarier waren entschlossener denn je, eine politische Ordnung aufrechtzuerhalten, die zwar „bürgerliche Interessen in Rechnung stellte", gleichwohl aber nicht am Vorrang einer großkapitalistisch organisierten Landwirtschaft rüttelte, der materiellen Basis für die herausragende gesellschaftliche und kulturelle Stellung der Großgrundbesitzer.

In Deutschland sanktionierten die Schutzzölle von 1879 zwar die Zusammenarbeit der Roggen- und Stahlbarone, zementierten aber zugleich die politische Inferiorität der aufstrebenden Bourgeoisie. Dazu kam, daß nach Bismarcks Sturz und nach dem Abgang seines nur vier Jahre amtierenden Nachfolgers, Graf Leo von Caprivi, 1894, die protektionistisch gesinnten Agrarier in ihrer Entschlossenheit bestärkt wurden, keine Schwächung des feudalistischen Elements in der Gesellschaft und vor allem in den Vollzugsorganen der Reichsregierung zuzulassen.

Von den späten 70er Jahren an begannen die Regierungen Italiens, Österreich-Ungarns und Rußlands ebenfalls mit der Einführung von Schutzzöllen, wenn auch im wesentlichen auf landwirtschaftlichen Druck hin, denn es gab in diesen Ländern keine den deutschen vergleichbare Wirtschaftsinteressen. In Italien und Österreich, noch mehr aber in Frankreich, verbündeten sich die Agrarier mit den Textilfabrikanten. Im Grunde waren es diese Fabrikanten, die, unter den Bedingungen des Freihandels von ausländischer Konkurrenz bedrängt, eine Einheitsfront mit dem Großgrundbesitz anstrebten, nachdem sie einmal erkannt hatten, daß sie die Stimmen der Abgeordneten des ländlichen Frankreich benötigten, um im Parlament die Zollgesetzgebung durchzubringen. Im

Gegenzug konnte die französische Landwirtschaft die Einführung des Mélin-Zolls von 1892 verbuchen, Erfolg vereinter Bemühungen der Großgrundbesitzer unter der Führung postfeudaler Aristokraten wie des Marquis Élie de Dampierre, des Grafen de Chambrun und des Marquis Melchior de Vogüé. Der Letztgenannte saß übrigens, abgesehen von seiner einträglichen Herrschaft über große Ländereien im Berry, auch im Vorstand der Suez-Kompanie und der Firma Saint-Gobain.

Unstreitig hatte das Großagrariertum am Wiederaufleben bzw. an der Zunahme des Staatsinterventionismus in der Wirtschaft wesentlichen Anteil. Unter dem traumatischen Eindruck des starken Preisverfalls strebten die Großgrundbesitzer und ihre politischen Interessenverwalter mit mindestens ebenso großer Entschlossenheit wie bestimmte Fabrikanten und Industrielle nach einer Abkehr von den Grundsätzen des Freihandels, zumal für sie noch viel größere Werte auf dem Spiel standen als für letztere. Demgemäß bauten sie ihre Lobby auf: Sie gründeten Interessenverbände und schufen sich politische Bastionen in bestimmten Parteien oder Parteifraktionen, um ihre Position für die Aushandlung von Vereinbarungen mit den bürgerlichen Elementen und den Staatsministerien zu stärken und ihre allgemeine politische Vorrangstellung abzusichern, vor allem mit Blick auf die schwierigen Zeiten, die sich ankündigten. Selbst standesbewußte Hocharistokraten befürworteten oder duldeten diesen Übergang von einer feudalen oder quasi-feudalen Standespolitik zu einer prosaischen Politik der Vertretung von Klasseninteressen.

Landwirtschaftliche Entwicklungstendenzen von ihrem geschichtlichen Kontext zu lösen und sie nur summarisch mit statistischen Daten zu illustrieren, hieße einem schwerwiegenden Mißverständnis der europäischen *anciens régimes* Vorschub zu leisten. Zwar ist der relative wirtschaftliche Niedergang der Landwirtschaft gegenüber einer stetig wachsenden Industrie nicht zu leugnen. Dennoch blieb die Landwirtschaft, abgesehen von England, bis 1914 der bedeutendste wirtschaftliche Bereich, und selbst in England bestand die Konzentration des Grundbesitzes weitgehend ungeschmälert fort. Dies wiederum – die Selbstbehauptung der Gutsherrenwelt und ihrer Pächter in ihrer herkömmlichen Größe und Ausbeutungsstruktur – perpetuierte die Vorrangstellung derjenigen Elemente in der vorindustriellen Gesellschaft, deren politische Verbündete 1914 an oder nahe jenen Schalthebeln saßen, von denen aus die Weichen für den Krieg gestellt wurden.

Man erhält nicht nur ein schiefes Bild von der Struktur der europäischen Wirtschaft, wenn man die vor allem vom Großgrundbesitz geprägten Verhältnisse in der Landwirtschaft beschönigt, sondern auch dann, wenn man den Konsumgüter- gegenüber dem Investitionsgüterbereich unterbewertet. Denn in allen europäischen Ländern – auch im internationalen Handel – rangierte die Konsumgüterindustrie bis 1914 fast ausnahmslos vor der Investitionsgüterindustrie. Hauptbranchen des Konsumgütersektors waren die Textil- und Konfektionsindustrie, die Nahrungsmittel- und Lederverarbeitungs- sowie die Holz- und Möbelindustrie. In allen diesen Bereichen dominierte der kleine Einzelbetrieb. In der Regel familiär geführt, produzierten diese Unternehmen alten Stils sehr arbeitsintensiv und setzten einfache Maschinen mit geringem Energieverbrauch ein.

Die Welt der Werkstätten und Handwerksmeister in den Zentren und Randbezirken der älteren Städte stellte die Welt der Fabriken und proletarischen Arbeitermassen in den jüngeren Großstädten und Industriegebieten in bezug auf Arbeitskräfte, Kapitalisierungs- und Gesamtproduktion in den Schatten. Paradoxerweise kam das Anwachsen der Fabrikindustrie und der Großstädte den Werkstätten und Handwerksbetrieben zugute, denn es stimulierte die Nachfrage nach Gütern und Dienstleistungen, die nur von den letzteren geliefert und erbracht werden konnten, vor allem die Nachfrage nach Wohnraum, Nahrungsmitteln, Bekleidung und Präzisionsgeräten. Anders gesagt: Während die eine oder andere traditionelle Manufakturbranche ohne Zweifel stagnierte oder gar schrumpfte, verzeichneten andere eine neue Blüte und neues Wachstum. Insgesamt konnten Werkstätten und Handwerksbetriebe, selbst wenn ihre Wachstumsrate hinter der führender industrieller Branchen zurückblieb, ihre Stellung nicht nur behaupten, sondern sogar festigen. Ein weiterer Grund für das Beharrungsvermögen der Verbrauchsgüterproduktion lag in der außerordentlichen Anpassungsfähigkeit der sie tragenden Handwerks- und Familienbetriebe an die aufkommenden industriellen Produktionstechniken. Insbesondere in der Textilbranche wurden zahllose Handspinner und -weber durch neue Maschinen ersetzt, und an die Stelle der Weberhütten und Hinterhofbetriebe traten Fabriken mit teuren arbeitssparenden Maschinen. Gleichwohl gehörte die Textilwirtschaft weiterhin dem Sektor der traditionellen Konsumgüterproduktion an: Die großen Spinnereien und Webereien blieben Familienbetriebe; die meisten ihrer Maschinen wurden von nichtproletarischen weiblichen Arbeitskräften bedient, und ihre Abnehmer waren in erster Linie Klein- und Großhändler sowie Schneiderwerkstätten und Konfektionsbetriebe. Weitgehend das gleiche galt für den Bereich der Nahrungsmittelverarbeitung, mit der Ausnahme, daß in den Rübenzucker-Raffinerien, den Mühlen, Brauereien und Schnapsbrennereien die ungelernte Arbeiterschaft zu einem weit geringeren Teil aus Frauen bestand.

Großindustriell produzierende, kapitalintensive Betriebe mit großem und langfristigem Fremdkapitalanteil und einer proletarischen Belegschaft blieben im umfangreichen Sektor der Konsumgüterproduktion die seltene Ausnahme. Die Regel waren Klein- und Familienbetriebe auf Eigenkapitalbasis mit einem niedrigen Anteil des fixen gegenüber dem beweglichen Kapital. Das Gros der Arbeitskräfte bestand aus Handwerksmeistern und -gesellen, die allein oder in Gruppen von bis zu fünf, der Betriebsinhaber eingeschlossen, in Hütten oder Werkstätten produzierten. Die große Mehrzahl dieser Kleinbetriebe war im Besitz ortsansässiger Familien und wurde von ihnen geführt. Die Waren, die sie herstellten, waren für den Verkauf an die Bauern der Umgebung und an die Einwohner der kleineren und mittleren Provinzstädte und Marktorte bestimmt, nicht in erster Linie für den Massenabsatz in den neuen Ballungszentren. Was die Luxusgüterindustrie betraf, so konzentrierte sie sich in der Regel auf die traditionellen städtischen Metropolen einschließlich der Hauptstädte, und auch für sie war der kleine bis mittlere Handwerks- und Manufakturbetrieb und nicht die große Fabrik der Normalfall.

Die Giganten der Konsumgüterindustrie – die es natürlich auch gab – konnten sich im Blick auf Anzahl, Reichtum und gesellschaftlichen Status nicht mit denen der Landwirtschaft und des Großgrundbesitzes messen. Waren diese großen Familienunternehmer so ohnehin schon in einer benachteiligten Position, so kam erschwerend hinzu, daß sie es nicht verstanden, das gleiche Maß an gesellschaftlicher und politischer Dominanz über die Vielzahl der Kleinst-, Klein- und Mittelunternehmen zu erringen, das die Großagrarier über das heterogene Heer der Klein- und Mittelbauern ausübten. Überdies verfolgten die Magnaten der Konsumgüterindustrie häufig Ziele, die denen ihrer Pendants in der Investitionsgüterbranche zuwiderliefen; hieraus entstanden Gegensätze, aus denen die Agrarier machtpolitisches Kapital schlugen.

Was die Handwerker betraf, so waren sie zwar nach wie vor die dominierende Gruppe innerhalb der arbeitenden Bevölkerung, doch wurden sie von den Folgen der fortschreitenden kapitalistischen Modernisierung teilweise erheblich in Mitleidenschaft gezogen. Im Zeichen beträchtlicher Veränderungen in den Produktions- und Distributionsmethoden mußten die Handwerker schwer um die Bewahrung ihrer Selbständigkeit, ihrer gesellschaftlichen Stellung, ihrer Konkurrenzfähigkeit und ihres Lebensstandards kämpfen. Gewiß, ihr zahlenmäßiges Gewicht war nicht nur groß, sondern vergrößerte sich mit der Zeit sogar noch. Aber anders als die Arbeiter in der Investitionsgüterindustrie, im Bergbau und im Eisenbahnwesen, die sich in industriellem Maßstab organisierten, blieb das Handwerkerwesen in Einzelzünfte gegliedert. Mißtrauisch auf die Bewahrung ihrer persönlichen und beruflichen Selbständigkeit bedacht, taten sie sich schwer, Instrumentarien und Strategien der wirtschaftlichen Selbstverteidigung zu entwickeln, die an die Stelle jener ständischen und gesetzlichen Institutionen hätten treten können, die ihnen früher in schweren Zeiten so gute Dienste geleistet hatten.

In Großbritannien beschäftigten Verbrauchsgüter- und Investitionsgüterindustrie zusammen 1911 einen Anteil von etwa 38 Prozent der insgesamt 18 Millionen Berufstätigen des Landes, also etwa 7 Millionen Menschen. Die 2,1 Millionen Beschäftigten (entsprechend 30 Prozent dieser Gruppe), die in der Metallverarbeitung, im Maschinen- und Fahrzeugbau und in der chemischen Industrie tätig waren, steuerten rund 24 Prozent zum Nettoprodukt dieses kombinierten Sektors bei. Der Beitrag des Verbrauchsgüterbereichs war im Vergleich hierzu wesentlich gewichtiger. Zwar fielen Holzverarbeitung, Möbelindustrie und Leder- und Schuhindustrie mit zusammen 450 000 Beschäftigten und 3,3 Prozent Anteil am Nettogesamtprodukt nicht sehr ins Gewicht; um so mehr aber Textilindustrie, Konfektion und Lebensmittelverarbeitung mit zusammen 3,9 Millionen Beschäftigten (entsprechend 47,5 Prozent der Gesamtarbeiterschaft beider Sektoren) und einem Anteil von 41 Prozent am Nettoprodukt. Allein die 1,5 Millionen Textilarbeiter steuerten an die 16,5 Prozent zum Nettoprodukt bei, was zusammen mit den weiteren 8 Prozent, die die 1,26 Millionen Beschäftigten der Konfektionsindustrie beitrugen, einen Gesamtanteil der Textilbranchen von 24,5 Prozent ergab.

Zu diesem Zeitpunkt (1911) machten Textilprodukte allein noch einen Anteil von 38 Prozent am Gesamtexport Großbritanniens aus, wobei das Gros auf unverarbeitete Baumwollstoffe entfiel. Noch 1913 wurden über 85 Prozent aller in Großbritannien erzeugten Baumwollstoffe und über 50 Prozent aller seiner Wollstoffe ins Ausland abgesetzt, wobei allein 43 Prozent dieser Exporte nach Indien gingen. In Anbetracht dieses riesigen Marktes für industriell gefertigte textile Massenware kann es nicht überraschen, daß unter den 50 größten Unternehmen Großbritanniens (mit einer Kapitalkraft von jeweils mehr als 2 Millionen Pfund) 10 Textilfirmen waren.

Der Trend zu Vergrößerung und Konzentration, der sich teilweise in Form von Firmenzusammenschlüssen durchsetzte, trat ebenso deutlich auf dem agro-industriellen Sektor hervor, namentlich im Brau- und Brennereiwesen, wo 17 der 50 größten Unternehmen Großbritanniens beheimatet waren. Alles in allem waren unter den 50 größten Firmen nur 9, die nicht dem Bereich der Konsumgüterproduktion angehörten.

In den gängigen Darstellungen wird England als das Land porträtiert, in dem sich die Entwicklung hin zum Industrie- und Finanzkapitalismus allmählich, aber stetig vollzogen habe, Deutschland dagegen als das Land, das den gleichen Entwicklungsprozeß im Eiltempo zurückgelegt und Großbritannien 1914 bereits überflügelt habe. Tatsächlich waren zu diesem Zeitpunkt in Deutschland von einer insgesamt 27 Million zählenden arbeitenden Bevölkerung nur etwa 10 Millionen, d. h. etwas mehr als ein Drittel, in den beiden Sektoren Konsumgüter- und Investitionsgüterindustrie beschäftigt. Davon waren im Investitionsgüterbereich sogar nur

2,25 Millionen beschäftigt, und dieses runde Viertel der insgesamt in der Güterproduktion Tätigen trug immerhin 25 Prozent zum nationalen Nettogesamtprodukt dieser Sektoren bei. Aber selbst wenn man den Kohlebergbau dem Investitionsgüterbereich zuschlägt, ändert dies nichts am relativen Vorrang des Bereichs der traditionellen, d.h. vorindustriell geprägten Güterproduktion.

Es ist zugegebenermaßen nicht von der Hand zu weisen, daß die metallverarbeitende Industrie, den Maschinen- und Fahrzeugbau mit eingerechnet, in bezug auf Beschäftigtenzahl, Kapitalstärke und Umsatz 1914 bereits zur führenden Branche außerhalb der Landwirtschaft aufgestiegen war. Mit 1,7 Millionen Beschäftigten – an die 7 Prozent der arbeitenden Bevölkerung Deutschlands – steuerte sie rund 10 Prozent zum nationalen Nettogesamtprodukt bei. Allerdings waren diese Metallarbeiter zu einem beträchtlichen Teil in Werkstätten und Fabriken mit weniger als 50 Beschäftigten tätig, und es waren, selbst in den größten Betrieben, noch viele Handwerksmeister und -gesellen traditionellen Typs unter ihnen.

Ansonsten gehörten alle anderen Branchen mit mehr als 1 Million Beschäftigten dem Sektor der Verbrauchsgüterproduktion an. In der Bekleidungs- und Lederindustrie waren zusammen 1,6 Millionen Arbeiter beschäftigt, in der Nahrungsmittelverarbeitung 1,3 Millionen und in der Textilproduktion 1,1 Millionen. Von den Textilarbeitern webten und spannen zwar 750000, die Hälfte davon Frauen, in Fabriken mit jeweils mehr als 50 Beschäftigten. Doch mit Ausnahme der Textilindustrie herrschten in der Verbrauchsgüterproduktion durchweg noch Kleinst-, Klein- und Mittelbetriebe vor. Demgemäß beschäftigten die Branchen Konfektion, Leder (einschließlich Schuhindustrie) Textil und Lebensmittelverarbeitung allein insgesamt 4 Millionen Arbeiter. Um das Spektrum der Kleinbetriebe und der traditionellen Handwerksbetriebe zu vervollständigen, müssen noch zwei weitere Branchen in die Rechnung einbezogen werden: das Baugewerbe mit 1,5 Millionen Beschäftigten und die holzverarbeitende Industrie (einschließlich der Möbelherstellung) mit einer Gesamtzahl von nicht ganz 1 Million Arbeitern. Alles in allem beschäftigten die fünf größten Branchen der Verbrauchsgüterproduktion also rund 6,5 Millionen Arbeiter und Arbeiterinnen.

Dieser große Bereich der Verbrauchsgüterherstellung war vor allem für die unverminderte wirtschaftliche Bedeutung kleiner und mittlerer Unternehmen in Deutschland verantwortlich. 1907 beschäftigten immerhin noch 90 Prozent aller Betriebe der Verbrauchsgüter- und der Investitionsgüterindustrie weniger als sechs Mitarbeiter. Zwar war die Gesamtzahl der in diesen Kleinstbetrieben Beschäftigten seit 1875 um ein Drittel zurückgegangen, doch belief sie sich immer noch auf 31,2 Prozent aller im Verbrauchs- und Investitionsgütersektor Tätigen. Diejenigen Firmen, die zwischen 6 und 60 Mitarbeiter beschäftigten (es waren dies 8,9 Prozent aller den beiden genannten Sektoren angehörenden Betriebe), hielten einen Anteil von 26,4 Prozent an der Gesamtbeschäftigtenzahl. Somit waren also 57,6 Prozent der Lohnempfänger in den Verbrauchs- und Investitionsgüterbranchen in kleineren und mittleren Firmen mit 1 bis 50 Mitarbeitern beschäftigt; die verbleibenden 42,4 Prozent der Beschäftigten verteilten sich auf jene 1,3 Prozent der Unternehmen, die mehr als 50 Mitarbeiter in Lohn und Brot hatten (51–200 : 20,8 Prozent; 201 – 1000 : 16,7 Prozent; über 1000 : 4,9 Prozent). Die 548 Unternehmen mit jeweils mehr als 1000 Beschäftigten, die über eine Gesamtbelegschaft von 1,3 Millionen geboten, gehörten zweifellos fast ohne Ausnahme dem Investitionsgüterbereich an. Dagegen ist ein großer Teil der 26700 Unternehmen mit einer Beschäftigtenzahl von 51 – 1000 je Betrieb und 4 Millionen insgesamt dem Verbrauchsgütersektor zuzurechnen.

Aus diesen Zahlen geht hervor, daß in Deutschland nicht nur die Konsumgüterproduktion den Investitionsgütersektor nach wie vor in den Schatten stellte, sondern daß auch in beiden Sektoren die kleineren und mittleren Betriebe noch das entschieden größere wirtschaftliche Gewicht hatten als die großen Industrieunternehmen auf Aktienbasis. Nimmt man die umfangreichen Sektoren des Einzelhandels und der Dienstleistungsgewerbe hinzu, so erscheint der Anteil der kleinbürgerlichen und familiären Unternehmen noch größer.

Noch ausgeprägter als in England und Deutschland war das Übergewicht des Verbrauchsgütersektors sowie des traditionellen Klein- und Familienbetriebs in Frankreich. In einer Volkswirtschaft, die zwei ihrer wesentlichen Säulen in der Landwirtschaft und in der Masse der kleinen Läden und Werkstätten hatte, waren 1914 bestenfalls 5,2 Millionen Menschen oder 25 Prozent der arbeitenden Bevölkerung in der Konsum- und Investitionsgüterindustrie beschäftigt.

Die größte Einzelbranche war hier mit 1,6 Millionen Lohnempfängern (einschließlich Heimarbeitern und nominell selbständigen Ein-Mann-Unternehmern) die Konfektions- und textilverarbeitende Industrie. Die Textilindustrie selbst beschäftigte, obgleich nach 1870 vom ersten Platz verdrängt und nunmehr zwischen Konfektions- und Metallindustrie rangierend, noch immer über 900000 Arbeitskräfte. Nimmt man noch die 325000 Beschäftigten in der Leder-, und hier vor allem der Schuhbranche, hinzu, so band der Bekleidungssektor im weiteren Sinn fast 40 Prozent der insgesamt im Verbrauchs- und Investitionsgüterbereich tätigen Arbeitskräfte und erwirtschaftete 30 Prozent seines Umsatzes bzw. 20 Prozent des Nationalprodukts.

Da darüber hinaus 500000 Franzosen in der nahrungsmittelverarbeitenden Industrie und 700000 in der Holz- und Möbelbranche arbeiteten, befand sich die Konsumgüterproduktion in einer vorläufig unerschütterlichen Vorrangstellung. Zählt man die 555000 Beschäftigten der Bauwirtschaft hinzu, so gebot der führende Sektor im außeragrarischen Bereich der französischen Volkswirtschaft über 4,5 Millionen Arbeitskräfte und trug mehr als 40 Prozent zum Nettosozialprodukt bei. Zum Vergleich: Die Metallindustrie beschäftigte lediglich etwa 850000 Lohnempfänger, d.h. 13 Prozent aller im Konsum- und Investitionsgütersektor Tätigen, und lieferte einen Anteil von nur 15 Prozent am Nettosozialprodukt. Selbst wenn man die 300000 Beschäftigten des Erzbergbaus und die 300000 im Eisenbahn- und Schiffsbau Tätigen noch dazuzählt, nahm dieser Teil des Investitionsgütersektors eindeutig einen untergeordneten Rang ein.

Es braucht kaum eigens betont zu werden, daß der Umfang und die Vielfalt der Konsumgüterproduktion die Hauptursache für den absoluten Vorrang der kleinen vor den großen Betrieben und Produktionseinheiten bildeten. Die Dritte Republik war tatsächlich mindestens ebensosehr eine Nation der Werkstätten und Handwerker wie eine der Klein- und Pachtbauern. Die Anzahl der *patrons* lag zwar 1913 um ein Drittel niedriger als zur Zeit des Zweiten Napoleonischen Kaiserreichs, aber noch immer kamen auf fünf Arbeiter zwei „Chefs", und die Zahl der Inhaber einer Gewerbelizenz („patente") war im gleichen Zeitraum in der Tat noch um mehr als 500000 auf insgesamt 2,3 Millionen gestiegen.

Diese Zahlen sind, weil die französischen Statistiken Schwankungen und Widersprüche aufweisen, bestenfalls Annäherungswerte. Aber an der Tatsache, daß in den Bereichen der Investitions- und Verbrauchsgüterproduktion und namentlich in letzterem (einschließlich Bauwirtschaft), mit Ausnahme einiger weniger, auf die Durchführung öffentlicher Projekte spezialisierter Großunternehmen, eindeutig die kleinen und mittleren Unternehmen die Szene beherrschten, ist nicht zu deuteln. Wieder war es die Textilindustrie (nicht jedoch die Konfektionsbranche), die insofern aus dem Rahmen fiel, als es hier rund 60 Spinnereien und Webereien mit jeweils zwischen 100 und 200 Beschäftigten gab; es handelte sich dabei freilich, wie auch in allen übrigen Betrieben dieser Branche, um eine vorwiegend weibliche und daher sehr jugendliche und sehr stark fluktuierende Arbeiterschaft.

Von dieser gewichtigen Ausnahme abgesehen, wimmelte es also insbesondere im Bereich der Verbrauchsgüterproduktion von kleinen und mittleren Firmen im Besitz von *patrons*, von denen die meisten auch Kaufleute in eigener Sache waren. Zusammengenommen gab es in der Verbrauchs- und Investitionsgüterproduktion, die nur nominell selbständigen Ein-Mann-Betriebe nicht gerechnet, ungefähr 610000 Firmen. Davon beschäftigten 530000 zwischen 1 und 5 und 68000 zwischen 6 und 50 Arbeitern. Einer anderen Berechnungsweise zufolge beschäftigten 9 von 10 Firmen weniger als 10 Lohnarbeiter; 60 Prozent aller in der Konsum- und Investitionsgüterproduktion Tätigen arbeiteten in Firmen dieser Kategorie, 72 Prozent in Betrieben mit weniger als 50 Arbeitnehmern.

Es gab in Frankreich natürlich auch einige größere Unternehmen, insgesamt 9000 mit jeweils mehr als 50 Beschäftigten. 5000 von ihnen hatten zwischen 51 und 100, 3000 zwischen 101 und 500 Arbeitnehmer. Dazu kamen noch 515 Betriebe mit zwischen 501 und 5000 sowie 13 Giganten mit jeweils über 5000 Beschäftigten. In ihrer Mehrzahl gehörten diese Großunternehmen den atypischen Sparten Schwerindustrie und Bergbau an. Auf dem Sektor der Konsumgüterproduktion jedenfalls bestimmten eindeutig die kleinen bis mittleren Firmen das Bild. Viele dieser Firmen arbeiteten nicht allzu wirtschaftlich. Sie ernährten ein Heer bescheiden situierter Kleinbürger bzw., in einem geringeren Ausmaß, eine Schicht wohlhabender, aber eher provinziell als kosmopolitisch orientierter bürgerlicher Unternehmer. Die unzähligen Einzelhandels- und Dienstleistungsbetriebe auf diesem Sektor sorgten offensichtlich für eine weitere Verschiebung der Gewichte zugunsten der kleinbürgerlichen Mittelschichten.

In der österreichischen Hälfte der habsburgischen Monarchie beschäftigten die Sektoren Verbrauchsgüter- und Investitionsgüterproduktion zirka 20 Prozent der erwerbstätigen Bevölkerung, wobei der weitaus größere Anteil auf den Verbrauchsgütersektor entfiel. 53 Prozent des Bruttoprodukts beider Sektoren wurden allein in den Branchen Textil, Textilverarbeitung und Lebensmittelverarbeitung erwirtschaftet, während Metall und Metallverarbeitung lediglich 18 Prozent beitrugen. Auch hier dominierten auf dem Verbrauchsgütersektor, von einigen wenigen Ausnahmen abgesehen, zu denen in diesem Fall eine Anzahl von Brauereien und Textilfabriken gehörten, kleine und mittlere Betriebe. 1912 fielen 75 Prozent der 966 600 Firmen der beiden Sektoren Verbrauchs- und Investitionsgüterproduktion in die Kategorie „Kleinbetrieb“. Es gab in Groß-Österreich außerdem an die 5300 eingetragene Handwerkerzünfte, denen insgesamt 550 000 Meister, 500 000 Gesellen und 174 000 Lehrlinge angehörten.

Wien entwickelte sich um die Jahrhundertwende zu einer Großstadt mit 2 Millionen Einwohnern. Es war nicht nur eine glanzvolle politische, gesellschaftliche und kulturelle Metropole, sondern auch das bedeutendste Zentrum der österreichischen Konsumgüter- (einschließlich Luxusgüter-)Industrie, und in seinen neuen Außenbezirken wuchs eine leistungsfähige Schwerindustrie heran. Es gab in Wien ungefähr 56 000 Betriebe und 375 000 in der Verbrauchs- und Investitionsgüterindustrie beschäftigte Arbeitnehmer. Von diesen arbeiteten mindestens 116 000 in Werkstätten mit lediglich 1-5 Arbeitnehmern, 50 000 in 6800 Kleinbetrieben mit 6 bis 10 Beschäftigten und 34 500 in 2500 Firmen mit einer Belegschaft von 11-20 Personen. Von den 375 000 Lohnempfängern Wiens waren mithin mehr als 200000 in den 53800 (von insgesamt 56000) Firmen beschäftigt, die eine Belegschaft von 20 Personen oder weniger hatten. Dazu kamen noch 70000, die in mittelgroßen Betrieben arbeiteten, die Hälfte von ihnen in 1300 Firmen mit einer Belegschaft von 21-50 Personen, die andere Hälfte in den 450 Firmen mit 51-100 Beschäftigten. In der Kategorie der Großbetriebe waren lediglich 410 Fabriken mit jeweils 100–1000 und mit insgesamt 92000 Arbeitnehmern vertreten, von denen wiederum die Hälfte auf Betriebe zwischen 100 und 300 Beschäftigten entfiel. Die 8 Fabriken, die jeweils mehr als 1000 und zusammen zirka 12000 Arbeitskräfte beschäftigten, gehörten sämtlich der Metallbranche an. Den Einzelhandels- und Distributionssektor beherrschten, wie in allen Großstädten, so auch in Wien die kleinen Familien- und Ein-Mann-Betriebe. Nur 22000 der insgesamt 142000 der in diesem Bereich Tätigen (entsprechend 15 Prozent) arbeiteten in den wenigen (153 von 50000) Firmen dieses Sektors, die mehr als 50 Leute beschäftigten, die 4000 Angestellten und Arbeiter der Wiener Straßenbahn mit eingerechnet. All dies macht deutlich, daß die Hauptstadt der Doppelmonarchie im wesentlichen eine Stadt der kleinen bis mittleren Werkstätten und Ladengeschäfte und keineswegs eine Stadt der großen Fabriken, der Kaufhäuser und der großen Verwaltungszentren war.

In der ungarischen Hälfte der Doppelmonarchie gab es rund 1,2 Millionen Arbeiter bei einer arbeitenden Bevölkerung von insgesamt 9 Millionen Menschen. 29,5 Prozent von ihnen waren selbständige Handwerker, die keine Lohnarbeiter beschäftigten, 33,4 Prozent arbeiteten gegen Lohn in Werkstätten und Kleinbetrieben mit 1-20 Beschäftigten und zirka 37 Prozent in Firmen mit mehr als 20 Arbeitnehmern. Die Gewichtsverteilung zwischen Verbrauchs- und Investitionsgüterindustrie war in den beiden Hälften der Doppelmonarchie ungefähr gleich, innerhalb des Verbrauchsgütersektors waren die Verhältnisse jedoch unterschiedlich: Im „abhängigen“ Ungarn nahm die lebensmittelverarbeitende Industrie, namentlich das Mühlenwesen, nahezu doppelt so viel Raum ein wie in Österreich, das Stoffe, Konfektionswaren und andere leichtindustrielle Güter nach Ungarn exportierte.

Im zaristischen Rußland beschäftigten die Konsum- und Investitionsgüterindustrie einschließlich des Bergbaus um 1910 etwa 5 Prozent der erwerbstätigen Bevölkerung und trugen zirka 20 Prozent zum Nationaleinkommen bei. Die Branchen Textil (einschließlich Konfektion) und Lebensmittelverarbeitung beschäftigten 30 bzw. 13, zusammen also 43 Prozent der in diesem Bereich Arbeitenden und trugen 28 bzw. 22, zusammen also 50 Prozent zur Wertschöpfung dieser Wirtschaftssektoren bei.

Auch in Rußland waren die industriellen Arbeitskräfte zu einem großen, in dem uns interessierenden Zeitraum sogar noch wachsenden Teil in der Kategorie der Kleinst- und Kleinbetriebe beheimatet, und auch hier trug diese Kategorie weiterhin einen beträchtlichen, wenn auch relativ abnehmenden Anteil zur Wertschöpfung bei. 1914 arbeiteten rund 2 Millionen Handwerker in den kleinen Werkstätten oder *artjels* des „urbanen" Rußland, viele davon innerhalb der Grenzen des jüdischen Ansiedlungsrayons. Dazu kamen zwischen 2 und 8 Millionen vorkapitalistische und vorindustrielle Heimarbeiter oder *kustare*, die, über das russische Land verstreut, fast allesamt mit einfachsten Handwerkzeugen in der eigenen Wohnhütte produzierten. Am Produktwert gemessen, trug dieser Bereich der handwerklichen Heimarbeit zwischen einem Viertel und einem Drittel zum Gesamtumsatz der Sektoren Verbrauchsgüter- und Investitionsgüterindustrie bei; vor allem der bescheidene Warenkonsum der russischen Massen wurde zu einem großen Teil durch die Produkte dieser Heimarbeit bestritten.

Die Verbrauchs- und Investitionsgüterindustrie Italiens unterschied sich nicht allzusehr von der Rußlands, sieht man einmal davon ab, daß sie um einiges umfangreicher war. Auf den Konsumgütersektor entfielen 1911 3,4 Millionen, d.h. etwas mehr als 77 Prozent der 4,4 Millionen „Industriearbeiter" des Landes. Im Investitionsgüterbereich waren lediglich rund 970 000 Arbeitnehmer, d.h. etwas mehr als 22 Prozent, beschäftigt. In den Branchen Textil und Konfektion arbeiteten zusammen mehr als 1,5 Millionen Lohnempfänger, zum größten Teil Frauen. Die Konsumgüterbranchen, die Bauwirtschaft eingeschlossen, beschäftigten nicht nur den bei weitem größten Teil der italienischen „Industriearbeiter", sondern gewährleisteten auch den Fortbestand der arbeitsintensiven handwerklichen oder handwerksartigen Produktion in kleinen oder bestenfalls mittelgroßen Betrieben. Da die menschliche Arbeitskraft ein vergleichsweise billiger Produktionskostenfaktor war, sahen die Arbeitgeber in diesen Branchen kaum einen Anreiz für Investitionen in arbeitssparende Maschinen und fabrikmäßige Produktionsmethoden. Mehr als 90 Prozent aller Firmen dieses Bereichs hatten eine Belegschaft von maximal fünf Personen, und immerhin 30 Prozent aller in der Verbrauchs- und Investitionsgüterindustrie Beschäftigten arbeiteten in Kleinbetrieben dieser Kategorie. Gewiß gab es einige große Hütten- und Stahlwerke und Maschinenbaufabriken, aber sie beschäftigten zusammengenommen doch einen relativ geringen Teil der Arbeiterschaft; auch das rasche Wachstum der Investitionsgüterproduktion zwischen 1896 und 1908 änderte daran nichts.

Zweifellos gab es in den Konsumgüterbranchen Italiens auch eine Anzahl von Großunternehmern und beachtlichen Kapitalien. Die Magnaten dieser Branchen fanden sich vor allem unter den Besitzern der Textilfabriken und der nahrungsmittelverarbeitenden Betriebe in oder nahe den großen Städten, namentlich im norditalienischen Industriedreieck.

Unendlich viel typischer für diesen Sektor waren jedoch die Ein-Mann-Betriebe, die kleinen Handwerksmeister und die *padroni* kleinerer und mittlerer Familienbetriebe. Sie aber gehörten weniger der *grande borghesia* als vielmehr der *piccolo borghesia* an und hatten kaum Verbindung und Einfluß in der Welt der Großbankiers und Großkaufleute.

Was den Investitionsgütersektor betraf, so gehörte ihm eher die Zukunft als die Gegenwart. Gemessen an den Wachstumsraten beim Stahl, beim Maschinenbau, in der Chemiebranche, der Kohleförderung und im Eisenbahnbau, schickte die moderne Industrie sich an, die Kluft zu schließen, die sie von der Landwirtschaft und der traditionellen Güterproduktion trennte. Vorläufig allerdings lag der Investitionsgütersektor trotz der Riesenschritte, die er machte, noch weit im Hintertreffen. Nur wenige Stahl- und Hüttenwerke vermittelten infolge ihrer Größe, ihres Anblicks und ihrer Modernität den Anschein, als thronten sie herrschaftlich über dem dichten wirtschaftlichen Unterholz von Bauernhöfen und Gütern, von Werkstätten, Läden und Kleinbetrieben. In Wirklichkeit steckten die Investitionsgüterbranchen, was ihre gesamtwirtschaftliche Bedeutung anbelangt, je nach Land entweder noch in den Kinderschuhen oder gar noch in den Windeln. Dazu kam, daß die neue Industrie sich auf geographisch begrenzte Regionen konzentrierte: die Midlands und Lancashire in England, Ruhr und Saar, Oberschlesien und Berlin in Deutschland, Lothringen und die an Belgien angrenzenden Gebiete in Frankreich, Wien und Böhmen in Österreich, St. Petersburg und das Donezbecken in Rußland, Norditalien, und außerdem auf die großen Seehäfen.

Die industrielle Entwicklung mußte sich überall in Europa in vorhandene und alteingewurzelte gesellschaftliche, kulturelle und politische Strukturen einpassen. Bis 1914 waren Industrie- und Finanzkapitalismus, vor allem auch der Unternehmerkapitalismus nicht nur in wirtschaftlicher Hinsicht, sondern auch im Hinblick auf gesellschaftlichen Status und politische Macht von untergeordneter Bedeutung. Mochte liberales Ideengut noch so gefragt sein: So viel materielle und gesellschaftliche Macht, um das *ancien régime* auf die Dauer erfolgreich herausfordern und durch eine liberale bürgerliche Ordnung ersetzen zu können, errang der Industriekapitalismus zu keiner Zeit. Das lag nicht nur daran, daß die wirtschaftlichen und gesellschaftlichen Träger des bürgerlichen Liberalismus verhältnismäßig schwach und wenig machtbewußt waren. Wie schon gesagt, fiel die zweite industrielle Revolution paradoxerweise mit der langen Rezessionsphase zwischen 1873 und 1896 und der Blüte des neuen Kolonialimperialismus zusammen. Diese untereinander verbundenen Entwicklungen veranlaßten und befähigten nicht nur die feudalen und illiberalen Elemente vor allem im politischen Bereich, ihre Position zu sichern, sondern führten auch dazu, daß bedeutende Teile des neuen Industriebürgertums sich enger an die herrschenden Klassen anschlossen, anstatt ihnen ihre Herrschaft streitig zu machen.

Dies alles hatte augenscheinlich keineswegs nur negative Folgen. Zwischen 1870 und 1914 vervierfachte sich die europäische Roheisenproduktion. Zwischen 1893 und 1913 erhöhten England und Deutschland ihre Roheisenerzeugung um 50 bzw. 287 Prozent, ihre Kohleförderung um 75 bzw. 159 Prozent und ihre Rohstahlproduktion um 136 bzw. 522 Prozent (letzteres hauptsächlich dank des Bessemer-Verfahrens). Deutschland stand mit seinen Wachstumsraten natürlich einsam an der Spitze, abgesehen allenfalls von den Vereinigten Staaten. Binnen weniger als zwanzig Jahren verdoppelten die Deutschen ihre Eisen- und Stahlerzeugung; 1914 hatten sie ein Produktionsvolumen erreicht, das dem Großbritanniens, Frankreichs, Italiens und der Benelux-Länder – zusammengenommen – entsprach. Aber auch Frankreich verdreifachte seine Kohlenförderung und verdoppelte seine Roheisenerzeugung zwischen 1871 und 1913. Darüber hinaus verzehnfachten die Franzosen zwischen 1880 und 1913 ihre Rohstahlproduktion, obgleich ein Großteil der lothringischen Eisenerzlager in dieser Zeit ihrem direkten Zugriff entzogen war. Rußland konnte seine Eisenerzförderung zwischen 1885 und 1914 ebenfalls verzehnfachen und Frankreich vom Rang des viertgrößten Stahlproduzenten der Welt verdrängen. Auch Italien und Österreich-Ungarn verzeichneten imposante Fortschritte im Bereich der Grundstoffindustrien.

Zur gleichen Zeit setzte in einer insbesondere von der Jahrhundertwende an stürmisch verlaufenden Entwicklung die zweite industrielle Revolution ein: Elektrizität und Generatoren, Petroleum und Verbrennungsmotoren (Kraftfahrzeuge), Chemie und Kunststoffe (Farben, Stickstoff, Kohlehydrierung). Die von Physik und Chemie erschlossenen neuen technischen Möglichkeiten beflügelten die Entwicklung des unpersönlichen, auf Aktien und Kreditfinanzierung beruhenden großen Finanz- und Unternehmerkapitalismus, weil die neuen Techniken nur im Rahmen einer kapitalintensiven, energieaufwendigen und fließbandartigen Produktion zur vollen Entfaltung gelangen konnten.

Es war zweifellos der Investitionsgütersektor, auf dessen Boden sich die größten Konzerne bildeten, sei es durch Expansion, sei es durch Firmenzusammenschlüsse. Im wesentlichen blieb das Phänomen des Großkonzerns vor 1914 jedoch auf die Branchen Stahl und Kohle beschränkt – zu einer Zeit, da die Welt noch nahezu 90 Prozent ihres Energiebedarfs mit Kohle deckte. Wirtschaftliche Riesen waren natürlich auch die Eisenbahngesellschaften, obgleich das Eisenbahnwesen, von England einmal abgesehen, größtenteils wenn nicht im Staatsbesitz, so doch staatlich subventioniert war oder unter staatlicher Regie stand. In den ebenfalls rasch wachsenden Sparten Metallverarbeitung und Maschinen- und Apparatebau dagegen tummelten sich weiterhin viele kleine und mittlere Betriebe. Was die Kraftfahrzeug- und die chemische Industrie betrifft, so nahmen sie vor 1914 einen eher bescheidenen Rang ein. Die Herstellung von Kraftfahrzeugen vollzog sich noch nach handwerklichen Methoden und zielte auf einen eng begrenzten Luxusmarkt, und die Chemieproduktion blieb, obgleich an sich eine höchst kapital- und energieintensive Angelegenheit, vorläufig sowohl in bezug auf Ausstoß als auch in bezug auf Beschäftigtenzahl unbedeutend.

Der großindustrielle Unternehmenstyp befand sich fraglos auf dem Vormarsch. Die Pionierbastionen des Aktien- und Finanzkapitalismus waren freilich, wie so viele Enklaven, von andersartigen Strukturen umlagert, nicht allein von einem ausgedehnten Agrarsektor, auch von einem Dickicht kleiner Werkstätten und mittlerer Familienbetriebe. Dazu hingen viele industrielle Großunternehmen, insbesondere die Rüstungsbetriebe, von Regierungen ab, in denen agrarische oder feudale Gruppen einen beträchtlichen Einfluß ausübten. In keinem Land Europas erreichte der führende Industriekapitalismus auch nur annähernd wirtschaftliche, geschweige denn gesellschaftliche und politische Vormacht oder auch nur Gleichrangigkeit.

In Großbritannien entwickelten sich die schwerindustriellen und aktienkapitalistischen Enklaven nur zögernd. Die englische Industrie mußte für die Pionierdienste, die sie bei der Produktion von Massenkonsumgütern wie Textilien und Eisenwaren geleistet hatte, den Preis der Überalterung zahlen. Außerdem litt sie an den Folgen einer gewissen Ignoranz, die die herrschenden und regierenden Klassen Englands der Naturwissenschaft und der Technik gegenüber an den Tag legten. Die Sparten Eisen und Stahl, Maschinen- und Fahrzeugbau sowie Chemie beschäftigten 1914 zusammen lediglich 2 Millionen Arbeitskräfte, d.h. 12 Prozent einer erwerbstätigen Bevölkerung von insgesamt 18 Millionen Menschen oder 33 Prozent der 6,2 Millionen im Verbrauchs- und Investitionsgütersektor Beschäftigten. Dieser Sektor erwirtschaftete 23 Prozent des britischen Nettosozialprodukts und etwas weniger als 10 Prozent des Nationaleinkommens.

Bis 1905 waren nur 13 der 50 größten britischen Konzerne im Bereich der Investitionsgüterproduktion angesiedelt, während die restlichen 37 dem Verbrauchsgütersektor angehörten. 9 dieser 13 Großunternehmen waren Eisen-, Stahl- oder Kohlenkonzerne; sie alle mischten kräftig bei staatlich finanzierten Schiffsbau- und Rüstungsprojekten mit (allen voran Vickers-Maxim und Armstrong). Diese Firmen blieben ungeachtet ihrer Größe zunächst noch im Besitz bzw. unter der Kontrolle ihrer Gründerfamilien, und nur wenige Unternehmen aus anderen Industriebranchen konnten sich mit ihnen messen. Insgesamt gab es im Eisen- und Stahlbereich nahezu 3500 Betriebe mit zusammen 600 000 Beschäftigten. Von den 3 Chemieunternehmen, die unter den 50 größten britischen Konzernen rangierten, war nur eines (Brunner-Mond) speziell auf den neuerschlossenen Gebieten der Petroleum- und der Kunststoffchemie tätig. Die chemische Industrie beschäftigte zwar nur 128 000 Arbeitskräfte, erwirtschaftete jedoch 4,4 Prozent des Nettosozialprodukts.

Der Kohlebergbau und das Eisenbahnwesen hatten eine raschere Entwicklung genommen als die anderen Industrien: Die Zahl der in diesen beiden Branchen Beschäftigten hatte sich seit 1840 vervierfacht. 1913 bot die Kohlenbranche 1,2 Millionen Menschen einen Arbeitsplatz; sie erwirtschaftete 6 Prozent des Nationaleinkommens und 10 Prozent aller britischen Exporterlöse und bestritt 80 Prozent der auf britischen Schiffen transportierten Tonnage (wobei nahezu ein Drittel der im Lande geförderten Kohle exportiert wurde). Weniger konzentriert und auch weniger mechanisiert als in Deutschland, gliederte sich die Kohlebranche in 1750 einzelne Firmen, und von einer Jahresproduktion von 270 Millionen Tonnen wurden nur 8 Prozent maschinell abgebaut. Die Zahl der im Transportwesen Beschäftigten betrug zirka 1,5 Millionen, von denen allerdings rund 600 000 auf die straßengebundene Lastenbeförderung entfielen, einen Bereich, der von Ein-Mann-Unternehmen und Kleinstbetrieben beherrscht wurde; demgegenüber beschäftigten die Eisenbahnen über 375 000 und die See- und Binnenschiffahrt einschließlich des Hafen- und Dockbetriebs rund 300 000 Arbeitskräfte. Zusammen entfielen auf Bergbau und Transportwesen zirka 15 Prozent der arbeitenden Bevölkerung des Landes und rund 15,5 Prozent des Nationaleinkommens. Wenn man beide Branchen zum Sektor der Investitionsgüterindustrie rechnet, ergibt sich für diesen fortgeschrittenen kapitalistischen Sektor im Jahr 1914 ein Beschäftigtenanteil von 27 Prozent und ein Anteil am Nationaleinkommen von 25,5 Prozent. Diese Zahlen täuschen eine in Wirklichkeit nicht in diesem Maße gegebene „Modernität" dieses Sektors vor, da sie die in ihm angesiedelten kleinen und mittleren Unternehmen nicht berücksichtigen.

Es ist bemerkenswert, daß unter den größten Unternehmen Großbritanniens weder eine Automobil- noch eine Elektrofirma vertreten war. Es gab viele kleingewerbliche Hersteller von Einzelteilen für Motorfahrzeuge, die ein Luxusartikel blieben und deren Zusammenbau in Firmen erfolgte, die zu klein und deren Absätze zu unstetig waren, um eine kontinuierliche Produktion zu rechtfertigen. Im Jahr 1900 produzierte das damals größte britische Automobilunternehmen (British Daimler) rund 150 Fahrzeuge; im Lauf der darauffolgenden fünf Jahre tauchten rund 200 kleine und kleinste Autohersteller am britischen Markt auf. Im Jahr 1909 wurden in Großbritannien 11 000 Automobile gebaut, 1913 bereits die dreifache Zahl, also zirka 34 000. Von diesen kamen etwa

10000 aus den Montagehallen der fünf größten Hersteller mit einer Jahresproduktion von 3000 (Wolseley), 2500 (Humber), 1700 (Sunbeam), 1600 (Rover) bzw. 1500 Fahrzeugen (Austin), während der Rest auf das Konto der kleineren Firmen ging. Was elektrische Geräte und Maschinen betraf, so war England hier weitgehend von Amerika und Deutschland abhängig, da die eigene Elektroindustrie zu diesem Zeitpunkt erst 62300 Arbeitnehmer beschäftigte.

Der Kohlebergbau, die Eisen- und Stahlindustrie (einschließlich Maschinen-, Lokomotiven-, Schiffsbau u. ä.) und die Textilindustrie waren die Säulen der britischen Wirtschaft mit einem Exportanteil von 70 Prozent. 50 Prozent aller in der Verbrauchs- und Investitionsgüterindustrie Beschäftigten oder 20 bis 25 Prozent aller britischen Erwerbstätigen verdienten ihr Brot in einer dieser drei Branchen, die zusammen 50 Prozent des britischen Nettoprodukts erwirtschafteten. In der Textilindustrie gab es zwar viele große Firmen, die sich der Massenproduktion von Baumwoll- und Wollgeweben für den Export widmeten, aber ihre Besitzer standen merkwürdigerweise keineswegs in hohem Ansehen. Die Kohle- und Stahlbarone dagegen waren Männer mit außerordentlich großem Einfluß und hohem Prestige, teilweise weil die regierende Kaste den Energieträger Kohle und die Rüstungsproduktion zunehmend als lebenswichtige Voraussetzungen für die Erhaltung der bestehenden Ordnung betrachtete, ungeachtet der Tatsache, daß sich im Kohlebergbau und in der Metallbranche viele Kleinbetriebe tummelten und der Exportanteil dieser Branchen geringer war als etwa bei der Textilindustrie.

Bei Ausbruch des Ersten Weltkriegs war es natürlich Deutschland, das über den breitesten und leistungsfähigsten großindustriellen, in Konzernen zusammengefaßten und auf Aktienbasis finanzierten kapitalistischen Sektor verfügte. Gleichwohl war auch in Deutschland die Investitionsgüterindustrie, selbst im Verein mit dem Bergbau und dem – größtenteils allerdings verstaatlichten Eisenbahnwesen – weit von einer wirtschaftlichen Vormachtstellung entfernt. Imposant an der Ausnahmestellung des deutschen Industriekapitalismus war weniger seine Größe als seine Wachstumsgeschwindigkeit.

Während die Bevölkerung Deutschlands zwischen 1882 und 1902 um 33 Prozent anwuchs, nahm die Zahl der in den Sektoren Verbrauchsgüter- und Investitionsgüterproduktion Beschäftigten um mindestens 180 Prozent auf rund 8,5 Millionen zu, was einem Anteil von knapp 35 Prozent an einer erwerbstätigen Bevölkerung von etwa 27 Millionen Menschen entsprach. Von diesen 27 Millionen waren genau 10 Prozent in den Sparten Eisen und Stahl, Metallverarbeitung (einschließlich Maschinenbau), Fahrzeugbau und Chemie beschäftigt, und sie erzeugten dort rund 24 Prozent des deutschen Nettoprodukts. Wenn man die 1,2 Millionen im Bergbau und die 1,1 Millionen im Transportwesen Beschäftigten (von denen viele Staatsbedienstete waren) mitzählt, entfielen auf den „fortgeschrittenen" industriellen Bereich insgesamt 5 Millionen Arbeitskräfte, von denen mindestens 10 Prozent, d.h. 500000, von Status und Tätigkeit her als Angestellte, höhere Angestellte und leitende Angestellte einzustufen sind, so daß noch 4,5 Millionen Lohnarbeiter im engeren Sinn übrigblieben. Diese 4,5 Millionen in der Investitionsgüterproduktion, im Bergbau und im Transportwesen Beschäftigten stellten zwar nur 17 Prozent der gesamten erwerbstätigen Bevölkerung Deutschlands, aber 55 Prozent der gesamten industriellen Arbeiterschaft (d.h. der beiden Sektoren Verbrauchsgüter- und Investitionsgüterproduktion) dar.

In der gleichen Zeit stieg auch die Zahl der Großbetriebe sprunghaft an: Zwischen 1882 und 1907 erhöhte sich die Anzahl der Unternehmen mit mehr als 50 Arbeitnehmern (Bauwirtschaft und Bergbau eingeschlossen) von 9500 auf 27000, die Gesamtbeschäftigtenzahl von 1,6 auf etwas über 5 Millionen. Freilich, nach wie vor stellten die Betriebe mit 1-5 bzw. mit 6-50 Beschäftigten einen Anteil von 90 bzw. 8,7 Prozent aller Produktionseinheiten und beschäftigten 29,1 bzw. 23,2 Prozent, zusammen also 52,3 Prozent aller industriellen Arbeitnehmer. Die Großunternehmen jedoch, deren Anteil an der Gesamtzahl aller industriellen Betriebe nur 1,3 Prozent betrug, beschäftigten die verbleibenden 47,7 Prozent der Arbeiterschaft, und ihr Anteil am industriellen Energieverbrauch betrug 74 Prozent bei der fossilen und 77 Prozent bei der elektrischen Energie. Des weiteren hatten bereits 1907 nahezu 5000 der 27000 größeren Firmen eine Belegschaftsstärke von 200–1000 Arbeitnehmern erreicht und beschäftigten zusammen an die 2 Millionen Mitarbeiter. Unter ihnen waren 550 Großbetriebe mit jeweils über 1000 und zusammengenommen nahezu 1,3 Millionen Beschäftigten. Die Zahl dieser Großunternehmen wuchs mit nur wenig höherer Geschwindigkeit als die Anzahl der Konzerne mit einem Stammkapital von über 10 Millionen Mark, von denen es 1914 rund 230 gab. Besonders gehäuft anzutreffen waren die Betriebe mit über 1000 Arbeitnehmern (Durchschnitt: 2400) und auch noch diejenigen in der nächst niedrigeren Kategorie (über 500 Beschäftigte) zweifellos in den Sparten Bergbau, Eisen und Stahl und Metallverarbeitung, und zwar insbesondere als Folge von Firmenzusammenschlüssen oder vertikaler Verbindungen.

Im Bergbau, und hier namentlich im Bereich der Kohleförderung und -verarbeitung, war der Großbetrieb sowohl im Hinblick auf die Beschäftigtenzahl als auch auf die Kapitalstärke eher die Regel als die Ausnahme. Schon 1882 standen drei Viertel aller Bergleute im Sold von Konzernen mit jeweils mehr als 200 Arbeitnehmern. Bis 1914 erhöhte sich der Anteil der Bergleute, die für ein Unternehmen mit mehr als 1000 Beschäftigten arbeiteten, von 25 auf 60 Prozent. Unter diesen Unternehmen waren solche Wirtschaftsriesen wie die Gelsenkirchener Bergwerks-Aktiengesellschaft, die 1914 37000 Mitarbeiter beschäftigte, mehr als 10,3 Millionen Tonnen Steinkohle förderte und 2,2 Millionen Tonnen Koks erzeugte. Gestützt auf ihre zahlreichen Zechen im Ruhrgebiet, erwarb die GBAG nach 1900 unter Führung Emil Kirdorfs Eisen- und Stahlwerke sowie metallverarbeitende Betriebe in Luxemburg, Lothringen, Aachen und Düsseldorf. Ihr Stammkapital erhöhte sich binnen zehn Jahren um das Dreifache auf 180 Millionen Mark. Daneben gab es im Ruhrgebiet noch zwei weitere große Kohlenbergbaukonzerne, die im Lauf der Zeit ebenfalls durch vertikale Verbindung expandierten. Die Harpener Bergbau AG umfaßte bereits vor 1914 mehr als 20 Zechen, in denen sie 25 000 Bergleute beschäftigte und jährlich 6,6 Millionen Tonnen Kohle und 1,5 Millionen Tonnen Koks produzierte, und der Hibernia-Konzern förderte mit einer Gesamtbelegschaft von rund 20000 Mann 5,7 Millionen Tonnen Kohle und erzeugte 700 000 Tonnen Koks jährlich. Die Steinkohle allein gab in Deutschland 650000 Bergleuten Arbeit, vor allem im Ruhrgebiet, im Saargebiet und in Oberschlesien; der Kohlenbergbau beschäftigte somit mehr ungelernte Arbeiter als jede andere Industriebranche. In der Eisen- und Stahlindustrie waren zwar nur rund 445 000 Arbeiter beschäftigt, doch spielten in dieser Branche wegen des hohen Kapitalaufwands, der hier erforderlich war, Großunternehmen und Konzerne eine ebenso augenfällige Rolle wie im Kohlenbergbau.

Die größten Unternehmen der deutschen Schwerindustrie vereinigten unter ihrem Dach den ganzen Produktionsablauf von der Eisenerz- und Kohleförderung über die Eisenverhüttung und die Erzeugung und Verarbeitung von Stahl bis zum Maschinenbau. Die bekanntesten, um nicht zu sagen berüchtigtsten dieser Konzerne waren Krupp, Thyssen und Gutehoffnungshütte im Ruhrgebiet, Röchling und Stumm im Saargebiet sowie Henckel-Donnersmarck in Oberschlesien und im Rheinland. Die Krupp-Dynastie und ihre Manager verfolgten, nachdem ihre Firma sich zunächst mit Pionierleistungen auf dem Gebiet des Geschützbaus hervorgetan hatte, einen Kurs der vertikalen und horizontalen Diversifizierung und Expansion. Die Gesamtbelegschaft des Kruppschen Firmenreichs wuchs von 16000 im Jahr 1870 auf 68500 im Jahr 1913 an, und noch stärker stieg der Wert des Anlagekapitals, wobei allerdings mit dieser Entwicklung ein kontinuierlicher Rückgang des Einflusses der Gründerfamilie einherging. Wachstumsraten dieser Größenordnung waren nicht untypisch für die Moloche der Schwerindustrie, die die strategischen Schlüsselpositionen auf dem Investitionsgütersektor besetzt hielten, nicht zuletzt weil sie die Lieferanten, Lobbyisten und Nutznießer der Heeres- und Flottenrüstung waren.

Die große Bedeutung dieses zusammengesetzten Sektors ist ebensowenig zu leugnen wie die Tatsache, daß er von einer Anzahl von Großunternehmen beherrscht wurde. Gleichwohl reichte er an das gesamtwirtschaftliche Gewicht der Landwirtschaft oder auch der Verbrauchsgüterproduktion nicht heran, entfielen doch auf den gesamten Investitionsgütersektor einschließlich des Bergbaus noch nicht einmal 15 Prozent der deutschen erwerbstätigen Bevölkerung. Darüber hinaus war die gesamte metallverarbeitende Branche, einschließlich des Maschinen- und Fahrzeugbaus, von kleinen und mittleren Betrieben sowie von Handwerksbetrieben traditionellen Typs durchsetzt. Gewiß gab es auch in diesen Sparten Unternehmen großen und selbst größten Kalibers, etwa die Allgemeine Elektricitäts-Gesellschaft (AEG) und den Siemens-Konzern, die, beide mit mächtiger und augenfälliger Präsenz in Groß-Berlin, die mit Abstand führenden Hersteller von Elektrogeräten und Elektrozubehör waren. Wenn man die Elektrobranche – um 1910 noch eine vergleichweise kleine, wenn auch rasch expandierende Industrie –, mitzählt, kann man davon ausgehen, daß die aufstrebende metallverarbeitende Industrie rund 1,5 Millionen Arbeitnehmer beschäftigte. Kleinere und mittlere Betriebe mit bis zu 50 handwerklich geschulten Facharbeitern spielten in dieser Sparte eine ansehnliche Rolle, und auch von den größeren Firmen mit jeweils über 50 Arbeitnehmern hatten die weitaus meisten eine Belegschaft von weniger als 100 Leuten, darunter viele Fachkräfte, deren Tätigkeit innerhalb einer fabrikmäßigen Produktion noch handwerkliche Züge trug.

Wenn weiter oben von Wirtschaftszweigen die Rede war, die vor dem Ersten Weltkrieg noch „in den Windeln" steckten, so bezog sich dies unter anderem auch auf die Automobil- und die chemische Industrie. Karl Benz, bis zur Jahrhundertwende der einzige größere Kraftfahrzeugbauer, stellte im letzten Jahrzehnt des 19. Jahrhunderts, das Jahr 1900 mit eingeschlossen, insgesamt 1750 Automobile her. Im Jahr 1901 produzierten die insgesamt rund 1800 Automobilarbeiter, die es zu diesem Zeitpunkt in Deutschland gab, knapp 900 Personen- und Lastkraftwagen, 400 davon kamen von Benz. 1909 war die Branche bei einem Jahresausstoß von über 7000 Fahrzeugen angelangt, 1913 bereits bei 23 000; die Kraftfahrzeugindustrie erwirtschaftete in diesem Jahr, bei einer Gesamtzahl von 70 600 in Deutschland registrierten Automobilen, bestenfalls 2 Prozent des Nettoprodukts der deutschen Wirtschaft. Von den 23 000 Automobilen und Lastkraftwagen, die 1913 hergestellt wurden, stammten 15 300 aus Betrieben mit einer Jahresproduktion von 1500 Einheiten oder mehr (Benz 4500, Opel 3200, Brennabor 2400, Daimler 2200, Adler 1500, Stoewer 1500).

Den am weitesten vorgeschobenen Brückenkopf des neuen Kapitalismus – nicht nur in Deutschland, sondern in der gesamten industrialisierten Welt – bildete, im Blick auf Wachstumsraten, Kapitalisierung, Ausstoß und Profit sicherlich die chemische Industrie. Die Branche verdankte ihre rasante Expansion zum größten Teil der Entwicklung der organischen Farbstoffe und dem Kunstdünger sowie den Fortschritten bei der Alkalichemie, Prozessen, hinter denen die Forschungsarbeit einer Generation wissenschaftlicher Chemiker stand. Zwischen 1870 und 1900 wurden rund 150 chemische Betriebe mit einem Grundkapital von insgesamt rund 400 Millionen Mark gegründet. Von den Unternehmen dieser Branche entwickelten sich die 1863 gegründeten Farbwerke Hoechst zum weitaus größten; 1913 hatte Hoechst ein Stammkapital von 25 Millionen Mark und eine Belegschaft von 10000 Menschen. Um die Jahrhundertwende begann die chemische Industrie sich unter Führung Carl Duisbergs von den Farbwerken Bayer zu konsolidieren, und im gleichen Zuge entwickelten sich die Geschäftsbanken für viele der aus diesem Konzentrationsprozeß hervorgehenden Großunternehmen zu wichtigen „Juniorpartnern". Um einen Konkurrenzkampf auf Biegen oder Brechen von vornherein zu vermeiden, schlossen sich die führenden Chemieunternehmen zu zwei getrennten Verbänden zusammen. Zwischen diesen Verbänden wurden sodann, jeweils in bezug auf bestimmte Produktionszweige, Kartellvereinbarungen geschlossen. Der erste dieser Interessenverbände bestand aus der Badischen Anilin- und Soda-Fabrik (BASF), der Aktiengesellschaft für Anilin-Fabrikation (AGFA) und den Farbenfabriken Bayer; der andere umfaßte die Firmen Hoechst, Leopold Cassella und Kalle, wobei Hoechst nicht nur die Führungsrolle spielte, sondern seine Kartellpartner praktisch absorbierte. Die chemische Industrie insgesamt produzierte 1913, bei einem Umsatz von 2,4 Milliarden Mark, 90 Prozent aller synthetischen Farbstoffe, die auf der Welt hergestellt wurden, und trug einen Anteil von 10 Prozent zum Gesamtexport der deutschen Wirtschaft bei.

Ungeachtet ihrer außerordentlich rapiden Expansion (durchschnittliches Jahreswachstum 1870–1913: 6,2 Prozent) beschäftigte die hochgelobte chemische Industrie Deutschlands bis 1914 doch niemals mehr als 170000 Arbeitnehmer, d.h. weniger als 2,5 Prozent aller in den Sektoren Verbrauchs- und Investitionsgüterproduktion (einschließlich Bergbau) Tätigen, betrieb weniger als 3,5 Prozent aller in diesen Sektoren laufenden Maschinen (gemessen an der Leistung in PS), verfügte über weniger als 5 Prozent allen in eben diesen Sektoren (einschließlich Transportwirtschaft) gezeichneten Kapitals und trug weniger als 4 Prozent zu dem in ihnen erzeugten Nettoprodukt bei.

Aus all dem wird deutlich, daß der Investitionsgütersektor selbst in der deutschen Wirtschaft in bezug auf Kapitalkraft, Umsatz und Beschäftigtenzahl eine untergeordnete Rolle spielte. Es war auch nicht so, daß die wenigen Riesen der Branche den Boden für die vielen kleinen und mittleren Chemiefirmen, die nur geringe Verbindungen zur Bankenwelt hatten und im wesentlichen von Fachhandwerkern betrieben wurden, nun etwa ausgetrocknet hätten. Die Großindustrie beherrschte nicht einmal in

Düsseldorf, einer der am schnellsten wachsenden Städte des Rheinlands, unangefochten die Szene. Gewiß ist nicht zu leugnen, daß Großunternehmen, namentlich der metallverarbeitenden und der Maschinenbau-Industrie, in dieser Stadt, die 1905 bereits zur fünftgrößten Preußens und zur zehntgrößten des Deutschen Reiches geworden war, überdurchschnittlich stark vertreten waren. Die Firma Rheinmetall, der größte Arbeitgeber und Hersteller im Bereich der Rüstungsgüterindustrie, beschäftigte 1914 8000 Arbeiter. Rund 40 Prozent aller Industriearbeiter Düsseldorfs waren in Betrieben mit mehr als 50 Beschäftigten tätig. Fünf dieser Betriebe hatten eine Belegschaft von mehr als 500 Personen. Nur waren zum einen viele dieser Arbeiter von ihrer Tätigkeit her als Fabrik-Handwerker einzustufen, und zum zweiten arbeiteten 60 Prozent von ihnen nach wie vor in Betrieben mit weniger als 50 Beschäftigten. Dazu kam, daß von den 132 000 Lohnempfängern (von denen fast die Hälfte Frauen waren) rund 62 000 im Verbrauchsgüter- und Dienstleistungssektor tätig waren.

Frankreich rangierte unter den Industrieländern Europas an dritter, unter denen der Welt an vierter Stelle. Unnötig zu sagen, daß die rapide Entwicklung eines furchterregenden Investitionsgüter- (und in dessen Rahmen namentlich eines Rüstungsgüter-)Sektors in Deutschland für die Franzosen zu dem Vergleichsstandard wurde, an dem sie die, wie sie glaubten, geruhsamen und beschränkten Fortschritte ihres eigenen Industrie- und Finanzkapitalismus maßen. Indes, aus welchen Gründen auch immer die industrielle Entwicklung Frankreichs langsam verlief – demographische Stagnation, Mangel an Kohlevorkommen, Begrenztheit des Binnen- und Exportmarkts, Übervorsichtigkeit der auf den Familienbetrieb fixierten Unternehmer, Investitionsscheu der Bankiers –, gemessen am Durchschnitt der europäischen Länder war dies keineswegs untypisch.

Tatsächlich vergrößerte die französische Republik nach 1875, und insbesondere nachdem die langwierige Rezession um die Mitte der 90er Jahre zu Ende war, ihren Investitionsgütersektor bis 1914 kontinuierlich, wenn auch mit dem ihr eigenen, d. h. eher gemächlichen Tempo. Dieser Sektor verdoppelte seinen Beitrag zur industriellen Gesamtproduktion (Verbrauchs- und Investitionsgüter) von 13 Prozent im Jahr 1870 auf 25 Prozent im Jahr 1913. Ein kontinuierliches Wachstum der metallverhüttenden und der metallverarbeitenden Industrie sorgte, zusammen mit einer wenn auch nicht spektakulären, so doch stetigen Zunahme der Kohleförderung, in den Jahren zwischen 1900 und 1913 für ein durchschnittliches jährliches Wachstum des Produktionsvolumens von 3,7 Prozent. Während die Investitionsgüterproduktion expandierte, war in einigen gewichtigen Sparten der französischen Verbrauchsgüterproduktion ein relativer Rückgang zu verzeichnen. Gleichwohl entfielen auf diesen

Sektor, die Bauwirtschaft mit eingeschlossen, noch immer 72 Prozent aller in der industriellen Produktion als ganzer (Konsum- und Investitionsgütersektor) beschäftigten Arbeitskräfte und 25 Prozent der jährlichen gesamtwirtschaftlichen Wertschöpfung Frankreichs. Der Investitionsgütersektor (einschließlich Bergbau) beschäftigte demgegenüber lediglich 18,5 Prozent der gesamten industriellen Arbeiterschaft oder 5,5 Prozent der erwerbstätigen Bevölkerung des Landes, was 1,2 Millionen Arbeitskräften entsprach.

Die Pioniere dieses wirtschaftlichen Wachstums waren die metallverhüttende und die metallverarbeitende Industrie. Wenn auch kleine Werkstätten und mittelständische Familienbetriebe der Konsum- und Luxusgüterindustrie im außeragrarischen Sektor nach wie vor, zumindest zahlenmäßig, dominierten, so ging doch mit der Entfaltung der Schwerindustrie die Entstehung großer Fabriken und großer Firmenkonzerne einher. Frankreich besaß selbstredend eine Anzahl ansehnlicher Textilfabriken (Spinnereien, Webereien), aber im allgemeinen waren Betriebe mit mehr als 250 Beschäftigten in der französischen Wirtschaft rar. So gab es etwa 1901 neben knapp 600000 Betrieben mit 1–50 Beschäftigten und 8000 Firmen mit 51–500 Arbeitnehmern rund 530 Unternehmen mit einer Belegschaft von über 500 Personen. Man kann davon ausgehen, daß die Zahl der Betriebe der letztgenannten Kategorie bis 1914 auf rund 700 und die Zahl der insgesamt in ihnen Beschäftigten auf maximal 850000 anwuchs, wobei die überwiegende Mehrzahl dieser Großbetriebe auf den Bergbaubereich und die Metallindustrie entfielen.

Was die französische Kohleförderung betrifft, so konnte sie infolge eines Mangels an lohnenden Vorkommen zwischen 1870 und 1913 nur unwesentlich gesteigert werden, und die Zahl der Bergleute stagnierte bei 300000. Um diesen Mangel zu kompensieren und seinen Industrialisierungsprozeß voranzutreiben, erhöhte Frankreich seine Koksimporte in der gleichen Zeit um 70 Prozent von 14,8 auf 25,3 Millionen Tonnen. Darüber hinaus führte das Land von 1906 an pro Jahr durchschnittlich 20 Millionen Tonnen Steinkohle ein.

Dank dieser Importe konnte die französische Eisen- und Stahlerzeugung zwischen 1870 und 1910 um ein beträchtliches gesteigert werden. Wenn auch nur an vierter Stelle rangierend – nach Großbritannien, Deutschland und den Vereinigten Staaten –, verzeichnete Frankreich doch einen Anstieg auf das Dreifache bei der Produktion von Gußeisen (von 1,3 Millionen auf 4 Millionen Tonnen), um nahezu das Vierfache bei Roheisen und Rohstahl (von 670000 auf 2,4 Millionen Tonnen, wobei der Stahl das Eisen überflügelte) und auf nahezu das Fünffache bei der Eisenerzförderung (von 2,75 auf 13,4 Millionen Tonnen, davon ein Teil für den Export). 1913 war beim Ausstoß von Gußeisen eine Jahresmarke von 5,2 Millionen Tonnen, bei Rohstahl von 4,7 Millionen Tonnen erreicht, wobei die Jahre nach 1900 die höchsten Wachstumsraten aufwiesen. Im Zuge der verstärkten Ausbeutung der lothringischen Minette-Erze erreichte die jährliche Roheisenproduktion ein Volumen von 21,9 Millionen Tonnen. Die großen Unternehmen konzentrierten sich im Norden, im Nordosten und in Mittelfrankreich. Allein im Département Meurthe-et-Moselle gab es vier Konzerne, von denen jeder einzelne zwischen 5 und 10 Hochöfen und ebenso viele Thomas-Konverter oder Siemens-Martin-Öfen betrieb und rund 300000 Tonnen Rohstahl jährlich produzierte (Société de Longwy, Senelle-Maubeuge, Micheville, Wendel). Im französischen Norden waren drei auf Gußeisen spezialisierte Großunternehmen beheimatet (Aciéries de France, Denain, Anzin), während die Firma Schneider der Gigant des zentralfranzösischen Industriereviers um Le Creusot war (zusammen mit Forges de Châtillon-Commentry und Aciéries de Saint-Étienne).

Im Erzbergbau und in der Eisenverhüttung waren lediglich rund 110000 Arbeiter beschäftigt, und diese Sparten trugen im Vergleich zur metallverarbeitenden Industrie auch erheblich weniger zur wirtschaftlichen Wertschöpfung bei. Wie in Deutschland, wuchsen auch in Frankreich nur diejenigen Unternehmen zu Wirtschaftsriesen heran, die auf Expansion durch vertikale und horizontale Diversifizierung setzten. So bauten beispielsweise Henri Schneider (von 1840–1898) und in seiner Nachfolge sein Sohn Eugène (von 1898–1942) ein Firmenimperium auf, das 1913 20000 Metallarbeiter allein in Le Creusot sowie mindestens weitere 100000 Arbeitnehmer an anderen Standorten und in Betrieben anderer Branchen beschäftigte. Und die auf beiden Seiten der deutsch-französischen Grenze operierende Industriellendynastie Wendel herrschte über ein Heer von 30000 Arbeitnehmern, davon allein 4000 in Joeuf in Lothringen. 1913 förderten der französische und der deutsche Zweig des Wendel-Konzerns zusammen 3,7 Millionen Tonnen Eisenerz, aus denen sie 1,25 Millionen Tonnen Gußeisen und 1 Million Tonnen Rohstahl erzeugten. Von diesen Produktionsmengen entfielen 400000 bzw. 350000 Tonnen auf den von Robert de Wendel geleiteten französischen Konzernzweig.

Die metallverarbeitende Industrie expandierte in bezug auf Beschäftigtenzahl, Produktionsvolumen und Wertschöpfung weit rascher als der Erzbergbau und die verhüttende Industrie. Es gab in Frankreich 1913 zirka 800000 Metallarbeiter, die in ihrer Mehrzahl in kleinsten, kleinen und mittleren Betrieben in und um Paris sowie im Bereich der anderen französischen Großstädte arbeiteten. Einen besonders rapiden Aufschwung nahmen die Sparten Metallveredelung, Waffenproduktion, Maschinen- und Werkzeugbau, Fahrzeugherstellung und Schiffsbau, in denen die Produktion und auch die Wertschöpfung sich zwischen 1900 und 1913 nahezu verdreifachten. Der Schiffsbau nahm insofern einen herausragenden Platz ein, als auf ihn allein 1913 ein Anteil von 1 Milliarde Francs an einer Gesamt-Wertschöpfung der metallverarbeitenden Industrie von 2,7 Milliarden Francs entfiel.

Innerhalb der Metallindustrie war es die Automobilbranche, die sich der höchsten Wachstumsraten erfreute, vielleicht zum Teil deswegen, weil Frankreich ein besser ausgebautes Straßennetz besaß als die meisten anderen Länder. 1913 nahm Frankreich mit einer seit der Jahrhundertwende von 4800 auf 45 000 Einheiten jährlich angestiegenen Produktion den ersten Platz unter den Personen- und Lastkraftwagenherstellern Europas ein; 70 Prozent dieser Industrie konzentrierten sich im Raum Paris, 11 Prozent in und um Lyon. Diese blühende Autoindustrie wurde als Herold und Hauptwahrzeichen für die „Modernität" der französischen Wirtschaft bejubelt, ungeachtet der Tatsache, daß sie im Grunde in die handwerklichen Traditionen der altehrwürdigen metallverarbeitenden Gewerbezweige eingebettet war.

Die 33 000 französischen Automobilarbeiter, die es 1913 gab, waren durchweg in Fabrikationsbetrieben beschäftigt, die entweder reine Werkstätten waren oder aber größere, aus einer Reihe unter einem Dach zusammengefaßter Werkstätten bestehende Produktionseinheiten. Die in diesen Werkstätten Beschäftigten waren vermutlich zu 70 Prozent gelernte und qualifizierte Arbeiter; der Anteil der Ungelernten betrug höchstens 10–15 Prozent. Die meisten Fachkräfte der Autobranche kamen aus dem Maschinenbau oder aus der Fahrradindustrie. Andererseits stellten sich manche Werkstattbetriebe dieser Sparten auf die Herstellung von Karosserien und Einbauteilen für Automobile um. Weil man bei der Autoherstellung in beträchtlichem Ausmaß auf Zulieferbetriebe zurückgriff, brauchte man kein großes Startkapital, um eine Automobilfirma zu gründen. Die Zahl der Hersteller wuchs von 30 im Jahr 1900 auf 155 im Jahr 1913 an. Nur 30 davon waren jedoch größere Firmen mit einer Jahresproduktion von über 150 Fahrzeugen, und nur 12 stellten mehr als 1500 Einheiten im Jahr her, keine von ihnen freilich in einer fließbandartigen Serienproduktion. Die aufeinanderfolgenden Modelle wurden, solange das Automobil noch ein Luxusgegenstand war, in der Tat Stück für Stück handwerklich gefertigt und zusammengebaut und jeweils nur in kleinen Stückzahlen produziert. Unter diesen Bedingungen stellte ein Beschäftigter pro Jahr durchschnittlich 1,6 Fahrzeuge her, was bedeutete, daß die menschliche Arbeitskraft gegenüber dem Anlagekapital der eindeutig größere Kostenfaktor blieb.

Dies galt selbst für die größten Hersteller, insbesondere auch für Armand Peugeot (5000 Automobile und 80 000 Fahrräder), für Darragu (3500 Autos) und für Marius Barliet (3000 Autos). Louis Renault, der im Begriff stand, an die erste Stelle zu rücken, hatte 1898 mit einem Kapital von 60 000 Francs angefangen. Doch obgleich er den „Fordismus" in

Amerika aufmerksam im Auge behielt und seine eigene Produktion innerhalb von 15 Jahren auf 4704 Einheiten jährlich steigerte, brauchte er 4000 Arbeitskräfte, um diese 4704 Wagen zu fertigen. Davon waren mindestens 2800 ausgebildete Handwerker. Die Automobilindustrie war also, selbst innerhalb der Metallindustrie, ein Zwerg. Sie verbrauchte weniger als 100 000 Tonnen Stahl jährlich, ihre Fertigungsmethoden waren handwerklicher Natur, und sie lag, wenn man von der Lastkraftwagenherstellung einmal absieht, durchaus auf einer Linie mit der speziellen Neigung der Franzosen zu einer auf den Export ausgerichteten Luxusgüterproduktion: Nahezu ein Drittel aller französischen Autos wurden ins Ausland verkauft.

Was die chemische Industrie betrifft, so war sie natürlich weniger innovativ als die Automobilindustrie, sicher auch, weil die wissenschaftliche chemische Forschung in Frankreich zu wünschen übrig ließ. Die französische Chemiebranche beschäftigte, bei einem durchschnittlichen Jahreswachstum von 5 Prozent nach 1900, im Jahr 1914 35 000 Arbeitnehmer. Es gab rund 40 größere Firmen, an der Spitze Saint-Gobain, Péchiney und Kuhlmann. Doch auch diese Branchenführer waren nur von begrenzter wirtschaftlicher Bedeutung. 87 Prozent aller in Frankreich verwendeten Farbstoffe wurden aus Deutschland eingeführt, und von den 9 in Frankreich ansässigen Farbenfabriken waren 5 in deutschem Besitz.

Eine Großindustrie, insbesondere auf dem Investitionsgütersektor, entwickelte sich vor allem in Österreich-Ungarn, Rußland und Italien eigentlich erst nach 1890, wenn nicht noch später. Gerade weil diese Länder nahezu bei Null anfingen, ist ihr industrielles Wachstum außerordentlich imponierend. In allen drei Ländern förderte der Staat die Entwicklung der Schwerindustrie durch Schutzzölle, Subventionen und Aufträge, während Geschäftsbanken und ausländische Kreditgeber einen Großteil des benötigten Kapitals bereitstellten. Das Großunternehmen wurde zum Markenzeichen dieses Wirtschaftssektors, weniger weil der technisch fortgeschrittenen Kapitalismus zur Konzentration neigte, als vielmehr wegen des völlig ungewohnten Umfangs und der Kosten für die erforderlichen Produktionsanlagen und Maschinen. Auf der anderen Seite hatte die Entwicklung der Großindustrie auch hier, wie anderswo in Europa, für die kleinen und mittleren Unternehmen keineswegs fatale Folgen, sondern wirkte sich im Gegenteil eher anregend auf deren Geschäftstätigkeit aus, und selbst Zwerg- und Ein-Mann-Betriebe konnten sich behaupten.

Ungeachtet der Tatsache, daß Rudolf Hilferding 1910 auf die beginnende Verschmelzung des Industrie- und Bankenkapitals in Österreich hinwies und diesem Phänomen Modellcharakter für die Entwicklung des weltweiten organisierten Kapitalismus zusprach, war der Prozeß der Industrialisierung im diesseitigen Teil der Doppelmonarchie im Grunde noch nicht sehr weit gediehen. Auch hatten die Banken sich noch nicht als Herren über den Investitionsgütersektor etabliert. Zwar stiegen die Erzeugung von Roheisen zwischen 1891 und 1901 um 8,3 jährlich und zwischen 1901 und 1911 um 11,4 Prozent und die Produktionsziffern im Kohlebergbau und im Maschinenbau während derselben zwei Jahrzehnte um 4 bzw. 9 Prozent jährlich, doch waren 1914 erst knapp 24 Prozent der erwerbstätigen Bevölkerung in der (Konsum- und Investitionsgüter-)Industrie beschäftigt, und beide industriellen Sektoren erwirtschafteten zusammen bestenfalls 38 Prozent des österreichischen Bruttosozialprodukts. Innerhalb des industriellen Bereichs entfielen wiederum auf die Metallindustrie lediglich 18 Prozent aller produzierten Werte, während die Textilindustrie 25 und die nahrungsmittelverarbeitende Industrie 28 Prozent beitrugen. Dazu kam schließlich, daß rund 75 Prozent aller metallverarbeitenden Maschinenbau- und Chemieunternehmen Kleinbetriebe waren, unbeschadet der Giganten der Schwerindustrie, die es natürlich auch gab, allen voran der Wittgenstein- und der Skoda-Konzern.

Karl Wittgenstein, der Vater des Philosophen Ludwig Wittgenstein, war in der Zeit der Jahrhundertwende die beherrschende Figur in der österreich-ungarischen Stahlindustrie. Wittgenstein fing mit einem Walzwerk in Teplitz an, expandierte durch Aufkauf krankender und eingegangener Betriebe (Hütten- und Walzwerke, Gießereien, eisen- und stahlverarbeitende Fabriken) in ganz Böhmen und erwarb schließlich 1897 auch eine Aktienmehrheit bei der Österreichisch-Alpinen Montangesellschaft, die 1913 eine Jahresproduktion von knapp 2 Millionen Tonnen Roheisen aufwies. Albert von Rothschild und Max von Gutmann waren die einzigen, die sich nicht von Wittgenstein schlucken ließen. Sie bewahrten sich ihre Verfügungsgewalt über den Witkowitzer Bergbau, der allerdings Marktabsprachen mit Wittgenstein traf. Wittgenstein finanzierte seinen Erwerbungs- und Expansionsdrang übrigens im großen und ganzen aus eigenen Mitteln und vermied es, langfristige Bankkredite in Anspruch zu nehmen; auf diese Weise wahrte er seine Selbständigkeit und seine alleinige Entscheidungsgewalt.

Ebenso besorgt um ihre Unabhängigkeit waren Ernst von Skoda und nach ihm sein Sohn Emil und sein Enkel Karl; im Zentrum des von ihnen aufgebauten Industrie-Imperiums stand die Produktion von Anlagen und Maschinen für Stahlwerke, Bergbaubetriebe und Zuckerraffinerien, vor allem aber die Herstellung von Waffen und Munition, ein Bereich, auf den in den Jahren unmittelbar nach der Jahrhundertwende gut die Hälfte des Jahresumsatzes des Skoda-Konzerns entfiel. 1899 sah Emil von Skoda sich gezwungen, Opfer des eigenen Erfolgs, zu Bankkrediten Zuflucht zu nehmen, nachdem ihm das Eigenkapital ausgegangen war; die Gründerfamilie büßte damit teilweise ihre Verfügungsgewalt ein.

Wittgenstein und Skoda, die auch die Kartellbildung in einigen Schlüsselbranchen des Investitionsgütersektors förderten, konnten sich zweifellos mit den größten Industriekapitänen Europas messen. Gleichwohl kann man nicht davon ausgehen, daß sie in der Wirtschaft ihres Landes einen beherrschenden Einfluß ausübten oder daß sie auch nur repräsentative Vertreter ihres Wirtschaftssektors waren. Typischer waren da vielleicht jene rund 80 Firmen, die noch um die Mitte der 90er Jahre zirka 9 Millionen Sensen, Sicheln und Häckselmesser produzierten, davon 8 Millionen für den Export, vor allem nach Rußland.

Keiner dieser Gesichtspunkte soll dazu dienen, das Vorhandensein des oft beschworenen Trends zum Großkonzern und zur Verschmelzung von Industrie- und Bankwesen zu bestreiten, der in Österreich womöglich ausgeprägter war als anderswo. Anders als die größten, in Aktiengesellschaften umgewandelten Familienunternehmen investierten die Geschäftsbanken nicht nur Kapital in Konzerne der Schwerindustrie (und in großindustrielle Produktionsbetriebe des Konsumgütersektors), sondern betätigten sich auch als nachdrückliche Fürsprecher monopolistischer Praktiken. Den beherrschenden Einfluß der Banken bei der Industrie, den Hilferding registrierte, gab es demnach allenfalls als rudimentäre Tendenz. Noch 1914 gab es in Österreich verhältnismäßig wenige Aktiengesellschaften, und ihre Aktien spielten auf dem Kapitalmarkt eine ganz untergeordnete Rolle. Auf Industrie- und Eisenbahnpapiere – für letzte bürgte der Staat – entfielen nicht mehr als rund 3 Prozent aller größeren Emissionen, und 80 Prozent aller Industrieaktien wurden von einer Handvoll großer Konzerne des Investitionsgütersektors ausgegeben.

Was die ungarische Hälfte der Doppelmonarchie betraf, so waren hier bei einer Gesamtbevölkerung von 18 Millionen Menschen lediglich 1,6 Millionen oder 20 Prozent der erwerbstätigen Bevölkerung im industriellen Bereich (Konsum- und Investitionsgüterindustrie sowie Bergbau und Transportwesen) beschäftigt. Davon arbeiteten zwischen 300 000 und 350 000 in Unternehmen mit 100 oder mehr Arbeitnehmern, allein ein Drittel von ihnen in und um Budapest. Diese Großbetriebe mit mehr als 100 Beschäftigten spielten im Bergbau und in der Metallindustrie eine dominierende Rolle: 51 000 von 57 000 in diesen beiden Branchen Beschäftigte arbeiteten in Firmen dieser Kategorie. Von den 100 000 im Transportwesen Tätigen entfielen zwei Drittel auf die Eisenbahn, die zum größten Teil verstaatlicht war. Die beiden Sektoren Verbrauchsgüter- und Investitionsgüterproduktion (ohne Bergbau, Metallverhüttung und Transportwesen) beschäftigten zusammen rund 600 000 Arbeitnehmer, von denen lediglich 144 000, d. h. weniger als ein Viertel, einem der 426 Betriebe mit mehr als 100 Beschäftigten angehörten. Bemerkenswert ist, daß auch hier die Textil- und Konfektionsindustrie allein annähernd

300000, die Bauwirtschaft knapp 120000 Arbeitnehmer beschäftigte. In beiden Branchen handelte es sich um eine Arbeitnehmerschaft mit eindeutig vorproletarischem Charakter.

Das zaristische Rußland verfügte 1914 über eine ansehnliche Industrie, in der großtechnische, wirtschaftlich produzierende Fabriken einen herausragenden Platz einnahmen. Zwischen 2,5 und 3 Millionen Arbeitnehmern waren in der mechanisierten Fabrikproduktion tätig; dazu kamen 750000 Bergleute und 1 Million Eisenbahnarbeiter – der staatlich finanzierte Bau von Eisenbahnlinien war bis zur Jahrhundertwende das mächtigste Stimulans für die Entwicklung der Investitionsgüterindustrie. Zwischen 1900 und 1914 verzeichneten Bergbau, metallverhüttende und metallverarbeitende Industrie eine beträchtliche Steigerung sowohl des Produktionsvolumens als auch der Wertschöpfung. In diesen drei Branchen dominierten die unpersönlichen Unternehmensformen gegenüber den Familienbetrieben. Aktiengesellschaften mit beträchtlicher Kapitalausstattung spielten auch in der Textilindustrie eine wichtige Rolle, nicht so sehr dagegen in der nahrungsmittelverarbeitenden Industrie. Rund 310 Firmen mit einer Kapitalausstattung von jeweils über 2 Millionen Rubel waren, obgleich sie weniger als ein Viertel aller Unternehmen repräsentierten, im Besitz von zwei Dritteln des gesamten russischen Aktienkapitals. Nahezu die Hälfte aller Industrieunternehmen beschäftigte mehr als 500 Arbeitnehmer, und ein vergleichsweise hoher Prozentsatz hatte eine Belegschaft von mehr als 1000 Personen.

Doch selbst im Hinblick darauf, daß die Fundamente für eine moderne Wirtschaftsstruktur teilweise gelegt waren, blieb der russische Investitionsgütersektor doch eine kleine, vom Staat gehegte und gepflegte Enklave. Der Anteil der Fabrikarbeiterschaft an der gesamten erwerbstätigen Bevölkerung des Zarenreiches betrug nur 5 Prozent. Da wichtige Teile des Produktionsprozesses auch in den größten Fabriken nach wie vor den Einsatz von Handarbeit erforderten, gab es innerhalb des russischen Fabrikproletariats neben einem harten Kern ungelernter Arbeiter auch eine bedeutsame handwerkliche Komponente. Dazu kam, daß die Branchen Bergbau, Metallverhüttung und Metallverarbeitung 1914 bestenfalls 20 Prozent zur gesamtindustriellen Wertschöpfung beitrugen und maximal 25 Prozent der gesamtindustriellen Arbeiterschaft beschäftigten.

Außerdem war dieser fortgeschrittene kapitalistische Sektor von ausländischem Kapital, ausländischen Anleihen, ausländischer Technologie und ausländischen Experten besonders abhängig. Der Gegenwert der russischen Importe belief sich zwischen 1895 und 1914 auf durchschnittlich 200 Millionen Rubel pro Jahr. Für die Verzinsung und Tilgung seiner angehäuften Auslandsschulden mußte das Reich jährlich nochmals eine fast ebenso hohe Summe aufbringen, was bedeutete, daß Rußland, um diese Ausgaben bestreiten zu können, den Export landwirtschaftlicher Erzeugnisse forcieren mußte. Das in der Kohlenindustrie des Donez-Beckens angelegte Kapital war zu annähernd 50 Prozent in ausländischer Hand, desgleichen 80 Prozent des Kapitals der Eisenhütten, der übrigen metallurgischen Industrie und der Ölindustrie. Trotz dieses massiven Kapitalzuflusses, insbesondere aus Frankreich, aber auch aus Großbritannien und Deutschland, verdienten 1914 mit Sicherheit nicht mehr als 10 Prozent aller Russen, d. h. knapp 17 Prozent der arbeitenden Bevölkerung des Landes, ihren Lebensunterhalt mit industrieller Fabrikarbeit, und der Beitrag aller industriellen Sektoren zum Nationaleinkommen lag unter 25 Prozent.

St. Petersburg war ein Mikrokosmos, in dem sich die wirtschaftlichen Kontraste Rußlands drastisch widerspiegelten. Die Einwohnerzahl der Hauptstadt erhöhte sich zwischen 1890 und 1913 um 1,1 Millionen Menschen. Ein Drittel dieses Zuwachses vollzog sich erst in den Jahren nach 1907/08, in einer Zeitspanne, die zugleich durch eine rasche Zunahme der industriellen Arbeitsplätze gekennzeichnet war. In der Tat partizipierte St. Petersburg, sobald die Regierung nach den revolutionären Ereignissen von 1905/06 die Lage wieder in den Griff bekommen hatte, voll und ganz an den neuesten Fortschritten der russischen Industrie.

1914 waren von den Einwohnern der Hauptstadt nahezu 220 000 in der industriellen Konsum- und Investitionsgüterproduktion beschäftigt, ein beträchtlicher Teil von ihnen in großen Fabriken. Mit Hilfe ausländischen Kapitals wurde in all jenen Branchen, in denen es technisch möglich war, den Einsatz der neuesten und teuersten aus dem Ausland importierten Maschinen mit der fortdauernden Anwendung arbeitsintensiver Produktionsmethoden zu verbinden (da die menschliche Arbeitskraft in Rußland nach wie vor der preiswerteste Produktionsfaktor war), die industrielle Großproduktion in überdurchschnittlichem Tempo gesteigert. Rund 960 Fabrikations- und Industrieunternehmen im Stadtgebiet von St. Petersburg stellten allein 7 Prozent aller in Rußland vorhandenen industriellen Arbeitsplätze bereit und erwirtschafteten 10 Prozent der gesamten industriellen Wertschöpfung des Landes. Dazu kamen weitere 48 Fabriken, die außerhalb der Grenzen der Hauptstadt, aber doch in ihrem Einzugsbereich lagen. Unter ihnen waren 8 staatseigene Unternehmen, die Munition und andere Rüstungsgüter produzierten – beispielsweise die Schiffswerften von Kronstadt – und rund 20 000 Arbeiter beschäftigten.

Von den im Stadtgebiet angesiedelten Industrien hatte die metallverarbeitende Branche die höchsten Wachstumsraten. In den sechs Jahren vor Kriegsausbruch verdoppelte sie ihren Ausstoß und erreichte einen Anteil von 35 Prozent am industriellen Gesamtumsatz und von 40 Prozent aller Fabrikarbeitsplätze. Auch in bezug auf die Größe der einzelnen Unternehmen war die Metallindustrie führend: Von 284 Fabriken beschäftigten 100 jeweils mehr als 90 Arbeitskräfte, und zusammen beschäftigten diese 100 Betriebe über 90 Prozent der 78 000 Metallarbeiter der Stadt; unter ihnen waren wiederum 22 Fabriken mit jeweils mehr als 750 Beschäftigten, auf die zusammen 66 Prozent aller industriellen Arbeitskräfte entfielen. Der einzige vertikal diversifizierte, d. h. eine Reihe sukzessiver Produktionsvorgänge unter einem Unternehmensdach vereinigende Großkonzern hatte sein Schwergewicht in St. Petersburg: die Putilov-Werke, die über eigene Erzbergwerke verfügten und deren rund 13 000 Arbeitnehmer Eisen und Stahl erzeugten, Stahl verarbeiteten sowie Schiffe und Maschinen bauten. Daß die Putilov-Werke in hohem Grad von Staats- und insbesondere von Rüstungsaufträgen für Heer und Marine abhängig waren, versteht sich von selbst; dasselbe galt für die Nevskij-Werften, die eine Belegschaft von 3500 Mann hatten. Für die aufkeimende russische Elektroindustrie (einschließlich Elektromotorenproduktion), in der von Anfang an Großkonzerne die Hauptrolle spielten, waren ausländisches Kapital und Wettbewerbsschutz durch Einfuhrzölle lebenswichtig. 70 Prozent aller im russischen Reich hergestellten elektrotechnischen Geräte und Zubehörteile wurden in der Hauptstadt produziert, der Löwenanteil von Siemens und AEG; gesamtwirtschaftlich blieb die Elektrobranche allerdings vorläufig bedeutungslos. Dasselbe galt weitgehend für die chemische Industrie, innerhalb derer es 89 Betriebe mit jeweils mehr als 750 Beschäftigten gab, von denen allein die beiden größten zusammen 11 800, d. h. mehr als 70 Prozent der insgesamt 16 500 Arbeitnehmer dieser noch in den Kinderschuhen steckenden Branche des Investitionsgütersektors beschäftigten.

Das Fabrikproletariat der großindustriell produzierenden Investitionsgüterbranchen stellte somit einen Anteil von 40 Prozent der gesamten Lohnarbeiterschaft in St. Petersburg, während die restlichen 60 Prozent auf den Konsumgütersektor entfielen: 44 000 Arbeitnehmer auf die Textilindustrie, 20 500 auf die Lebensmittelverarbeitung und 23 300 auf die Papier- und Druckindustrie. Immerhin waren 1913 nur noch höchstens 3 Prozent aller Spinner und Weber in Betrieben mit einer Belegschaft von weniger als 90 Personen beschäftigt, während knapp 84 Prozent, entsprechend 37 000 Personen, in einem der 23 Betriebe mit jeweils mehr als 750 Beschäftigten arbeiteten (1890 waren es 53 Prozent oder 11 700 Personen in 9 Betrieben gewesen). In der nahrungsmittelverarbeitenden Industrie war die Konzentration nicht ganz so ausgeprägt; hier arbeiteten 55 Prozent aller Beschäftigten in einem von 10 Betrieben mit jeweils mehr als 750 Arbeitnehmern und weitere 21 Prozent in einem von 10 Betrieben mit jeweils zwischen 270 und 750 Beschäftigten. Diese Arbeitnehmer waren freilich, ebenso wie andere im Bereich der großindustriell betriebenen Konsumgüterproduktion Beschäftigte – die Drucker ausgenommen –, ganz überwiegend ungelernte Kräfte bäuerlicher Herkunft und Mentalität, und in der Mehrzahl Frauen. Zwischen ihnen und dem ungebärdigen Industrieproletariat St. Petersburgs gab es daher kaum Berührungspunkte.

In Italien, wo sowohl der Eisenbahnbau als auch die Heeres- und Flottenrüstung wichtige Stimulantien für die Schwerindustrie waren, bot sich ein im wesentlichen ähnliches Bild, wenngleich der Investitionsgütersektor dort umfangreicher und in geringerem Maß von ausländischem Kapital abhängig war als in Rußland. Zwischen 1896 und 1914 verzehnfachte sich die italienische Stahlproduktion, und die industrielle Produktion stieg insgesamt um nahezu 90 Prozent. Von einer erwerbstätigen Bevölkerung von 18 Millionen Menschen waren rund 3,5 Millionen in den Sektoren Konsumgüter- und Investitionsgüterproduktion beschäftigt, und davon wiederum 87 500 in der Eisen- und Stahlerzeugung und 475 000 in der metallverarbeitenden Industrie. Mit einem Anteil von 22 bis 24 Prozent an der erwerbstätigen Bevölkerung erwirtschafteten Verbrauchs- und Investitionsgüterindustrie gemeinsam rund 25 Prozent des italienischen Bruttosozialprodukts; auf den Investitionsgütersektor, die für Italien lebenswichtige und rasch expandierende hydroelektrische Energie eingeschlossen, entfiel nur ein kleiner Bruchteil dieser Sätze. Die größten und technisch am weitesten fortgeschrittenen Konzerne fanden sich, in Italien ebenso wie in Rußland, auf dem Investitionsgütersektor, der im Falle Italiens allerdings kapitalmäßig weniger von ausländischen Investoren oder vom Staat, sondern vielmehr von vier großen Privatbanken getragen wurde.

Die Banca Commerciale und der Credito Italiano hatten sich bis 1914 zu Finanzriesen entwickelt, die die Kapitalversorgung der italienischen Industrie beherrschten. Dank ihrer Größe und Finanzkraft waren sie in der Lage, die Entwicklung jener kapitalintensiven Großindustrien zu finanzieren, die zwischen Jahrhundertwende und Kriegsausbruch so große Anlage-Investitionen tätigten: Die hydroelektrische Industrie erhöhte ihre Kapitalausstattung in dieser Zeit von 37 auf 559 Millionen, die metallverarbeitende Industrie von 62 auf 415 Millionen und die chemische Industrie von 98 auf 296 Millionen Lire. In diesen Branchen förderten die Banken auch nach Kräften die Kartell- und Monopolbildung, die in der stromerzeugenden Industrie unter Führung des Edison-Konzerns, in der Eisen- und Stahlbranche unter Führung der Società Ilva, im Schiffsbau unter der Ägide der Cantieri Navali Riuniti und in der Handelsschiffahrt unter der Regie der Navigazione Generale Italiana vorangetrieben wurde.

In der metallverarbeitenden Industrie Italiens einschließlich des Maschinenbaus gab es 1908 278 Betriebe mit 100–500 Arbeitnehmern und 38 Betriebe mit mehr als 500 Arbeitnehmern; insgesamt beschäftigten diese 316 Firmen 95 000 der insgesamt 160 000 Arbeitnehmer dieser Branche.

In der chemischen Industrie beschäftigten 83 Unternehmen mit jeweils 100–500 und 8 Unternehmen mit über 500 Arbeitnehmern 24 000 von 45 000 in dieser Branche Tätigen, und in der stromerzeugenden Industrie waren es 19 Betriebe mit 100–500 und 2 mit über 500 Mitarbeitern, die 6000 von 13 000 Arbeitnehmern ihrer Branche beschäftigten. Italien hatte ferner 1914 eine Automobilproduktion von jährlich 8000 Fahrzeugen erreicht, wobei Fiat der bei weitem größte Hersteller war und mehr als die Hälfte zu dieser Jahresproduktion beisteuerte.

Die Zahl der größeren, mehr als 100 Lohnempfänger beschäftigenden Betriebe in der Verbrauchs- und Investitionsgüterindustrie Italiens betrug 3266. In diesen Betrieben arbeiteten 900 000 von insgesamt 1,5 Millionen Menschen, die in diesen Sektoren tätig waren (wobei reine Familienbetriebe ohne Lohnarbeiter nicht berücksichtigt sind); 378 Unternehmen mit jeweils mehr als 500 Arbeitnehmern beschäftigten zusammen 340 000 Personen. Es ist allerdings wichtig, hervorzuheben, daß anders als in der metallverarbeitenden Industrie, wo 145 000 von 160 000 Lohnempfängern in Betrieben mit jeweils mehr als 100 Beschäftigten arbeiteten, in der Textilindustrie Italiens (ohne Konfektionsindustrie) von 590 000 gegen Lohn Beschäftigten 462 000 in Betrieben mit einer Belegschaft von 100 oder mehr Personen arbeiteten; davon waren 455 000 Frauen, und von ihnen wiederum 89 000 jünger als 15 Jahre.

Da die Konsumgüterproduktion und die Landwirtschaft im großen und ganzen auf einem unwirtschaftlichen Produktionsniveau verharrten und an der Versorgung lokaler Märkte orientiert blieben, gingen von ihnen keine Impulse aus, die die innere Kaufkraft stimulieren und das Heranwachsen eines modernen industriellen Sektors fördern und rechtfertigen konnten. Die Folge war, daß die Investitionsgüterindustrie und die Geschäftsbanken in ihrer wechselseitigen Abhängigkeit voneinander zunehmend darauf angewiesen waren, daß der Staat ihnen in Form von Schutzzöllen sowie in Form von Aufträgen für Heer, Flotte und Handelsmarine unter die Arme griff, Bereiche, die zwar in Expansion begriffen, aber volkswirtschaftlich unproduktiv waren.

Finanzierungsinstitute trugen natürlich nicht nur in Italien, sondern in den meisten europäischen Ländern Erhebliches zur Entwicklung des Investitionsgütersektors bei. Namentlich die Geschäftsbanken lernten es im Lauf der Zeit, den kapitalintensiven, stark mechanisierten Produktionsbetrieb, wie er für die zweite industrielle Revolution typisch war, zu finanzieren. Diese in der Regel als Aktiengesellschaften organisierten Finanzierungsinstitute gewährten kurz- und mittelfristige Kontokorrent-Kredite, finanzierten, gegen eine Beteiligung an dem betreffenden Unternehmen, Investitionen vor und erwarben auch Aktien auf eigene Rechnung. Ferner nahmen sie auch Firmenanteilscheine in Kommission, warben für sie und boten sie an in- und ausländischen Börsen zum Verkauf an.

Das Wachstum des Geschäftsbankensektors ging Hand in Hand mit der Expansion der Investitionsgüterproduktion. Die Banken dieses neuen, auf Investitionen spezialisierten Typs gewährten, sei es einzeln, sei es im Konsortium, ihre Kredite, vor allem wenn es sich um große Summen handelte, mit Vorliebe etablierten und soliden Unternehmen der Sparten Eisen und Stahl, Metallverhüttung, Kohlebergbau, Schienentransport und Schiffsbau. Statt sich auf riskante Geschäfte einzulassen, suchten diese Banken die Zusammenarbeit mit Unternehmen, die die Geburtswehen und Gefährdungen ihrer Gründerjahre hinter sich hatten und sich auf Expansionskurs befanden. Diesen angehenden Branchenriesen halfen die Banken entweder, ihre eigenen Produktionsanlagen zu vergrößern oder aber sich durch Kauf oder Zusammenschluß andere Firmen einzuverleiben.

Die neuen Finanz- und Industriemagnaten verbanden sich gerade in jenen Wirtschaftszweigen miteinander, in denen dem Staat eine immer wichtigere Rolle zufiel. Um die Kriegstüchtigkeit ihrer Länder zu fördern, unterstützten die Regierungen Schwerindustrie, Eisenbahngesellschaften und Werftindustrie mit Schutzzöllen, Staatsaufträgen und Finanzbürgschaften. Außerdem waren just dieselben Industriezweige zusammen mit den Kreditbanken auch bei jenen außenpolitischen und kolonialistischen Unternehmungen in vorderster Reihe anzutreffen, die spätestens ab 1870 nur noch unter tatkräftiger Mithilfe des Staates verwirklicht werden konnten, einer Mithilfe, zu der auch die Ausübung diplomatischen Drucks sowie, als letztes Mittel, bewaffnete Interventionen gehören konnten.

Obgleich viele der Kreditbanken, die der Industrie nahestanden, ursprünglich auf lokaler oder regionaler Ebene arbeiteten, hatten fast alle bis zur Jahrhundertwende ihre Zentrale in die Hauptstadt ihres Landes verlegt; die Hauptstädte wurden so zu den wirtschaftlichen und politischen Hauptquartieren der symbiotischen Expansion von Bankwesen und Schwerindustrie. Italien machte hierin als einziges Land eine Ausnahme – Mailand blieb vor Rom die finanzielle und kulturelle Hauptstadt des geeinten italienischen Nationalstaats.

Um die Nachfrage nach finanziellen Dienstleistungen und insbesondere nach längerfristigen Krediten einerseits befriedigen, andererseits wekken zu können, mußten die Geschäftsbanken ihr Dispositionskapital aufstocken. Sie erreichten dies zunächst einmal durch Erhöhung ihres Grundkapitals. Viel bedeutungsvoller in dieser Hinsicht war jedoch, daß sie sich durch die Entwicklung des Depositengeschäfts und die Eröffnung von Filialen systematisch den Zugang zu den in der Gesellschaft vorhandenen Kapitalreserven erschlossen. Man kann mit Fug und Recht sagen, daß die kontinentaleuropäischen Aktienbanken ihre erstaunliche Finanzkraft der Tatsache verdanken, daß es ihnen gelang, die Ersparnisse von Tausenden kleiner und mittlerer Geldanleger und Sparer zu mobilisieren und zu akkumulieren. Während die Privatbanken, von denen viele in jüdischem Besitz waren, den Aktienbanken im Hinblick auf das reine Eigenkapital durchaus die Waage halten konnten, begannen sie, weil sie nicht in das Publikums- und Depositengeschäft einstiegen, in puncto allgemeiner Finanzkraft gegenüber den neuen, gesichtslosen Bankhäusern auf Aktienbasis ins Hintertreffen zu geraten.

Daß die Großbanken um die Jahrhundertwende für die Investitionsgüter produzierenden Unternehmen, insbesondere in Deutschland, Österreich, Rußland und Italien, zu den wichtigsten Kreditgebern und Finanzierungsquellen wurden, steht außer Zweifel. Gleichwohl waren sie weit davon entfernt, das Bankwesen, die Schwerindustrie oder gar die Wirtschaft zu beherrschen. Ganz abgesehen davon, daß die Zahl der großen Aktienbanken beschränkt war, blieb auch ihr wirtschaftlicher Spielraum begrenzt. Ungeachtet der Tatsache, daß die gegenseitige Durchdringung von Industrie- und Bankenkapital langsam, aber sicher fortschritt, achteten die Männer der Industrie doch darauf, daß ihre Geldgeber sich nicht unversehens von Zahlmeistern zu Steuerleuten aufschwangen. Die Kapitäne der Schwerindustrie waren nicht weniger darauf bedacht, ihre autonome Entscheidungsgewalt zu verteidigen, als die Herren der großen Familienunternehmen des Verbrauchsgütersektors oder die Besitzer der großen privaten Handelshäuser. Als überzeugte Anhänger des Grundsatzes der Eigenfinanzierung betrachteten sie die Aufnahme von Fremdkapital lediglich als einen letzten Notbehelf. Und wenn sie Fremdmittel in Anspruch nahmen, dann lieber kurz- und mittelfristige als langfristige Kredite, die die Gefahr einer Mitsprache von außen heraufbeschworen. Um sich gegen einen allzu großen Einfluß eines einzelnen Geldgebers zu wappnen, deckten selbst die größten deutschen Industriellen ihren Kreditbedarf gerne bei zwei oder mehr verschiedenen Banken. Sie schätzten und suchten zwar durchaus den fachmännischen Rat ihrer Geldgeber, zogen es aber vor, ihnen im Hinblick auf ihre Geschäftspolitik und ihre Investitionsentscheidungen wenig oder keinerlei Mitsprache einzuräumen. Daß die französischen Industrieunternehmer ihre Autonomie besonders wachsam hüteten, mag durchaus sein. Aber im Hinblick auf den Wunsch, möglichst wenig Mitsprache von Außenstehenden zuzulassen, dürfte es zwischen Schneider in Creusot, Krupp in Essen, Skoda in Pilsen und Putilov in St. Petersburg allenfalls graduelle, nicht jedoch prinzipielle Unterschiede gegeben haben. Gewiß saßen Bankiers häufig in den Aufsichtsräten ihrer Kundenfirmen. Bernhard Dernburg von der Darmstädter National-Bank und Carl Klönne von der Deutschen Bank beispielsweise bekleideten um das Jahr 1905 38 bzw. 25 Aufsichtsratsmandate. Welchen Einfluß aber hatten die meisten Aufsichtsräte auf die Firmenpolitik, welchen Einfluß innerhalb der Aufsichtsräte hatten firmenfremde Mitglieder und wieviele Bankiers saßen in den Entscheidungszentren der Firmen, in den Vorständen? Die Banken wären, da sie keine eigenen Vertrauensleute in den technischen und administrativen Schlüsselpositionen ihrer Kundenfirmen sitzen hatten, nebenbei gesagt, gar nicht in der Lage gewesen, einen qualifizierten Beitrag zu den täglichen unternehmerischen Entscheidungen in den Betrieben des Investitionsgütersektors zu leisten.

Was aber vor allem ins Gewicht fiel: Ebenso wie der Investitionsgütersektor sich noch nicht mit der Landwirtschaft, dem Konsumgüterbereich und dem Handel messen konnte, waren die Geschäftsbanken auf Aktienbasis noch weit davon entfernt, innerhalb der Bankenwelt eine dominierende Rolle zu spielen. Es waren namentlich die Hypotheken- und Handelsbanken sowie die Sparkassen, die nach wie vor einen gewaltigen Teil der in der Gesellschaft vorhandenen Kapitalreserven an sich zogen, verwalteten und investierten. Manche dieser Banken waren öffentlich-rechtliche oder staatliche Institutionen, andere waren in privatem oder genossenschaftlichem Besitz, wieder andere waren als Aktiengesellschaften organisiert. Die öffentlichen und privaten Hypothekenbanken gewährten langfristige Kredite auf – vor allem ländlichen, aber auch in zunehmendem Maß städtischen – Grund- und Immobilienbesitz. So überrascht es nicht, daß festverzinsliche Hypothekenschuldverschreibungen überall in Europa die sowohl zahlenmäßig als auch wertmäßig weitaus bedeutendste Art von Wertpapieren darstellten, d. h. einen größeren Kapitalanteil banden als jeder andere Wertpapiertyp. Zusammen mit Sparkassen und Genossenschaftsbanken zogen die Hypothekenbanken auf lokaler und regionaler Ebene die in der Gesellschaft akkumulierten Ersparnisse an sich, um damit örtliche wirtschaftliche Aktivitäten zu finanzieren. Da ihnen die Gewährung von Krediten an Handels- und Gewerbeunternehmen von Gesetzes wegen so gut wie verwehrt war, legten sie den Großteil ihrer Mittel in Hypothekenkrediten, Kommunalobligationen sowie in staatlichen oder staatlich verbürgten Wertpapieren (beispielsweise Eisenbahnaktien) an; daneben gewährten sie aber auch in geringem Umfang kurzfristige persönliche und geschäftliche Kredite.

Der Großteil der finanziellen Dienstleistungen für den außeragrarischen Sektor (ausgenommen die Investitionsgüterindustrie) blieb in den Händen der Handelsbanken. Sie waren die wichtigsten Kreditgeber für die kleinen und mittleren Unternehmen der Verbrauchsgüter produzierenden Industrie des inländischen sowie des Import- und Exporthandels. Insbesondere in Ländern, in denen die Staatsbank nur eng umgrenzte Diskontgeschäfte tätigte, waren es die Handelsbanken, die Betriebskapital (im Unterschied zu Anlagekapital) bereitstellten, indem sie gegen Vorlage von Rechnungen und Schuldscheinen, abgesichert durch die persönliche Unterschrift des Gläubigers, Kredite gewährten.

Was die großen Privatbanken betraf, so verbanden sie offenbar beide Bereiche, den Handelskredit und den Investitionskredit, miteinander. Weniger auf ein lokales und regionales Tätigkeitsfeld begrenzt als die durchschnittliche Handelsbank, betreuten sie Kunden von bewährtem Ruf und erprobter Kreditwürdigkeit, Kunden, zu denen vor nicht langer Zeit auch Höfe und Regierungen gehört hatten. Die großen Privatbankiers gewährten nicht nur Kredite und Anleihen, sondern erwarben auch auf eigene Rechnung Aktien und Unternehmensbeteiligungen, häufig in einem internationalen Rahmen. Oft waren es diese privaten Finanziers, die, entweder allein oder zusammen mit anderen Banken – auch mit Geschäftsbanken auf Aktienbasis – bei neu emittierten Wertpapieren als Erstzeichner und Börsenmakler in Erscheinung traten.

Die großen europäischen Privatbankiers besaßen dank ihres enormen persönlichen Wohlstands und Ansehens größeren Einfluß als die Repräsentanten der Sparkassen, der Hypotheken- und der Geschäftsbanken. Sie waren bis 1914 die „Aristokraten" der internationalen Finanzwelt. Bei ihnen, die in den Hauptstädten und in den großen Handelsmetropolen direkt im Zentrum der *haute finance* saßen, gehörten gute Beziehungen zu höheren und höchsten Kreisen zur Haustradition. Übrigens neigten diese Männer trotz ihres eingefleischten Konservatismus in der Regel eher zu freihändlerischen als zu protektionistischen Positionen. Die Repräsentanten der Sparkassen, der Hypotheken- und der Handelsbanken waren vergleichsweise weniger vermögend, geringer angesehen und traten nicht so auffällig in Erscheinung, unter anderem weil ihr Betätigungsfeld in der Regel nicht auf nationaler oder internationaler, sondern auf ländlicher und örtlicher Ebene lag. Dazu kam auch, daß viele Hypothekenbanken und Sparkassen staatliche, halbstaatliche und genossenschaftliche Institutionen waren und ihre leitenden Angestellten daher statusmäßig etwa mittleren Beamten gleichkamen. Was andererseits die Direktoren und Präsidenten der großen Aktienbanken betrifft, so waren sie nicht annähernd so reich und prominent wie die großbürgerlichen Besitzer/Präsidenten der Privatbanken. Was sie an gesellschaftlichem und politischem Einfluß besaßen, verdankten sie ihrer Verbindung zu den Magnaten der Schwerindustrie und des Transportsektors, von denen viele auf das Wohlwollen und die Aufträge ihrer Regierung und vor allem auch auf Schutzzölle angewiesen waren.

Der Investitionsgütersektor und die Geschäftsbanken sahen sich nach wie vor von einem wirtschaftlichen Umfeld umgeben, das nicht nur von der Landwirtschaft und von der (handwerklichen, manufakturmäßigen und industriellen) Verbrauchsgüterproduktion, sondern daneben auch von einem tertiären Sektor geprägt war, zu dem der Groß- und Einzelhandel, der öffentliche Dienst, die verschiedenen Dienstleistungsgewerbe, die akademischen und freien Berufe und das Dienstbotenwesen gehörten. Statt dahinzuschrumpfen, vermehrten sich die kleinen Einzelhandels- und Dienstleistungsbetriebe weiterhin etwa proportional zum Wachstum der städtischen Bevölkerung.

Die kleinen Ladengeschäfte konnten sich bis 1914 gegenüber den Kaufhäusern durchaus gut behaupten. Zugleich wuchs als Folge der stetigen Ausdehnung des bürokratischen Staatsapparats und der Entwicklung großindustrieller Betriebsformen rasch ein „vierter Stand" der Büroangestellten, Techniker, Manager und Akademiker heran, eine Klasse, die nur indirekt oder teilweise „produktiv" war.

Daß das selbständige Kleinbürgertum, die Inhaber der Ladengeschäfte und der kleinen Dienstleistungsbetriebe, Vitalität und Anpassungsfähigkeit bewiesen, war ebenso unübersehbar wie die Tatsache, daß die neue Klasse der Büroangestellten und der mittleren technischen und administrativen Intelligenz – einschließlich solcher Berufsgruppen wie Künstler, Schauspieler und Schriftsteller – ein immer größeres wirtschaftliches, gesellschaftliches und politisches Gewicht erlangte. Was die häuslichen Dienstboten betraf, so ging ihre Zahl wenn nicht absolut, dann doch relativ zurück; sie bildeten jedenfalls 1914 nach wie vor einen bedeutsamen Bestandteil der erwerbstätigen Bevölkerung. Allerdings wurde der Hausdienst, sowohl was das festangestellte als auch was das Gelegenheitspersonal anging, sehr rasch zu einer weiblichen Domäne. In ihrer Weltanschauung waren die Haushaltsbediensteten, bedingt durch ihre Arbeitssituation und trotz der Tatsache ihrer überdurchschnittlichen Beanspruchung und Ausbeutung, den gesellschaftlich ambitionierten Kleinbürgern näher als den städtischen und ländlichen Unterschichten. In jedem Fall band der expandierende tertiäre Sektor, selbst wenn man die Angestellten und die mittlere technische und administrative Intelligenz der industriellen Großbetriebe nicht dazuzählt, in allen europäischen Ländern einen beträchtlichen Teil der erwerbstätigen Bevölkerung, von 35 Prozent in Großbritannien bis zu 11 Prozent in Österreich-Ungarn.

Die meisten „unproduktiven" Arbeitskräfte des tertiären und des industriellen Sektors konzentrierten sich in den Haupt- und Großstädten der europäischen Länder. Gewiß, die Kaufhäuser mit ihren riesigen Schaufenstern, ihren Verkaufsetagen und ihrem Heer von Verkäufern und Verkäuferinnen wurden zu hervorstechenden Wahrzeichen der Großstädte, Wahrzeichen der spektakulären Konsumgewohnheiten einer wohlhabenden Oberschicht. Diese Verkaufspaläste weckten, wie die neuen Großfabriken, bei den Menschen eine mit Neugier gemischte Ehrfurcht, vor allem wegen ihrer Ungewöhnlichkeit. Namentlich die kleinen Ladenbesitzer überschätzten – hierin manchen späteren Historikern nicht unähnlich – die Bedeutung der Kaufhäuser und Ladenketten auf dem Einzelhandelssektor. In Wirklichkeit waren die kleinen Ladengeschäfte und Dienstleistungsbetriebe hier weiterhin vorherrschend, ja nahmen sogar noch zu. Die Großstadt war indes nicht nur der quasi natürliche Lebensraum für die Selbständigen der unteren Mittelschicht, die kleinen Geschäftsleute, sondern auch der Ort, an dem die rasch anwachsenden unselbständigen Berufsgruppen der unteren Mittelschicht, die Angestellten des privaten und öffentlichen Sektors sowie die Angehörigen der mittleren Intelligenz arbeiteten und wohnten. Dieses komplex zusammengesetzte Kleinbürgertum war, nicht nur wegen seines vergleichsweise hohen Bildungsstandards und der damit verbundenen Status- und Einkommensvorteile, sondern auch wegen seiner quantitativen Zunahme und seiner Massierung in den Ballungszentren als gesellschaftlicher und politischer Faktor der Arbeiterklasse mindestens ebenbürtig, um so mehr, als viele Handwerker, Fachkräfte und andere „Arbeiteraristokraten“ sich selbst nicht dem Proletariat, sondern der unteren Mittelschicht zugehörig fühlten.

Zahlenmäßig hielt die kleinbürgerliche Mittelschicht der Geschäftsleute und Angestellten den Proletariern sowohl in den Großstädten (über 100 000 Einwohner) als auch in den Mittelstädten (50 000–100 000 Einwohner) mindestens die Waage. Das Wachstum der Großstädte ging der zweiten industriellen Revolution zeitlich voraus: Um die Jahrhundertmitte hatten London und Paris etwas über 2 Millionen bzw. 1 Million, Berlin und Wien jeweils rund 400 000 Einwohner gezählt. In den 70er Jahren überschritt die Bevölkerungszahl sowohl der österreichischen als auch der deutschen Hauptstadt die 1-Millionen-Grenze; St. Petersburg und Moskau sowie Glasgow, Liverpool und Manchester gingen entweder auf die 500 000-Einwohner-Marke zu oder hatten sie bereits überschritten; und in ganz Europa gab es rund 40 Städte mit über 100 000 Einwohnern. Von diesen Großstädten lagen 9 in Großbritannien und 8 in Deutschland, und in ihnen waren 11,5 bzw. 4,8 Prozent der Bevölkerung ihres Landes konzentriert.

Die Einwohnerzahl Londons stieg zwischen 1870 und 1914 von 3,3 auf 4,6 Millionen an. Da die britische Hauptstadt im Verlauf dieses halben Jahrhunderts eine gewisse Einbuße industrieller Arbeitsplätze hinnehmen mußte, läßt sich ihr ungebrochenes Bevölkerungswachstum vor allem als ein Zeichen für die Leistungsfähigkeit und Vitalität der dort ansässigen Veredelungs- und Endfertigungsgewerbe sowie vor allem der Londoner Geschäfts- und Kaufleute interpretieren; sowohl die einen als auch die anderen orientierten sich gleichermaßen stark am Überseegeschäft und am einheimischen Luxusgütermarkt. Die Einwohnerzahl Liverpools lag 1914 über 700 000, während Manchester und Birmingham auf die 600 000 zugingen. 20 Prozent der Bevölkerung Großbritanniens lebten zu diesem Zeitpunkt in Städten mit mehr als 100 000 Einwohnern.

Die Bevölkerung Deutschlands wuchs in der Zeit zwischen der Reichsgründung und dem Jahr 1910 von 41 auf 65 Millionen, also um 58 Prozent. Innerhalb dieser 40 Jahre nahm die Zahl der in ländlichen Siedlungen von weniger als 2000 Einwohnern lebenden Personen um zirka 1 Prozent auf 26 Millionen ab, während die Zahl der Bewohner von Orten mit über 2000 Einwohnern von 15 auf 39 Millionen anstieg. Darüber hinaus erhöhte sich die Zahl der Großstädte mit über 100 000 Einwohnern von 18 auf 48 und ihre Gesamteinwohnerzahl von 2 auf 14 Millionen Menschen, was einem Anteil von rund 21 Prozent an der deutschen Gesamtbevölkerung entsprach. Von diesen 48 Großstädten hatten 16 mehr als 250 000 und 7 über 500 000 Einwohner. Zu dieser letzteren Kategorie gehörten diejenigen deutschen Städte, die zwischen 1880 und 1914 das rapideste Bevölkerungswachstum verzeichneten: Leipzig, das von 150 000 auf 590 000 Einwohner anwuchs, Köln (von 145 000 auf 516 000), Dresden (von 220 000 auf 550 000), Breslau (von 273 000 auf 512 000), München (von 230 000 auf 533 000) und Hamburg, die wichtigste Hafenstadt des Deutschen Reichs, mit einer Zunahme von 290 000 auf 932 000 Einwohner. Was Berlin betraf, so stieg seine Bevölkerungszahl um nahezu das Doppelte – auf 2 Millionen Menschen. Der wirkliche Zuwachs lag allerdings noch weit höher, denn Groß-Berlin mit seinem gesamten industriellen Umland zählte 3,75 Millionen Bewohner. Anders als London und Paris blieb die deutsche Hauptstadt ein wichtiges Ballungszentrum der industriellen Verbrauchs- und Investitionsgüterproduktion. Borsig, Siemens, AEG und Schering betrieben im Einzugsbereich der Hauptstadt große Fabriken. Den Niedergang der Berliner Textilindustrie kompensierten zahlreiche kleine Konfektionsbetriebe, die den Frauen und Töchtern der Arbeiter Verdienstmöglichkeiten (zum Teil in Form von Heimarbeit) boten. Daneben hatte Berlin als Reichshauptstadt aber auch einen kräftig expandierenden tertiären Sektor, in dem rund 40 Prozent seiner erwerbstätigen Bewohner arbeiteten.

In Frankreich verlief das Wachstum der Städte, teilweise infolge einer allgemeinen demographischen Stagnation, weit gemächlicher als in England und Deutschland. 1914 lebten noch 23 Millionen Franzosen, das waren annähernd 55 Prozent der Gesamtbevölkerung der Dritten Republik, in ländlichen Siedlungen mit weniger als 2000 Einwohnern, und 6 von 10 Franzosen in ländlich geprägten Ortschaften mit weniger als 4000 Bewohnern. Daneben gab es freilich auch 44 Städte mit jeweils über 50 000 und zusammen 7,5 Millionen Einwohnern (gegenüber 2,5 Millionen im Jahr 1870). Unter den 15 französischen Städten mit über 100 000 Bewohnern blieben Paris, Lyon und Marseille die mit Abstand größten.

Die 7 österreichischen Großstädte mit über 100 000 Einwohnern beherbergten 1910 zusammen 3,1 der insgesamt 28,6 Millionen Landesbewohner, von denen 18 Millionen noch in ländlichen Ortschaften mit weniger als 5000 Einwohnern lebten. Wien bildete mit einer Bevölkerungszahl von etwas über 2 Millionen eine Kategorie für sich; seine Einwohnerzahl hatte sich seit 1870 mehr als verdreifacht. Wie Berlin und St. Petersburg, entwickelte sich auch die österreichische Hauptstadt zu einem bedeutenden Ballungszentrum großindustrieller Produktionsbetriebe, die, zumeist in den Außenbezirken angesiedelt, den gewerblichen Produktions- und Dienstleistungsbetrieben der Innenbezirke zusätzliche Beschäftigungs- und Wachstumsimpulse bescherten. Die anderen Großstädte der habsburgischen Monarchie mit mehr als 100 000 Einwohnern waren Prag (225 000), Lemberg (206 000), Triest (161 000), Krakau (152 000), Graz (152 000) und Brünn (126 000). Budapest wuchs ungefähr im gleichen Tempo wie Wien, von 280 000 Einwohnern im Jahr 1870 auf 800 000 im Jahr 1914. Von der Hauptstadt abgesehen, gab es in Ungarn allerdings kaum nennenswerte Urbanisierungsprozesse.

Die Einwohnerzahl von St. Petersburg erhöhte sich zwischen 1870 und 1914 von 750 000 auf 2,2 Millionen, diejenige Moskaus von 400 000 auf 1,65 Millionen. Auch wenn die neue und die alte russische Hauptstadt wichtige Zentren der modernen Industrie waren, bildete das Industrieproletariat doch keineswegs das Gros der arbeitenden Bevölkerung. Während von den 220 000 Erwerbstätigen St. Petersburgs immerhin ein ansehnlicher Teil in großen Industriebetrieben arbeitete, verdienten von den 240 000 Lohnabhängigen Moskaus 160 000 ihr Geld mit handwerklicher Tätigkeit in kleinen Fabrikationsbetrieben oder Werkstätten des Verbrauchsgütersektors. Beide Städte verfügten – St. Petersburg als Verwaltungsmittelpunkt des hochgradig zentralisierten zaristischen Staatsapparats und Moskau als wichtigste Handelsmetropole des Reichs – über einen ausgedehnten tertiären Sektor.

Wie und wo sich in den einzelnen europäischen Ländern der tertiäre Sektor entwickelte, hing von der Verteilung der urbanen Bevölkerung auf die verschiedenen Großstädte und von deren wirtschaftlicher Struktur ab. In Großbritannien, dem Land der kleinen Händler und Kaufleute, stiegen zwischen 1871 und 1911 die Zahl der Ladengeschäfte um 50 Prozent und die Zahl der im Groß- und Einzelhandel Beschäftigten um 100 Prozent auf 2,5 Millionen Menschen. Bei all dem gab es zu jener Zeit nur zwei große Kaufhäuser, beide in London: William Whiteley mit 5500 und Harrod's mit 4000 Angestellten. Der öffentliche Dienst und die freien Berufe umfaßten zusammen 1,5 Millionen Menschen. Die Gesamtheit der um 1914 im privatwirtschaftlichen Sektor Großbritanniens beschäftigten Angestellten – knapp 19 Prozent der erwerbstätigen Bevölkerung des Landes – setzte sich zusammen aus 989 000 Einzelhandels-Verkäufern (bzw., in der Mehrheit, Verkäuferinnen), 822 000 Büroangestellten, 631 000 höheren und leitenden Angestellten, 560 000 Angehörigen des akademisch gebildeten technischen und administrativen Personals, 237 000 Werkmeistern und Aufsehern sowie 184 000 Vollakademikern. England war ferner das europäische Land mit den meisten Haushaltsbediensteten: Unter den rund 2 Millionen britischen Domestiken waren sehr viele Frauen und Mädchen (40 Prozent aller außerhalb des landwirtschaftlichen Sektors beschäftigten weiblichen Erwerbstätigen des Landes); in der Tat gab es im entwickeltsten Industriestaat Europas ebensoviele häusliche Dienstboten wie Arbeiter in der Investitionsgüterproduktion – auf beide Sektoren entfielen rund 10 Prozent der erwerbstätigen Bevölkerung des Landes!

Auch in Deutschland waren die Branchen mit den höchsten Wachstumsraten im Handels- und Dienstleistungsbereich anzutreffen. Die Zahl der Einzelhandelsgeschäfte stieg zwischen 1895 und 1907 um 42, die Anzahl der im Einzelhandel Beschäftigten um 55 Prozent an. Wenn auch die Anzahl der Ein-Mann-Betriebe unter den Verkaufsläden zugunsten der Geschäfte mit 2–5 Angestellten zurückging, lag die Zahl der ersteren doch 1914 noch immer bei 318 000 (gegenüber mindestens 475 000 der letzteren Kategorie). Die Zahl der Arbeitsplätze im Einzelhandel, im Hotel- und Bankwesen wuchs rascher an als die Bevölkerungszahl. Im Groß- und Einzelhandelsbereich gab es 1,1 Millionen Kleinbetriebe mit jeweils bis zu 5 Mitarbeitern und zusammengenommen 2 Millionen Beschäftigten. Dies entsprach einem Anteil von 93 Prozent aller Firmen und 59 Prozent aller Beschäftigten dieses Sektors. Daneben gab es noch rund 49 000 Unternehmen mit einer Mitarbeiterzahl von 6–10 und 28 000 mit einer Belegschaft von 11–50 Personen, zusammengenommen 77 000 mittelständische Betriebe mit insgesamt 906 000 Beschäftigten. Zwar gab es in der deutschen Handelsbranche auch eine ganze Reihe von Unternehmen mit jeweils mehr als 51 – und zusammengenommen 466 000 – Angestellten, aber doch nur 380 Firmen mit einer Belegschaft von 201–1000 und 36 mit einer Belegschaft von mehr als 1000 Personen, so daß nur zirka 250 000 oder 7 Prozent der Beschäftigten dieses Sektors ihr Geld bei einem Großunternehmen mit mehr als 200 Mitarbeitern verdienten.

Unter diesen Großunternehmen traten die Kaufhäuser am auffälligsten in Erscheinung. 1911 gab es in Deutschland etwa 400 Kaufhäuser und Filialen von Kaufhausketten. Die größeren dieser Häuser – mit einem Verkaufspersonal von mehr als 10 Personen und einem Jahresumsatz von über 400 000 Reichsmark – konzentrierten sich, mit wenigen Ausnahmen, in den größten Städten des Reichs. Von den 73 Kaufhäusern, die 1903 in Preußen zur Sonder-Umsatzsteuer herangezogen wurden, standen allein 27 in Groß-Berlin. Die großen Kaufhäuser der Hauptstadt (mit einer Belegschaft von mehr als 100 Personen) beschäftigten zusammen rund 14000 Mitarbeiter – Verkäufer, Aufseher, Einkäufer, Buchhalter, Packer, Handwerker, Ausfahrer, Chauffeure und Putzfrauen. Das größte Einzelhaus war Wertheim in der Leipziger Straße, mit einem geschätzten Buchwert (Grundstück und Immobilien) von 33 Millionen Mark. Nach einer Bestandsaufnahme aus dem Jahr 1900 verfügte das Kaufhaus über Schaufensterfronten von insgesamt 313 m Länge, eine Verkaufsfläche von 16560 qm, machte einen Jahresumsatz von rund 60 Millionen Mark und beschäftigte 4670 Personen, vom Aufsichtspersonal und von der Einkaufsabteilung abgesehen, in der Hauptsache Frauen. An zweiter Stelle folgte das Kaufhaus von Hermann Tietz, der die größte seiner drei Berliner Filialen ebenfalls in der Leipziger Straße hatte und dort 1910 knapp 2000 Personen beschäftigte. Während das Unternehmen Wertheims sich im wesentlichen in dem einen großen Berliner Stammhaus erschöpfte, betrieb die Familie Tietz eine Kaufhauskette mit 17 Filialen in 14 Städten und einem Gesamt-Jahresumsatz von rund 30 Millionen Mark; die nach den Berliner Häusern größten Filialen standen in Köln, Krefeld und Düsseldorf.

Daß diesen Einzelhandels-Giganten und ihren weniger umsatzstarken Konkurrenten eine große symbolische Bedeutung zukam, läßt sich nicht leugnen, zumal gewisse konservative Demagogen die Kaufhäuser, deren Besitzer zumeist Juden waren, in den Mittelpunkt ihrer – häufig antisemitisch gefärbten – Anklagen gegen den modernen Kapitalismus stellten. Man sollte gleichwohl nicht übersehen, daß auch im Einzelhandel weiterhin die kleinen Familienbetriebe bei weitem dominierten. Zwar vervierfachte sich zwischen 1882 und 1907 die Zahl der Kaufhäuser mit 50 oder mehr Beschäftigten auf rund 1000, aber der Gesamt-Jahresumsatz der 400–500 Großkaufhäuser und Kaufhausfilialen, die es zu diesem Zeitpunkt in Deutschland gab, belief sich den kühnsten Schätzungen zufolge auf bestenfalls 550 Millionen Mark und damit auf nicht mehr als 2,2 Prozent des Jahresumsatzes des gesamten deutschen Einzelhandels, der bei etwa 25 Milliarden Mark lag.

In den Handels- und Dienstleistungsbranchen der deutschen Wirtschaft waren um die Jahrhundertwende rund 506000 Angestellte beschäftigt. Dazu kamen weitere 686000 Angestellte im industriellen Bereich, wo sich das zahlenmäßige Verhältnis zwischen Angestellten (Gehaltsempfängern) und Arbeitern (Lohnempfängern) mittlerweile, nach Sparten differenziert, wie folgt darstellte: 1 Angestellter auf 16 Arbeiter im Bergbau und bei Eisen und Stahl, 1 auf 6 im Maschinenbau, 1 auf 5 in der chemischen Industrie und 1 auf 11 in der Textil- und der nahrungsmittelverarbeitenden Industrie. Auf den öffentlichen Dienst und die freien Berufe entfielen zusammen 1,1 Millionen Menschen, auf das Dienstbotengewerbe 1,3 Millionen.

Ein etwas anderes Bild bot sich in Frankreich. Hier nahm die Zahl der kleinen Geschäftsleute – der Bäcker, Metzger, Obst- und Gemüsehändler, der Inhaber von Kurzwaren- und Bekleidungsgeschäften, der Schank- und Gastwirte – lediglich von 700 000 auf 800 000 zu. Diese Geschäfte waren zum überwiegenden Teil Familienbetriebe, die vom Inhaber und seiner Frau, in manchen Branchen unter Mithilfe von 1–5 Mitarbeitern geführt wurden. Einen Zuwachs gab es allein bei den Betrieben mit mehr als 5 Angestellten. Das änderte jedoch nichts daran, daß Kaufhäuser in Frankreich von untergeordneter Bedeutung waren, zumal es nur in Paris welche gab.

Dabei waren die ersten großen Verkaufshäuser für Gebrauchsartikel (außer Lebensmitteln) gerade in der französischen Hauptstadt entstanden: das in den 1840er Jahren gegründete *Magasin Ville de Paris*, die in den 1850er gegründeten *Bon Marché* und *Louvre*, das *Printemps*, das *Belle Jardinière* und die *Galéries LaFayette*, eröffnet in den 1860er Jahren, sowie das in den 1870ern gegründete Kaufhaus *Samaritaine*. 1910 machten die 12 größten Pariser Kaufhäuser einen geschätzten Jahresumsatz von über 500 Millionen Francs, entsprechend rund 16 Prozent des gesamten Einzelhandelsumsatzes der Stadt. Die beiden größten Häuser waren das *Bon Marché* mit einem Firmenkapital von 40–50 Millionen Francs, einer Belegschaft von 6000 Personen (davon 4000 Verkäufer und Verkäuferinnen) und einem Jahresumsatz (1902) von 200 Millionen Francs sowie das *Louvre* mit einem Kapital von 22 Millionen Francs, einer Belegschaft von 4000 Personen (davon 2500 Verkäufer und Verkäuferinnen) und einem Umsatz (1900) von 145 Millionen Francs. Im Gegensatz zu Deutschland war das Kaufhauspersonal, die Verkäufer eingeschlossen, in Frankreich zum größeren Teil männlich.

Alles in allem beschäftigten die Sparten Handel, Dienstleistungsgewerbe, Transportwesen, Banken und Versicherungen in Frankreich 2,3 Millionen Menschen (mitarbeitende Eigentümer eingeschlossen). Dazu kamen rund 550 000 Angestellte des öffentlichen Dienstes. Unter den 250 000 Angehörigen der freien und akademischen Berufe waren 20 000 Ärzte, 56 000 Anwälte und 46 000 Schriftsteller und Künstler. Daß das häusliche Dienstbotenwesen im Begriff stand, zu einer weiblichen Domäne zu werden, zeigt sich darin, daß 1914 mindestens 40 Prozent aller erwerbstätigen Pariserinnen einen Dienst im Haushalt versahen.

In der habsburgischen Doppelmonarchie und im zaristischen Rußland überragte der tertiäre Sektor die beiden industriellen Sektoren der Verbrauchsgüter- und der Investitionsgüterproduktion erheblich. In beiden Monarchien gab es eine ausgeprägte staatliche Bürokratie, vom militärischen Apparat nicht zu reden. 1914 betrug der Anteil der Angestellten an der erwerbstätigen Bevölkerung Wiens zirka 13,6 Prozent, und die Zahl der Einzelhandelsgeschäfte und Dienstleistungsbetriebe der Stadt lag bei 63 000. In Rußland beschäftigten Handel und Transportwesen 2,2 Millionen Menschen oder 7,1 Prozent der erwerbstätigen Bevölkerung; die entsprechenden Zahlen lauteten für den öffentlichen Dienst 1,2 Millionen/3,8 Prozent und für das Hauspersonalwesen 1,6 Millionen/5,2 Prozent. In St. Petersburg arbeiteten 1910 rund 150000 Menschen im Bereich des Einzelhandels. Im Vergleich zu anderen europäischen Hauptstädten wimmelte es in den Straßen St. Petersburgs noch geradezu von Straßenhändlern, zwischen 14000 und 18000 an der Zahl, die teilweise improvisierte und ambulante Verkaufsstände benutzten; die meisten von ihnen waren Bauern. Daneben gab es rund 20000 stationäre Ladengeschäfte, zwei Drittel davon waren Lebensmittelläden. Die sogenannten Kaufhäuser am Nevskij-Prospekt waren im Grunde Markthallen, die viele kleine Geschäfte unter einem Dach vereinigten. So beherbergte etwa das vierstöckige Kaufhaus *passaz* (Passage) an die 60 Einzelgeschäfte, in denen qualitativ hochwertige Textilartikel, Schmuck und andere, vorwiegend für Frauen gedachte Luxusartikel feilgeboten wurden. Und die 18 Freiluft-Märkte der Stadt umfaßten insgesamt 3000 Läden, Kioske und Verkaufsstände, von denen sich zwei Drittel allein auf den 4 größten Marktplätzen drängten.

Die Zunahme der kleinen und mittleren Verkaufsgeschäfte und Dienstleistungsbetriebe war offenkundig eine Begleiterscheinung derselben industriellen, kommerziellen, siedlungsgeographischen und staatlich-administrativen Entwicklung, die auch dazu führte, daß der Anteil des Büropersonals, der technischen und administrativen Intelligenz und der Akademiker an der Gesamtheit der Erwerbstätigen zunahm. Daß der aus allen diesen heterogenen Elementen zusammengesetzte tertiäre Sektor sich, selbst wenn man die Gruppe der Hausbediensteten mitzählt, nicht mit der Landwirtschaft oder dem Verbrauchsgüter- und Investitionsgütersektor messen konnte, sei zugestanden. Andererseits konnte dieser Sektor, und sei es nur im Hinblick auf die zahlenmäßige Zunahme der in ihm Beschäftigten, mit der Industrieexpansion etwa im Bereich von Investitionsgüterproduktion, Bergbau und Transportwesen, durchaus mithalten. Selbst Deutschland zählte in den Branchen seines tertiären Sektors zusammen ebenso viele Ladeninhaber, Büroangestellte, öffentliche Bedienstete, Freiberufler und Akademiker, wie seine rapide wachsende Industrie lohnabhängige Arbeitnehmer beschäftigte.

Zusammenfassend läßt sich sagen, daß in den europäischen Volkswirtschaften, mit Ausnahme der britischen, zu Beginn des 20. Jahrhunderts das Land und der agrarische Sektor noch das Übergewicht über die Großstadt und den industriellen Sektor besaßen. Ferner übertrafen in allen europäischen Ländern einschließlich Englands die Bereiche Konsumgüterproduktion, Einzelhandel und Dienstleistungsgewerbe die schwerindustriellen Sparten Investitionsgüterproduktion, Bergbau und Schienentransport hinsichtlich aller wichtigeren volkswirtschaftlichen

Parameter. Selbst die ausbeuterischen Wirtschaftsbeziehungen der europäischen Länder zu ihren kolonialen und halbkolonialen überseeischen Domänen bewegten sich weit mehr im Rahmen des Handels- und Manufakturkapitalismus als des Industrie- und Finanzkapitalismus. Die Landwirtschaft, die vor- und halbindustrielle Konsumgüterproduktion, der Handel und das lokale und regionale Bankwesen waren, wie wir gesehen haben, nicht bloß Residuen des traditionellen europäischen Wirtschaftssystems. Diese vermeintlich überlebten und im Niedergang begriffenen Formen der kapitalistischen Produktion, Distribution und Kreditwirtschaft blieben von entscheidender Bedeutung und bestimmten auch weiterhin gesellschaftliche Klassenbeziehungen und Status-Hierarchien.

Wenn man feststellt, daß die meisten Wirtschaftssektoren von Zeit zu Zeit staatliche Hilfen benötigten und erhielten, um die schädlichen Folgen periodischer Wirtschaftskrisen oder den Druck ausländischer Konkurrenten zu mildern, sagt man damit nicht, daß sie ohne staatliche Unterstützung über Nacht ruiniert worden wären. Namentlich die Landwirtschaft als der ökonomische Unterbau dieser im wesentlichen vorindustriellen, aber nicht vorkapitalistischen Wirtschaftszweige vermochte sich immer wieder die Hilfe des Staates zu sichern, nicht zuletzt weil die grundbesitzende Aristokratie – und in Frankreich die Repräsentanten einer durchkommerzialisierten Landwirtschaft – nach wie vor über große politische Macht verfügten. Wenn es den postfeudalen Adels- und Grundbesitzerkasten durchweg gelang, auch ins 20. Jahrhundert hinein zu überleben, dann nicht nur und nicht einmal primär dank ihrer privilegierten politischen, gesellschaftlichen und kulturellen Stellung, sondern mindestens ebensosehr dank ihres immer noch erheblichen, wenn auch allmählich abnehmenden wirtschaftlichen Gewichts. Die vermögendsten Männer und die reichsten Familien waren selbst in England und Deutschland nach wie vor in den Reihen des grundbesitzenden Adels zu finden, zumal der steigende Wert sowohl städtischer Grundstücke als auch Bodenschätze bergender Ländereien ein übriges tat, ihren Wohlstand zu festigen. Die Großgrundbesitzer waren nicht nur zahlenmäßig von Bedeutung, ihre Vermögenswerte übertrafen auch erheblich die der industriellen Unternehmer, selbst im Hinblick auf deren rasch wachsenden Wohlstand.

Traditionelle Verbrauchsgüterproduktion, Bankenwesen und Handel bewahrten allesamt ihre wirtschaftliche Lebensfähigkeit, sowohl was die einzelnen Unternehmen als auch was die Branchen als ganze betraf. Von den agrarischen Großgrundbesitzern abgesehen, waren es noch immer die großen Bankiers- und Kaufmannsdynastien, die, noch vor den Magnaten der Konsum- und Investitionsgüterindustrie, die größten Vermögen ihr eigen nannten; das kleine Laden- und Dienstleistungsgewerbe verschaffte derweil großen Teilen des selbständigen Kleinbürgertums ein ausreichendes Einkommen. Die Klassenkonstellationen und Interessenlagen der Zeit vor der zweiten industriellen Revolution, waren also nicht bloß Überbleibsel traditioneller Produktionsverhältnisse, die unter den kapitalistischen Bedingungen des 19. Jahrhunderts ein obsoletes Dasein fristeten. Natürlich war jede der europäischen Volkswirtschaften eine Mischung aus recht unterschiedlichen Formen, Bedingungen und Zusammenhängen eines kapitalistischen Produktions- und Finanzierungssystems. Doch blieben sowohl die Investitionsgüterproduktion als auch der ihr zugeordnete Typus der auf Aktienbasis organisierten und auf die Finanzierung industrieller Produktionsanlagen ausgerichteten Großbank im Rahmen der gemischten europäischen Volkswirtschaften von sekundärer wirtschaftlicher und politischer Bedeutung. Sie waren eher eine Art Vorgeschmack auf die Zukunft als ein bestimmendes Merkmal der Wirklichkeit des beginnenden 20. Jahrhunderts. Weitgehend dasselbe galt für die Phänomene der mechanisierten Massenfertigung nach dem Fließbandsystem und des Massenkonsums. Das Automobil war noch ein handwerklich hergestelltes Luxusprodukt für die Reichsten der Reichen und wurde in den meisten Fällen von einem bediensteten Chauffeur gesteuert, und kaum weniger begütert war das Käuferpublikum, an das die Kaufhäuser sich wandten.

Zweites Kapitel

Die herrschenden Klassen

Die Anpassung des Bürgertums

Das emporstrebende Besitz- und Bildungsbürgertum besaß nicht die Macht, dem grundbesitzenden und höfischen Adel den ersten Rang unter den herrschenden Klassen Europas streitig zu machen oder diese gar aus der Regierungsgewalt zu verdrängen. Abgesehen von ihrer numerischen und wirtschaftlichen Unterlegenheit, waren es vor allem auch interne Gegensätze, etwa zwischen der Schwerindustrie und dem Sektor der industriellen Verbrauchsgüterproduktion sowie zwischen den entsprechenden Fraktionen des Bankenkapitals, die die Stellung der aufstrebenden bürgerlichen Klassen schwächten. Dazu kam, daß sie sich dem mittelständischen Unternehmertum entfremdeten und so ihren wichtigsten gesellschaftlichen Rückhalt verloren. Entscheidend aber war, daß dem Industrie- und Finanzbürgertum ebenso wie den untergeordneten freien und akademischen Berufsgruppen gesellschaftliches und kulturelles Selbstbewußtsein fehlte. Ihrer selbst nicht sicher, bewahrten sie der altehrwürdigen Hektar- und Hofaristokratie gegenüber eine unterwürfige Haltung.

Die nationalen Aristokratien waren nicht nur quantitativ stärker als die aufstrebenden Bourgeoisien, sie hatten mehr Korpsgeist und größeres Selbstvertrauen. Natürlich gibt es an der Entfeudalisierung der europäischen Aristokratien nichts zu deuteln – sie wurden in der Tat zunehmend ihrer gesetzlich und gewohnheitsrechtlich verankerten militärischen, politischen und juristischen Privilegien und Verpflichtungen beraubt. Das heißt nicht, sie seien im Verlauf des 19. Jahrhunderts zu einer überlebten, ohnmächtigen, von einer bürgerlichen Gesellschaft überwucherten Klasse von Nichtstuern herabgesunken. Tatsächlich waren es die aufstrebenden nationalen Bourgeoisien, die sich wohl oder übel der Aristokratie ihres Landes anpassen mußten, ebenso wie der vorwärtsdrängende Industrie- und Finanzkapitalismus gezwungen war, sich einer vorindustriell geprägten gesellschaftlichen und politischen Struktur anzupassen. In den Reihen der Aristokratie fanden sich nicht nur die größten Grundeigentümer, darunter viele dynamische Agrarkapitalisten, sondern auch hohe und höchste zivile und militärische Bedienstete des Staates. Während die ersteren wirtschaftlich in einem allmählich schrumpfenden Agrarsektor verwurzelt waren, fand man die letzteren überall in Europa, mit Ausnahme Frankreichs, im expandierenden Staats-, Verwaltungs- und Militärapparat.

Diese grundbesitzenden und staatstragenden Eliten waren mit dem traditionellen Geburtsadel zwar nicht identisch, mit ihm aber auf vielfältige Weise verflochten. Die Aristokratie im engeren Sinn bildete im allgemeinen eine noch exklusivere Kaste aus nur wenigen, durch Besitz und Verwandtschaft miteinander verbundenen Familien, deren Angehörige für sich eine eine herausragende, durch Geburt, Erziehung und Tradition legitimierte gesellschaftliche Stellung beanspruchten. Sie genossen nicht nur Vorrang bei großen öffentlichen Zeremonien oder bei der Vergabe gesellschaftlicher Funktionen, sondern waren es auch – überall in Europa – gewohnt, ein Monopol auf die Spitzenstellungen des militärischen und öffentlichen Dienstes zu besitzen. Die Inhaber dieser nichterblichen Stellungen empfingen zwar ein Salär, doch nahmen Adlige diese Aufgaben im allgemeinen nicht des Geldes wegen wahr, konnten sie sich doch darauf verlassen, daß ihr Grundbesitz ihnen, ohne daß sie etwas dafür zu tun brauchten, jenes Einkommen und Vermögen garantierte, auf dessen Basis sie ihr angemaßtes, um nicht zu sagen überhebliches blaublütiges Ethos, Gebaren und Weltverständnis entfalten konnten.

Über den gesellschaftlichen Eliten und den hocharistokratischen Familien thronten die Herrscherdynastien. Erstere waren im Zeichen postfeudaler Verhältnisse ganz spezifisch auf das Wohlwollen der gekrönten Häupter angewiesen, die zwar Titel und Würden verleihen, aber keine Aristokraten erschaffen konnten. Die von den Königen und Kaisern Europas ausgestellten neuen Adelspatente und Ehrentitel führten, zusammen mit wohlbedachten Heiraten, der gesellschaftlichen Elite frische Lebenskraft in Form von Reichtum und Talenten zu. Indem die alte gesellschaftliche Elite herausragende Individuen aus den Reihen des aufstrebenden „dritten Standes" – namentlich des Großbürgertums, der Bürokratie und des Bildungsbürgertums – an sich band, sicherte sie nicht nur ihre eigene Zukunft, sondern auch die der Adels- und Fürstenhäuser. Die hochgeborene Gesellschaft verdankte ihre Unverwüstlichkeit ebenso sehr ihrer bemerkenswerten Absorptionsfähigkeit wie den ererbten Besitzungen und den tradierten Positionen und Privilegien. Im Grunde wurde dieser Reproduktionsprozeß, mittels dessen der Adel sich verdiente und verdienende Mitglieder der bürgerlichen Elite einverleibte, zu keiner Zeit ernsthaft gestört. Wie das emporstrebende Bürgertum, war auch der Geburts- und Verdienstadel alles andere als in sich homogen. Er war vielmehr eine von subtilen, aber aufschlußreichen Status- und Machtabstufungen durchzogene gesellschaftliche Formation. Andererseits zementierte die alte Elite ihre Einheit mit Hilfe etwas überständiger, aber am Leben erhaltener Rituale und Traditionen sowie durch soziale und kulturelle Vorurteile und politische Interessen. Die Großgrundbesitzer verstanden es außerdem – im Unterschied zu den neuen Wirtschaftsmagnaten, die im wesentlichen auf sich gestellt blieben –, kraft ihres Prestiges und ihrer traditionellen Autorität viele verarmte Kleinadelige und politisch unmündige Bauern an sich zu binden.

Augenscheinlich waren die alte Grundbesitzer-Aristokratie und die neuen Magnaten des Kapitals nie auf regelrechtem Kollisionskurs gegeneinander. Man kann allenfalls sagen, daß sie einander im Gedränge um die bessere Position innerhalb des Kartells der herrschenden Mächte anrempelten, eines Kartells, in dem den bürgerlichen Emporkömmlingen vorerst nur die Rolle ehrgeiziger, aber loyaler Vasallen blieb. Die Zugänge zu den höheren gesellschaftlichen, kulturellen und politischen Rängen, auf die das Bürgertum Ansprüche anmeldete, waren fest in der Hand der etablierten Eliten. Mit bezeichnender Flexibilität und Anpassungsfähigkeit und unter geschickter Nutzung des bürgerlichen Ehrgeizes nach gesellschaftlichem Aufstieg gewährten die großen Notabeln einzelnen Aspiranten aus dem Besitzbürgertum die Aufnahme in ihren Kreis. Anstatt institutionellen Boden preiszugeben, entschieden sie sich für diese überlegte Zuwahl im Vertrauen darauf, es werde ihnen schon gelingen, die damit eingehandelte weltanschauliche und kulturelle „Infizierung" abzufangen oder abzuleiten. Diese Strategie zahlte sich aus, denn die Verschmelzung der beiden Klassen blieb zunächst einmal ein ganz und gar einseitiger Vorgang: Die Tendenz zur Aristokratisierung war auf seiten eines ehrerbietigen Bürgertums viel ausgeprägter als umgekehrt bei einer selbstbewußten Aristokratie die Tendenz zur Verbürgerlichung.

Gesalbte Dynastien und Fürstenhöfe bildeten, von Frankreich abgesehen, in allen europäischen Ländern die Spitze einer in sich hierarchisch gegliederten Oberschicht. Nur der König, Kaiser oder Zar hatte von Gesetzes wegen das Recht, neue und höhere Titel und Würden zu verleihen, und für den erforderlichen Nimbus sorgten überall in Europa fürstliche Domänen im Besitz des Herrscherhauses.

Die adlige Oberschicht umfaßte in den Staaten des europäischen Festlands mit Ausnahme des russischen Reiches (in absteigender Reihenfolge): Herzöge, Fürsten, Markgrafen, Grafen, Vicomtes, Barone und Ritter; und jenseits des Kanals, in Großbritannien: Herzöge, Marquesses, Earls, Viscounts und Barone. Wenn diese unterschiedlichen Ränge auch nicht mehr so zuverlässig wie in der Vergangenheit bestimmten Vermögens- und Statusabstufungen entsprachen, so blieben sie doch ein ungefähres Markierungszeichen für Größe und Einfluß des entsprechenden Hauses. Beim Hochadel verband sich die Blaublütigkeit mit einem enormen Grundbesitz, nicht nur auf dem Land, sondern auch in den Städten, sowie mit einem beträchtlichen direkten oder indirekten politischen Einfluß. Die Träger der erlauchtesten Namen, oft Inhaber traditioneller Hofämter, genossen das Privileg besonders enger Beziehungen zur Herrscherfamilie, mit der sie neben anderem das Interesse gemein hatten, ihre erlesene Kaste nicht durch unnötige Nobilitierungen zu verwässern. Die weitläufigen Herrscherhäuser und die Familien des Hochadels teilten ferner eine paneuropäische Vorliebe für die französische Sprache, die englische Jagd und das preußische Monokel, Vorlieben, die sie in den jeweils gerade in Mode befindlichen Kur- und Badeorten auf dem Festland demonstrierten. Während sich also mit einem gewissen Recht sagen läßt, daß es im Grunde nur eine europäische Hocharistokratie gab, besaß der alte Erdteil an Aristokratien ebenso viele, wie er Nationen zählte.

Die unterhalb der Hocharistokratie angesiedelten adligen Oberschichten umfaßten Familien von bescheidenerer Abkunft, einem weniger weit zurückreichenden Stammbaum, jedoch einigem Grundbesitz. Diese Schicht diente unter anderem als Einlaßschleuse für die jeweils letzten bürgerlichen Aufsteiger aus Wirtschaft, Wissenschaft und Staatsdienst, und ihren Angehörigen stand im Prinzip der Zugang zu allen vom Staat zu vergebenden Positionen offen. Dann gab es schließlich noch das umfangreiche Reservoir des Verdienstadels, das beständig neu aufgefüllt wurde, sei es durch automatische oder quasi-automatische Nobilitierungen für zivile oder militärische Dienste oder Verdienste, durch den käuflichen Erwerb von Adelspatenten oder durch die Adelung von Familiennamen. Prestigebewußte Engländer setzten alles daran, die Titel Sir oder Lord vor ihren Namen setzen zu dürfen, bei den Franzosen spielte der adelnde Partikel „de“, bei Deutschen und Österreichern das Wörtchen „von“ die gleiche Rolle. Was die Italiener anging, so hatten sie eine Vorliebe dafür, ihrem Familiennamen die Geburtsnamen ihrer Mutter und einer oder mehrerer Großmütter hinzuzufügen, da ein langer, drei- oder vierteiliger Name einen nobleren Klang hatte. Die russischen Adligen legten, gerade weil sie einfach bei ihrem Familiennamen – ohne Titel oder Adelspartikel – genannt wurden, ganz besonders viel Wert auf die Spezifika der Uniform und der Anredeform, wie sie, auf Peter den Großen zurückgehend, für jede der zahlreichen Rangstufen vorgeschrieben waren.

Ungeachtet der ihr ständig zuströmenden – „echten“ und selbsterkorenen – Neu-Adligen blieb die blaublütige Elite weiterhin sowohl in absoluten als auch in relativen Zahlen eine kleine Minderheit. Das Instrument der Nobilitierung wurde sparsam und unregelmäßig eingesetzt. Um die aristokratischen Gelüste der ehrgeizigen bürgerlichen Emporkömmlinge anzustacheln, wurde darauf geachtet, daß Ehrungen und Würden rar und kostbar blieben, und die Auswahlkriterien, nach denen sie verliehen wurden, blieben ins Dunkel geheimer Ratschlüsse gehüllt, in dem lediglich die Bedingung bestimmter Meriten des Betreffenden eine gewisse Orientierung bot. Das ganze System war offen und geschlossen zugleich – die Schranken ließen sich so flexibel handhaben, daß jeder erwünschte Aspirant sie passieren konnte. Das Gedränge vor diesen Schranken bewirkte einerseits eine alle Adelsschichten umfassende elementare Solidarität, während es eingefleischte Traditionalisten, die die aristokratische Exklusivität bewahrt sehen wollten, auf der anderen Seite in Konflikt mit den flexibleren „Integrationisten" brachte. Während die Puristen über die bürgerlichen Emporkömmlinge, von denen sie fürchteten, sie würden das Blut, den sozialen Verhaltenskodex und den Lebensstil der Aristokratie verhunzen, die Nase rümpften, waren den Integrationisten solche Ängste fremd. Auf die Anziehungskraft und das Beharrungsvermögen ihres überlegenen Reichtums vertrauend, sahen sie in der – individuellen und nach eigenem Gutdünken dosierten – Beimischung frischen Blutes, zusätzlichen Vermögens und neuer kultureller Impulse und in der Öffnung für neue Ideen ein Mittel, die fortdauernde Vitalität der Aristokratie zu sichern. Aber selbst diese internen Gegensätze hatten eine nützliche Nebenwirkung: Die von den Puristen bezeigte Geringschätzung bestärkte die Emporkömmlinge in ihrem Verlangen nach gesellschaftlicher Anerkennung und verlieh den Integrationisten dank der Kontrastwirkung eine trügerische Aura der Offenheit und Aufgeklärtheit.

Wenngleich die Nobilitierung und namentlich die Erhebung in einen erblichen Adelsrang unter allen Formen gesellschaftlicher Anerkennung die begehrteste war, hatten die Bürger doch auch Grund genug, geringere Auszeichnungen wie Orden, Ehrentitel oder Ordensmitgliedschaften hochzuschätzen. Manche dieser Auszeichnungen waren im Grunde nichts anderes als Vorstufen und Bewährungsproben für eine in Aussicht genommene Nobilitierung. In Rußland war der Aufstieg in die höheren Ränge des St.-Anna-Ordens und des St.-Stanislaus-Ordens in der Tat automatisch mit dem Anrecht auf einen persönlichen Adelstitel verbunden. Überdies wurden vielversprechende, wohlhabende oder berühmte Persönlichkeiten aus dem Bürgertum von den gekrönten Häuptern an den Hof und von den führenden Familien des Landes in ihre Stadtresidenzen und auf ihre Landsitze eingeladen. Ihre Kinder erhielten Zugang zu den exklusiven Eliteschulen und, was die Söhne betraf, zu einer Laufbahn im höheren Staats- oder Militärdienst. Und natürlich akzeptierten viele Angehörige der alten Elite die Söhne und Töchter geeigneter bürgerlicher Familien als Heiratspartner oder bemühten sich gar um sie, wobei eine ansehnliche Mitgift bzw. ein standesgemäßes Vermögen selbstverständlich dazugehörten.

In der Tat förderte die Aristokratie, indem sie so viele Kontakte und Verbindungen anregte und herstellte, eine gewisse Verwässerung ihres sozialen Verbandes. Gewiß, die bürgerlichen Aspiranten zeigten sich von ihrer besten Seite und ließen sich ihren Aufstieg und ihre Assimilierung etwas kosten; sie bemühten sich emsig, jenen nachzueifern, zu denen sie aufblickten, und sie zu hofieren. Doch indem sie dies taten, drückten sie zugleich auch der purpurnen Welt, die sich ihren Ambitionen aufschloß, ihren Stempel auf. Während die Aristokratie die Anwärter auf den gesellschaftlichen Aufstieg einerseits dazu anhielt, ihre Lebensart zu imitieren, blieb sie andererseits selbst nicht immun gegenüber neuen Einflüssen. Beide, Adel und Bürgertum, imitierten einander, wenngleich die alte Elite sich dabei treuer blieb als ihr Widerpart. Es fand somit nicht etwa eine tiefgreifende Verunsicherung oder Nivellierung der alten Gesellschaft statt, sondern vielmehr ein oberflächlicher Wandel, bei dem ihre materiellen Lebensgrundlagen intakt blieben. Selbst die „nachgezüchtete" Aristokratie zeigte zu keinem Zeitpunkt außergewöhnliche Degenerations-, Auflösungs- oder Verschleißerscheinungen.

Während die traditionelle grundbesitzende Elite sich als außerordentlich integrationsfähig und flexibel erwies, zeichnete sich das Bürgertum durch hochgradige Beeindruckbarkeit, ja Rückgratlosigkeit aus. Die Magnaten des Industriekapitals und die führenden Köpfe des Bildungsbürgertums schlossen sich niemals zu einer Koalition zusammen, die stabil genug gewesen wäre, die gesellschaftliche, kulturelle und ideologische Vorherrschaft der alten herrschenden Klasse ernsthaft in Frage zu stellen, und dies lag nur teilweise daran, daß die Aristokratie beständig einzelne nach Vermögen oder Talent herausragende Bürgerliche in ihr Lager herüberzog. Bedeutsamer war, daß der auf gesellschaftlichen Aufstieg fixierte und nach dem Adelsprädikat lechzende Bourgeois vor lauter Ehrgeiz zum kriecherischen, sich selbst verleugnenden Streber wurde. Sein brennendes Anliegen war nicht, die grundbesitzende herrschende Kaste in Bedrängnis zu bringen oder zu entmachten, sondern in sie einzubrechen. Für die gesellschaftlich und psychologisch unsicheren Spitzen des Finanz-, Industrie- und Bildungsbürgertums war die großbürgerliche Sphäre „lediglich das Vorzimmer zur aristokratischen Welt", und ihr „höchstes Begehren" ging dahin, „zunächst Einlaß in die Aristokratie zu erhalten und sodann in ihr aufzusteigen". In ihrem Bemühen, von der hochgeborenen Gesellschaft akzeptiert zu werden – oder auch als Gegenleistung für die ihnen gewährte Aufnahme –, fanden sich die Emporkömmlinge mit ihrer fortdauernden politischen Inferiorität, um nicht zu sagen Unmündigkeit, ab. Man kann der europäischen Bourgeoisie – mit Ausnahme der englischen – gar nicht vorwerfen, daß sie von den Positionen eines wirtschaftlichen und vor allem eines politischen Liberalismus Abschied genommen oder dieselben aufgegeben hätte: Sie bezog diese Positionen erst gar nicht.

Daß das Bürgertum einen definitiven und bleibenden *Aufstieg* nahm, ist nicht zu bestreiten. Problematisch bleibt jedoch die geradezu chronische Unfähigkeit der führenden Elemente des Wirtschafts- und Bildungsbürgertums, sich miteinander zu einer politisch handlungsfähigen Kraft oder Klasse von mehr als nur lokaler Ausstrahlung zu verbünden. Schumpeter hat festgestellt, daß die Bourgeoisie Individuen produziert habe, deren politischer Führungserfolg sich allein dem Eintritt in eine politische Klasse nichtbürgerlicher Herkunft verdankte. Aus eigener Kraft sei es ihr nicht gelungen, eine politisch eigenständige Schicht hervorzubringen. Reiche, Produktivvermögen ansammelnde Bürger aus den Reihen der großstädtischen Kaufmannschaft oder des Unternehmertums der außeragrarischen Wirtschaftssektoren blieben über die Jahrhunderte darauf erpicht, aus ihrem „gemeinen" Stand in die Aristokratie emporzusteigen, die für sie den Charakter eines archetypischen Vorbilds hatte.

Johan Huizinga warnte in seinem Werk *Herbst des Mittelalters* davor, den Ursprung und die Entwicklung des Absolutismus, des Handelskapitalismus und des städtischen Patriziertums in der Übergangsphase zur Renaissance allzusehr in den Vordergrund zu stellen und den Feudalismus und das Lehnsrittertum als „Überbleibsel einer überholten, sich bereits in Wohlgefallen auflösenden Ordnung" abzutun. Huizinga beging freilich selbst den Fehler, die Heraufkunft „neuer Formen des politischen und wirtschaftlichen Lebens und neuer Ausdrucksmittel" überzubetonen. Andererseits stellte er jedoch unmißverständlich fest, daß die neuen Führungsschichten nie aufgehört hätten, zum Feudaladel, „der dominierenden gesellschaftlichen Kraft und ... [der] Krone des gesamten gesellschaftlichen Systems", aufzublicken. So überzogen es auch sei, müsse dieses Elitebewußtsein, wie er hervorhob, doch als ein „bedeutsamer [geschichtlicher] Tatbestand" zur Kenntnis genommen werden, um so mehr, als es tief in den „Illusionen, Wunschträumen und Irrtümern des Zeitalters" verwurzelt geblieben sei.

Man sollte der Mahnung Huizingas gedenken, wenn man die Entwicklung neuer Lebensformen und Lebensweisen in der Übergangsphase vom *ancien régime* in die moderne Zeit zu interpretieren versucht. Zum einen gilt es festzuhalten, daß Liberalismus und Demokratie, Industrie- und Finanzkapitalismus, Großbürgertum und kultureller Modernismus in den im Umbruch befindlichen Gesellschaften auch nicht annähernd so viel Terrain erobert hatten, wie viele Historiker es wahrhaben möchten. Zum anderen blieb die postfeudale Hektar- und Hofaristokratie in den Augen der zeitgenössischen Eliten ein wesentlicher Faktor in Staat und Gesellschaft. Ebenso wie die wohlhabenden Stadtbürger im späten Mittelalter und in der frühen Renaissance vom glanzvollen Lebensstil des Feudaladels „verführt und geblendet" wurden, erlagen die Großbürger des späten 19. und frühen 20. Jahrhunderts den Verlockungen eines aristokratischen und höfischen Lebens, das ihre gesellschaftliche Realität mit all seinen Formen, Schattierungen und Traditionen beherrschte und überstrahlte und das sie imitierten und übernahmen.

In der Tat hatte den Spitzen der frühbürgerlichen und bürgerlichen

Oberschicht vom Ende des Mittelalters an eine Neigung, um nicht zu sagen ein Trieb zur Nachahmung aristokratischer Lebensformen – quasi als Vorbereitung auf den eigenen Aufstieg in die Nobilität – innegewohnt. Gabriel Tarde sah in dieser „Neigung zum Imitieren des Höhergestellten" ein Kennzeichen aller geschichteten Gesellschaften und erkannte ihr eine eigene Logik und Dynamik zu. Obwohl sie Neidgefühle empfinden und sich zurückgesetzt, um nicht zu sagen beleidigt fühlen, tendieren Personen geringer Abkunft dazu, diejenigen, die sie als gesellschaftliche Vorbilder idealisieren, durch eine Verinnerlichung der ihnen zugeschriebenen Werte und Einstellungen zu imitieren. Während sich dieses Unterfangen bei manchen in vagen, improvisierten Ansätzen erschöpfte, entwickelten andere es zu einer präzis eingeübten und rigoros durchgehaltenen Praxis. Doch insgesamt blieben die Bürger von Selbstzweifeln und Minderwertigkeitskomplexen geplagt, wohl weil sie zu keiner Zeit die Zweifel an ihrer eigenen sozialen Legitimationsgrundlage abzuschütteln vermochten.

Wie Bernard Groethuysen zu bedenken gibt, glorifizierte nicht nur die katholische Kirche die Hochgeborenen, Mächtigen und Wohlhabenden: Reichtum galt als äußeres Zeichen hohen gesellschaftlichen Ansehens, ein offenbar naheliegender Standpunkt für ein kirchliches Establishment, das von alters her so enge familiäre, gesellschaftliche und wirtschaftliche Bindungen zur grundbesitzenden Elite hatte, obgleich die Kirche andererseits auch Armut und Sanftmütigkeit pries. Die „mittleren Stände" jedoch galten weder der theologischen Lehre noch den Geistlichen als der besonderen Gnade Gottes teilhaftig. Die Kirche distanzierte sich von „Räuberbaronen" und predigte den bürgerlichen Emporkömmlingen in den Städten Bescheidenheit und Demut. Dem Bürgertum fehlte der legitimationsfördernde Bonus der Zeit, der eindeutig auf seiten der alten herrschenden Klasse war. Ihre Überlegenheit an Vermögen, Erziehung, Auftreten und Autorität fand ihre Rechtfertigung in einem erlauchten Stammbaum.

Diesem Bürgertum ohne Selbstwertgefühl fehlten nicht nur die höheren Weihen geistlicher oder weltlicher Provenienz, es fehlte ihm auch an einer Massengefolgschaft, die seine Führungsrolle anerkannt und ihm einen populären oder plebiszitären Rückhalt verschafft hätte. Vor allem aber blieb die unorganisierte Bourgeoisie, wie solide auch immer ihre wirtschaftliche Stellung sein mochte, von rein lokalen Einflüssen abgesehen, politisch ohnmächtig.

Obgleich beleidigt und vergrämt über ihre fortdauernde Zurücksetzung, ließen sich die bürgerlichen Emporkömmlinge und ihre Nachkommen zu keiner Zeit von ihren Ressentiments verzehren oder lähmen. Der Unternehmer versuchte fast mit Brachialgewalt, ein *bourgeois gentilhomme* zu werden; das gleiche galt für die Honoratioren des Bildungsbürgertums. Ihre Häuser richteten sie nach dem Vorbild des Adels ein. So mancher Möchtegern-Adlige ließ seine Söhne eine Eliteschule besuchen, eine honorige akademische Berufslaufbahn einschlagen und eine passende Heiratsverbindung eingehen. Die Mogule der Industrie, des Handels und des Finanzkapitals kauften Grund und Boden; das brachte ihnen zusätzliches Sozialprestige ein und bildete außerdem eine Rückversicherung gegen wirtschaftliche Krisen. Außerdem war es ein Mittel der Kapitalstreuung. Manche etablierten sich auf dem Lande als Großgrundbesitzer, betrieben Gutswirtschaft und errichteten sich ein Landhaus; die Mehrzahl allerdings verpachtete den erworbenen Grundbesitz, residierte in einer Stadtvilla und unterhielt vielleicht nebenbei noch einen Landsitz. Auf jeden Fall warf der Besitz von Grund und Boden, ebenso wie die Übernahme eines staatlichen oder kirchlichen Amtes, nicht nur wirtschaftliche, sondern auch sozialpsychologische Dividenden ab.

England war in dieser Beziehung typisch für die meisten europäischen Länder. Hier war bis ins frühe 20. Jahrhundert der neureiche Industrielle oder Finanzmann, der sich nicht ein Landgut mit Villa zulegte, die Ausnahme. Da es nur wenige der hochgeschätzten alten Landhäuser in gesuchter Lage gab, ließen sich die frischgebackenen Möchtegern-Aristokraten neue bauen – natürlich im traditionellen Stil. Gewiß, mit der Zeit kam es dahin, daß ein Landhaus seine Bedeutung als politisches Statussymbol einbüßte und nur noch gesellschaftlichen Prestigewert hatte. Die Folge war, daß man in bezug auf architektonischen Aufwand und die Ausstattung etwas zurücksteckte. Es änderte aber nichts daran, daß die britischen Kaufleute, Bankiers und Industriellen mit dem Kauf oder Bau eines von ausgedehnten Ländereien umgebenen Landhauses eher auf ein aristokratisches als ein bürgerliches Lebensgefühl hinsteuerten, da sie auf diese Weise ihre Söhne von der Arbeits- und Geschäftswelt fernhielten.

Diesseits und jenseits des Ärmelkanals erklommen die Neureichen die in unregelmäßigen Abständen angeordneten Sprossen der gesellschaftlichen Leiter; selbst die höchsten aristokratischen Sphären blieben ihnen nicht verschlossen. Dort einmal angelangt, gebärdeten sich viele der Emporkömmlinge wie snobistische Blaublütler und überließen es anderen, gefestigteren und reiferen – und vielleicht auch reicheren – sozialen Transvestiten und deren Förderern, dem ehrwürdigen aristokratischen Establishment neue Männer und neue Ideen zuzuführen. Bis 1914 kam es übrigens nur selten vor, daß einer dieser sozialen Aufsteiger, selbst wenn er ein besonders arroganter und ambitionierter Vertreter seiner Gattung war, als törichter Großtuer verspottet wurde – es gab sozusagen nur wenige Figaros, die die Prätentionen der Möchtegern-Aristokraten durchschauten und es verstanden, aus ihrer Eitelkeit Kapital zu schlagen.

Natürlich strebten nicht alle Besitzbürger danach, sich mit aristokratischen Federn zu schmücken; es gab unter den neuen Reichen auch Männer, die die Umarmungsversuche des Adels stolz zurückwiesen. Unempfänglich für die Verlockungen der High Society, schlugen sie offizielle Auszeichnungen und angebotene Adelsprädikate aus. Aber selbst diese eigenwilligen Nonkonformisten standen abgesehen davon, daß sie seltene Ausnahmeerscheinungen waren –, in Mentalität und Auftreten dem aristokratischen Typus näher als dem bürgerlichen. Da ihre Kinder zudem in den Schulen und kulturellen Institutionen der traditionellen Eliten erzogen wurden, gerieten viele dieser ursprünglich auf Abgrenzung bedachten Familien ungewollt in den Sog der alten Oberschicht. Vielleicht sollte man noch hinzufügen, daß das stetig zunehmende Bedürfnis nach wirtschaftlicher Bevorzugung durch den Staat bei den bürgerlichen Elementen die entsprechende Bereitschaft förderte, dem aristokratischen Element, das ja die dominierende gesellschaftliche und politische Kraft war, gewisse Tribute zu zollen.

Obgleich Großbritannien als das vermeintlich prototypische Land des Fortschritts und der Modernisierung teils bewundert, teils gefürchtet wurde, blieb die englische Gesellschaft noch über die Regierungszeit Edwards VII. hinaus weitgehend traditionell geprägt. 1914 gehörten noch neun von zehn Mitgliedern des – politisch noch recht lebendigen – Oberhauses der grundbesitzenden Aristokratie an, und die meisten von ihnen hatten einen Landsitz. Überhaupt blieb die englische Aristokratie im großen und ganzen eine Klasse von Großgrundbesitzern und stellte nach wie vor die reichsten Männer des Landes. Unverbrüchlich loyal gegenüber Krone, Kirche und Empire, hatten die Mitglieder dieser Familien wichtige politische und staatliche Stellungen inne und waren das Rückgrat des unverwüstlichen britischen Konservatismus. Von den ältesten Dynastien angeführt, besetzte der Hochadel die Spitzenetagen der gesellschaftlichen Pyramide. Mit ungeschmälertem Selbstbewußtsein stellten sich diese Spitzen der Gesellschaft einem umfangreichen Pensum an Galadiners, Landhaus-Empfängen, Wochenend-Jagden, Pferderennen und Cricket-Partien.

Die grundbesitzende Elite vermischte sich allmählich immer stärker mit dem Wirtschaftsbürgertum. 1914 bestand die Gesellschaft der britischen Peers schon fast zu einem Drittel aus Direktoren von großen Eisenbahn-, Versicherungs- und internationalen Handelsgesellschaften. Vermutlich handelte es sich in den meisten Fällen aber lediglich um repräsentative Posten, bei deren Inhabern kaum die Gefahr einer Abwanderung ins bürgerliche Lager bestand.

Die Nobilitierung sollte dazu dienen, die Vorherrschaft der grundbesitzenden Aristokratie zu bewahren und zu sichern. Ein großer Teil der kapitalkräftigen Bürger, die im Verlauf des 19. Jahrhunderts in den

Adels- oder gar Peersrang erhoben wurden, hatten bezeichnenderweise bereits vor ihrer Nobilitierung Besitzungen erworben oder vergrößerten ihren Grundbesitz unmittelbar darauf. Von den 463 Personen, die zwischen 1835 und 1914 zu Peers ernannt wurden, hatten die meisten schon vorher ein Adelsprädikat. Viele dieser neuen Peers freilich waren dem Handel oder der Industrie verbunden. Immerhin aber kamen von 89 für ihre Verdienste um das britische König- und Weltreich ausgezeichneten Regierungsbeamten nur 16 aus dem akademischen Bereich und aus der Wirtschaft, während die übrigen 73 der Aristokratie oder dem Kleinadel entstammten. Ähnlich sah es bei den nach 1885 neu ernannten Peers aus: Ein knappes Drittel von ihnen bekleidete Positionen in der Wirtschaft, doch entstammten auch sie zu 80 Prozent dem grundbesitzenden Adel.

Es überrascht daher nicht, daß von den 200 zwischen 1885 und 1914 neu ernannten Peers ungefähr die Hälfte adliger Herkunft war. Gewiß, unter den restlichen 100 waren 70 Bankiers, Kaufleute und Industrielle. Doch genau die Hälfte von ihnen hatte schon vor ihrer Ernennung Grundeigentum und einen Landsitz erworben. 14 stammten aus adligen Familien, und viele von ihnen bekleideten gleichzeitig ein öffentliches Amt und einen leitenden Posten in der Wirtschaft. Besonders vom letzten Viertel des 19. Jahrhunderts an konnten sich Unternehmer und Bankiers, die sich nebenbei Grundbesitz zugelegt hatten, Hoffnung auf die Erhebung in einen erblichen Adelsrang noch zu ihren Lebzeiten machen. Zwischen 1886 und 1914 wurden von 246 neu verliehenen Adelsprädikaten rund 62, d. h. etwas mehr als ein Viertel, an Vertreter des Industrie-, Handels- und Finanzkapitals vergeben. Namentlich Lord Salisbury, der 1886 als Nachfolger Gladstones wieder das Premierministeramt übernahm, wußte sehr wohl, wie wichtig es war, die neuen Reichen für den Konservatismus zu gewinnen, sollten sie nicht, im Zeitalter des allgemeinen Wahlrechts, zu Steigbügelhaltern für den politischen Liberalismus werden. Er wies die Richtung, indem er sich für die Nobilitierung erfolgreicher Geschäftsleute wie des Bierbrauers Edward Guinness, der ein Besitztum in Suffolk erworben hatte, des Tuchfabrikanten Henry William Eaton, der in Yorkshire 34000 Morgen Land gekauft hatte, und des Eisen- und Rüstungsindustriellen William Armstrong einsetzte, auf dessen riesigem Landgut in Northumberland der Architekt Norman Shaw ein Prunkstück von einem Herrenhaus errichtete. Der Prince of Wales führte diese Politik fort: Er sorgte für die Nobilitierung des Edelmetallkönigs Julius Wernher, des jüdischen Bankiers Ernest Cassel und des Ladenketten-Pioniers Thomas Lipton. Die Liberalen hatten sich unterdessen ebenfalls mit den Regeln des Nobilitierungsspiels vertraut gemacht und adelten, wenn sie an der Regierung waren, Linoleum-, Tabak- und Baumwollfabrikanten. Vorläufig waren allerdings unter den zu Peers ernannten Männern der Wirtschaft noch die Mogule der Schwerindustrie in der Überzahl. Sie waren es auch, die es besonders geschickt verstanden, für sich bzw. ihre Kinder Heiratspartner aus der Aristokratie oder der akademischen Elite zu finden – sozialer Aufstieg ließ sich auf dem Weg der Einheirat sicherer und rascher erreichen als durch aristokratische Erziehung und Ausbildung. Aber obwohl die aus eigener Kraft zu Reichtum und Ansehen aufgestiegenen Magnaten aus Handel, Industrie und Bankwesen zunehmend an Boden gewannen, entfiel der Löwenanteil der verliehenen Peerswürden nach wie vor auf den grundbesitzenden Adel. Unter den 570 Mitgliedern des Oberhauses fielen die 35, die „nur" Positionen in der Wirtschaft bekleideten, nicht aber über Grundbesitz verfügten, denn auch nicht weiter auf; das House of Lords blieb auch nach Inkrafttreten des Parlamentsgesetzes von 1911 eine Macht- und Einflußbastion der vorbürgerlichen Kräfte.

Die Zahl derer, die auf dem Weg über eine Karriere in der Politik und im öffentlichen Dienst die Peerswürde erlangten, war größer als bei jenen, die sich hierfür durch Leistungen in Industrie, Handel oder Finanzwesen qualifizierten. Nicht nur namhafte Exminister und verdiente Unterhausabgeordnete wurden ins Oberhaus berufen, sondern auch Männer, die sich als Statthalter in den britischen Kolonien ausgezeichnet hatten. Das ausgedehnte Kolonialreich mit seinem rasch expandierenden bürokratischen Apparat bot ehrgeizigen Bürgerlichen besonders gute Chancen auf eine mit der Nobilitierung gekrönte Karriere, nicht zuletzt weil die im Dienste des Empires zu bestehenden Abenteuer und Kämpfe das archaische Ethos von Heldentum, Ruhm und Ehre wiedererstehen ließen. Da die Aristokratie nicht in der Lage war, aus ihren eigenen Reihen die personelle Ausstattung der zivilen und militärischen Kolonialbürokratie sicherzustellen, rekrutierte die herrschende Klasse für diese Aufgaben qualifizierte und angepaßte Bürgersöhne, für die sich so der Zugang zu einer möglicherweise glanzvollen überseeischen Karriere öffnete. Immer häufiger kam es vor, daß eine gute Arbeit in den Kolonien, ebenso wie eine verdienstvolle Tätigkeit im öffentlichen Dienst des Mutterlandes selbst, mit der Verleihung der Ritter- oder Baronswürde belohnt wurde.

Mit weniger exklusiven Ehrenzeichen und Titeln, die vom Ende des 19. Jahrhunderts an einen rapiden Aufschwung nahmen, wurden bis 1914 rund 1700 Briten, darunter herzlich wenige Unternehmer, bedacht. Während nahezu 70 Prozent von ihnen ihre Ritterwürde für Leistungen im Staatsdienst und zirka 17 Prozent die ihre für Verdienste in Wissenschaft und Kunst zuerkannt bekamen, betrug der Anteil derer, die für wirtschaftliche Leistungen belohnt wurden, nur 3,6 Prozent; unter ihnen waren Sir Henry Bessemer, Sir Hiram Maxim, Sir Henry Oakley und Sir James Inglis. Selbst wenn man zusätzlich noch die 150 zum „Sir" geadelten kommunalen Würdenträger, die in ihrem Bereich zugleich bedeutende Kaufleute oder Fabrikanten waren, ausschließlich als Männer der Wirtschaft zählt, war dafür gesorgt, daß auch in dieser nachgeordneten Adelskaste – wie bei den Peers – die neuen Plutokraten nicht ins Kraut schossen.

Nicht nur durch Aufnahme in die Gesellschaft der Peers oder der Ritter (Sirs) wählte sich die grundbesitzende Elite Englands herausragende bürgerliche Vertreter der Wirtschaft, der Wissenschaft und Kunst und des öffentlichen Dienstes zu; sie verleibte sie sich auch gesellschaftlich ein. Vorausgesetzt, sie paßten sich – das eigene Herkommen verleugnend – dem Verhaltenskodex der aristokratischen Gesellschaft an, wurden sie zur Teilnahme am Leben der High Society eingeladen, um nicht zu sagen aufgefordert. Damen der erlauchtesten aristokratischen Familien, insbesondere in London, gaben Empfänge, die allein den Zweck hatten, den gesellschaftlichen und geselligen Verkehr zwischen Vertretern der alten und der neuen Oberschicht zu entkrampfen und damit die atmosphärischen Bedingungen für die Anknüpfung wirtschaftlicher und politischer Verbindungen zu schaffen. Eine Einladung zum Abendessen in der Stadtvilla oder zum Wochenendaufenthalt auf dem Landsitz mochte einem Mann von Adel den Weg in die Direktionsetage eines Wirtschaftsunternehmens oder die Möglichkeit zu einer geschäftlichen Investition – beispielsweise in ein überseeisches Projekt – eröffnen oder umgekehrt einem Unternehmer die Anwartschaft auf einen Adelstitel bescheren.

Auch die Erziehungs- und Bildungsinstitutionen förderten diese Verschmelzung. Die sich von der Mitte des 19. bis in die ersten Jahrzehnte des 20. Jahrhunderts hinein rapide vermehrenden, in abgeschiedener Lage über das ländliche England verstreuten *public schools* brachten den Bürgersöhnen die Manieren, Gebräuche und Wertmaßstäbe der alten Gesellschaft nahe und bereiteten sie, mit Hilfe der Klassiker, eher auf ein „vornehmes" als auf ein „tätiges" Leben im bürgerlichen Sinn vor. Da die britischen Prestige-Universitäten – allen voran Oxford und Cambridge – die naturwissenschaftlichen, mathematischen und neusprachlichen Fächer weitgehend vernachlässigten, sahen auch die Rektoren der *public schools* keinen Anlaß, ihre Lehrpläne zu modernisieren, um so weniger, als das Empire nunmehr militärische und zivile Administratoren brauchte, deren Pflichtgefühl und Dienstauffassung durch die Lektüre der griechischen und römischen Klassiker nur gefördert werden konnten. Allein an den eingefleischten Anschauungen der Aristokratie orientiert, führten die großen Eliteschulen und -universitäten die Söhne eines sich selbst mehr und mehr untreu werdenden Bürgertums, Industrie und Geschäftsleben nur mit einem geringschätzenden Seitenblick streifend, einer ehrenvollen Laufbahn im öffentlichen Dienst, in der Kolonialverwaltung, der Kirche, beim Militär oder in der Justiz zu.

Es sei nochmals betont, daß die gesellschaftliche, kulturelle und politische Vorherrschaft der Aristokratie vor allem auf stabilen materiellen Fundamenten ruhte. Noch zur Jahrhundertwende war unter den wohlhabendsten Männern Großbritanniens jeder zweite ein adliger Großgrundbesitzer, und die Großgrundbesitzer blieben auch noch bis 1914 die größte einzelne Gruppe unter den reichsten Männern und Familien des Landes, übertrafen ihre Vermögenswerte doch die der reichsten Kaufleute und Fabrikanten. Allein der Wert der Grunstücke, die der Herzog von Westminster in London besaß, wurde auf 14 Millionen Pfund geschätzt, und mindestens 7 weitere Peers bewegten sich in ähnlichen Dimensionen des Reichtums. An zweiter Stelle standen die Vertreter der Bankenwelt, der großen Handelshäuser und der Reedereien. Zwar sollte es noch bis nach 1918 dauern, ehe die Magnaten der Wirtschaft Ländereien in der Größenordnung des Grundbesitzes der führenden Adelshäuser ihr eigen nennen konnten, aber groß waren die Familienvermögen der reichsten britischen Bankiers, Kaufleute und Reeder allemal. Wie die Großgrund-Aristokraten, hatten auch diese Finanz- und Handelsmagnaten, von denen viele geadelt waren, ihren Sitz in der Hauptstadt, die meisten in der „City" selbst.

Diese beiden Gruppen überflügelten die großen Fabrikanten und Industriellen unter den Peers an Zahl und an Reichtum. Die Fabrikanten aus Manchester, Birmingham und Bradford wurden zwar als Wegbereiter und Väter der ersten industriellen Revolution gefeiert, aber ihre Vermögenswerte blieben vergleichsweise bescheiden. Bis weit in die Regierungszeit Edwards VII. hinein gab es im industriellen Sektor nicht so viele und nicht so große Vermögen wie im Bereich des Großgrundbesitzes und des Handels- und Finanzkapitals; diese Vermögen befanden sich zudem zu einem großen Teil in mittleren und kleinen Provinzstädten. Und nicht nur in bezug auf den Wert ihres Besitzes, sondern auch in bezug auf ihre Einkünfte rangierten die „produzierenden" Teile des englischen Wirtschaftsbürgertums nur auf dem dritten Platz. Dazu kam, daß sie, von einigen bemerkenswerten Ausnahmen abgesehen, so gut wie keine Beziehungen zu den benachbarten adligen Großgrundbesitzern unterhielten und zugleich Schwierigkeiten hatten, ihren geschäftlichen Horizont und ihre Ideologie über das Provinzielle hinaus auf nationales Niveau zu erheben.

Unterdessen rückten die Inhaber der großen zinstragenden Ländereien und Handelskapitalien in der Hauptstadt enger zusammen. Während die neuen Bankiers- und Kaufmannsdynastien ihre Anpassung an die gute, sprich adlige Gesellschaft vorantrieben, gaben die namhaften aristokratischen Familien zugleich ihre Abneigung gegen die „City" nach und nach auf. Immer mehr adlige Sprößlinge erstrebten oder akzeptierten Aufsichtsrats- oder Vorstandsmandate; eine solche Betätigung hatte man bislang in adligen Kreisen für anrüchig und schäbig gehalten, jetzt aber schien sie mit der Würde eines Gentleman durchaus vereinbar zu sein, und das erleichterte die Verschmelzung von Großgrundbesitz und Großkapital nicht nur innerhalb der herrschenden, sondern auch der regierenden Klasse.

Die beiden großen politischen Parteien Großbritanniens spiegelten diese Vermischung, die unter den von der traditionellen Hektar- und Hofaristokratie gesetzten Bedingungen vonstatten ging, wider. Benjamin Disraeli verwandelte sich, bevor er zum Führer der Tories aufstieg, in jeder Beziehung in einen Mann nach ihrem Bilde. Lord Roseberry, der später Premierminister einer imperialistischen liberalen Regierung werden sollte, heiratete 1878 Hannah de Rothschild, Alleinerbin nicht nur eines Vermögens von 2 Millionen Pfund, sondern auch des imposanten Schlosses Mentmore Towers in Buckinghamshire, eines steinernen Zeugnisses für das maßlose Verlangen nach Aristokratisierung. Der dritte Marqueß von Salisbury und Lord Balfour of Burley, die zusammengenommen 26 Jahre lang die Konservative Partei führten und 17 Jahre lang als Premierminister amtierten, waren Männer von absolut untadeliger Abstammung und Erziehung und von ebenso untadeligem Vermögen. Erst 1911, nach drei verlorenen Wahlen, entschieden sich die Konservativen für einen Parteiführer radikal anderen Zuschnitts, der mit einem weniger hochherrschaftlichen politischen Stil die Geschicke der Partei zum Besseren wenden sollte. Andrew Bonar Law, der 1922 auch Premierminister wurde, war ein Eisen- und Stahlhändler, der sich zwar dem Zug zur Aristokratisierung verschloß, aber wußte, daß das konservative Establishment ihn womöglich fallenlassen würde, weil er kein blaues Blut, keine Schulkrawatte und keinen Großgrundbesitz hatte.

Auch den Oberhäuptern der Liberalen Partei fiel es keineswegs leicht, sich dem Zauber und den Verlockungen von Titel, Landschlößchen, *public school*, Oxbridge und Empire zu entziehen. Herbert Henry Asquith war der erste Brite, der es zum Premierminister brachte, ohne einer Grundbesitzerdynastie zu entstammen, und dies trug sich im Jahr 1908 zu. Obzwar ein unerschütterlicher Liberaler, ließ Asquith sich doch von den Nobilitierungsgelüsten seiner zweiten Frau Margot anstecken. Sie war eine Tochter des Glasgower Industriellen, Kaufmanns und Bodenspekulanten Charles Tennant, der 1885, nachdem er ein 1600-Hektar-Gut erworben hatte, mit der Baronetswürde gekürt worden war. Bis 1914 bestanden die britischen Kabinette auch in Zeiten einer liberalen Regierung stets mindestens zur Hälfte aus Ministern, die entweder unmittelbar der grundbesitzenden Aristokratie angehörten oder ihr, als assimilierte Industrielle, Kaufleute oder Akademiker (vor allem Juristen), eng verbunden waren. Dazu kam, daß die alte Elite sich im Auswärtigen Amt und im Diplomatischen Dienst ein fast unangefochtenes Stellenbesetzungsmonopol bewahrte und auch in den übrigen Bereichen der Staats-

und Kolonialverwaltung die Mehrzahl der höheren und höchsten Beamtenposten mit Beschlag belegte.

Die preußischen Könige bzw. deutschen Kaiser machten, wie ihre englischen Vettern, vom Mechanismus der Nobilitierung ausgiebig Gebrauch, mit dem Unterschied, daß sie als Quasi-Autokraten in geringerem Maß an die Ratschläge und die Zustimmung ihrer Minister gebunden waren. Zwischen 1871 und 1918 verliehen sie 1129 neue Adelsprädikate und beförderten 186 preußische Aristokraten in einen höheren Adelsrang. Von den Neugeadelten mußten sich 1094, d.h. mehr als 98 Prozent, mit einem bloßen „von" begnügen; daneben ernannten die Hohenzollern 151 Barone, 54 Grafen, 15 Fürsten (von denen einige das Recht erhielten, sich „Seine Durchlaucht" nennen zu lassen) und einen Herzog; fast alle der so Geehrten verfügten über enormen Grundbesitz. Wilhelm I. adelte die Bankiers Schickler, Friedrich Wilhelm Krause, Adolf Hansemann und – mit gemischten Gefühlen – Gerson Bleichröder, und sein Nachfolger Friedrich III. ließ in seiner kurzen Regierungszeit dem Berliner Bankier Ernst Mendelssohn und dem Industriellen Karl Ferdinand Stumm dieselbe Ehre wiederfahren.

Wilhelm II. verlieh 836 Adelstitel, d.h. pro Jahr seiner Regierungszeit (1890–1918) durchschnittlich 30. Seine besondere Gunst galt dabei Großgrundbesitzern, Generälen und ranghohen Staatsbeamten; fast alle von Wilhelm II. Geadelte waren Protestanten, viele waren preußische Untertanen. Zu 65 Prozent gingen die neuen Adelspatente an Großagrarier und Heeresoffiziere, deren relativer Anteil an den Ernennungen allerdings im Verlauf der Wilhelminischen Ära leicht zurückging, während andererseits der Anteil der Bankiers, Unternehmer und Akademiker – darunter auch einige wenige nichtgetaufte Juden, allen voran zwei Mitglieder der Goldschmidt-Rothschild-Dynastie – etwas zunahm. Sicher ist, daß innerhalb der gesellschaftlichen Elite Deutschlands bis 1914 der traditionelle grundbesitzende Adel, das Offizierskorps und das Beamtentum eindeutig dominierten. Diese Gruppen behielten nicht nur zahlenmäßig das Übergewicht, sondern auch dem Range nach – die höheren und höchsten Titel blieben traditionsgemäß für Angehörige und Abkömmlinge der altehrwürdigen Hektar- und Hofdynastien reserviert. Von den 221 von Wilhelm II. gekürten Baronen, Grafen und Fürsten stammten 205 aus aristokratischem und nur 16 aus bürgerlichem Hause. Während an der Spitze der Adelspyramide der blaublütige Großgrundbesitz praktisch unter sich war, drängten sich die geadelten Besitz- und Bildungsbürger zum überwiegenden Teil im weitläufigen Untergeschoß. Das den Zugang zur aristokratischen Sphäre regelnde Filter war in Deutschland eindeutig noch ziemlich feinporig: von den 350 bürgerlich geborenen Neuadligen, die 30

Prozent der Insassen dieses Untergeschosses stellten, hatten nahezu alle entweder eine adlige Mutter oder eine adlige Ehefrau.

Wie in England, so waren auch in Deutschland bis 1914 die meisten und die reichsten der Reichen in den Reihen der mächtigen großgrundbesitzenden Aristokratie zu finden. Abgerundet wurden diese großen agrarisch fundierten Vermögen von den Imperien jener altehrwürdigen Aristokraten, die die Kohle- oder Erzvorkommen oder den Holzreichtum ihrer ausgedehnten Ländereien wirtschaftlich nutzbar machten. Vier solcher Magnaten fanden sich 1910 unter den zehn reichsten Personen Preußens: Fürst Henckel von Donnersmarck, Fürst Christian Kraft von Hohenlohe-Öhringen, Fürst Hans-Heinrich der XV. von Pless und Graf Hans-Ulrich von Schaffgotsch. Während an der Spitze dieser Liste Bertha Krupp von Bohlen und Halbach figurierte, enthielt sie andererseits doch auch die Namen der Bankiers Baron Max von Goldschmidt-Rothschild und Kommerzienrat Beit. Nach der Reihenfolge der 100 reichsten Familien Preußens – des Landes also, das bevölkerungsmäßig, wirtschaftlich und politisch der Hauptpfeiler des Deutschen Reiches war – zu schließen, rangierten die Vermögen der Adelshäuser und der Finanz- und Handelsmagnaten vor denen der Großindustriellen. Namen wie Thyssen, Tiele-Winkler, Daniel, Stumm, Stinnes, Siemens, Borsig und Waldthausen waren zwar im oberen Teil dieser Liste zu finden, beherrschten sie aber keineswegs. 90 der 100 Superreichen gehörten, von der *Quelle* ihres Vermögens bzw. ihres Einkommens einmal abgesehen, der traditionellen Oberschicht an: 25 waren von altem, 40 von jüngerem Adel, und 25 führten offizielle, vom Monarchen verliehene Titel. August Thyssen und Hugo Stinnes zählten, da sie eine Nobilitierung verschmäht hatten, zwar zu den 10 „Bürgerlichen" auf der Liste, ihre Mentalität und ihre Politik aber waren mitnichten bürgerlich, und ihre Nachkommen hatten denn auch nichts Eiligeres zu tun, als den Einzug in die blaublütige Oberschicht nachzuholen.

Nicht nur in Preußen, sondern in ganz Deutschland unternahmen die führenden Gruppen und Vertreter des außeragrarischen Kapitals und ihre Gefolgsleute im Bildungsbürgertum nie den ernsthaften Versuch, einen autonomen sozialen, kulturellen und politischen Standort zu gewinnen, von dem aus sie die Herrschaft der alten Elite hätten in Frage stellen können. Die durch wirtschaftliche oder kulturelle Leistungen zu großem Wohlstand und Ansehen gelangten bürgerlichen Aufsteiger akzeptierten vielmehr bereitwillig das Adelspatent von Kaisers Gnaden, wenn sie sich nicht selbst eifrig darum bemühten. Insbesondere in den Jahrzehnten zwischen Reichsgründung und Kriegsausbruch drängten die „reichgewordenen Bürger" systematisch auf die Verleihung von Titeln, die „ihre Verbindung mit der herrschenden Klasse [legitimierten] und ... die neuen gesellschaftlichen Kräfte harmonisch in die alte aristokratische Umwelt hineinwachsen ließen"; damit bewirkten sie zugleich eine „Düngung" der ihnen ehemals feindlich gesonnenen Aristokratie mit „neuem Blut und neuer wirtschaftlicher Stärke". Mit dem gleichen Erfolg veranlaßten die neuen Kapitalisten, nachdem sie sich den Lebensstil der Aristokratie zu eigen gemacht hatten, ihre Söhne dazu, Reserveoffiziere zu werden, schlagenden Verbindungen beizutreten und in die traditionelle Oberschicht einzuheiraten. Dieses Streben nach sozialem Aufstieg durch Anpassung und Eingliederung – auch die Einheirat bürgerlicher Töchter in adlige Familien gehörte dazu – kam im Grunde niemals zum Erliegen. Und die deutsche Gesellschaft brandmarkte dieses Verhalten auch nicht als lächerlich oder exzentrisch. Man kann vielmehr sogar sagen, daß es sich im Zeichen der Lähmung des Liberalismus in der Periode vor dem Kriegsausbruch ausweitete und intensivierte.

Die jüdischen Bankiers-, Kaufmanns- und Industriellendynastien zeichneten sich, von wenigen bemerkenswerten Ausnahmen abgesehen, durch ein mindestens ebenso eifriges Bestreben nach Aufstieg durch Integration aus wie ihre nichtjüdischen Pendants. So ließen sich viele von ihnen eilfertig taufen und erfüllten damit eine vermutlich unerläßliche Vorbedingung für die Aufnahme in die herrschende Klasse des kaiserlichen Deutschland. In diesem Sinne sicherten sich etwa die Mendelssohn-Bartholdys, die Friedländer-Fulds, die Schwabachs, die Oppenheims und die Weinbergs ihre Adelspatente und behielten sie, wenn auch ihre Bekehrung den Makel der jüdischen Abkunft, der ihnen in einer christlichen Gesellschaft nun einmal gewisse Türen verschloß, nicht zu tilgen vermochte.

Dank dieser massiven Anpassungsstrategie öffneten sich dem Besitz- und Bildungsbürgertum Pforten zur politischen Sphäre, in der das feudalistische Element nach wie vor dominierte. Anders gesagt: Die Magnaten des Handels- und Industriekapitals verzichteten zugunsten wirtschaftlicher Vorteile, sozialer Statusattribute und staatsbürgerlicher Privilegien auf ihre politischen Rechte und Ansprüche. Insbesondere von dem Augenblick an, da sie die Sozialdemokraten als eine eindeutig auch gegen sie gerichtete reale Gefahr erkannten, ließen sie auch noch die kümmerlichsten Ansprüche auf eine ihrem wirtschaftlichen Gewicht entsprechende politische Machtbeteiligung fallen. Statt auf eine politische Demokratisierung ihrer Gesellschaft zu drängen, scharte sich die deutsche Bourgeoisie um Parteien, die ihrer eigenen Kuschermentalität entsprachen und die sich im wesentlichen auf die Verteidigung und Förderung ihrer wirtschaftlichen Interessen beschränkten. Die soziale Feudalisierung des deutschen Bürgertums und seine Selbstverleugnung als Klasse waren Ursache wie Folge seiner politischen Entmündigung.

Für ehrgeizige, obrigkeitstreue und wohlhabende „Großbürger", die nicht geadelt wurden – und das war die weit überwiegende Mehrzahl –, gab es andere Zeichen der Anerkennung und Belobigung. Unter allen Auszeichnungen waren der Schwarze und der Rote Adlerorden sowie das Ritterkreuz des Hauses Hohenzollern die begehrtesten. Wenn es einem wohlsituierten Bürger zustieß, daß er zeitlebens ohne Auszeichnung von privater oder öffentlicher Seite blieb, so konnte er zum wenigsten seine Söhne zum Eintritt in eine der an allen bedeutenderen Universitäten vertretenen Verbindungen bewegen, wo sie sich vorsätzlich auffällige Duellnarben, „Schmisse", verpassen lassen konnten, die als Erkennungszeichen für die Zugehörigkeit zu einer quasi-feudalen elitären Kaste galten. Danach konnten sie sich dann zum Reserveoffizier ausbilden und sich damit einen Ehrenkodex und ein Wertsystem einimpfen lassen, die die Integration aufstiegsorientierter groß- und mittelbürgerlicher Elemente in die aristokratisch durchsetzte bürokratische und politische Oberschicht Deutschlands förderten. Auf diese Weise konnten sich strebsame Bürgersöhne auch die Weichen für einen Aufstieg in den „Beamtenadel" stellen. In Süddeutschland war der Drang nach Nobilitierung nicht so ausgeprägt, aber dort war der typische Geist des Zweiten Kaiserreichs wohl auch weniger präsent.

Im Vergleich zu England gab es in Deutschland weniger geselligen Umgang zwischen den Angehörigen der alten Aristokratie und namhaften Bürgerlichen, und der kaiserliche Hof war letzteren praktisch ganz verschlossen. Dieses elitäre Unter-Sich-Bleiben der Blaublütigen förderte nun aber nicht etwa die Bildung einer Gegenelite, sondern veranlaßte wohlhabende Unternehmer und nahmhafte Gelehrte zur Verdoppelung ihrer Bemühungen um gesellschaftliche Anerkennung durch jene, zu denen sie aufblickten: So tätigten sie etwa großzügige Stiftungen für die öffentliche Wohlfahrt und bildeten in den eigenen Reihen eine Ranghierarchie aus, die der des Adels nachempfunden war. Unter den Auspizien lokaler, regionaler und nationaler Amts- und Würdenträger schufen sie sich ihr eigenes System nichterblicher Titel und sorgten damit für jene gesellschaftliche Abgrenzung, an der ihnen so viel lag. Sie überbrückten die Wartezeit im „Vorzimmer zur aristokratischen Welt" durch den Erwerb offiziöser Titel wie Kommerzienrat, Justizrat, Baurat, Medizinalrat oder Regierungsrat – jeweils ersten und zweiten Grades. Der Kaiser vergab zudem noch, kaum verwunderlich, mit ziemlicher Großzügigkeit an viele dieser Pseudo-Geadelten den Ehrentitel „Wirklicher Geheimer Rat"; damit hatten sie das Recht, sich mit „Exzellenz" ansprechen zu lassen. Wilhelm II. tat dies wohl in erster Linie, um einen Ausgleich dafür zu schaffen, daß Parlamentsabgeordnete bei der Verleihung von Adelsprädikaten praktisch unberücksichtigt blieben; dem Ansehen des Reichstags sollte damit geschadet werden.

Auch die wenigen Großindustriellen, die bei der Jagd nach Adelsprädikaten leer ausgingen oder von sich aus eine Nobilitierung ablehnten, wurden von den Hohenzollern und anderen Fürstenhäusern mit Auszeichnungen überschüttet; dies galt etwa für Kirdorf, Klöckner, Stinnes, Thyssen, Werhahn, Wolff und Krupp. Einzig August Thyssen widersetzte sich mit Bestimmtheit der sozialen Vereinnahmung – selbst um den Preis einer Entzweiung mit seinen Söhnen. Die beiden ersten Krupps, Alfred und nach ihm Friedrich Alfred (Fritz), zogen es zwar vor, bürgerlich zu bleiben, taten aber nichts, um sich von dem monarchischen Regime zu distanzieren, unter dessen Fittichen sie ihr Vermögen gemacht hatten. Alfred Krupp nahm 1854 voller Stolz seine ersten Auszeichnungen entgegen. Als er nach 1871 die prunkvolle und protzige Villa Hügel mit ihren 200–300 Zimmern errichten ließ, trug er Sorge dafür, daß dort auch eine besondere, den kaiserlichen Ansprüchen Wilhelms I. genügende Suite eingerichtet wurde – und der Kaiser erwies ihm auch einmal jährlich die Ehre seines Besuches.

1882, noch zu Lebzeiten Alfred Krupps, ehelichte sein Sohn Fritz die Baronesse Margarete von Ende, die einer Familie des preußischen Beamtenadels entstammte. Das Leben eines Grandseigneurs führend, erwarb Fritz Krupp zusätzlich zur Villa Hügel, die sein Hauptwohnsitz war, ein repräsentatives Haus im Rheintal und eines in Baden-Baden. Während er im Sommer zur Kieler Woche an die Ostsee reiste, verbrachte er die Vergnügungssaison in Berlin. Fritz Krupp pflegte gute Beziehungen zu Wilhelm II., der seinerseits dafür sorgte, daß der Ruhrindustrielle Mitglied sowohl des Preußischen Staatsrats als auch des Preußischen Herrenhauses wurde. Außerdem ernannte er ihn zum Wirklichen Geheimen Rat erster Klasse. Damit standen Fritz Krupp die Anrede „Seine Exzellenz" sowie bestimmte protokollarische Privilegien bei Hofe zu.

Nachdem Kaiser Wilhelm II. bei der Beschaffung eines passenden Gemahls für Fritz Krupps älteste Tochter und Erbin Bertha behilflich gewesen war, wohnte er in Begleitung des Prinzen Heinrich, des Reichskanzlers Fürst Bernhard von Bülow sowie eines ganzen Schocks von Ministern, Generalen, Admiralen und Adjutanten der Hochzeitsfeier am 15. Oktober 1906 in der Villa Hügel bei. Damit nicht genug, erteilte Wilhelm in seiner Glückwunschrede für das Paar dem sorgfältig ausgewählten, aber noch „namenlosen" Bräutigam Gustav von Bohlen und Halbach allerhöchste Erlaubnis, zusätzlich den Mädchennamen seiner Angetrauten anzunehmen, so daß er zu Gustav Krupp von Bohlen und Halbach wurde. Später wohnte der Kaiser auch der Taufe des aus dieser Ehe hervorgegangenen Sohns Alfried bei. Er ermöglichte ferner, daß Gustav den Rang eines Hauptmanns der Reserve beim Leibgarde-Husaren-Kavallerie-Regiment erwarb, zum Vizepräsidenten der Kaiser-Wilhelm-Gesellschaft gewählt wurde, das Amt eines außerordentlichen Botschafters und Generalbevollmächtigten im Diplomatischen Dienst Preußens bekleidete, zum Ehrenritter des protestantischen Johanniterordens, Träger des Roten Adlerordens und Komtur erster Klasse des Preußen-Ordens des Hauses Hohenzollern ernannt wurde usw. Zur Feier des 100. Geburtstags von Alfred Krupp am 26. April 1912 fand sich der Deutsche Kaiser, begleitet von sämtlichen Prinzen des Herrscherhauses, von Kanzler Theobald von Bethmann Hollweg mit seinem gesamten Kabinett, vom Generalstab und allen Flottenadmiralen in der Villa Hügel ein. Gustav Krupp hatte vorgeschlagen, zur Feier des Anlasses auf dem Areal der modernsten Waffenschmiede Europas ein mittelalterliches Ritterturnier zu veranstalten, aber dieses Spektakel wurde in letzter Minute aus Rücksicht auf die Opfer eines schweren Zechenunglücks abgesagt.

Von den anderen Industriegiganten, die Angehörige des dritten Standes blieben, erhielt keiner so viele Ehrbezeigungen und Auszeichnungen. Gleichwohl verblieben auch sie im Bannkreis der alten Ordnung und Gesellschaft. Sie hielten sich etwas darauf zugute, ebensogut Herren über ihre industriellen Imperien zu sein, wie die Junker Herren über ihre Güter waren. Kaum nötig zu sagen, daß keiner der großen Industriellen sich jemals einer der lahmenden bürgerlich-fortschrittlichen Parteien anschloß. Im Gegenteil: Viele von ihnen wurden zu überzeugten Anhängern der halbautokratischen, konservativen Herrschaft der Großgrund- und Beamtenaristokratie. Auf jeden Fall blieben jene, die sich der Integration in die gute Gesellschaft und in die staatstragende Hierarchie verweigerten, in der Minderheit.

Während der Bankier Gerson von Bleichröder geadelt wurde, blieb der Großreeder Albert Ballin bürgerlich. Allein, da beide sich dafür entschieden, jüdisch zu bleiben, wurden sie und die Ihren von der alten Aristokratie mit noch größerer Herablassung behandelt als die bürgerlichen Emporkömmlinge christlichen Glaubens oder auch als getaufte und anschließend geadelte jüdische Geschäftsleute und Bankiers wie Ernst von Mendelssohn-Bartholdy, Fritz von Friedländer-Fuld und Paul von Schwabach. Immerhin aber nahmen Kaiser und Kanzler ihre wirtschaftlichen und finanziellen Dienste in Anspruch, und so versuchten Bleichröder und Ballin, sich gesellschaftliches Ansehen zu verschaffen. Obgleich der hochmütige Antisemitismus junkerlicher Aristokraten sie verletzte, eiferten sie deren Beispiel nach: Bleichröder erwarb die Ländereien des Feldmarschalls Albrecht von Roon, Ballin eine Luxusvilla in der Hamburger Feldbrunnenstraße. Auf diese Weise konnten sie einen Lebensstil zur Schau stellen, der der sozialen Sphäre entsprach, der sie angehören wollten, und sie konnten Vertreter des alten Adels bis hinauf zum Kaiser selbst auf deren gewohntem Niveau bewirten und unterhalten.

In der Architektur und in Einrichtung und Ausstattung waren diese bürgerlichen Paläste eher ein Echo der kulturellen Konventionen und des Zeitgeschmacks der Elite, als daß sie bewußt bürgerliche Gegenakzente gesetzt hätten. Es sollte bei dieser Gelegenheit nicht unerwähnt bleiben, daß auch Universitätsprofessoren nicht gegen die verführerische Ausstrahlung der alten Gesellschaft gefeit waren. Auch ihnen waren Bildung und Besitz lieber als politische Emanzipation. Bezeichnenderweise akzeptierten Otto Gierke, Gustav Schmoller und Adolf Harnack das adelnde „von" zwischen Vor- und Nachnamen mit Freuden.

In stärkerem Maß als in England, wo die politischen Parteien und das Parlament wirksame Ansatzpunkte für ein allmähliches Zurückdrängen des feudalen Elements boten, dominierten in Deutschland die traditionellen Eliten. Dynastien wie die Bentincks, die Stolbergs oder die Castell-Rüdenhausens waren in den Gebieten, die einst „ihre" Fürstentümer gewesen waren, nach wie vor in quasifürstlicher Manier präsent – und besaßen daselbst natürlich noch große Ländereien. Dazu kamen die von den Monarchen Preußens im Lauf der Zeit ernannten Fürsten, Familien wie die Blüchers, die Bülows, die Eulenburgs, die Hatzfelds, die Radolins, die Pless' – und die Bismarcks. Wie sehr auch durch Gegensätze und Rivalitäten untereinander entzweit – durch das Dreiklassenwahlrecht wurde das freilich mehr als wettgemacht –, bewahrten sich die Aristokraten älterer und jüngerer Provenienz doch sowohl einen enormen Reichtum als auch einen gesellschaftlichen und kulturellen Nimbus, der geeignet war, ihre politische Vorherrschaft ideologisch abzusichern. Sie bedienten sich, vom Kaiser darin unterstützt und bestärkt, des preußischen „Parlaments", des Heers und der Verwaltungsbürokratie, um den unglücklichen Reichstag an der Kandare zu halten, und dieser war nicht in der Verfassung, sich aus eigener Kraft und auf Dauer ihrem Würgegriff zu entwinden.

In Frankreich beendete die Revolution von 1789 die Existenz der Aristokratie als einer politischen Klasse mit verbrieften Privilegien. Obgleich nach 1815 viele Adlige wieder aus der Versenkung auftauchten oder aus dem Exil zurückkehrten, erwies sich ihre politische Demontage als weitgehend irreversibel, was vor allem eine Folge der zermürbenden, sich bis 1875 hinziehenden Bruderkämpfe zwischen Ludwig XVII., Karl X. und Louis-Philippe sowie deren Nachfahren und Gefolgsleuten war. Das ganze 19. Jahrhundert hindurch mußte die französische Aristokratie den Legitimationsausweis einer erblichen und von der Kirche gesalbten Herrscherkrone, die mystifizierende Kulisse eines Königshofes, die stimulierende Schubkraft periodischer Nobilitierungen und die loyalitätsfördernde Wirkung politischer Patronage entbehren. Das Kaisertum Louis Napoléons mit seiner nachgemachten Aristokratie und seinem inszenierten höfischen Leben in Saint-Cloud taugte allenfalls dazu, die Hoffnung am Leben zu erhalten, daß irgendwann wieder eine authentische königliche und aristokratische Herrschaft etabliert werden würde.

Wenn der französische Adel auch seine politische Stellung niemals wiedererlangte, so verstand er es andererseits doch, sein soziales Überleben zu sichern. Selbst in der Dritten Republik hatten Herzöge, Marquis, Grafen und Barone so herausragende wirtschaftliche, gesellschaftliche und kulturelle Positionen inne, daß die *grands bourgeois* niemals aufhörten, zu ihnen aufzublicken und ihnen nachzueifern. Die aristokratische Welt behielt eine so große Anziehungskraft, daß viele Bankiers, Unternehmer und Akademiker, die es nicht schafften, in sie einzuheiraten, sich selbst zu Adligen zu machen versuchten, indem sie einfach den Partikel *de* vor ihren Namen setzten. Die Republik, die hohe diplomatische und militärische Posten nach wie vor gerne Trägern adliger Namen anvertraute, machte keine Anstalten, diese wundersame Zunahme aristokratischer Familien zu unterbinden, wenn es auch mit der politischen Loyalität vieler Aristokraten in Krisenzeiten nicht weit her war. Tatsächlich erkannte die Republik die protokollarische Gültigkeit von Adelsprädikaten sogar offiziell an, und ihre Inhaber bekamen das Recht, sie zu führen, gesetzlich bestätigt.

Von entscheidender Bedeutung für den Fortbestand der Aristokratie war, daß die führenden blaublütigen Familien mit ihrem großen Besitz an Ländereien und Schlössern überlebten. Manche von ihnen begannen von neuem, ihre Ländereien zu bewirtschaften bzw. zu verpachten, andere verkauften ihren ländlichen Grundbesitz ganz oder teilweise, um den Erlös in städtische Grundstücke und Immobilien zu investieren. Insbesondere wohlhabende Legitimisten zogen vom Land in die Städte, vor allem nach Paris, behielten aber ihre Landsitze oder Schlößchen, sei es um sich einen politischen Stützpunkt zu bewahren, oder sei es nur, um die Ferien und die Jagdsaison dort zu verbringen. Von ihren eleganten Stadthäusern und -wohnungen im Pariser Faubourg Saint-Germain aus verwalteten sie dann ihre ländlichen Besitztümer und ihre wachsenden Beteiligungen an Wirtschaftsunternehmen der außeragrarischen Branchen. Umgekehrt erwarben viele Orléanisten, die ihr Vermögen als Bankiers oder Fabrikanten oder mit Handelsgeschäften gemacht hatten, große Ländereien, um ihr Kapital zu diversifizieren und ihre gesellschaftliche Stellung zu heben. Natürlich gab es in manchen Provinzen auch viele *hobereaux* (Krautjunker) mit eher bescheidenem Grundbesitz, die sich ihren übermäßigen gesellschaftlichen und politischen Einfluß, gewöhnlich mit Hilfe der katholischen Kirche, zu bewahren vermochten.

Namentlich einige der angesehensten Grandseigneurs beteiligten sich am Bankgeschäft, in der Industrie und im Handel. Im Jahr 1870 stellten sie einen ansehnlichen Teil jener zwei Dutzend *conseillers généraux*, die über ein Jahreseinkommen von mehr als 300 000 Francs verfügten und an der Spitze der französischen Plutokratie standen. Kaum nötig zu sagen, daß diesem harten Kern der Superreichen auch Bürgerliche wie die Bankiers Emile Péreire und Adolphe Fould und der Eisen- und Stahlmagnat Eugène Schneider angehörten, nicht zu vergessen der geadelte Bankier Baron Alphonse de Rothschild. Daneben zählten zu dieser illustren Gruppe aber auch der Herzog de La Rochefoucauld-Doudeauville, der Graf de La Rochefoucauld, der Baron de Graffenried, der Marquis d'Albon, der Vicomte Aguado, der Fürst de Beauvau, der Baron Gourgaud, der Marquis de Talhouet, der Marquis de Vogué, der Herzog d'Audiffret-Pasquier und der Marquis de Chasseloup-Laubat. Von diesen elf Aristokraten hatten die vier letztgenannten einen beträchtlichen, wenn nicht den größten Teil ihres Vermögens mit Bankgeschäften, in der Industrie und/oder im Handel sowie vermutlich auch im großstädtischen Grundstücks- und Immobiliengeschäft gemacht. Es gab ferner einige Adelsfamilien, die in gewissen Sparten der Industrie und der Verbrauchsgüterproduktion zu den Schrittmachern zählten: die Wendels in der Eisenbranche, die Moëts beim Champagner, der Graf de Chardonnet auf dem Sektor Kunstseide und der Marquis de Dion im Kraftfahrzeugbau. Auch Unternehmer, die aus plebejischen Verhältnissen aufgestiegen waren und sich selbst geadelt hatten, fehlten nicht: Erwähnt seien die Decazes und die Talabots in der Eisen- und Stahlbranche sowie die Davilliers und die Neuflizes im Bankwesen.

Nicht nur aufgrund ihres Reichtums, sondern mindestens ebensosehr auch wegen ihres nach wie vor hohen Prestiges und ihrer gesellschaftlichen Beziehungen wurden viele Repräsentanten der alten Aristokratie in die Vorstände und Aufsichtsräte großer Unternehmen berufen. Um die Jahrhundertwende war bei den französischen Eisenbahngesellschaften nahezu ein Drittel und bei den großen Stahlunternehmen und Banken des Landes nahezu ein Viertel aller Direktorenposten von Männern dieser Kategorie besetzt. Kräftig vertreten war der Adel auch im Vorstand der Compagnie Marocaine, einer der Überseehandels- und -investitionsfirmen Eugène Schneiders, dessen Bedürfnis nach repräsentativer *grandeur* unstillbar schien. Unter seinen Direktoren waren Männer wie der Graf Albert d'Armand, der Marquis de Chasseloup-Laubat, der Graf Robert de Vogué, der Graf Robert d'Agoult, der Herzog de Decazes und der Graf de Cherisey, und der Marquis de Froudeville und der Baron Henri de Freycinet saßen zusammen mit Schneider und Gaston de Caqueray im Unternehmensvorstand. In eine ähnliche Richtung weist die Tatsache, daß 1914 fünf der elf Direktoren des Comité des Forges Adlige waren.

Obgleich die Aristokraten, ungeachtet aller ihrer Beteiligungen und Direktorenposten, in puncto Wirtschaftskraft den titellosen Fabrikanten, Kaufleuten, Bankiers und Industriellen nicht das Wasser reichen konnten, legten die neuen bürgerlichen Wirtschaftsmagnate weiterhin Wert darauf, daß ihre Söhne und Töchter in die Aristokratie einheirateten. Durch Heiratsbündnisse verbanden sich die *grands bourgeois* des Champagners, des Zuckers, des Stahls und der Banken mit solchen erlauchten Dynastien wie den d'Uzès', den de Muns, den Poniatowskys, den Polignacs, den Broglies, den Brissacs, den Nervos und den Breteuils. Eugène Schneider verheiratete seine vier Töchter mit Adligen, und einer seiner Enkel ehelichte eine Prinzessin des Hauses Orléans. Damit nicht genug, schuf Schneider sich in Le Creusot, wie Krupp in Essen, die Voraussetzungen für einen fürstlichen Lebensstil: Er errichtete sein Domizil in dem Schloß, das die alte königliche Kristallmanufaktur beherbergt hatte, und machte daraus eine Bastion des Reichtums und des Luxus, zu der die Fabriksklaven des größten Eisen- und Stahlkomplexes des Landes Tag für Tag hinaufblicken konnten.

Die Eliten der Aristokratie und der Bourgeoisie Frankreichs waren bis zur Jahrhundertwende zu einem Amalgam zusammengewachsen, das innerhalb der die Dritte Republik tragenden und beherrschenden Kräfte, welche die *classes moyennes* repräsentierten, ein gewichtiger Einflußfaktor geworden war. Während nur wenige Adlige in die Politik gingen, kam es weit häufiger vor, daß erfolgreiche Politiker, die aus bescheideneren Verhältnissen stammten, in die gesellschaftliche Oberschicht aufstiegen, indem sie, als Anwälte, Unternehmensdirektoren oder Lobbyisten, deren wirtschaftliche Interessen vertraten. Insbesondere nach der Dreyfus-Affäre legten die in der herrschenden Klasse aktiven Aristokraten ihre royalistischen Überzeugungen ab oder auf Eis und versöhnten sich mit dem republikanischen Regime. Dieses widerwillige *ralliement,* dem die katholische Kirche ihren Segen erteilte, führte freilich dazu, daß die betreffenden Adligen zusammen mit ihren bürgerlichen Verbündeten mit allen Mitteln darauf hinarbeiteten, die Republik konservativ zu machen, mit dem Erfolg, daß 1913 Poincaré zum Präsidenten gewählt wurde. Die royalistische *Action Française* eines Maurras hatte freilich zu diesem Zeitpunkt bereits eine aristokratische Fronde unter dem Banner des Antirepublikanismus zusammengetrommelt.

Obgleich unter republikanischen Verhältnissen an den Rand des politischen Lebens gedrängt, konnte die französische Aristokratie auf wirtschaftlicher und kultureller Ebene ihre Vorherrschaft bewahren. Wie zum Ausgleich für ihren, politisch gesehen, absoluten, wirtschaftlich gesehen, relativen Niedergang begann sie ein selbstgewisseres Auftreten und einen ausgeprägteren Klassenstolz zu kultivieren als jede andere europäische Aristokratie. Traditionsreiche Adelsfamilien lernten den Wert ihres berühmten Namens und ihrer Vorfahren schätzen und verwerten. Während der Belle Époque heirateten rund 30 französische Hocharistokraten reiche amerikanische Erbinnen und liierten sich auf die gleiche Weise mit einheimischen, darunter auch jüdischen Vermögen. Diese Heiratsstrategie funktionierte freilich nur, weil der Adel als ganzer das Bürgertum nach wie vor mit ebenso mannigfachen wie überspannten Illusionen und

Vorspiegelungen bezauberte. Statt sich als dekadent, korrupt, müßig und eitel zu präsentieren, verblüffte die französische Aristokratie Paris und die internationale Gesellschaft durch ihren Charme, ihre Eleganz und ihre Kultiviertheit. Dazu kam, daß das Bürgertum in seiner Sorge und Furcht vor Gleichmacherei und sozialer Unruhe die unerschütterliche hierarchische Ordnung, Kontinuität und Stabilität bewunderte, die sich die Aristokratie durch ein Jahrhundert der Umwälzungen bewahrt hatte.

Die Hoffnung, die Schranken der aristokratischen Exklusivität überwinden zu können, veranlaßte bürgerliche Wirtschaftsmagnaten nicht nur dazu, adlig zu heiraten und blaublütige Direktoren für ihre Firmen zu suchen, sondern animierte sie auch zum Bau oder Kauf imposanter Landhäuser. 1910 besaßen rund 4500 Pariser Notabeln irgendwo in Frankreich ein Schloß oder Schlößchen mit Park und beträchtlichem Grundbesitz. Einen solchen Landsitz zu haben, galt als *das* Markenzeichen des Aristokratischseins (oder des Wunsches, es zu sein), ganz abgesehen davon, daß ein Landschlößchen im Sommer und in der Jagdsaison ein hochgeschätzter Aufenthaltsort war. Die Rothschild-Sippe besaß allein in der Umgebung von Paris sechs stattliche Landsitze.

Ebenso wie die französische Château-Society alles andere war als ein lebloses Fossil, bewahrte sich auch die artverwandte Pariser Salonkultur eine gewisse Vitalität. In den Salons wehte, von wenigen Ausnahmen abgesehen, eher eine aristokratische als eine bürgerliche Luft, insbesondere nachdem die Bourgeoisie begonnen hatte, zur Befestigung und Hebung ihrer gesellschaftlichen Position auf gute Kontakte zu *tout Paris* bedacht zu sein. In bezug auf Reichtum und Bildung standen Aristokraten und Bürgerliche einander nicht nach, doch bei der Gestaltung des Rahmens, in dem sich ihre Begegnungen vollzogen, setzten erstere die Akzente. Der Adlige verfügte über die Gestik, das Mienenspiel und die Wortgewandtheit, die der Bürgerliche sich nicht nur zu imitieren abmühte, sondern in denen er vor allem nach Orientierungssignalen suchte, die seine Unsicherheit über den eigenen Standort mindern konnten.

Damit soll nicht gesagt sein, daß alle Salons ähnlich oder gleichermaßen snobistisch angehaucht waren. Es gab zwar keinen, dem die Aristokratie nicht auf irgendeine Weise ihren Stempel aufgedrückt hätte, doch waren etwa die Treffpunkte des mittleren, des niederen und des selbsternannten Adels entschieden literarischer und künstlerischer orientiert als die der *ancienne noblesse*, deren Ansehen keiner Aufpolierung durch intellektuellen Glanzlack bedurfte. Ungeachtet der Unkenrufe Edmond Goncourts, der die Salons, ebenso wie die aristokratische Gesellschaft, schon vor langer Zeit für tot erklärt hatte, und Léon Daudets, der die Cafés den Salons den Rang ablaufen sah, blieben die Totgesagten noch bis ins 20. Jahrhundert hinein sehr lebendig. Die Pariser Salonkultur war für einen Schwarm von Aristokraten, die eines Königs und einer Aristokratie ermangelten, so etwas wie ein Ersatz für höfisches Leben. Die Gräfin de Greffulhe und der Graf Boni de Castellane gaben fürstliche Empfänge für durchreisende Hoheiten. Daneben applaudierten sie und andere Leuchten der allerhöchsten Gesellschaft auch solchen avantgardistischen, sozial ungefährlichen kulturellen Errungenschaften wie den Bayreuther Festspielen und dem russischen Ballett.

Die exklusivsten Salons – in denen gewöhnlich Vertreterinnen des weiblichen Geschlechts für Unterhaltung sorgten – fanden sich in den extravaganten Stadtwohnungen der Grafen Aimery de La Rochefoucauld, Jean de Castellane, Robert de Montesquiou, oder der Marquis de Portes, de Dion und d'Albufera und des Grafen d'Haussonville. In dieser pseudo-höfischen Welt war man in der Regel royalistisch, katholisch, nationalistisch und leidenschaftlicher Anti-Dreyfusianer. Gewiß, es gab auch so manchen aufrichtig republikanischen Salon, allen voran den der Gräfin de Greffulhe, den der Madame Arman de Caillavet, und der Madame Émile Straus (geborene Geneviève Halévy, Witwe von Georges Bizet), der Madame de Saint-Victor, der Madame de Pierrebourg, der Marquise Arconati-Visconti und, mit Einschränkungen, den der Madame Ménard-Dorian. Doch das waren Ausnahmeerscheinungen in einem ansonsten von politischer Illoyalität gekennzeichneten gesellschaftlichen Milieu. Die Affäre Dreyfus war lediglich der Auslöser, der die reaktionären Neigungen eines großen Teils von *tout Paris* zutage förderte, und ihr Ausgang beschleunigte die Zwangskonvertierung ihrer Jünger in Republikaner. Doch sowohl vor als auch nach dieser großen Wendemarke atmeten die literarischen, musikalischen und künstlerischen Salons einen Hauch unpolitischer Erlesenheit, der alles andere als bürgerlich war. Wie Marcel Proust in *Die Welt der Guermantes* schildert, waren Aristokraten die dominierenden Figuren in den berühmten Salons und Klubs, die die Mogule der Wirtschaft, die Koryphäen der Wissenschaft und der Künste und die Großen aus Staat und Politik zu einer herrschenden Klasse zusammenschweißten, deren Mentalität eher traditionalistisch als modern zu nennen war.

Ein weiteres Zeichen für den vorbürgerlichen Zuschnitt der herrschenden Klasse Frankreichs war das Überleben des Duells als eines zwar sinnentleerten, aber unter Umständen folgenreichen Rituals. In Deutschland duellierte man sich nur noch innerhalb schlagender Studentenverbindungen und gelegentlich in Offizierskreisen, und es ging dabei zumeist darum, dem Gegner einen auffälligen „Schmiß" beizubringen, dessen Narbe als Signet der Loyalität zur alten Ordnung diente. In Paris dagegen florierte das Duell gewissermaßen in den Hinterhöfen der High Society, wo die Prinzipien des alten Ehrenkodex' mit Degen oder Pistolen herausgefordert und verteidigt wurden. Zwischen 1888 und 1895 soll es wegen politischer, journalistischer oder literarischer *affaires d'honneur* zu mindestens 150 Duellen gekommen sein. Die Aufregung und Hetze um den Hauptmann Dreyfus führte im Verlauf der darauffolgenden zehn Jahre nochmals zu einer Hochkonjunktur der Duelle, und auch unblutige Satisfaktionen für literarische Majestätsbeleidigungen kamen bis 1914 häufig genug vor, zumal die Regierung nicht den Versuch machte, gesetzlich dagegen vorzugehen.

Um 1910 erlebte das Dandytum in Paris eine Renaissance. Baudelaire hat einmal geschrieben, das Dandytum trete in der Regel „in Perioden des Übergangs" in Erscheinung, „wenn die Demokratie sich noch nicht vollständig durchgesetzt hat und die Aristokratie erst teilweise geschwächt oder diskreditiert ist". In seinem Kern war das neue Dandytum wenn nicht ein Überbleibsel aus manierierten Zeiten, so doch ein Versuch, diese Zeiten zurückzuholen. Die Dandys, von denen viele die Fechtkunst ausübten und gewohnheitsmäßig das Monokel trugen, widmeten sich dem Müßiggang. Sie bildeten eine selbsternannte und sich selbst genügende Elite, die sich nicht nur durch eine künstliche, aber einfache individuelle Eleganz des Auftretens und der Kleidung, sondern auch durch geistige Originalität, Wagemut und Unberechenbarkeit auszeichnete. Als Rebellen gegen selbstzufriedene Aristokraten und gegen bürgerliche Philister – wobei sie sich allerdings den erstgenannten näher fühlten – schätzten die geistvollen Stutzer von Paris intellektuelle, ästhetische und sexuelle Extravaganz höher als einen, wie immer auch kultivierten, ostentativen materiellen Reichtum.

Natürlich gab es auch in Paris Neureiche, die gar nicht den Versuch machten, ihre bescheidene oder dunkle Herkunft zu verleugnen. Häufiger war dieser Typus allerdings in den Provinzstädten; dort residierten die Erfolgreichen der örtlichen Wirtschaft im Rahmen eines unauffälligen Luxus in exklusiven Villenvierteln. Obgleich diese wohlhabenden Kapitalisten unter sich und gegen die Versuchungen der Aristokratisierung immun blieben, waren sie weder der Weltanschauung noch dem Lebensstil nach das, was man sich unter bürgerlich vorstellt. Doch im Unterschied zum kosmopolitischen, exklusiven und der Prachtentfaltung verpflichteten Traditionalismus von *tout Paris* war der ihre schlicht, unaffektiert und streng.

Nach der Jahrhundertwende rückten alte und neue Elite, beeindruckt von der sozialistischen Herausforderung, zunehmend näher zusammen. Sie luden die katholische Kirche, die nunmehr aufhörte, für die Bourgeoisie ein rotes Tuch zu sein, ein, ihren Bund abzusegnen. Ja, das Bürgertum, einst eine Kraft, die „demokratischen Fortschritt, Säkularisierung und Widerstand gegen die auf Geburt gegründeten Anmaßungen der Aristokratie" repräsentierte, entwickelte einen so unversöhnlichen Widerstand gegen soziale Fortschritte, daß es sogar daran dachte, die Republik, die es selbst mit geschaffen hatte, zu Fall zu bringen.

Was die Hocharistokratie der österreichischen Hälfte der Donaumonarchie betraf, so mag es wohl stimmen, daß sie sich bis zum Sturz der Habsburger gegenüber neuen Ideen und frischem Blut ganz besonders verschlossen zeigte. Aber trotz ihrer hochmütigen Geringschätzung für die Grundsätze und die personellen Träger einer modernen Leistungsgesellschaft waren Österreichs archaische „höchste Kreise" keineswegs bloß ein dahinsiechender Restbestand vergangener Glorie. Der dreihundert bis vierhundert Familien umfassende blaublütige Adel des Landes drängte sich um den Hof von Kaiser Franz Joseph I. und nach 1906 auch um den des designierten Thronfolgers Franz Ferdinand, der dem archetypischen Bild des europäischen Ultrakonservativen entsprach. Dieser überwiegend dem österreichischen Deutschtum zugehörende und über Großgrundbesitz verfügende Hofadel übte auf allen Ebenen des politischen Systems, den ohnmächtigen Reichsrat ausgenommen, enormen Einfluß aus und hielt die entscheidenden Positionen im gesellschaftlichen, kulturellen und religiösen Leben des Landes besetzt.

Nach den Revolutionsereignissen von 1848 zogen sich viele der ranghöchsten Aristokraten auf ihre Ländereien in der Provinz zurück. Indes, wenn sie auch ihren Hauptwohnsitz in ihrem Schloß oder Herrenhaus auf dem Land nahmen, so behielten sie doch eine repräsentative Villa oder Wohnung in einem der exklusiven Wohnbezirke der Hauptstadt bei, und sei es nur, weil Wien für ihre jugendlichen Sprößlinge ein äußerst anziehendes Pflaster war. Für die ältere Generation waren Wochenendjagden eine physische und psychische Erquickung und Erholung vom straff und üppig inszenierten gesellschaftlichen Leben in Wien, das zu gleicher Zeit kosmopolitisch und auf eine bornierte Weise österreichisch war: Es kreiste vor allem um die Salons der fürstlichen Häuser Schönborn, Schwarzenberg und Metternich, zu denen sich vom späteren 19. Jahrhundert an noch die der Gräfinnen Larisch, Lanckoronska, Sternberg, Andrássy und Schlick gesellten. Anders als die höfische Salonkultur der anderen europäischen Hauptstädte schloß die wienerische die geistige und künstlerische Elite des Landes ebenso weitgehend aus wie den Geldadel jüngerer Provenienz.

Das soll jedoch nicht heißen, daß die österreichische Oberschicht insgesamt eine hermetisch abgeschlossene Gruppe gewesen wäre, die sich der Zuwahl neuer Eliten und der Protektion und Förderung der künstlerischen Avantgarde widersetzte. Es gab nämlich in Wien gewissermaßen eine zweite aristokratische Gesellschaft, und sie war viel offener, heterogener und zahlreicher als die erste. So sehr die alte Feudalgesellschaft einerseits die Nase über diese nach Rang und Stammbaum zweitklassigen Adligen rümpfte, so sehr zählte sie andererseits auf ihre tätige Mithilfe bei der Erhaltung und Verteidigung des *ancien regime,* das schließlich der Garant ihrer gemeinsamen Interessen und ihrer Zukunft war.

Das Vorrecht, sich duellieren zu dürfen, die sogenannte Satisfaktionsfähigkeit, wurde in Österreich mehr als in jedem anderen Land zu einem fast ebenso wichtigen Kriterium der Zugehörigkeit zur herrschenden Klasse wie die Faktoren Geburt, Vermögen und Bildung. Obgleich von Gesetzes wegen untersagt, wurde das Duell doch geduldet, da die alte Elite darin sowohl ein Recht als auch eine Pflicht sah, die man den niedrigeren Klassen, den nationalen Minderheiten und den Juden nur allzu gern verwehrte. Mit Anbruch des 20. Jahrhunderts nahmen die Duelle an Häufigkeit eher noch zu; Offiziere des aktiven Dienstes und der Reserve waren unter den leidenschaftlichen Anhängern dieses exklusiven Rituals und des ihm zugrundeliegenden Ehrenkodex' zwar bei weitem am stärksten vertreten, aber keineswegs unter sich.

Adelstitel hingen in Österreich hoch, und die Zugangskontrollen zu den Leitern des gesellschaftlichen Aufstiegs waren in festen Händen, nämlich in denen des Kaisers und der ihn beratenden Höflinge, Minister und Beamten. Dies hatte zur Folge, daß alle Aspiranten und Kandidaten für eine Nobilitierung die gesellschaftlichen Normen und Wertmaßstäbe der „ersten Gesellschaft", die für die gesamte Oberschicht maßgeblich waren, übernahmen und verinnerlichten. Gewiß, es kam sehr selten vor, daß ein bedeutender Bankier, ein großer Fabrikant oder Kaufmann, ein Großindustrieller oder ein namhafter Wissenschaftler geadelt wurde. Nicht ganz so außer Reichweite war für Männer dieses Kalibers dagegen eine Auszeichnung mit dem Maria-Theresia-Orden, dem St.-Stephanus-Orden, dem Franz-Josephs-, Leopolds- oder Elisabeth-Orden, eine Ernennung zum Ritter oder Junker, verbunden mit dem Recht, ein „von" vor ihren Namen zu setzen, oder gar die Verleihung eines nichterblichen Freiherren-Titels, was in einer Gesellschaft, in der man „erst vom Baron an aufwärts als Mensch galt", immerhin ein guter Anfang war. Die nach gesellschaftlicher Anerkennung strebenden Großbürger, die sich vor allem in Wien konzentrierten, machten sich, um sich als Kandidaten zu qualifizieren, zunächst einmal die Normen und Werte der Aristokratie zu eigen und befleißigten sich in sichtbarer Weise eines nach adligem Vorbild ausgerichteten Lebensstils, was zugleich auch ihre Verhandlungen mit der kaiserlichen Bürokratie erleichterte, auf deren Wohlwollen sie angewiesen waren, um wirtschaftliche Vergünstigungen zu erhalten und ganz allgemein ihr Fortkommen zu befördern. Vor allem aber kauften sich die wohlhabenderen sozialen Aufsteiger, auch die Juden unter ihnen, Stadtvillen und Landhäuser. In Bauweise und Ausstattung waren diese Residenzen denen der reichen Aristokraten nachempfunden.

Zwischen 1800 und 1914 wurden in Österreich insgesamt rund 9000 Personen geadelt. Darunter waren etwas mehr als 1000 bedeutende Bankiers, Kaufleute, Fabrikanten und Industrielle; während 460 von ihnen mit einem einfachen „von" vorliebnehmen mußten und 385 einen persönlichen Barons- oder Freiherrentitel erhielten, wurden nur etwa 170 in einen erblichen Adelsstand erhoben. Im Zeitraum zwischen 1867 und 1914 gingen, bei einer Durchschnittsquote von 95 Nobilitierungen pro Jahr, 14,4 Prozent der verliehenen Adelstitel an Männer der Wirtschaft, ein Anteil, der sich auf 9,1 Prozent reduziert, wenn man nur den Zeitraum zwischen 1885 und 1913 betrachtet. Es läßt sich darüber hinaus auch ein ausgeprägter Rückgang in der Zahl der neuernannten Barone, Freiherrn und Ritter zugunsten des schlichten Prädikats „von" feststellen. Von den Nobilitierten aus dem Bereich der Wirtschaft (zwischen 1867 und 1914 insgesamt 630) erhielt keiner den Rang eines Grafen oder Fürsten zuerkannt. Der höhere Erbadel blieb ein Reservat des agrarischen Großgrundbesitzes und der höheren Hof- und Staatsbeamtenschaft.

Die Amts- und Würdenträger aus Staatsverwaltung und Militär waren und blieben auf der Liste der Geadelten eindeutig die am stärksten vertretene Gruppe, teilweise dank der Tatsache, daß es für Offiziere, die ein hohes Dienstalter erreichten oder aktiv an Feldzügen teilgenommen hatten, einen automatischen Beförderungs- und Auszeichnungsmechanismus gab. In der Zeit zwischen 1700 und 1914 gingen 33 Prozent aller verliehenen Adelspatente an Beamte, 50 Prozent an Offiziere, dagegen bloße 12 Prozent an Männer der Wirtschaft und 5 Prozent an Künstler und Gelehrte, Naturwissenschaftler eingeschlossen. Zwischen 1885 und 1914 wurden pro Jahr durchschnittlich 14 Beamte und 44,14 Offiziere geadelt, d.h. zusammengenommen 58,14 zivile und militärische Staatsdiener, dagegen nur 8,65 Männer der Wirtschaft und 2,25 Künstler und Gelehrte. Ferner avancierten pro Jahr durchschnittlich 5,32 Staatsdiener, aber nur 1,72 Wirtschaftsmänner zu Baronen, und die 26 Grafen- und 2 Fürstentitel, die im Verlauf dieses Vierteljahrhunderts verliehen wurden, gingen ausnahmslos an Mitglieder der Beamtenschaft, des Offizierskorps und des Grund- und Bodenadels.

Im großen und ganzen geizten die späten Habsburger mit Adelspatenten, insbesondere mit höheren Titeln, sieht man einmal davon ab, daß Kaiser Franz Joseph 1908 zum 60. Jahrestag seiner Thronbesteigung auf einen Schlag 100 nichterbliche und 105 erbliche Prädikate erteilte. Zweifellos bahnten sich einige Bürgerliche – Sprößlinge von Mittelschicht- oder Patrizierfamilien – über den höheren Staatsdienst ihren Weg in die „zweite" aristokratische Gesellschaft. Um dies zu schaffen, mußten sie jedoch das tradierte Ethos des kaiserlichen Regimes verinnerlichen – ähnlich wie Geschäftsleute und Akademiker mit Aufstiegsambitionen sich die gesellschaftlichen und kulturellen Normen und Werte der guten Wiener Gesellschaft zu eigen machen mußten (Juden mußten selbstredend zum Katholizismus übertreten). So verwundert es nicht, daß die „zweite" Gesellschaft, von der „ersten" ganz zu schweigen, trotz eines nicht unbedeutenden Zustroms frischen Blutes und neuen Reichtums einen gediegen aristokratischen Charakter bewahrte. Es dämpfte die Nobilitierungsgelüste der österreichischen Unternehmer und Akademiker keineswegs, daß es nur den wenigsten von ihnen gelang, sich ein Adelsprädikat zu sichern. Die höfische Gesellschaft mit ihrer Prachtentfaltung und ihrer Exklusivität schlug sie nach wie vor in ihren Bann, und dies um so stärker, als sie ihr keine eigene Weltanschauung und keinen eigenen gesellschaftlichen Normen- und Wertekodex entgegenzusetzen hatten. Dazu kam, daß ihnen ihr endloses, aber geduldig-respektvolles Warten im Vorzimmer der Herrschenden durch wirtschaftliche Vergünstigungen und durch das Erlebnis der Teilnahme am glanzvollen Wiener Gesellschaftsleben – wenn auch nur in der Rolle von Zaungästen oder Statisten – versüßt wurde. Die Wiener Ringstraße war so etwas wie ein einziger großer öffentlicher Salon, in dem die einzelnen Abteilungen der österreichischen Oberschicht zusammenkamen, ohne sich jedoch untereinander zu mischen. Während sich am Schwarzenbergplatz und im Opernviertel die Stadtvillen der Hocharistokratie und des niederen Stammbaumadels fanden, ließen sich wohlhabende Geschäftsleute, erfolgreiche Gelehrte und Akademiker sowie hohe Beamte bürgerlichen oder adligen Namens in noch größerer Zahl im Börsen-, Textil- und Rathausviertel nieder; viele von ihnen kauften oder mieteten ihre teuren Häuser und Wohnungen von Adligen, die in städtischen Immobilienbesitz investiert hatten. Die Titellosen unter den Bewohnern dieser Viertel mischten sich beim Promenieren auf den Gehsteigen, in den Parks und auf den Plätzen in der Umgebung der Ringstraße, beim Besuch des Opernhauses oder des Burgtheaters, des Museums sowie der Geschäfte und Kaffeehäuser nur allzu gern unter ihre gesellschaftlich höherstehenden Nachbarn.

Die Formen, in denen dieser Verkehr vor sich ging, wurden freilich nicht von den ebenso ehrgeizigen wie unsicheren Bürgerlichen bestimmt, sondern von den selbstbewußten Aristokraten, zumal das städtebauliche Umfeld, in dem sich die Vermischung der Eliten zu einem instabilen Amalgam vollzog, ein übriges tat, um die Führungsrolle der Aristokratie zu perpetuieren. Ganz abgesehen von der an den Pariser Boulevard Haussmann erinnernden großzügigen Breite der Straßenzüge und den nach strategischen Gesichtspunkten plazierten Hauptquartieren von Heer und Polizei, konnte das Ringstraßenviertel mit einer großen Anzahl monumentaler Statuen, Denkmäler und öffentlicher Gebäude aufwarten, in deren Baustil ein unerbittlicher Historismus waltete. Die schüchternen modernistischen Ansätze, die sich im *fin de siècle* regten, wurden in den Jahren unmittelbar vor Kriegsausbruch, unter dem Einfluß des rückwärtsgewandten Franz Ferdinand, von einem allenthalben wiederauflebenden Traditionalismus erdrückt.

Wie bereits an früherer Stelle bemerkt, war selbst die westliche Hälfte der Doppelmonarchie in ihrer wirtschaftlichen Struktur nach wie vor vorindustriell geprägt. Die großen Magnaten des außeragrarischen Wirtschaftsbereichs fanden sich also hier eher im Bankwesen, in der Kaufmannschaft und im Sektor der Verbrauchsgüterproduktion als in der Schwerindustrie.

Es ist gleichwohl von Interesse, sich einige markante Charakteristika der noch unterentwickelten Investitionsgüterindustrie Österreichs vor Augen zu führen, da sich hierauf eine Eigentümlichkeit in der Struktur der herrschenden und regierenden Klasse des Landes zurückführen läßt. Die österreichischen Hersteller von Eisen und Stahl, Metallprodukten, elektrischer Ausrüstung und chemischen Produkten (letztere allerdings in geringerem Ausmaß) schlossen sich angesichts eines begrenzten inländischen Marktes und eines starken Konkurrenzdrucks ausländischer Anbieter zu Kartellen zusammen, um Verabredungen über Preise und Verkaufsmengen zu treffen und die Regierung zur Gewährung von Schutzzöllen zu veranlassen. Sie traten darüber hinaus in enge Beziehung zu einigen Banken, die sich in der Folge immer stärker in der Finanzierung von Firmen und in der Betreuung von Kartellen engagierten, die unter den Fittichen des sich entwickelnden Schutzzoll- und Subventionssystems heranwuchsen und von dessen Fortbestand abhängig blieben. Diese enge Verflechtung zwischen Banken, Industrie und Staat, wie sie sich um 1910 bereits ein gutes Stück weit vollzogen hatte, diente Rudolf Hilferding als Anschauungsobjekt für seine theoretische und prognostische Konzeption der Rolle des Finanzkapitals in einem System des beginnenden organisierten Kapitalismus. Schumpeter zog aus denselben realen Gegebenheiten andere theoretische Schlüsse: Für ihn waren die Bankiers Österreich-Ungarns eine idealtypische Verkörperung jener Bourgeoisie und jenes Kapitalismus, deren sich die vorindustrielle *classe dirigente* bediente, um ihre eigene Macht zu verewigen.

Wie Schumpeter treffend feststellte, gingen die Bankiers und Industriellen, die den Schlüssel zur rüstungstechnischen Kriegsbereitschaft ihres Landes in den Händen hielten, „eine aktive Symbiose“ mit den alten Eliten ein, die im alleinigen Besitz der staatlichen Machtmittel waren. Die Tatsache, daß über 80 Prozent der österreichischen Bankiers Juden waren – wenn auch zum größten Teil inzwischen konvertierte –, machte es den alteingesessenen Eliten um so leichter, diese ihre unentbehrlichen Helfer weiterhin unter Kuratel zu halten.

Diese Finanziers jüdischen Ursprungs konnten zu keiner Zeit eine gesellschaftliche Stellung erringen, die ihrer wirtschaftlichen Bedeutung entsprochen hätte. Sie waren weder „hoffähig“ noch „salonfähig“, noch galten sie als „satisfaktionsfähig“. Von einer oder zwei bemerkenswerten Ausnahmen abgesehen, wurden sie niemals in Schönbrunn empfangen, und ebensowenig wurden sie von den namhaften Familien der Namens-,

Grund- und Boden- oder Beamtenaristokratie in deren Stadtvillen oder Landhäuser eingeladen. Um diese gesellschaftliche Zurückweisung zu kompensieren, und wohl auch in der Hoffnung, sich damit ein höheres Sozialprestige erkaufen zu können, betätigte sich der jüdische Geldadel besonders großzügig und augenfällig in der Förderung der Künste (Oper, sinfonische Musik, Theater, Malerei) und im Bereich der Wohltätigkeit.

Politisch waren diese Bankiers und ihre wirtschaftlichen Partner aus der Industrie ohnmächtig. Sie verfügten weder in den politischen Parteien noch im Parlament über nennenswerten Einfluß und blieben mit ihren Anliegen an das Finanz-, das Industrie- und das Außenministerium in der Rolle von Bittstellern. Unter diesen Umständen waren sie nicht in der Lage, Änderungen in der Handels-, Finanz- und Außenpolitik ihrer Regierung zu bewirken; auf allen diesen Sektoren war es vielmehr die traditionell herrschende Klasse, die, in enger Absprache mit den österreichischen und ungarischen Großagrariern, die Entscheidungen traf und sie in politisches Handeln umsetzte. Die jüdischen Bankiers, Kaufleute und Fabrikanten verübelten diesen Agrariern die günstigen Schutzzölle, die die Lebensmittelpreise in die Höhe trieben und damit sozialen Unfrieden provozierten. Sie waren darüber hinaus der Ansicht, daß diese Zölle sich dadurch, daß sie andere Nationen zu wirtschaftlichen Vergeltungsmaßnahmen herausforderten, nachteilig auf den Güterexport und die Zahlungsbilanz Österreich-Ungarns auswirkten. Sie, die jüdischen Geschäftsleute und Bankiers, traten für Handelsverträge ein, die den Import billiger Nahrungsmittel, insbesondere aus den Balkanländern (einschließlich Serbiens) und im Gegenzug einen begünstigten Marktzugang für österreichische Erzeugnisse in diesen Ländern ermöglicht hätten.

Daß es diesem ganz überwiegend jüdischen Finanz- und Kaufmannsbürgertum an dem nötigen politischen Einfluß fehlte, um einen „liberaleren“ Wirtschaftskurs durchzusetzen, sei unbestritten. Primär an wirtschaftlichen Interessen und Vorteilen orientiert, dachte es jedoch zu keinem Zeitpunkt ernsthaft daran, aus seiner wenn auch demütigenden, so doch privilegierten gesellschaftlichen Stellung herauszutreten. Obgleich die herrschende Schicht, namentlich in Wien, antisemitische Stimmungen stillschweigend billigte oder förderte, fanden jüdische Unternehmer nichts dabei, von den Repräsentanten dieser Gesellschaft offizielle Gunstbezeigungen, Ehrungen und Titel entgegenzunehmen, ja sich aktiv darum zu bemühen. Während sie ihr geringes Sozialprestige durch die Förderung der Künste aufzupolieren suchten, glaubten sie, ihre Bürgertugend und ihre Dankbarkeit für gewährte wirtschaftliche Vergünstigungen dadurch unter Beweis stellen zu müssen, daß sie sich auf eine besonders leidenschaftliche Weise kaisertreu gebärdeten, insbesondere in internationalen Krisenzeiten. Sie dachten nicht daran, dem kaiserlichen Regime den Kampf anzusagen und die ihnen zugewiesene Stellung in der sozialen Hierarchie zurückzuweisen, obgleich sie vom Adel wie Parias behandelt und zu Konsorten einer Innen- und Außenpolitik gemacht wurden, die ihre Würde verletzte und langfristig auch ihren materiellen Interesssen zuwiderlief.

Da die Juden von einer im Vergleich zu ihrem Anteil an der Bevölkerung unverhältnismäßig großen wirtschaftlichen Bedeutung nicht nur in Handel- und Bankwesen, Gebrauchsgüterproduktion und Industrie, sondern auch in Wissenschaft und Kunst waren, hätte ein bürgerlich-liberales System in Österreich-Ungarn nur unter der Voraussetzung zu einer realen geschichtlichen Möglichkeit werden können, daß sie sowohl von ihren nichtjüdischen Zunftkollegen als auch von den mit ihnen kooperierenden und ihnen wohlgesonnenen Elementen innerhalb der herrschenden und regierenden Schicht voll anerkannt worden wären. Tatsächlich aber hemmte ein latenter, aber gleichwohl zunehmend virulent werdender Antisemitismus, der selbst innerhalb der neuen wirtschaftlichen, akademischen und kulturellen Eliten seine Anhänger fand, die Entwicklung einer bürgerlichen Klasse, die homogen und stark genug gewesen wäre, um eine glaubwürdige Alternative sowohl im als auch zum *ancien régime* zu bilden. Dieser fatale Umstand war auch ein Grund dafür, daß das Besitz- und Bildungsbürgertum sowie die kosmopolitische Intelligenzia Österreich-Ungarns niemals die Kraft und den Mut aufbrachten, die Vormachtstellung der *classe dirigente* wirksam in Frage zu stellen. Die feudalen Elemente blieben vielmehr mächtig genug, um die wirtschaftliche und finanzielle Energie der Unternehmer-Kapitalisten sowie die Qualifikation der technischen und intellektuellen Kader weiterhin für sich einzuspannen, ohne ihnen dafür eine Teilhabe an der politischen Macht einzuräumen. Dies gelang ihnen vor allem, weil sie das aufstrebende Bürgertum mit der Aussicht auf sozialen Aufstieg köderten und ihm mit materiellen Belohnungen gleichsam den politischen Schneid abkauften.

In Ungarn fiel das Besitz- und Bildungsbürgertum zahlenmäßig noch weniger ins Gewicht als in Österreich. Es war demzufolge noch weniger in der Lage, der traditionellen Elite aus Großgrundbesitz und Beamtenadel politisch Paroli zu bieten. An sich hatten in Ungarn, teilweise weil die dünkelhafte magyarische Oberschicht die wirtschaftliche Betätigung verachtete, nichtmagyarische Unternehmer verhältnismäßig freie Bahn. So konnten sich namentlich österreichische und deutsche Unternehmer in den modernen außeragrarischen Sektoren der ungarischen Wirtschaft eine beachtliche Position sichern. Allein, da sie ihren wirtschaftlichen Wurzeln und ihrer politischen Loyalität nach Ausländer blieben, war ihr Einfluß stets begrenzt, und dies galt erst recht nach dem Einsetzen der magyarischen „Unabhängigkeits"-Bewegung. Wie groß die Bedeutung dieses ausländischen Kapitals für die ungarische Wirtschaft auch immer gewesen sein mag, es blieb ein gesellschaftlich und politisch untergeordneter Faktor.

Das gleiche galt für das jüdische Handels- und Bankenkapital, auch wenn bei ihm keine Verbindungen ins Ausland bestanden. 1914 gab es im ungarischen Teil der Doppelmonarchie rund 1 Million Juden, was bei einer Bevölkerung von 18,3 Millionen einem Anteil von etwa 5 Prozent gleichkam. Die meisten dieser Juden waren aus dem Osten eingewandert, angelockt durch die Möglichkeiten, die sich ihnen unter den Bedingungen der Emanzipationsgesetze von 1848/49 in Ungarn boten. Nahezu 75 Prozent der erwerbstätigen Juden arbeiteten in der Industrie, im Handel und im Bankwesen, 9 Prozent hatten freie und akademische Berufe. Annähernd 25 Prozent der jüdischen Bevölkerung Ungarns lebten in Budapest. Von den 800 000 Einwohnern der Hauptstadt waren 200 000 Juden, und sie waren in einigen Sektoren des Budapester Wirtschaftslebens besonders stark vertreten: Sie stellten hier 90 Prozent aller im Banken- und Finanzgewerbe, 65 Prozent aller im Handel und 25 Prozent aller in Handwerk und Kleinindustrie Beschäftigten. Zehn jüdische Familien, darunter die Ullmans, die Fellners, die Kornfelds und die Lânczys, waren im Besitz der größten ungarischen Banken und kontrollierten über sie, wie in Österreich, so auch hier einen beträchtlichen Teil des Großhandels, der Verbrauchsgüterproduktion und der Schwerindustrie.

Zum Dank dafür, daß man ihnen so viel bürgerliche und wirtschaftliche Freiheit gewährte, wurden die Juden zur kaisertreuesten unter allen von Budapest regierten Volksgruppen. Während Übertritte zum Christentum und Mischehen kaum vorkamen, lernten die Juden bereitwillig die ungarische Sprache und gebärdeten sich sogar den anderen nationalen Minderheiten gegenüber als eifrige Bannerträger der Magyarisierung. Unter den Bedingungen eines eingeschränkten Wahlrechts konnten sie – eine wirtschaftlich und bildungsmäßig im Vergleich zu anderen privilegierte Gruppe –, zusammen mit dem Adel einen überproportional großen Stimmenanteil in die Waagschale werfen. Insbesondere in Budapest, wo jeder zweite nach den Zensusbestimmungen Wahlberechtigte ein Jude war, stellte die jüdische Bevölkerungsgruppe für den politischen Konservatismus ein breites und stabiles Wählerreservoir dar.

Es kann kaum einen Zweifel daran geben, daß die Juden das ganze 19. Jahrhundert hindurch einen Großteil der wirtschaftlichen und akademischen Elite Ungarns stellten. Die herrschende und regierende Magyarenschicht anerkannte, ja schätzte den wesentlichen Beitrag, den diese Volksgruppe, die sich bewußt ihre religiöse, kulturelle und gesellschaftliche Eigenständigkeit bewahrte, zur Entwicklung ihres Landes leistete. Zwischen 1800 und 1918 verlieh sie Tausenden von Juden aus etwa 350 verschiedenen Familien ein Adelsprädikat; darunter waren 28 erbliche Baronstitel. Darüber hinaus wurden 17 Juden ins Herrenhaus, die Erste

Kammer des Parlaments, und 10 in das Amt eines Geheimrats berufen. Die Berufungen waren in der Regel mit der Verleihung eines Adelstitels sowie mit dem Übertritt des Betreffenden zum Christentum verbunden.

Nahezu zwei Drittel der Geadelten lebten in Budapest, und sie waren fast ausnahmslos in den Bereichen Handel, Finanzen und Industrie tätig. Juden beherrschten 1913 die Vorstandsetagen der größten Banken, die Börse, die Handelskammer und die Industriellenvereinigung. Weit über die Hälfte der jüdischen Unternehmensdirektoren war geadelt.

Viele der jüdischen Millionäre Ungarns hatten ihr „erstes" Kapital mit dem Vertrieb oder der Weiterverarbeitung landwirtschaftlicher Produkte verdient. Nachdem sie so ihr Ausgangskapital akkumuliert hatten, weiteten viele von ihnen ihre wirtschaftliche Aktivität auf das Bank- und Börsengeschäft und auf industrielle Unternehmungen aus. Daß die große Mehrzahl der in anderen großen Städten der ungarischen Monarchie ansässigen Juden in den gleichen Sparten tätig war, braucht kaum eigens betont zu werden. Das soll freilich nicht heißen, daß es unter den Juden keine Großgrundbesitzer gegeben hätte. 1893 waren unter den 1000 größten Grundeigentümern Ungarns immerhin 46, unter den 100 größten 3 Angehörige des jüdischen Adels. Zweifellos stand hinter dem Erwerb von Grundeigentum bei den Juden in erster Linie das Bestreben, die eigene gesellschaftliche Stellung und das Sozialprestige zu heben. Aber selbst jüdische Kapitalisten, die konvertiert waren, einen Landsitz besaßen und enge geschäftliche bzw. berufliche Beziehungen zur Hocharistokratie, zur Ministerialbürokratie und zu den offiziösen politischen Parteien unterhielten, wurden zu keiner Zeit als gleichwertige Mitglieder der guten Gesellschaft akzeptiert.

Unterdessen breitete sich namentlich beim radikalen Junkertum und in der unteren Mittelschicht ein schriller Antisemitismus aus, nicht zuletzt, weil die Juden sowohl in den freien Berufen als auch im Wettbewerb um staatliche Stellen zu ernstzunehmenden Konkurrenten geworden waren. Gut die Hälfte aller Ärzte und Rechtsanwälte in Budapest war jüdisch. Selbsternannte Sprecher des im Niedergang begriffenen Kleinadels und des Kleinbürgertums brandmarkten die Juden als Vorreiter der kapitalistischen Modernisierung, die die alte Ordnung untergrub, und warfen den herrschenden Kreisen vor, sie duldeten diese heimtückische Wühlarbeit. Gleichwohl mußte Budapest zu keiner Zeit mit einem Pendant zur Wiener Christlich-Sozialen Bewegung und zu Karl Lueger Bekanntschaft machen. Die ungarische Hauptstadt war kleiner und weniger industrialisiert, daher war gleichsam ihr „Reservoir" an kleinbürgerlicher Frustration und Unzufriedenheit auch geringer. Dazu kam, daß die mittelständische Klasse der selbständigen Handwerker und kleinen Geschäftsleute – normalerweise der Kern rechtsradikaler und antisemitischer Gruppen – in Budapest zu einem guten Teil selbst aus Juden bestand, die den konservativen Politikern und Beamten, denen sie ihre kleine Freiheit verdankten, die Treue hielten. Was die Rebellen innerhalb der jüdischen Gemeinde, insbesondere die jungen Akademiker und Intellektuellen, betraf, so wurden sie zu Parteigängern der radikaldemokratischen und der sozialdemokratischen Bewegung und lieferten damit jenen Ultrakonservativen, welche die Juden ohnehin aller denkbaren Arten der Subversion beschuldigten, einen weiteren willkommeneren Vorwand.

Die wirtschaftliche Bedeutung und das Stigma der Juden schwächten die ohnehin schon dürftige Position der Bourgeoisie und des Mittelstandes gegenüber den zwar untereinander zerstrittenen, aber letztlich doch verbundenen Kasten des Großgrundbesitzes und des Beamtenadels. Es machte der vorindustriellen *classe dirigente* keine Schwierigkeiten, die sogenannten Merkantilisten für sich einzuspannen, ihnen aber gleichwohl keinen Zugang zu den Schalthebeln der Macht zu gestatten. Gerade jene Elemente innerhalb der herrschenden Klassen, die auf eine maßvolle kapitalistische und bürokratische Modernisierung als Teil einer sozialen und politischen Selbstschutzstrategie drängten oder sie zumindest akzeptierten, waren bereit, dem Bürgertum Subventionen, Steuerbefreiungen und Schutzzölle zuzugestehen, wenn sie dafür dessen politische Unterstützung in der Auseinandersetzung mit den aristokratischen Frondeuren und dem radikalisierten Kleinadel gewinnen konnten.

Gegen die Jahrhundertwende geriet dieses konservative Zweckbündnis, das weder liberal war noch liberalisierend wirkte, unter Beschuß. Eine rechtsextreme Allianz aus Aristokraten, Junkern und Kleinbürgern, die in Bedrängnis geraten waren, trat an, Einfluß und Macht der Bourgeoisie – von der sie ein durchweg verzerrtes und übertriebenes Bild zeichneten – zu beschneiden oder auszuschalten. Im Gegensatz zu den Behauptungen dieser heterogenen Fronde waren die Merkantilisten weder eine liberale noch eine maßgebliche Kraft im Staate, wenn sie auch in der Tat die treibende Kraft des schleppenden Industrialisierungs-, Urbanisierungs- und Bürokratisierungsprozesses waren, der, wie langsam auch immer, das Antlitz der alten Ordnung veränderte.

In Rußland brachten weder die Reformen von 1861 noch die von 1905 eine wesentliche Veränderung der grundherrlichen und autokratischen Klassen-, Status- und Machtverhältnisse. Ganz ähnlich wie in Deutschland und Österreich-Ungarn wurde auch hier die kapitalistische Modernisierung dem *ancien régime* aufgepfropft. Der zivile und militärische Dienstadel sprach bei der Festlegung von Form, Ausmaß und Geschwindigkeit der Industrialisierung – die unter nationalen wie internationalen Gesichtspunkten zwingend notwendig erschien – ein gewichtiges Wort mit. Ursprünge, Ziele und Ausgang des Krimkriegs und des Russisch-

Japanischen Krieges zeigten exemplarisch den Zusammenhang innen- und außenpolitischer Belange. Ohne die staatlich geförderte und staatlich gelenkte wirtschaftliche Entwicklung, zu deren wichtigstem Motor und Symbol der Eisenbahnbau wurde, hätten sich die Wandlungen in der Klassen- und Statusstruktur der russischen Gesellschaft jedenfalls noch weit gemächlicher vollzogen. Andererseits konnte nie der geringste Zweifel daran bestehen, daß die drei letzten Zaren und ihre Minister, und insbesondere auch Nikolaus II., mehr Mühe darauf verwandten, die alte Ordnung aufrechtzuerhalten, als darauf, sie durch Reformen mit jenen neuen Kräften und Ideen kompatibel zu machen, die sie selbst mit ihrer zögernden Modernisierungspolitik auf den Plan riefen.

Der grundbesitzende Adel war in Rußland sicherlich die herrschende, nicht aber die regierende Klasse. Letztere bestand aus einer umfangreichen Beamtenschaft, die trotz enger Bindungen an den Boden von eigenem Grundbesitz weitgehend unabhängig war. Tatsächlich waren sowohl der Land- als auch der Dienstadel viel weniger aufeinander angewiesen als jeder für sich und in seiner eigenen Weise auf die Autokratie.

Von einigen wenigen ungewöhnlichen Ausnahmen abgesehen, leitete sich die soziale Stellung des russischen Hochadels nicht von grundherrlichen Rechten oder ererbten Ansprüchen ab, sondern von loyalen Diensten für die Autokratie. Seit jeher verliehen die Zaren Adelsprädikate für zivile und militärische Dienste, die der Krone geleistet worden waren. Gewiß war in vielen Fällen mit dem Adelspatent zugleich auch der Besitztitel auf ein Stück Land verliehen worden, aber in späteren Zeiten kam das immer seltener vor. Eine zunehmende Zahl von Adligen war nahezu oder ganz ohne Grundbesitz. Anders als die Adligen der anderen europäischen Länder, führten die russischen Aristokraten keine Namenszusätze, die einen Bezug zu ihrem Geburtsort, ihren Besitzungen oder ihrem Domizil aufwiesen. Bis 1914 war die Entwicklung soweit gediehen, daß die Mehrzahl der adligen Beamten oder beamteten Adligen von dem Gehalt lebten, das der Staat ihnen bezahlte, und keine nennenswerten zusätzlichen Einkünfte aus eigenem Grundbesitz bezogen. Der verbleibende und vermutlich auch einflußreichere Teil des Dienstadels freilich war nach wie vor über feine Wurzelfäden mit dem Land verbunden; allen voran war es die weitverzweigte kaiserliche Familie, angeführt vom regierenden Zaren, die über riesige Ländereien verfügte, und trotz gewisser interner Gegensätze blieb der grundbesitzende Adel unter allen Gruppen der russischen Gesellschaft die mächtigste und diejenige, die ihre Interessen politisch am wirksamsten durchzusetzen vermochte.

Verglichen mit den Hohenzollern und den Habsburgern, waren die Romanows bei der Verleihung von Titeln recht freigebig. Es gab zwei gleichartig strukturierte, jeweils 14 Rangstufen umfassende Ranglisten, eine für den militärischen und eine für den zivilen Bereich, wobei für

Beförderungen nicht so sehr die Verdienste als vielmehr das Dienstalter maßgeblich war. Bis 1896 erwarben Offiziere nichtadliger Herkunft beim Aufrücken in den 14., d. h. den niedrigsten Dienstrang automatisch einen vererbbaren Titel, während Zivilbeamte gemeiner Herkunft erst in die 8. Rangstufe emporsteigen mußten, ehe sie dieser Auszeichnung teilhaftig wurden. Dann jedoch setzte man, um eine Inflation der Adelsprädikate zu vermeiden, das Erreichen des siebenten bzw. fünften Dienstranges als Bedingung für die Verleihung erblicher Titel, Rechte und Privilegien fest.

Im Jahr 1858 gab es in den 50 Gouvernements des europäischen Rußland rund 610000 Träger erblicher Adelstitel. Der relative Anteil der Neugeadelten blieb das ganze 19. Jahrhundert hindurch konstant bei 7–8 Prozent. Daraus ist zu schließen, daß das Aufrücken einer immer größeren Zahl von Bürgerlichen in den Adelsstand, sei es über die Sprossen der Dienstrangleiter, sei es durch persönliche Nobilitierung, die Vorherrschaft der älteren Adelsdynastien nicht zu erschüttern vermochte. Eine respektable Reihe von Familien des russischen Hof- und Landadels konnte auf einen Stammbaum verweisen, der bis in die Zeit vor 1685 zurückreichte. Im Jahr 1900 gab es rund 800 solcher illustrer Familien im Großfürsten-, Fürsten-, Grafen- und Baronsrang, etwa 40 von ihnen rühmten sich einer direkten Abstammung von der Herrscherdynastie des Kiewer Reiches. Mehr als 45 Prozent der Inhaber erblicher Adelstitel konzentrierten sich um die Jahrhundertwende in nur neun im Westen des Reiches gelegenen Gouvernements (Grodno, Kiew, Kaunas, Minsk, Mogilev, Podolien, Wilna, Witebsk, Wolhynien), rund 15 Prozent in den Gouvernements um St. Petersburg und Moskau. In St. Petersburg waren 1910 75000 Träger erblicher und rund 63000 Träger persönlicher Adelsprädikate ansässig. Diese 138000 Personen verkörperten, wenn man ihre Angehörigen hinzurechnet, einen Anteil von 7,2 Prozent an der Bevölkerung der Hauptstadt. Nur etwa ein Viertel dieser Adligen lebte von den Einkünften ihres Bodens, und ganz wenige waren in der Geschäfts- und Finanzwelt zu Hause; die meisten dienten dem Staat als Offiziere oder Beamte. Gleichwohl übte die alte, grundbesitzende Aristokratie weiterhin einen unverhältnismäßig großen Einfluß aus, nicht nur im gesellschaftlichen und öffentlichen Leben der Hauptstadt, sondern auch bei Hofe und innerhalb der Bürokratie.

Der russische Adel zeichnete sich durch eine sehr heterogene Zusammensetzung aus; markiert durch die Pole Landadel/Beamtenadel, alter/neuer Adel, kosmopolitisch/provinziell, reich/arm, wirtschaftend/gebildet, waren alle denkbaren Zwischenformen vertreten. Es gab starke Kontraste in bezug auf gesellschaftliche Stellung, Einfluß und Macht. Je höher der offizielle Rang, desto extravaganter nicht nur die protokollarisch vorgeschriebene Uniform, sondern auch die Anrede. Und es versteht sich fast von selbst, daß, wenn es um eine Beförderung, die Besetzung eines verantwortungsvollen Postens oder gar eines hohen Staatsamts und dergleichen mehr ging, die Sprößlinge traditionsreicher Adelsfamilien stets erste Wahl waren. Die ranghöchsten Offiziere und Zivilbeamten wurden weiterhin aus den Reihen des Hochadels rekrutiert und bewegten sich im Verlauf ihrer Karriere im Rahmen einer relativ homogenen Kaste, die zwar beständig durch den Zustrom einer nicht geringen Zahl bürgerlicher Emporkömmlinge aufgefrischt wurde, aber nichtsdestoweniger hinsichtlich ihrer Mentalität, ihrer Erscheinungsweise und ihrer verwandtschaftlichen und gesellschaftlichen Beziehungen einen durch und durch aristokratischen Charakter bewahrte. Da der Zar seine engsten Berater fast ausschließlich aus den Reihen eben dieser Offiziers- und Beamtenelite auswählte, konnte es nicht ausbleiben, daß die Anschauungen, Werte und Prinzipien ihres Herrenmenschentums in das Selbstverständnis des gesamten Staatsapparats einflossen. Gewiß, einige der wichtigsten Minister und Berater des letzten Zaren – Giers, Kornilov, Kuropatkin, Pleve, Pobedonosčeo – waren bürgerlicher Herkunft. Allein, die bloße Tatsache, daß Nikolaus II. sie in den innersten Kreis der Macht aufgenommen hatte, setzte bereits voraus, daß sie einerseits die vorgeschriebenen Dienstrangstufen durchlaufen und sich damit ihr Adelsprädikat verdient und andererseits ihre Angepaßtheit an die unantastbaren Grundlagen der autokratischen Weltanschauung bewiesen hatten. Wahrscheinlich war es sogar so, daß sie sich, um ihre bescheidene Herkunft zu kompensieren, zu ganz besonders eifrigen Bannerträgern des *ancien régime* entwickelten. Jedenfalls brachten sie in den zivilen und militärischen Staatsdienst keinerlei innovative Einstellungen ein.

Sicherlich bis in die Zeit des Risorgimento, wenn nicht noch darüber hinaus, war der grundbesitzende Adel – nahezu untrennbar mit der aristokratisch durchsetzten Kirchenhierarchie verbunden – die dominierende Kraft innerhalb der herrschenden Klasse Italiens. Danach schoben sich wirtschaftliche und akademische Eliten in den Vordergrund, dies allerdings viel ausgeprägter auf der politischen Ebene im engeren Sinn als im Rahmen der allgemeinen gesellschaftlichen Kräfteverhältnisse. Es entspricht nicht der Wahrheit, daß nach der nationalen Einigung die Aristokratie sowohl Nord- als auch Süditaliens sang- und klanglos abgedankt und nichts zurückbehalten hätte als ein rasch abbröckelndes Sozialprestige. Es ist vielmehr festzuhalten, daß die treibenden Kräfte des Risorgimento, die selbst vor den aufbegehrenden unteren Klassen auf der Hut sein zu müssen glaubten, darauf geachtet hatten, es sich mit dem adligen Großgrundbesitz, in dem sie und ihre Nachfolger einen wichtigen Ordnungsfaktor der vorwiegend ländlich geprägten italienischen Gesellschaft sahen, nicht zu verderben.

Graf Camillo Benso di Cavour selbst war die idealtypische Verkörperung der herrschenden Klasse Italiens, wie sie seit dem 14. Jahrhundert existierte. Als nachgeborener Sohn einer adligen Familie machte er sein Vermögen mit Geschäften sowohl auf dem Landwirtschafts- als auch auf dem Finanzsektor, ohne dabei in irgendeiner Weise seine Kaste zu verraten oder zu verunglimpfen. Jahrhundertelang war die italienische Aristokratie eine ausgewogene Mischung aus Agrarier- und Kaufmannsfamilien gewesen. Während die Patrizier des Handelskapitalismus Ländereien und Titel erwarben, weiteten die alten feudalen Familien ihren Tätigkeitsbereich auf Handels- und Finanzgeschäfte aus. Das Ergebnis ihrer allmählichen Verschmelzung war freilich eine Klasse, die weit mehr dem adligen als dem bürgerlich-patrizischen Elternteil ähnelte. Wohlhabende Kaufleute und Bankiers suchten ihre bürgerliche Herkunft abzustreifen, indem sie sich große Besitztümer zulegten und sich um einen Adelstitel bemühten. Die Folge war, daß selbst Städte, die vom Handelskapitalismus lebten, ein Patriziat mit starkem aristokratischen Einschlag hervorbrachten.

Gewiß, der italienische Adel verfügte niemals über die militärischen Prärogativen der preußischen Junker oder über die nützliche Einrichtung einer nationalen politischen Bühne, wie sie etwa dem englischen Adel zu Gebote stand und ihm die Möglichkeit gab, seine politischen Traditionen zu entwickeln und seine Vorherrschaft zu institutionalisieren. Dennoch war die italienische Elite viel weniger bürgerlich als feudalistisch. Zwar waren die feudalen Rechte und Pflichten beseitigt, doch blieb die Bauernschaft in einer agrarisch geprägten Gesellschaft, in der nach wie vor der große Grundbesitz vorherrschte, notwendigerweise in einer quasi-feudalen Abhängigkeit von den Grundherren. Die Herren und Gebieter des Bodens konnten sich ihre Allmacht vor allem deshalb so weitgehend bewahren, weil das rapide Bevölkerungswachstum sowohl den Kleinpächtern als auch den Taglöhnern gar keine andere Wahl ließ, als sich mit der Tatsache ihrer Ausbeutung abzufinden. Dazu kam, daß die Großgrundbesitzer im Falle einer Bauernrevolte stets sicher sein konnten, kraft ihrer lokalen oder regionalen politischen Autorität und ihres Einflusses den Staat zur Wiederherstellung der Ordnung einspannen zu können.

Gemessen an seinem Anteil an der Gesamtbevölkerung war der italienische Adel möglicherweise der zahlenmäßig stärkste in ganz Europa. Nur war er teilweise dem Blick entzogen, weil es, von den im *Gotha* aufgeführten Familien der Hocharistokratie abgesehen, keinen unmittelbar erkennbaren Unterschied zwischen adligen und bürgerlichen Familiennamen gab. Bewußte künstliche Namensverlängerungen zur Hervorhebung des eigenen adligen Status' kamen zwar vor, aber für die meisten italienischen Adligen galt, daß ihr Stand an ihrem Namen allein nicht ablesbar war. Natürlich gab es große und namhafte Familien, die auf örtlicher, regionaler oder gar nationaler Ebene wohlbekannt waren.

Die Aristokratie Roms war, obgleich gespalten zwischen „schwarzen" Papisten und „weißen" Nationalisten, eine wahrhaft feudale soziale Oberschicht. Die Familien, aus denen die Päpste und Kardinäle hervorgingen, gehörten zu den ältesten und wohlhabendsten. Es erstaunt nicht allzusehr, daß die Barberini, die Borghese und die Chigi ebenso wie die meisten Zweige der Colonna und der Orsini sich nach 1870 zunächst einmal weigerten, anstelle des Vatikans nun den Quirinalspalast als Sitz der höchsten weltlichen Autorität anzuerkennen. Selbst in den weniger bedeutenden Familien des alteingesessenen römischen Adels gab es nur wenige erklärte Nationalisten, wenn sich auch dieser niedrigere Adel schließlich der neueren Kaufmanns- und Bankiersaristokratie anschloß, die als eine der ersten gesellschaftlichen Gruppen Italiens auf das Fürstenhaus von Savoyen setzte. Im großen und ganzen wußte sich die römische Hocharistokratie, von wenigen Ausnahmen abgesehen, mit dem Heiligen Vater in der Ablehnung einer säkularen italienischen Nation einig, während die übrigen Teile des Adels den konservativen Kräften, die die administrativen und politischen Träger des geeinten italienischen Nationalstaats waren, den Rücken stärkten, indem sie sich mit ihnen um die Königskrone scharten.

Weiter im Süden präsentierte sich der Adel weniger klerikal, aber dafür trugen die Verhältnisse dort stärkere feudale Züge. Man kann sagen, daß es in den alten Königreichen Neapel und Sizilien von Aristokraten nur so wimmelte. Es gab dort Dutzende von Fürsten und Herzögen sowie zahllose *marchesi* und Barone. Während die reichsten unter ihnen außer Landes wohnten und ihr grundherrliches Verantwortungsgefühl nur bei gelegentlichen Besuchen zeigten, blieb der durchschnittliche Kleinadlige auf oder nahe seinem Besitztum wohnen, wo er auch politische Macht ausüben und eine überragende gesellschaftliche und kulturelle Rolle spielen konnte.

Während viele Großgrundbesitzer Süditaliens nachlässige Landwirte waren und eine berufliche Betätigung generell als unter ihrer Würde betrachteten, bewiesen ihre Standeskollegen nördlich der Apenninen weit mehr Unternehmungsgeist und Tüchtigkeit, nicht zuletzt weil sie sich immer stärker dem Konkurrenzdruck aggressiver bürgerlicher Agrarkapitalisten ausgesetzt sahen. In der Emilia und insbesondere in der Poebene hatten sich Vorposten einer kommerziellen Intensiv-Landwirtschaft angesiedelt. Bologna war die Metropole dieser kapitalistisch betriebenen Landwirtschaft Norditaliens. Obgleich ihr Stern allmählich sank, konnten sich auch im Norden adlige Großgrundbesitzer zunächst noch ihre gesellschaftliche Vormachtstellung bewahren und vor bürgerlichen Gutsherren einen wirtschaftlichen Vorsprung behaupten. Nicht nur in

Bologna, sondern auch in den Städten Piemonts und der Toskana blieb der grundbesitzende, blaublütige Adel im Rahmen des einheimischen Patriziertums die tonangebende Kraft.

Über den Adel und die Praxis der Nobilitierung im Italien des 19. Jahrhunderts liegen praktisch keine soziologischen Untersuchungen vor, und auch nach einer zusammenfassenden statistischen Auswertung der Listen der Empfänger königlicher Orden und Auszeichnungen nach 1870 sucht man vergeblich. Das bedeutet jedoch nicht, daß nach 1848 oder nach 1870 das Bürgertum den Adel vollständig unter sich begraben hätte, hat sich doch selbst bis ins Italien der Gegenwart eine authentische Aristokratie erhalten; darunter sind einige Familien, die ihre Abstammung bis ins altrömische Reich, ins Mittelalter oder doch in die frühe Neuzeit zurückdatieren. Adelsprädikate wurden im Lauf der Zeiten von Königen, Päpsten, Republiken, Städten, Ritterorden und Oberhäuptern einflußreicher Familien verliehen oder bestätigt. Für die italienische Gesellschaft gilt ferner, daß in ihr vielleicht mehr als in jeder anderen Europas, gemessen am Umfang der vorkommenden Titelanmaßungen und -mißbräuche, eine Nobilitierungssucht grassierte. Persönliche nichterbliche Prädikate wurden unzulässigerweise an Nachkommen weitergereicht, oder man stattete mit einem Adelsprädikat, das ausdrücklich nur an den männlichen Erstgeborenen weitervererbt werden durfte, großzügigerweise auch die Töchter und die nachgeborenen Söhne aus. Von diesen und anderen unrechtmäßigen Manipulationen mit ursprünglich rechtmäßigen Titeln einmal abgesehen, gab es unzählige Fälle, in denen bürgerliche Italiener sich einfach einen selbstgemachten Titel zulegten. Diese Unsitte griff so sehr um sich, daß die Regierung sie offiziell zur Kenntnis nehmen mußte. Im Juni 1889 richtete die Krone ein Adelsmatrikel (Consulta Araldica del Regno) ein, und im Juli 1896 wies sie das Innenministerium an, gesetzliche Normen für das Führen von Titeln und für die strafrechtliche Verfolgung von Mißbräuchen einzuführen. Im Februar 1903 wies Innenminister Giolitti in einem Schreiben an alle Präfekten darauf hin, daß beim Matrikelamt nach wie vor Beschwerden über „den Mißbrauch und die Anmaßung von Titeln" eingingen. Entschlossen, diesem „unerträglichen Zustand" ein Ende zu bereiten, wies Giolitti die Präfekten an, die Bestimmungen von 1896 rigoros anzuwenden und „Zuwiderhandelnde" den zuständigen Justizorganen zuzuführen.

Von 1906 an wurden regionale Adelsverzeichnisse veröffentlicht, und 16 Jahre später besaß die aktualisierte Ausgabe des *Elenco ufficiale nobiliare italiano* bereits einen Umfang von 1015 Seiten (das Verzeichnis der 20 Prinzen und Prinzessinnen des Hauses Savoyen nicht mitgerechnet), bei durchschnittlich 12 Einträgen pro Seite. Nur eine eingehende Durchforstung der amtlichen regionalen und nationalen Verzeichnisse, die auch Aufschluß über die ungefähre Zahl der „selbstgemachten" Adelstitel sowie über Umfang und Praxis der Verleihung zweitrangiger Orden und Auszeichnungen geben würde, könnte zeigen, in welchem Grad die neuen wirtschaftlichen und akademischen Eliten des geeinten italienischen Nationalstaats die Integration in die alte gesellschaftliche Oberschicht anstrebten. Auf den ersten Blick scheint es jedenfalls, als hätten viele von ihnen – wie ihre historischen Vorläufer, die Patrizier der italienischen Stadtrepubliken – darauf hingearbeitet, von der traditionellen Aristokratie anerkannt zu werden, was natürlich bedeutete, daß sie deren gesellschaftliche und kulturelle Vorrangstellung befestigen halfen. Von dieser Vorrangsstellung war zugegebenermaßen, wenigstens auf politischer und administrativer Ebene, mittlerweile einiges abgebröckelt. Man kann dennoch der alten Elite einen bestimmenden politischen Einfluß nicht einfach schon deshalb absprechen, weil Italien zwischen 1870 und 1914 nur zwei adlige Premierminister hatte (den Marchese Antonio di Rudini und den Baron Sidney Sonnino) oder weil der italienische Adel zu sehr in sich zerstritten war, um eine homogene Erste Kammer mit erblichen Mandaten konstituieren zu können. Indem er sich an die Monarchie anschloß, aus seinen Reihen den militärischen Führungsnachwuchs lieferte und die katholische Kirche förderte, fungierte der italienische Adel als Stütze des *ancien régime*.

Es hat demnach den Anschein, als ob in allen Ländern Europas die grundbesitzende Aristokratie und der mit ihr auf vielfältige Weise verwobene Beamtenadel bis 1914 die dominierenden gesellschaftlichen Kräfte geblieben seien. Von England und Frankreich abgesehen, konnten sie überall auch ihre politische Vorherrschaft im engeren Sinn behaupten. Ihre Stellung ruhte nicht etwa auf einem wackligen, sondern auf einem soliden Fundament, und sie forderte nicht etwa mitleidigen Spott heraus, sondern gebot Respekt, und zwar deshalb, weil das ungeheure Kapital, von dem sie zehrten, nicht nur kultureller und symbolischer, sondern auch wirtschaftlicher Natur war. Gewiß, das über Jahrhunderte bewährte materielle Fundament ihrer Macht bröckelte ab, weil der ganze agrarische Sektor relativ an Bedeutung verlor. Doch verstanden es die Aristokraten aller Länder, insbesondere die Magnaten unter ihnen, dieser kritischen Entwicklung entgegenzuwirken, indem sie sich staatliche Hilfe sicherten, Kapital in die außeragrarische Wirtschaft investierten und ihre Söhne und Töchter klug verheirateten.

Das aufstrebende Großbürgertum besaß über sein wirtschaftliches Kapital hinaus wenig, um diese in sich einige, mächtige und alles andere als weltfremde Oberschicht herauszufordern. Es befand sich im Gegenteil in allen entscheidenden Punkten im Nachteil: auf gesellschaftlichem, kulturellem und politischem Feld. Daß dem kapitalistischen Bürgertum die

Zukunft gehörte, daran zweifelte niemand; vorläufig jedoch mußte es sich damit abfinden, daß ihm die alte herrschende Klasse den Weg versperrte. Selbst an der Legitimität ihrer eigenen Machtansprüche zweifelnd und nicht in der Lage, diese Klasse zu verdrängen oder ihr den eigenen Willen aufzuzwingen, entschlossen sich die ehrgeizigen Bildungs- und Besitzbürger, sie statt dessen durch Imitation, Einschmeichelung und gewaltlose Durchdringung zu erobern.

Drittes Kapitel

Politik, Regierung und Verwaltung

Die Bastionen der alten Ordnung

Am Vorabend des Ersten Weltkrieges waren die Länder Europas nicht nur weitgehend noch agrarisch und aristokratisch, auch ihre Regierungssysteme waren fast durchweg monarchisch. Der Republikanismus war ebenso ungewohnt wie der Finanzkapitalismus. Gewiß, da gab es die unverwüstliche Schweizer Eidgenossenschaft und die portugiesische Republik, die gerade flügge zu werden begann. Unter den bedeutenderen europäischen Mächten hatte jedoch einzig Frankreich eine republikanische Verfassung. Obgleich von unversöhnlichen Feinden aus dem royalistischen und katholischen Lager bedrängt, hielt sich die Dritte Republik als ein Regime ohne König, aber mit einer Aristokratie. Die anderen Länder hatten beides, gekrönte Häupter und eine Adelskaste – und beide brauchten und benutzten einander. Die Aristokratien vertrauten darauf, mit Hilfe ihres enormen politischen Gewichts das Tempo ihres anhaltenden wirtschaftlichen Niedergangs drosseln zu können, der, wäre er ungebremst weitergegangen, ihre erhabene Stellung untergraben hätte. Die autoritären Regierungssysteme waren, vor allem in den Augen des grundbesitzenden Adels, dessen Bedürfnissen gegenüber sie besonders aufgeschlossen waren, wichtige Bollwerke zur Verteidigung seiner privilegierten wirtschaftlichen, gesellschaftlichen und kulturellen Position. Zweifellos wäre es mit den *anciens régimes* schneller und früher zu Ende gegangen, hätten sie nicht über diesen politischen Schutzschild verfügt.

Die bedeutenden Gesellschaftstheoretiker haben sich mit der Analyse der verwickelten Zusammenhänge zwischen politischer Macht, wirtschaftlicher Kraft und gesellschaftlicher Stellung abgeplagt. Weit davon entfernt, das Phänomen der Klassenherrschaft allein unter wirtschaftlichen Gesichtspunkten zu sehen, versuchten Marx und Engels, die wechselseitigen Abhängigkeiten zwischen wirtschaftlichen, gesellschaftlichen und politischen Faktoren, wie sie sich in verschiedenen Geschichtsepochen darstellten, zu bestimmen, um so Einsicht in die Machtkonstellationen ihres eigenen Zeitalters zu gewinnen. Obgleich sie das Entwicklungstempo und das relative Gewicht des Manufaktur- und des Industriekapitalismus überschätzten, verloren sie die Tatsache, daß ältere Formen des Grundeigentums und des Kapitals weiterbestanden, doch eigentlich nie aus den Augen. Sie hoben außerdem hervor, daß die Regierungen, die die

Widersprüche zwischen den Repräsentanten der verschiedenen Typen des Grund- und Kapitalbesitzes vermittelten, über ganz unterschiedliche Grade der Autonomie verfügen konnten. Tatsächlich stellte Marx sogar ausdrücklich fest, daß der Staat „ein besonderes Wesen neben und außerhalb der bürgerlichen Gesellschaft" sei und daß die „Selbständigkeit des Staates heutzutage nur in solchen Ländern anzutreffen ist, wo die Stände sich noch nicht vollständig zu Klassen entwickelt haben, wo die Stände, die in entwickelteren Ländern ausgespielt haben, noch eine Rolle spielen, und wo eine Mischung besteht, in Ländern, ... in denen kein Teil der Bevölkerung die Herrschaft über die anderen Teile zu erringen vermag".

Marx erwartete natürlich, daß in allen Ländern die kapitalistische Bourgeoisie der Grundbesitzerkaste – deren Angehörige sich zunehmend wie Mitglieder einer politischen Klasse verhielten – den Kampf ansagen würde, und daß eines Tages die nationalen Bourgeoisien überall die uneingeschränkte Regierungsgewalt ausüben und die ganze Welt zu einem System konkurrierender bürgerlicher Staaten ummodeln würden. Wenn man sich allerdings seine nichtphilosophischen und nichttheoretischen Schriften ansieht, dann war Marx sich vollkommen darüber klar, daß die Regierungsmacht keineswegs im Begriff stand, zu einem Instrument bürgerlicher Herrschaft zu werden, denn noch immer übten vorbürgerliche und nichtbürgerliche Klassen und Gruppen enormen politischen Einfluß und große Macht aus. Eine ähnliche Erkenntnis findet sich auch bei Engels, der feststellte, daß auf wirtschaftliche Entwicklungen „nicht unmittelbar entsprechende Veränderungen im politischen Überbau folgen". Seinem Urteil nach wurde „die Gesellschaft mehr und mehr bürgerlich, während die politische Ordnung feudal blieb". Marx und Engels sahen wohl im Rahmen ihrer theoretischen Konzeption kapitalistische Gesellschaften voraus, in denen die Bourgeoisie den Staatsapparat allein beherrschen und zur Unterdrückung des Proletariats benutzen würde. In ihrer historisch-politischen Analyse und Praxis hingegen hörten sie nie auf, sich mit der Rolle autonomer politischer Apparate auseinanderzusetzen, die alles andere als neutral waren, wenn es galt, die Interessen des im Niedergang befindlichen grundbesitzenden Adels und der aufstrebenden kapitalistischen Bourgeoisie auszubalancieren und zu versöhnen: sie handelten stets zugunsten des Adels.

In den Jahren nach 1848 beschäftigte sich Marx in seinen theoretischen Arbeiten vorwiegend mit der wirtschaftlichen Funktionsweise des Kapitalismus, in seinen Zeitungsartikeln, Briefen und Pamphleten hingegen, vor allem in der Schrift *Der Achtzehnte Brumaire des Louis Napoleon*, mit den politischen Entwicklungen. Zwar versuchten er und Engels die Dynamik des Zusammenwirkens von bürgerlicher Gesellschaft und regierender Klasse herauszuarbeiten (das schließlich mit Repression und Krieg endete), aber sie blieben dabei auf einer historisch-konkreten Ebene, statt nach einer kohärenten politischen Theorie zu suchen, von der sie ohnehin nichts hielten.

Max Weber bewegte sich in eine nahezu entgegengesetzte Richtung, insbesondere nach seiner Freiburger Antrittsvorlesung von 1895, in der er, ähnlich wie vor ihm Engels, die fehlende Übereinstimmung zwischen gesellschaftlichem und politischem Entwicklungsstand im Zweiten Deutschen Reich hervorhob. Weber, der in seinen Beiträgen zu Gegenwartsfragen das Schwergewicht auf gesellschaftliche und wirtschaftliche Entwicklungen legte, beschäftigte sich in seinen theoretischen Arbeiten mit der politischen Sphäre. Im einzelnen arbeitete er im Rahmen seiner diskursiven Konstruktion politischer Begriffe und Idealtypen drei typische Formen staatlicher Autorität oder Herrschaft heraus: die charismatische, die traditionelle und die bürokratische. Die Strukturen historisch-konkreter politischer Systeme und die in ihnen ablaufenden Prozesse unterzog er hingegen kaum einer eingehenderen Betrachtung – wohl weil er fürchtete, kein einziges Beispiel für seine Theoriebildung zu finden. Weber ließ sich zu keinem Zeitpunkt auf die strukturellen Eigenarten jener Regierungssysteme ein, die extreme Mischformen der von ihm beschriebenen Typen darboten und daher an gefährlichen Spannungen litten. Vor allem aber waren ihm die repressiven Tendenzen zeitgenössischer Regierungssysteme so unsympathisch, daß er sie gar nicht erst näher untersuchte. Er konzentrierte sich statt dessen auf den Zwang zur symbolischen und ideellen Legitimation, dem politische Herrscherfiguren unterliegen.

Thorstein Veblen brachte noch einen weiteren Gesichtspunkt in die Betrachtung der gesellschaftlichen und politischen Kräftekonstellationen ein. Seiner Konzeption zufolge werden nichtarbeitende Klassen, die die wirtschaftliche Entwicklung überholt, zu Hemmschuhen des Fortschritts, ja zur kämpfenden Nachhut des Veralteten. Obgleich hinter dem Widerstand dieser wohlhabenden Elite auch materielle Interessen stehen, spielen diese doch eine sekundäre Rolle gegenüber dem „instinktiven" Impuls, sich einem Wandel des überkommenen „kulturellen Schemas" zu widersetzen. Veblen sah in dieser Trägheit der Herrschaftsstrukturen ein wesentliches Element stabiler Regierungssysteme. Sie beruhte seiner Überzeugung nach auf eng miteinander verzahnten und durch die Zeit geadelten Denk- und Verhaltensgewohnheiten, hochherrschaftlichen Manieren und öffentlichen Ritualen, die kraft ihres „normsetzenden Vorbildcharakters ... auch alle anderen Klassen in ihrem Widerstand gegen das Neue bestärken und eine gefühlsmäßige Bindung der Menschen an die ihnen von früheren Generationen hinterlassenen ‚guten alten' Institutionen herstellen". Anstatt den „Instinkt" und das „Klasseninteresse" der nichtarbeitenden Klasse zu definieren, beschrieb Veblen das Verhalten dieser Klasse in seiner Funktionsweise und in seinen Auswirkungen.

Da das institutionelle System jeder Kultur dieser Art „ein organisches Ganzes“ bilde, sträube sich die nichtarbeitende Klasse gegen „jede Veränderung in den Denkgewohnheiten der Menschen“, aus Angst davor, daß „die gesellschaftliche Struktur in ihren Grundfesten erschüttert, ... die Gesellschaft ins Chaos gestürzt ... und die Grundlagen der Moral angenagt“ werden könnten. Aus dem gleichen Motiv heraus bemühe sich der erbaristokratische Teil der herrschenden Klassen Europas, die „archaischen Züge, Gewohnheiten und Ideale ... eines frühen barbarischen Zeitalters“ als dauerhafte Elemente ihres kulturellen Schemas beizubehalten und sie darüber hinaus kraft ihrer erhabenen gesellschaftlichen Stellung auch den „niedrigeren Ständen“, aufzuprägen. Obgleich sowohl die Arbeiterklasse als auch die Mittelschichten in normalen Zeitläuften friedfertig waren, machten sie sich in Krisenzeiten jenen kriegerischen und räuberischen Geist zu eigen, den die alte Herrscherkaste als das ehrenvollste und wesentlichste Element ihres barbarischen Erbteils pries.

Sowohl die archaische kulturelle Selbstdarstellung der Elite als auch die Bereitschaft der Völker, sich ihrer Dominanz zu unterwerfen, blieben äußerst langlebige Kennzeichen der europäischen Gesellschaften und trugen wesentlich zur Stabilisierung der Position jener Klassen bei, die „am weitesten von den mechanischen Arbeitsprozessen in der Industrie entfernt und auch in anderer Hinsicht am konservativsten waren“. Veblens zentrale These besagte jedoch, daß die aristokratischen Teile der nichtarbeitenden Klasse deswegen über ihren eigenen prämodernen Bereich hinaus einen normsetzenden Einfluß hatten, weil sie es verstanden, „jenen archaischen Typus der menschlichen Natur und jene Elemente der archaischen Kultur zu konservieren, ja zu rehabilitieren, mit denen die industrielle Entwicklung der Gesellschaft“ früher oder später aufräumen würde. Veblen stand, insoweit er die aristokratischen Teile der nichtarbeitenden Klasse als eine statusmäßig herausgehobene Gruppe betrachtete, die zur Behauptung ihrer gesellschaftlichen Position hauptsächlich auf psychologische und ideelle Motive und Instrumente zurückgriff, dem Weberschen Interesse für Natur und Funktionsweise politischer Legitimationen näher als dem Marxschen Ansatz, der sich auf die Wechselbeziehungen zwischen materiellem Interesse, Ideologie und politischer Herrschaft konzentrierte.

Schumpeter lieferte ein außerordentlich brauchbares theoretisches Gerüst zur Analyse der europäischen Regierungssysteme. Er ging insofern über Marx hinaus, als er die wechselseitige Durchdringung aristokratischer und bürgerlicher Eliten und ihrer Interessen durchleuchtete; über Weber insofern, als er die Autoritätsstrukturen in modernen Herrschaftssystemen aufschlüsselte; über Veblen, als er den Staatsapparat als lebenswichtiges Kristallisations- und Operationszentrum einer äußerst widerstandsfähigen nichtarbeitenden Klasse beschrieb. Schumpeter beschrieb die *herrschende* Klasse als eine „aktive Symbiose" zwischen der grundbesitzenden Aristokratie und dem Bürgertum, hob aber zugleich hervor, daß die *regierende* Klasse noch weitgehend oder vollständig feudal geprägt war.

In den meisten europäischen Ländern war der Staatsapparat nach wie vor von den „Menschen der feudalen Gesellschaft" getragen, „und diese Menschen verhielten sich noch nach vorkapitalistischen Mustern". Die Dynastien und Fürstenhöfe, fast alle repräsentativen Körperschaften und Staatsverwaltungen waren ebenso wie das Militär in fast jeder Hinsicht feudal zusammengesetzt. Gewiß, die Staats- und Regierungsapparate machten im Prozeß der Integration bürgerlicher Interessengruppen und der Assimilation befähigter bürgerlicher und kleinbürgerlicher Individuen beträchtliche Wandlungen durch, ohne sich aber dadurch wesensmäßig zu verändern. Zwar erwuchsen aus dem nicht reibungsfreien Bündnis, das Aristokratie und Großbürgertum in der gesellschaftlichen Sphäre eingingen, Konsequenzen auch für die politischen Kräfteverhältnisse, aber es gelang dem, sozial gesehen, archaischen Land- und Beamtenadel dennoch, seine politische Vorherrschaft zu behaupten, teilweise weil er mit Erfolg gewisse bürokratische und militärische Neuerungen für seine eigenen konservativen Zielsetzungen ausnutzte.

Jeder der genannten Gesellschaftstheoretiker liefert auf seine Weise jedem, der als Historiker mit dem Studium der traditionsverhafteten regierenden Klassen und Regierungsinstitutionen der europäischen Länder befaßt ist, nützliche Anhaltspunkte. Marx und Engels eröffnen ein kritisches, klassenorientiertes Verständnis der Autonomie des Staates – aber auch der Parteilichkeit –, die derselbe als Mittler zwischen einer historisch zum Niedergang verurteilten Aristokratie und einem aufstrebenden Bürgertum an den Tag legte. Die Konzeption Max Webers hilft, einmal entmythologisiert und historisch konkretisiert, die wechselseitigen Abhängigkeiten zwischen charismatischen, traditionalistischen und bürokratischen Autoritäts- und Herrschaftsformen in der pragmatischen Integrationspolitik der *anciens régimes* zu ergründen. Und was Veblen und Schumpeter betrifft, so lenken sie unsere Aufmerksamkeit direkt auf die ungebrochene Vitalität der vermeintlich auf der Aussterbeliste stehenden Gesellschaftsklassen der alten Ordnung und ihrer feudalistischen politischen Komponenten.

In dem Versuch, eine Erklärung für die Tatsache zu finden, daß die Totgesagten nach wie vor die Lebenden regierten, stellte Marx fest, die „alten, erhalten gebliebenen Produktionssysteme" seien „mitsamt allen ihren anachronistischen gesellschaftlichen und politischen Verhältnissen weitervererbt worden". Dies galt vor allem, wie wir gesehen haben, für die Landwirtschaft und die grundbesitzenden Eliten. Dem englischen Bürgertum gelang es noch am besten, den Agrarsektor niederzuhalten und die alte Aristokratie aufzubrechen und umzuformen. Jedoch auch hier räumte die grundbesitzende Oberschicht keineswegs die politische Bühne. Und wie die Auseinandersetzungen um das Oberhaus und um die irische Selbstverwaltung in den Jahren nach 1905 zeigten, konnte von einer Anpassung, geschweige denn von einer Unterwerfung unter die neue Plutokratie nicht die Rede sein.

Wenn eine erfolgreiche Demokratisierung davon abhing, wie weit es gelang, Landwirtschaft und Grundrente als gesellschaftlich beherrschende Wirtschafts- und Einkommensformen zu eliminieren, dann kann es nicht überraschen, daß es in den meisten europäischen Ländern nach wie vor undemokratische Regierungssysteme gab. Gewiß, der Feudalismus gehörte der Vergangenheit an. Persönliche Leibeigenschaft, Patrimonialgerichtsbarkeit und grundherrliche Vorrechte, lokale Steuer- und Zollhoheiten, käufliche Staatsämter und Pfründen, alle diese Dinge waren abgeschafft. Politische, administrative und gesetzlich kodifizierte Vorrechte feudaler Natur abzuschaffen, hieß aber nicht, dem *ancien régime* alle gesellschaftlichen und politischen Herrschaftspositionen abzuerkennen. Selbst im nachrevolutionären Frankreich lebten machtvolle materielle Interessen fort – gesellschaftliche Kräftekonstellationen, Bräuche und Traditionen, kulturelle Bedingungen und Bewußtseinsstrukturen, die den alten Verhältnissen entsprungen waren. Das Fortleben des Feudalismus verdankte sich zu einem wesentlichen Teil der Tatsache, daß der Land- und Hofadel es – von der Kirche darin unterstützt – verstand, diese feudalen Restposten in politische Aktivposten, d. h. in Macht umzusetzen.

1914 waren es noch immer die Könige, die an der Spitze der gesellschaftlichen, militärischen und politischen Hierarchie standen; sie legitimierten ihre Stellung unter Berufung auf das „Gottesgnadentum". Das „Fundament [ihrer] Position war feudaler Natur, nicht nur im historischen, sondern auch im soziologischen Sinn". Es ist wohl kaum zu bezweifeln, daß die Häupter der Herrscherhäuser Hohenzollern, Habsburg und Romanow, Wilhelm II., Franz-Joseph I. und Nikolaus II., im Gefolge des präventiven „Königsmords" von Sarajewo ein Wesentliches dazutaten, daß Europa in den Krieg hineinstolperte. Alle drei führten als autokratische Herrscher den Vorsitz über einen Klüngel von Ministern und Beratern, die Aristokraten des einen oder anderen Typs waren und die nicht Parteien, Parlamente oder Fraktionen des Industriekapitals repräsentierten, sondern den Dienstadel eines ungebrochen absolutistischen Regimes. Was Georg V. von England und Victor Emanuel III. von Italien betraf, so waren sie, obgleich ihre Prärogativen und Befugnisse durch Verfassungsrecht stark eingeschränkt waren, doch mehr als bloße Galionsfiguren.

Keiner von ihnen machte den Versuch, die aufflackernden Flammen des Krieges auszublasen. Frankreich hatte als Republik natürlich keinen König; allerdings führte sich der amtierende Präsident Raymond Poincaré zunehmend wie ein König auf. Von nobilitierten Würdenträgern der Republik angespornt, steigerte er sich in den Wochen vor Kriegsausbruch in ein militaristisches und kriegerisches Gehabe hinein, das die diesbezüglichen Neigungen der Abgeordnetenkammer und des Kabinetts weit übertraf.

Ungeachtet ihrer unterschiedlichen Befugnisse und Prärogativen übten jedoch alle europäischen Könige zwischen 1848 und 1914 noch gewichtige und imposante zeremonielle und repräsentative Funktionen aus, die dem Erbadel einschließlich der Herrscherdynastien selbst nicht wenig zum Vorteil gereichten. König, Kaiser und Zar blieben in ihren Ländern Mittel- und Brennpunkt eines blendenden und präzise inszenierten staatlichen und höfischen Lebens, dessen Rituale einerseits tiefwurzelnde royalistische Gefühle ansprachen und andererseits die alte Ordnung als ganze verherrlichten und aufs Neue legitimierten. Die Krönungszeremonie war die feierlichste und glanzvollste dieser einstudierten Spektakel der Macht, und sie triefte geradezu vor historischen und religiösen Symbolismen. Zwar beließ man das Verhältnis zwischen Thron und Altar bei dieser erhabensten aller Feierlichkeiten bewußt im Unklaren, aber in der Regel war es doch ein – vom Herrscher ernannter oder bestätigter – hoher geistlicher Würdenträger, der dem Thronfolger feierlich den Amtseid abnahm und ihm Krone, Zepter und Schwert überreichte. Im Mittelpunkt dieses ausgeklügelten Krönungsrituals stand zwar der König, doch war es zugleich auch eine Art höfischer Heerschau, auf der die jeweils aktuelle gesellschaftliche und politische Status- und Einflußrangliste sichtbar gemacht und sanktioniert wurde. Es gab natürlich noch andere, mit einem vergleichbaren Aufwand an Pomp, Spektakel und feierlicher Geheimniskrämerei inszenierte öffentliche Rituale – etwa die Taufen, Hochzeiten, Begräbnisse und Jubiläen des Herrscherhauses. Bei all diesen sorgfältig durchgeprobten gesellschaftlichen Schauspielen wurden die nicht uniformierten Bürgerlichen, wie bekannt oder bedeutend sie auch sein mochten, von den prunkvoll kostümierten und nach Rangfolge geordneten Repräsentanten des grundbesitzenden und beamteten Adels und der Kirchenhierarchie völlig an die Wand gespielt. Überschattet wurde ihre Anwesenheit überdies von den ausländischen Herrschern und Aristokraten, die diesen Festlichkeiten eine internationale, ja kosmische Aura verliehen.

Als Tribut an ihre kriegerische Tradition stellten die Könige bei Heeres- und Seemanövern, Militärparaden und feierlichen Wachablösungen ihre Kriegstüchtigkeit zur Schau. Und nicht zuletzt beherrschten die großen Empfänge, Soiréen und Jagden, die die gekrönten Häupter veranstalteten, das gesellschaftliche Leben. All diese öffentlichen und gesellschaftlichen Rituale stärkten die Lebenskraft der Monarchie, schweißten die zur Zwietracht neigenden aristokratischen Kasten zusammen und zeigten die jüngsten Veränderungen in der Rang- und Gunstordnung an. Diese zeremonielle Bekräftigung der Zusammengehörigkeit und Eintracht der herrschenden Klasse war als Mittel zur Kontrolle und Beherrschung der oppositionellen Elite und der unteren Klassen ebenso wichtig wie die handgreiflicheren Formen der Herrschaftssicherung. Anstatt die Bevölkerung in Angst zu halten, zog man es vor, sie, reich und arm gleichermaßen, durch imposante Uniformen, Roben und Dekorationen einzuschüchtern, Attribute, die die mystifizierende Zauberkraft der Rituale verstärkten, mit denen der König als oberster Herr über Zepter, Altar, Schwert und Fahne der Nation gefeiert wurde. Dazu kamen noch die Staatsbesuche, die die Monarchen einander abstatteten und bei denen sie diese in ihrer Person vereinigten Machtfunktionen demonstrierten und bekräftigten.

Diese zeremoniellen Veranstaltungen mit dem König als Mittelpunkt mögen aus heutiger Sicht, angesichts eines in den vergangenen Jahrzehnten abgeebbten Angebots an öffentlichen Ritualen, gespreizt und gekünstelt erscheinen. Zur damaligen Zeit jedoch wirkten sie noch überaus vital und ursprünglich. In traditionsreichen Gesellschaften wie denen Europas war die Präsentation geschichtsträchtiger Kostüme, Karossen und Kunstschätze wie nichts anderes geeignet, die Bannkraft sorgfältig inszenierter Jubelfeste zu verstärken. Außer in Frankreich bestimmten die königlichen Familien und die aristokratischen Würdenträger den Veranstaltungskalender der europäischen Nationen, und der orientierte sich weiterhin eher an der höfischen als an der populären Kultur. Die Aufeinanderfolge spektakulärer staatlicher und höfischer Rituale befestigte bei den Menschen autoritäre Vorstellungen, Wertmaßstäbe und Gefühle und zementierte dadurch die Stellung der vorbürgerlichen Eliten. Diese Rituale trugen auch zur Integration der unteren Schichten bei, indem sie deren Bedürfnis nach beeindruckenden Spektakeln befriedigten.

Die Feierlichkeiten beim Begräbnis König Edwards VII. im Mai 1910 bestätigten die fortdauernde Authentizität und Kraft des monarchischen Regimes in Europa. Noch ehe die ausländischen Würdenträger und ihr Gefolge am 18. Mai auf der Victoria Station eintrafen, hatte sich vor dem Eingangsportal zur Westminster-Kathedrale, wo der Leichnam im Rufus-Saal aufgebahrt lag, eine sechs bis acht Personen breite, elf Kilometer lange Menschenschlange gebildet. Es war die größte Menschenansammlung, die die britische Hauptstadt vor 1914 erlebte; ebenso war die Versammlung von Großherzögen, Kronprinzen und gekrönten Häuptern zu diesem Anlaß ohne Beispiel in der jüngeren europäischen Geschichte – wenn man vom sechzigjährigen Thronjubiläum der Königin Victoria im

Juni 1897 absieht. Am 20. Mai säumten um die 2 Millionen Menschen die Straßen Londons und verfolgten mit feierlichem Schweigen einen bemerkenswerten Trauerzug, der die sterbliche Hülle des Königs zum Paddington-Bahnhof geleitete, von wo aus der Sarg nach Schloß Windsor verbracht wurde, um in der Krypta unter der St. Georgs-Kapelle beigesetzt zu werden.

Es war gewiß nichts Außergewöhnliches an dem Leibwächter in glitzernder Uniform, der die Geschützlafette eskortierte, die den Leichnam des Königs transportierte, und ebensowenig an dem Lieblingshengst des Königs, der, geschmückt mit den nach rückwärts weisenden Reitstiefeln des Königs, der Bahre folgte. Vielleicht war es auch nichts Besonderes, daß sich unter den ersten, die hinter dem Sarg schritten, Cäsar befand, der geliebte weiße Foxterrier des Verstorbenen, geführt von einem Diener in schottischer Tracht. Was aber danach folgte, war unter allen Umständen spektakulär und sensationell: König Georg V. führte, zu Pferde sitzend, eine glanzvolle Partie von Königen, Herzögen königlichen Geblüts und Erbprinzen an, sie alle ebenfalls zu Pferde. Es waren neun Monarchen zugegen; in der ersten Reihe, auf gleicher Höhe mit dem neuen, aber noch nicht gekrönten König, ritten der Herzog von Connaught und Kaiser Wilhelm II. von Deutschland, der Bruder und der Neffe des Verstorbenen. Kaiser Wilhelm, der vorlauteste Säbelraßler unter den europäischen Herrschern, stach hervor, weil er „auf seinem Pferd saß wie ein Zentaur, mit einem Gesicht, so ernst und unbewegt wie das einer römischen Statue". In den folgenden drei Reihen ritten Haakon von Norwegen, Georg von Griechenland, Alfonso von Spanien, Ferdinand von Bulgarien, Friedrich von Dänemark, Manuel von Portugal und Albert von Belgien. Zar Nikolaus II. von Rußland wurde von seinem Bruder, Großherzog Michail, vertreten, Franz-Joseph I. von Österreich-Ungarn von seinem designierten Thronerben Erzherzog Franz Ferdinand, und Victor Emanuel III. von Italien von seinem Vetter, dem Herzog von Aosta. Unter den berittenen Trauergästen waren ferner die Oberhäupter oder Vertreter von Fürsten- und Herzogshäusern aus Holland, Schweden, Rumänien, Montenegro, Serbien, der Türkei, Ägypten, Japan, Siam und den deutschen Ländern sowie Angehörige der englischen Königsfamilie. Prinz Tsai Tao von China und sein Gefolge fuhren in der siebenten von zwölf Staatskarossen, während Theodore Roosevelt, der den amerikanischen Präsidenten William Howard Taft vertrat, die achte Kutsche mit dem französischen Außenminister Stefan Pichon teilte, der für seinen Staatspräsidenten Fallière gekommen war. Der amerikanische Ex-Präsident, der in seinen jungen Jahren ein einfacher Kavallerist gewesen war, fiel insofern aus dem Rahmen, als er als einziger der hochrangigen Trauergäste weder eine Uniform noch irgendwelche Orden trug. Der Gesandte der Dritten Republik wirkte in seinem mit Bändern und Schärpe geschmückten Diplomatenfrack weit weniger unpassend. Die weibliche Abteilung der königlichen und fürstlichen Häuser nahm, angeführt von Königinmutter Alexandra, Zarenmutter Maria und Königin Mary von England, in Begleitung ihrer Hofdamen die übrigen Karossen ein.

Die Veranstaltung wurde nicht durch einen einzigen Mißton gestört oder auch nur getrübt. Obgleich die Chronik für das Jahr 1910 den Höhepunkt der hitzigen Schlacht um die Zukunft des Oberhauses, verstärkte Arbeiterunruhen, Tumulte und Aufstandsaktionen in Irland sowie Demonstrationen von Frauenrechtlerinnen verzeichnete, rechnete die Polizei nicht mit Störungen der Trauerfeier.

Während die Krönung Georgs V. am 22. Juni 1910 in London einem althergebrachten, majestätischen Ritual folgte, wurde für seine Proklamation zum König und Kaiser in Delhi ein Zeremoniell ganz neuen Zuschnitts kreiert, für das Sir Edward Elgar die Hymne „The Crown of India“ komponierte. Am 12. Dezember 1911 versammelten sich in Delhi rund 100 000 Menschen um ein eigens errichtetes Amphitheater, in dem 10 000 geladene Gäste Platz gefunden hatten, um ein spektakuläres Durbar zu erleben, in dessen Mittelpunkt eine farbenprächtige Parade von Husaren, berittenen Artilleristen, Kaiserlichen Kadetten, Tiwana-Ulanen, auf Schimmeln einherreitenden Trompetern und Musikkapellen stand. Die Versammlung fast ausnahmslos uniformierter Würdenträger hatte sich zusammengefunden, um die Erhebung Georgs V. mitzuerleben und durch ihre Gegenwart zu sanktionieren. Mit Krönungsroben angetan, deren Schleppen von prächtig ausstaffierten Pagen fürstlichen indischen Geblüts getragen wurden, erklommen Ihre Kaiserlichen Majestäten die Stufen eines in der Mitte des Amphitheaters errichteten, freistehenden Podiums. Sie nahmen auf zwei pompösen, mit Herrscherinsignien und Wappen verzierten Thronsesseln Platz und ließen sich von ihren Untertanen huldigen. Lord Hardinge, der Generalgouverneur – er trug seine politische Uniform und darüber die wallende Robe des Stern-von-Indien-Ordens – stieg in gebückter Haltung die Stufen des Podiums empor, kniete nieder und küßte die Hand des Königs und Kaisers. Nachdem die Mitglieder des Rates des Vizekönigs dem Monarchen vom Fuße des Thronpodiums aus ihre Reverenz erwiesen hatten, kam die Reihe an die stolzen und imposanten, aber fügsamen Maharadschas von Indien und an die Stammeshäuptlinge der Grenzgebiete, ihrem obersten Herrn ihren Gehorsam anzuzeigen.

Der 25. Jahrestag der Thronbesteigung Kaiser Wilhelms II. wurde im Juni 1913 begangen. Auch die Gestaltung dieses Jubiläums zielte darauf ab, erneut die unangefochtene Vorherrschaft der alten regierenden Klasse zu demonstrieren. Am 14. Juni traf das Oberhaupt des Hauses Hohenzollern im Automobil vor der Potsdamer Garnisonskirche ein, in der ein feierlicher Gottesdienst anberaumt war; Wilhelm trug die Uniform des

Ersten Garderegiments und das Band des Schwarzen Adlerordens; seine unscheinbare Gemahlin begleitete ihn. Dem kaiserlichen Paar auf dem Fuße folgten die Kronprinzessin, der Kronprinz und designierte Thronerbe Wilhelm von Preußen mit Frau und Söhnen sowie die zum Hause Hohenzollern gehörenden Fürsten bzw. Prinzen von Braunschweig, Sachsen-Meiningen, Hessen, Schaumburg-Lippe und Preußen. Zum persönlichen Gefolge des Kaisers gehörten ferner Kriegsminister von Heeringen, Stabschef Graf von Moltke, Feldmarschall Graf zu Eulenburg, Generaladjutant Baron von Lyncker und General von Plessen. Schon vor der Ankunft dieses kaiserlichen Trosses hatten fast alle Generale und Regimentskommandeure die ihnen zugewiesenen Plätze in der Kirche eingenommen.

Unter den Abgesandten der rund 80 Institutionen und Vereinigungen, die am Tag darauf, dem 16. Juni, dem Kaiser persönlich gratulieren durften, war nicht ein einziger „Großbürger", geschweige denn ein Mann der Fortschrittspartei oder der Sozialdemokratie. Am Abend dieses Tages trafen die königlichen, großherzoglichen, fürstlichen und gräflichen Oberhäupter der Länder des Deutschen Reiches in der Hauptstadt ein. Lediglich die beiden Freien und Hansestädte Bremen und Hamburg waren durch nichtadlige Repräsentanten vertreten.

Die Auszeichnungen und Beförderungen, die der Kaiser aus Anlaß seines Jubiläums austeilte, bestätigten, daß er die Gelegenheit zu einer trotzigen Selbstdarstellung des *ancien régime* nutzen wollte. Wilhelm kannte die Schwäche Bethmann Hollwegs für das Militärische und schlug daraus propagandistisches Kapital: Er nahm den Anlaß wahr, den Reichskanzler und preußischen Ministerpräsidenten vom Major zum Generalleutnant zu befördern. Die drei Adligen, die an diesem Tag zu Herzögen ernannt wurden, waren Inhaber militärischer Ehrenränge und Eigentümer großer Majorats-Besitzungen im ostelbischen Preußen (zwei von ihnen dienten darüber hinaus als Kammerherren): Baron von Bodelschwingh-Plettenberg (hiernach Graf von Plettenberg-Heeren), Baron von Richthofen und Freiherr von Kleist-Retzow. Unter den 35 Männern, die einen erblichen Adelstitel verliehen bekamen, waren zwei Geheime Kommerzienräte und drei Hofärzte; alle übrigen waren Großagrarier oder hohe Offiziere von Heer oder Flotte. Die vierzehn ins Herrenhaus Berufenen waren durchweg Aristokraten, hohe Beamte oder Geheimräte; immerhin waren mit Edward Arnhold, Franz von Mendelssohn und Bernhard Dernburg drei konvertierte Juden unter ihnen (Dernburg war der umstrittene ehemalige Kolonialminister). Was die verliehenen Orden betraf, so sollten auch mit ihnen Loyalität und Konformität im Sinne der monarchischen Ordnung belohnt und gefördert werden. Der Liberalismus wurde, wie Theodor Wolff im *Berliner Tageblatt* schrieb, in demonstrativer Weise von den „Bankettischen ferngehalten, und der Kaiser und seine Minister ergötzten sich hämisch an der Ohnmacht des Bürgertums".

Nicht genug damit, zeichnete der Kaiser auch noch Dr. Bovenschen, den Präsidenten des Reichsverbands gegen die Sozialdemokratie, und Graf Ernst von Reventlow, den Chefredakteur der erzreaktionären *Deutschen Tageszeitung* aus und unterstrich damit die Ächtung der Sozialdemokratie, die denn auch die Jubiläums-Sondersitzung des Reichstags und das aus gleichem Anlaß stattfindende Bankett boykottierte. Es war nur folgerichtig, daß Wilhelm II., statt von den der Sozialdemokratie nahestehenden freien Gewerkschaften Notiz zu nehmen, die die zentrale Kraft der organisierten Arbeiterbewegung waren, Abordnungen der staatstreuen protestantischen, katholischen und nationalistischen Konkurrenzgewerkschaften empfing. Er betätigte sich ferner als Schirmherr der möglicherweise farbenprächtigsten Veranstaltung im Rahmen der Berliner Jubiläumsfeierlichkeiten: Er nahm eine Parade von Meistern und Gesellen aller Handwerkszünfte ab – von den Augenoptikern, Bäckern, Bierbrauern und Böttchern bis zu den Uhrmachern, Wagnern, Werkzeugschlossern und Zimmerleuten.

Ein ähnlich imposantes Ereignis war das sechzigjährige oder diamantene Thronjubiläum des österreichischen Kaisers Franz-Joseph, dessen anscheinend auf unendliche Dauer angelegte Amtszeit 1848 begonnen hatte. Noch ausgeprägter als Kaiser Wilhelm stellte der Chef des Hauses Habsburg die Mitglieder seiner eigenen Dynastie in den Vordergrund und machte sein Jubiläum beinahe zu einer geschlossenen Veranstaltung für seine Familie und seine Höflinge. Er umgab sich bei dieser Gelegenheit noch mehr als sonst mit unzähligen Groß- und Erzherzögen bzw. -herzoginnen des Hauses Habsburg sowie mit den Leuten seines militärischen Gefolges. Die Galaveranstaltung in der Hofoper am Abend des 2. Dezember 1908 war ein besonders aufschlußreiches Ereignis. Die Crème der Wiener Gesellschaft war geladen, einer Aufführung der einaktigen Oper *Des Kaisers Traum* beizuwohnen, eines Werks, das die Gräfin Christiane Thun-Solm eigens zu diesem Anlaß komponiert hatte und das zur Zeit Rudolfs von Habsburg spielte und die Begründung und die Leistungen der Dynastie feierte. Nach einer Pause ergötzte sich das erlauchte Publikum an *Aus der Heimat,* einer operettenhaften Revue von Joseph Haßreiter und Josef Bayer, in der die Tänze und Lieder der wichtigsten Völkerschaften des Habsburgerreiches vorgestellt wurden und dessen Höhepunkt eine allegorische Szene bildete, in der alle diese Völker sich Seite an Seite aufstellten, um gemeinsam dem Kaiser zu huldigen. Die namhaftesten Künstler der Staatsoper und des Burgtheaters wirkten in dieser Apotheose mit.

Die ersten der geladenen Gäste, die eintrafen, um dieses feierliche Schauspiel mitzuerleben, waren die höheren Offiziere des Heeres und des

Generalstabs, denen Stehplätze im Halbrund um das Parkett zugewiesen waren. Ihnen folgte ein imposanter Schwarm von Würdenträgern, durchweg in Galauniform, die sich auf den besten Orchesterplätzen niederlassen durften: amtierende und ehemalige Minister, hochrangige Generale, hohe Beamte, Geheimräte, ungarische Magnaten und katholische Prälaten in farbenprächtigen Gewändern. Nur vereinzelt tauchten in dem Meer von Uniformen Würdenträger in Zivil auf: Dr. Weiskirchen und Dr. Starzynski beispielsweise, Präsident und Vizepräsident der Zweiten Kammer des Parlaments, der Botschafter Baron Gali, der ehemalige Finanzminister Dr. von Korytowski oder der Bankier Albert von Rothschild.

Die Logen waren selbstredend für die höchsten Spitzen der Gesellschaft reserviert. Unter den Privilegierten auf den Logenplätzen der dritten Empore waren Baron von Bienerth, österreichischer Staatskanzler, Dr. Karl Lueger, Oberbürgermeister von Wien, und der Polizeichef der Hauptstadt, Brzesowsky. Die Logen der zweiten Empore besetzten die Spitzen der österreichischen Hocharistokratie und die wichtigsten in Wien akkreditierten Botschafter. Während die Höflinge die Parterre-Logen füllten, gaben sich die Erzherzöge Friedrich, Eugen, Rainer, Leopold Salvator, Karl Stephan, Josef Ferdinand und Peter Ferdinand in denen der ersten Empore die Ehre. Nachdem sie ihren Einzug gehalten hatten, betrat der Kaiser die große kaiserliche Loge, die sich ebenfalls auf der ersten Empore befand; er trug seine Marschallsuniform und wurde begleitet von Herzogin Maria Theresia von Württemberg und von seiner ältesten Tochter Prinzessin Gisela von Bayern. Die übrigen Mitglieder der engeren kaiserlichen Familie teilten sich die Plätze hinter diesen dreien. Die 4020 Nobilitierungen, Beförderungen und Ordensverleihungen, die aus Anlaß des Jubiläums vorgenommen wurden, waren eine eindrucksvolle Bekräftigung der alten Ordnung mit ihrer Statushierarchie, wie sie in Österreich und damit im gesamten Habsburgerreich noch scheinbar unangefochten fortexistierte.

Im Mai 1896, nach einem verordneten Trauerjahr zu Ehren des verstorbenen Zaren Alexander III., dessen Herrschaft im Zeichen einer aristokratischen Reaktion gestanden hatte, erlebte Moskau eine in Geschichte, Tradition und Religion getauchte Krönungszeremonie. Nikolaus II. und Alexandra Feodorowna zogen, nachdem sie 24 Stunden im außerhalb der Stadtmauern gelegenen Petrovskij-Palast verbracht hatten, majestätischen Schrittes zunächst zur Alexandria-Kirche und dann zum Kreml. An der Spitze der zum Kreml ziehenden Prozession ritten Abordnungen der Kaiserlichen Garden, der kosakischen Eliteregimenter und des moskowitischen Adels. Darauf folgten zu Fuß die Hoflakaien, die kaiserlichen Jagdhelfer und hohe Regierungsbeamte. Dann kam, ganz für sich, Nikolaus auf seinem Schimmel, gefolgt in einigem Abstand von den russischen Großfürsten und den geladenen ausländischen Herrschern, die allesamt ebenfalls zu Pferde waren.

So farbenprächtig und imposant dieser lange Zug auch war, so verblaßte er doch im Vergleich mit der kurzen Prozession von der Roten Treppe des Kreml zur Mariä-Himmelfahrts-Kathedrale am 14. Mai. Nachdem der Chor Tschaikowskis *Fanfare* vorgetragen hatte, führte die Zarenmutter Maria Feodorowna die Krönungsprozession in die Kathedrale, vor den heiligsten Schrein Rußlands. Sie schritt unter einem von sechzehn hochrangigen Adligen getragenen Baldachin einher, und vier Kammerherren und zwei Hofjäger trugen ihre Schleppe. Kaum hatte die Zarenmutter in der Kathedrale Platz genommen, da wurde von 32 Heeresoffizieren ein prachtvoller, auf 16 Streben ruhender Baldachin zum Fuß der Roten Treppe getragen und 32 Generalen übergeben. Nachdem sodann der oberste russische Geistliche, Janischev, die Wegstrecke mit Weihwasser besprenkelt und zwei Metropoliten die kaiserlichen Regalien am Eingang zur Kathedrale auf dieselbe Weise geheiligt hatten, erschienen Nikolaus und Alexandra und nahmen ihre Stelle unter dem Baldachin ein, um sich sodann in Richtung der Kathedrale in Bewegung zu setzen. Der Kaiser trug die Uniform der Preobraschenskij-Garden und hatte den Alexanders- und den St.-Andrea-Orden angeheftet; seine Gemahlin präsentierte sich in einem Silberbrokatkleid, dessen Stickereien von den Schwestern des Iwanowskij-Konvents stammten und auf dem der St.-Katherinen-Orden prangte. In der Kirche angelangt, wurde das Paar zu zwei geweihten, wertvollen, aus dem 17. und 15. Jahrhundert stammenden Thronen geführt, damit der Gottesdienst beginnen konnte. Nachdem sie das Kreuz geküßt hatten, das der Metropolit von St. Petersburg ihnen vorhielt, wurden Ihre Majestäten mit Weihwasser besprengt, und der Zar deklamierte laut das Orthodoxe Glaubensbekenntnis. Dann erhob er sich und bekreuzigte sich dreimal, woraufhin Graf Miljutin die über acht Pfund schwere Kaiserkrone dem Petersburger Metropoliten überreichte, der sie seinerseits an den Zaren weitergab, so daß Nikolaus sie sich selbst aufsetzen konnte. Als dies geschehen war, nahm der Zar, die Krone auf dem Haupt und das Zepter und den Reichsapfel in den Händen, wieder auf seinem Thron Platz. Er legte die Insignien beiseite, um der Zarin, die auf einem Polster vor ihm niederkniete, eine kleine Krone aufzusetzen.

Kaum war die Krönung vollzogen, da stürzte sich Rußland in einen Rausch öffentlicher Empfänge und Volksfeste, der nur getrübt wurde durch eine Panik bei einem Massenansturm auf einen Freibierausschank auf der Chodynskoje-Wiese, wobei Dutzende von Menschen verletzt oder zu Tode getrampelt wurden.

Siebzehn Jahre später, im Februar 1913, feierte Rußland den 300. Geburtstag der Herrschaft der Romanow-Dynastie. Wieder waren es Nikolaus und Alexandra, die, zunächst in St. Petersburg, dann in Moskau, als

Hauptdarsteller auf dem Machttheater des russischen Reiches agierten. Ungeachtet der bedeutsamen Fortschritte in Richtung Industrialisierung und Verstädterung, die sich seit 1896 vollzogen hatten, waren auch diesmal die großen Zeremonien mit althergebrachten Ritualen, Symbolen und Sakramenten überfrachtet. Die grandiose und glanzvolle Prozession vom Winterpalast zur Kasan-Kathedrale, wo ein feierliches Tedeum zelebriert wurde, gab den Startschuß zu einem riesigen Programm von Festlichkeiten. Die Würdenträger, die sich zum Dankgottesdienst versammelten, waren – wie immer – Aristokraten, hohe Beamte, Offiziere und Diplomaten, von denen die meisten blitzende Degen und prächtige, mit Orden und Medaillen behängte Uniformen trugen. Bezeichnenderweise wählte der russische Autokrat diese besondere Gelegenheit, um seinen Hofminister Baron V. B. Fredericks zum Grafen zu ernennen, seinem Premierminister V. N. Kokovzev ein Porträtbild von sich zu schenken, seinem Kriegs-, seinem Flotten- und seinem Außenminister hohe Orden zu verleihen, dem Metropoliten von St. Petersburg ein symbolisches Kreuz zu verehren und N. A. Maklakov, den bekannten und unbeirrbaren Reaktionär, als Innenminister zu bestätigen. In der Mißachtung der gewählten Volksvertreter übertraf der Zar noch seine Amtskollegen in Berlin und Wien. Michail Rodzianko, der überaus loyale Präsident der Staatsduma, erreichte mit viel Mühe, daß eine Handvoll Plätze in der Kathedrale für Parlamentarier reserviert wurden; jedoch wurden weder er noch andere Vertreter des neuen Rußland zu den Galadiners im Winterpalast oder zur Aufführung von Glinkas *Ein Leben für den Zaren* in der Kaiserlichen Oper eingeladen. Ähnlich exklusiv wurden die Wallfahrt der kaiserlichen Familie nach Kostroma, dem Sitz des ersten Romanow-Fürsten, und die Feierlichkeiten in Moskau, der alten und eigentlichen Hauptstadt des Reiches, arrangiert. Das gleiche galt für die aus Anlaß des Jubiläums gezeigten, staatlich finanzierten Ausstellungen restaurierter Ikonen und für die Zeremonien zur Einweihung von Denkmälern und öffentlichen Gebäuden.

Am 4. Juni 1911 feierte Rom den 50. Jahrestag der nationalen Einigung Italiens. Im Mittelpunkt des offiziellen Staatsakts stand die Enthüllung des unsäglichen Denkmals Victor Emanuels II., des ersten Königs der italienischen Nation. Die Idee zur Errichtung dieses Monuments und die Einrichtung eines Fonds zu seiner Finanzierung gingen bereits auf das Jahr 1878 zurück, und 1885 war Graf Giuseppe Sacconi, dessen Entwurf die Ausschreibung gewonnen hatte, zum Chefarchitekten des Bauwerks ernannt worden. Man hatte sich dafür entschieden, das Denkmal auf dem Kapitolshügel zu errichten, am historisch bedeutungsvollsten Punkt der Hauptstadt. Die Fundamentierungsarbeiten zogen sich bis 1892 hin, dann erst konnte die Arbeit über Tage in Angriff genommen werden.

Am Tage der Jubiläumsfeier zogen Victor Emanuel III. und Königin

Helena mit Glanz und Gloria vom Quirinalspalast zum Ort des feierlichen Geschehens hoch über der Piazza Venezia. Nachdem das vergoldete Monument enthüllt war, nahm das königliche Paar nebst Anhang auf dem Podium unmittelbar zu Füßen des wuchtigen Reiterstandbilds Platz. Das Gefolge von König und Königin bestand aus dem Herzog und der Herzogin von Genua, den Herzögen von Aosta und den Abruzzen, dem Fürsten von Udine, Prinzessin Letitia und Königin Margherita. Im Schatten dieser herausgehobenen Gruppe standen die Präsidenten der beiden Kammern des italienischen Parlaments und der Premierminister Giolitti, ferner die Senatoren und Abgeordneten, die sich auf einer tiefer gelegenen Plattform der weitläufigen, mehrfach gestuften und mit Bronzestatuen, Säulen, Pavillons und Brunnen überladenen königlichen Gedenkstätte zusammendrängten.

Die gekrönten Häupter regierten jedoch nicht nur mittels Symbolen und Zeremonien. Ihre Herrschaft verdankten sie auch wesentlich den handfesten Hilfs- und Machtmitteln, über die sie verfügten und die aus der Hand zu geben sie sich hüteten. Man kann es ruhig noch einmal wiederholen: Die Fürsten waren die größten Grundbesitzer Europas und fühlten sich insofern als Erste unter Gleichen im Kreis der landbesitzenden Aristokratie. Die Ländereien der britischen Krone erstreckten sich über 300 000 Morgen und umfaßten auch wertvollen städtischen Grundbesitz in London. So war es nur recht und billig, daß eine mit so großen Besitzungen gesegnete königliche Familie neben Buckingham Palace noch vier weitere standesgemäße Landsitze unterhielt. Während die britischen Monarchen Diskretion über ihre Ländereien und sonstigen Vermögenswerte wahrten, fand Wilhelm II. nichts dabei, 1894 einer Versammlung von Landjunkern in Königsberg persönlich zu versichern, er kenne und teile als „größter Grundbesitzer“ Deutschlands ihre Sorgen in einer für die Landwirtschaft schwierigen Zeit. Was Zar Nikolaus II. betraf, so erhob dieser, da er weitaus mehr Land besaß als jeder andere Russe, keine Einwände, als er bei der Volkszählung von 1897 in die Kategorie „Grundbesitzer“ eingereiht wurde.

Die riesigen Besitzungen der Krone warfen nicht nur Einnahmen ab, sondern bescherten den Herrschern vor allem jene Aura, derer sie bedurften, um ihre Rolle nicht nur als Erste unter den Aristokraten, sondern auch als die allein für die Verleihung von Ämtern und Würden Zuständigen überzeugender spielen zu können. Über die nie in Zweifel gezogene Prärogative hinaus, Adlige ernennen und „befördern“ zu können, waren die Kaiser-Könige von Deutschland, Österreich-Ungarn und Rußland befugt, Minister zu berufen und zu entlassen, Verfügungen auszusprechen, gewählte Vertretungsorgane einzuberufen, zu vertagen oder aufzulösen, Gesetze zu verkünden und in Kraft zu setzen, Begnadigungen auszusprechen, den Oberbefehl über die Streitkräfte zu übernehmen, Verträge abzuschließen und das Kriegsrecht zu verhängen. Auf dem Papier existierte in allen drei Kaiserreichen eine parlamentarische Gewalt mit begrenzten Kontrollbefugnissen – in Rußland seit 1905. In der Praxis jedoch waren die Minister nicht dem Parlament, sondern nach wie vor ausschließlich der Krone verantwortlich. Gewiß, punktuell gelang es den Volksvertretungen, dem Willen und der Willkür der Monarchen Schranken zu setzen, aber es fehlte ihnen nicht nur an den gesetzlichen Befugnissen, sondern auch an der politischen Klugheit, die sie benötigt hätten, um die autokratische Gewalt einzuschränken. Wenn es darauf ankam, konnten die Kaiser ein widerspenstiges Parlament immer noch ignorieren: Mit Notverordnungsbefugnissen für den Ausnahmefall ausgestattet, konnten sie die Volksvertretungen entweder in Urlaub schicken oder auflösen oder Neuwahlen ansetzen – wenn es sein mußte, nach einer zweckdienlichen Modifikation des Wahlrechts.

Natürlich gab es zwischen den drei Kaiserreichen Unterschiede in bezug auf die verfassungsrechtlichen Grundlagen, die politischen Gepflogenheiten und das praktische Funktionieren der absolutistischen Herrschaft. Das Oberhaupt des Hauses Hohenzollern leitete seine Machtbefugnisse weniger aus seiner Eigenschaft als Deutscher Kaiser als vielmehr von seiner Funktion als König von Preußen ab, eines Landes, das mit Recht als die hartnäckigste Bastion des Patrimonialsystems und des Feudalismus in Europa angesehen wurde. Es gab keine Verfassungsbestimmung, aus der hervorgegangen wäre, wie und an welcher Stelle die Machtbefugnisse des Königs von Preußen von denen des Deutschen Kaisers abgegrenzt waren. Das fiel jedoch nicht weiter ins Gewicht, da Preußen als das größte Land des Deutschen Reiches praktisch nicht überstimmbar war und Wilhelm I. und Wilhelm II. somit kraft der nahezu unumschränkten Regierungsmacht, über die sie in Preußen verfügten, de facto die Geschicke der mächtigsten Nation Europas bestimmten.

Franz Joseph I., der noch als Sechsundachtzigjähriger regierte – länger als je ein anderer Monarch –, führte um die zwanzig offizielle Titel, deren erster und wichtigster jedoch der eines „Kaisers von Österreich und Apostolischen Königs von Ungarn“ war. Von der Jahrhundertwende an versuchten gewichtige aristokratische Elemente der magyarischen herrschenden und regierenden Klasse, ihren Einfluß zu verstärken, und pochten auf mehr Autonomie für Ungarn im Rahmen des 1867 vereinbarten Ausgleichs. Franz Joseph suchte sie in seiner Eigenschaft als Kaiser zur Räson zu bringen; als ihm dies mißlang, intervenierte er in Budapest als rechtmäßiger Träger der St.-Stephans-Krone, zuversichtlich darauf bauend, daß die k. u. k. Armeen auf ihn vereidigt und seinen Anordnungen zu folgen bereit waren.

Hinsichtlich der konstitutionellen und territorialen Reichweite der Macht der russischen Zarenkrone gab es keinerlei Unklarheiten dieser Art. Gewiß, Alexander III. und Nikolaus II. konnten sich der Herrschaft über rund fünfzig Königreiche, Fürstentümer und Gouvernements rühmen, die nach und nach dem Reich einverleibt und zu einem zentralisierten Staat zusammengeschmiedet worden waren. Indes, der Bestandteil ihres jede Merkfähigkeit überfordernden Titelkatalogs, auf den es ankam und der die ganze Kraft ihres eisernen Herrschergriffs verkörperte, lautete: „Kaiser und Autokrat [d. h. Selbstherrscher] aller Russen".

Was die Machtbefugnisse des Königs von England betraf, so waren sie im Lauf der Zeit natürlich, sowohl im geschriebenen Recht als auch in der Praxis des staatlichen Lebens, drastisch beschnitten worden. Gleichwohl waren sie damit nicht völlig verschwunden. Benjamin Disraeli, der mit Abstand vollendetste und leistungsfähigste Konvertit ins feudale Lager, den das 19. Jahrhundert hervorgebracht hat, wertete die Stellung der Krone sogar auf, indem er Königin Victoria zur Kaiserin von Indien proklamierte. Von diesem Zeitpunkt an gelobten die englischen Könige-Kaiser in dem Amtseid, den ihnen der Erzbischof von Canterbury abnahm, nach Recht und Gesetz nicht nur die Völker des Vereinigten Königreichs von Großbritannien und Irland, sondern auch die der Dominions, der Kolonien und des „Kaiserreichs von Indien" zu regieren. Ferner wurde jeder englische König kraft seines Amtseides zum Bewahrer und Förderer der Protestantischen Reformierten Kirche und zum nominell höchsten Richter bestellt. Edward VII. und George V. bekannten sich im Rahmen ihrer Krönungszeremonien, die selbst nach den extravaganten Maßstäben ihrer Zeit zu den prunkvollsten und manieriertesten Veranstaltungen ihrer Art gehörten, feierlich zu diesen und anderen Verpflichtungen. Die grundbesitzenden und aristokratischen Elemente waren sich stets sicher, daß der blendende und mystifizierende Glanz der Monarchie – aufgefrischt und verstärkt durch die neu hinzugekommene Kaiserkrone – den Verlust einiger Machtpositionen an das Unterhaus, dem die königlichen Minister nun verantwortlich waren, wettmachen würde.

Doch selbst die britischen Herrscher bewahrten sich über ihre zeremoniellen und repräsentativen Funktionen hinaus Vollzugsvollmachten und beratende Befugnisse. Dank des heiligen Respekts, dessen sie sich erfreuten, hatten sie die Möglichkeit, bestimmte politische Entscheidungen ihrer Regierung zu forcieren, zu kritisieren oder sogar zu obstruieren. Während Königin Victoria ihren konservativen Kabinetten den Rücken stärkte, legte sie ihren liberalen Regierungen Steine in den Weg, und Georg V. forderte 1910, während der Krise um das House of Lords, Neuwahlen als Vorbedingung dafür, daß er sich darauf einließe, das Oberhaus mit politisch willfährigen Peers zu füllen – oder wenigstens damit zu drohen. Im Juli 1914 trat König Georg, damals in enger Fühlung mit Premierminister Asquith, vermutlich eher für einen Kriegseintritt Englands als für eine Wahrung seiner Neutralität ein, während er im Blick auf die Übergriffe der nordirischen Rebellen und die Ausfälle ihrer liberalen Fürsprecher in London bemerkenswerterweise zu Geduld und Nachsicht riet.

Die Krone hatte auch bei der Besetzung des Premierministeramts und des Kabinetts ein Wörtchen mitzureden. Victoria zog Rosebery seinem Konkurrenten Harcourt vor, und Edward VII. beeinflußte Arthur Balfour und Henry Campbell-Bannerman in der Auswahl einiger ihrer Minister. Von beiden heißt es, wie auch von Georg V., daß sie hinter der Berufung des Außenministers, des Kriegsministers sowie einiger Botschafter gestanden hätten. Wie man sich unschwer ausrechnen kann, waren gerade der auswärtige, der militärische und der Verwaltungsdienst in den Dominions und Kolonien Domänen sowohl der Aristokratie als auch der Aspiranten und Kandidaten für eine gesellschaftliche und politische Karriere. Die britische Monarchie verfügte nicht über eine Faust, schon gar nicht über eine gepanzerte. Von Buckingham Palace aus, wo die Korridore der Macht verhältnismäßig gradlinig und gut beleuchtet waren, betrieb die Krone ihre Politik im Rahmen von Geist und Buchstaben des Gesetzes, mit Geschick und Direktheit, aber gleichwohl ohne den Terrainverlust des feudalen Elements in der politischen Sphäre zu beschleunigen, dem sie doch selbst angehörte – als ein relativ harmloser, aber doch wesentlicher Bestandteil.

Nach dem Buchstaben der Verfassung war die Stellung des italienischen Königsthrons ursprünglich der des englischen nachgebildet. Nach 1870 jedoch sorgten eine chronische Instabilität der Regierungen und ein zunehmender Partikularismus, von den Zwistigkeiten korrupter Parteien und Politiker zugleich wiedergespiegelt und verschärft, dafür, daß sich der König Italiens eines weitaus größeren Handlungsspielraums erfreute als der Englands. Angesichts häufig auseinanderbrechender und wieder neu zusammengestellter Koalitionsregierungen konnte die Krone ihr Vorrecht, neue Premierminister zu ernennen und Neuwahlen anzusetzen, weidlich zu politischer Einflußnahme nutzen. Wenngleich der Vatikan und die katholische Kirche ihre Vorbehalte und ihre Distanz wahrten, und die „schwarze" Aristokratie sich um den Heiligen Stuhl sammelte, wechselten große Teile des katholischen Establishments lautlos, aber entschlossen auf die Seite der „weißen" Aristokratie über, auf die Seite des Beamtenadels und der Patrizier und Magnaten der großen Handelsstädte, die sich um den Quirinalspalast scharten. Sie taten dies, weil sie in der Monarchie eine notwendige Bedingung für den Fortbestand einer stabilen gesellschaftlichen Ordnung sahen, einer Ordnung, über der drohend das Gespenst des mazzinianischen Republikanismus schwebte.

Daher konnten Umberto I. (1878–1900) und namentlich Victor Emanuel III. (1900–1946) aus dem Hause Savoyen – der dienstältesten regierenden Dynastie Europas – stets auf erhebliche Unterstützung rechnen, wenn sie die Lücken eines gebrechlichen Verfassungssystems ausloteten, um ihre königliche Prärogative zu festigen und auszuweiten. Um die Jahrhundertwende herum begannen selbst führende konservative „Liberale" wie Baron Sidney Sonnino für eine Erweiterung der Machtbefugnisse der Krone und des Senats gegenüber der Kammer einzutreten, in der Hoffnung, dadurch könne eine größere Stabilität der Regierungen erreicht und der soziale Reformismus gebremst werden.

Die Aristokratien der europäischen Länder wurden von ihren Monarchen im historischen Verlauf einerseits unterdrückt, andererseits aber auch beschützt. Der Land- und Beamtenadel brauchte die Könige, ebenso wie die Könige den Adel brauchten; freilich waren die Gewichte ungleich verteilt. Die Könige waren spätestens seit der Mitte des 19. Jahrhunderts von gefährlichen Rivalen des Adels zu dessen unentbehrlichen Verbündeten geworden. Mit historischer Zwangsläufigkeit setzten sie sich an die Spitze einer Politik der wirtschaftlichen, militärischen und administrativen Modernisierung, die die Aushöhlung der aristokratischen Privilegien beschleunigte. Andererseits war die Krone aber auch zu einem wichtigen Gravitationszentrum für die feudalen Elemente im Regierungsapparat geworden, die sich einer Opferung des grundbesitzenden Adels zugunsten bürokratischer oder kapitalistischer Interessen – oder einer Kombination aus beiden – widersetzten. Der Staat war nunmehr zur entscheidenden Bastion des Kampfes der Aristokratie um ihre Selbsterhaltung geworden: Er schützte nicht nur das Eigentum und Vermögen des hohen und niederen Adels, sondern brachte dessen Söhne oder verkrachte adlige Existenzen auch zuverlässig in respektablen Positionen des Staatsdienstes unter. In ähnlicher Weise fungierte die politische Sphäre als geschütztes Reservat und Revier der Spitzen der europäischen Aristokratie. Der Hof war sowohl Sitz und Brennpunkt der monarchischen Autorität und Prachtentfaltung als auch exklusive und hochgeschätzte gesellschaftliche und kulturelle Enklave, in der sich der Verkehr zwischen den Angehörigen der höchsten Kreise des Land-, Dienst- und Geldadels und ihr Wetteifern um die Gunst des Königs abspielten. Die Ziele und Motive dieses Verhaltens waren nicht gerade neu: Macht, Reichtum, Prestige. Ansehen und Verbindungen bei Hofe waren der Schlüssel zu den begehrten Pfründen im königlichen Haushaltsplan und zu den maßgeblichen Positionen.

Zwar gab es Unterschiede zwischen den einzelnen Höfen, beispielsweise in bezug auf den Grad ihrer Exklusivität – in Wien war man viel wählerischer und snobistischer als in Berlin –, aber die Intrige und die Rivalität waren allen gemeinsame Attribute. Der beständige Kleinkrieg zwischen den Höflingen und den verschiedenen Cliquen bei Hofe tat jedoch dem Nimbus und der Ausstrahlung dieser exemplarischen Institution der alten Ordnung nicht den geringsten Abbruch. Der Schein der Lauterkeit wurde teilweise dadurch gewahrt, daß man die höchsten und am stärksten der öffentlichen Aufmerksamkeit ausgesetzten Staatsämter mit hochkarätigen und reichen Aristokraten besetzte, die ebenso gebieterisch wie unbestechlich auftraten. In diesem Sinne wurden in der Regel nur Männer mit erstklassigem Stammbaum und Grundbesitz zu Ersten Kammerherren, Hofmarschällen, Obermundschenken, zu Zeremonien-, Hunde- und Stallmeistern oder zu Kommandeuren der Garderegimenter ernannt. Für namhafte Aristokratinnen war es selbstverständlich ein hochgeschätztes Privileg, als königliche Hofdame dienen zu dürfen.

Allen Monarchen gemeinsam war, daß alte, neue und Möchtegern-Aristokraten den Wunsch hatten, „hoffähig" zu sein, und das höchste der Gefühle war es für einen Höfling, wenn der König ihn mit einem Besuch in seinem Stadthaus oder auf seinem Landsitz beehrte. Dieses ritualisierte Gesellschaftsspiel war, so manieriert es sein mochte, doch keineswegs sinnentleert. Zunächst einmal mußte, wer mitspielen wollte, sowohl über Vermögen als auch über freie Zeit verfügen. Obgleich die Konventionen an allen Höfen einander ähnelten, gab es doch auch deutliche nationale bzw. dynastische Variationen. Am Wiener Hof galt ein äußerst strenges Protokoll. Neben der engeren und weiteren Familie Habsburg wurden nur Adlige, die direkte Abkömmlinge einer auf mindestens vierzehn blaublütige Generationen zurückblickenden Familie waren, zu den höchsten Ämtern und zu bestimmten exklusiven Zeremonien zugelassen, wie beispielsweise zu jenem bemerkenswerten Gründonnerstags-Ritual, bei dem Ihre Majestäten kniend zwölf alten Männern und zwölf alten Frauen die Füße wuschen. In St. Petersburg senkte man die Anforderungen und ließ Beamte und Militärs der fünf höchsten Rangstufen – nach 1908 nur noch der vier höchsten – zu den erlauchtesten Veranstaltungen zu. Übrigens wuchs zwischen der Mitte des 19. Jahrhunderts und der Jahrhundertwende die Zahl der den obersten vier Rängen angehörenden Beamten von 850 auf 1850 und die der zaristischen Zeremonien-, Jagd- und Stallmeister von 24 auf 213 an.

In den Hauptstädten, die Sitz königlicher und kaiserlicher Höfe waren, befanden sich auch die Schaltzentralen für die Kontrolle der offiziellen Kultur. Hier standen die staatlich unterhaltenen Opernhäuser, Konzertsäle und Theater; hier wurden Gemälde, Skulpturen und Möbel in Auftrag gegeben, ausgestellt und verkauft, öffentliche Gebäude, Monumente und Gärten errichtet und angelegt.

Die höfische Gesellschaft und die höfische Kultur stärkten ohne Zweifel die Stellung des Thrones als Gravitationszentrum nicht nur der nichtarbeitenden Klasse, sondern auch des gesellschaftlichen und politischen Systems mit seinen hierarchischen Autoritätsstrukturen. Auch jenen stockkonservativen Aristokraten und Junkern, die sich über die staatliche Förderung wirtschaftlicher und administrativer Modernisierungstendenzen ereiferten, blieb nichts anderes übrig, als ihre Loyalität zur Krone zu wahren. Während der Monarch das feudale Element in Staat und Politik zugleich verkörperte und beschirmte, fungierte sein Hof als Modell und Legitimationsinstanz für eine archaische Mentalität und einen Lebensstil, die beider gemeinsames Erbteil waren.

Zu den Monarchen und ihren Höfen gesellten sich noch die „Herrenhäuser" als effektive Bastionen des feudalen Elements bzw., im Falle Frankreichs, der *grands notables,* unter denen Aristokraten und Großagrarier die bedeutendste Gruppe bildeten. Diese exklusiven Parlamentskammern, von ihren Schöpfern als Bollwerke für die Verteidigung traditioneller Interessen und Privilegien gegen die konkurrierenden Ansprüche bürgerlicher Emporkömmlinge gedacht, verloren niemals die Merkmale ihrer Herkunft.

Vom französischen Senat abgesehen, der bereits zur Zeit der Jahrhundertwende ganz durch indirekte Wahl bestimmt wurde, beruhte die Mitgliedschaft in diesen Herrenhäusern auf Ernennung. Die wichtigsten Kriterien waren Geblüt, Reichtum und ein hohes öffentliches Amt; da die Mitgliedschaft in der Regel für die Lebenszeit galt, stellten normalerweise alte Männer die Mehrheit in diesen Kammern. Mit den üblichen Ausnahmen waren die Angehörigen dieser Standeskörperschaften der alten Elite Vertrauens- oder Lehnsleute des Monarchen, im Gegensatz zu den mehr oder weniger demokratisch gewählten Zweiten Kammern, von denen ihnen beständig Befugnisse und Zuständigkeiten streitig gemacht wurden. In fast allen Ländern stellten die Herrenhäuser eine Mixtur aus erblichen und vom Monarchen verliehenen Mandaten dar.

Einzig in Großbritannien beruhte die Mitgliedschaft im Oberhaus, von einigen wenigen von Bischöfen und Richtern gehaltenen Sitzen abgesehen, auf Erblichkeit. Allerdings konnte die Krone durch Ordensverleih und Titelvergabe auf die Zusammensetzung der Kammer Einfluß nehmen. Gleichwohl waren 1911 unter den 570 erblichen Peers des britischen Oberhauses lediglich 60 bis 65 Männer aus dem Geldadel, und wenn auch an die 100 Mitglieder dem *House of Lords* in erster Generation angehörten und nicht aus den Kreisen der Hocharistokratie und des Großagrariertums stammten – es handelte sich dabei zumeist um geadelte Staatsbeamte oder Politiker –, blieb das Oberhaus doch auch hier eine Zitadelle der grundbesitzenden Aristokratie. Nur 104 Peers bekannten sich zum Liberalismus, und unter ihnen waren 59, deren Ernennung weniger als 20 Jahre zurücklag.

Kein Wunder, daß das überaus konservative Oberhaus nach der Zweiten Reformakte von 1867 zunehmend dazu überging, die fortschrittlichen Gesetzesvorhaben liberaler Regierungen abzulehnen oder abzuändern. Unterbrochen von ruhigeren Perioden in den Amtszeiten konservativer Regierungen, setzte sich diese beständige Konfrontation zwischen Ober- und Unterhaus bis 1914 fort. Nach 1890 war sie besonders intensiv.

Zwischen 1892 und 1895 brachten die Lords Gesetzesvorhaben zu Fall, die eine Erweiterung der irischen Selbstbestimmung, eine stärkere lokale und regionale Selbstverwaltung in Schottland, eine Reform des für Grundvermögen geltenden Erbrechts und die Einführung einer Haftpflicht für Arbeitgeber vorsahen. Schon zu dieser Zeit forderten führende Liberale eine Beschneidung der Rechte und Zuständigkeiten des Oberhauses, denen keine verfassungsrechtlich fixierten Normen, sondern lediglich ein durch Tradition geheiligtes Gewohnheitsrecht zugrunde lag. Die Wahlen von 1906 brachten wieder einmal eine liberale Regierung zur Macht, die erste in der Geschichte Englands, deren Minister in ihrer Mehrzahl, einschließlich des Premierministers, Bürgerliche waren. Auf die Reformvorhaben dieser Regierung antworteten die Lords in ihrer gewohnten Weise mit hartnäckiger Obstruktion, zunächst gegen ein vom Unterhaus verabschiedetes Schulgesetz. Den Höhepunkt erreichte die Konfrontation im Jahr 1909, als das Oberhaus mit überwältigender Mehrheit den Haushaltsplan ablehnte. Dies war seitens der Lords eine bewußte Provokation des Unterhauses, dessen Zuständigkeit für die Staatsfinanzen im Laufe einer dreihundertjährigen Entwicklung zu einem anerkannten, wenn auch mit gewissen Vorbehalten und Unklarheiten behafteten Grundsatz geworden war. Die Liberalen revanchierten sich mit einer Parlamentsvorlage, die eine formale Beschneidung der Rechte der erblichen und ernannten Peers im Verhältnis zu den gewählten Abgeordneten des Unterhauses vorsah.

Den letzten Anstoß zu dem verwegenen Schritt der Lords hatte eine milde Grundsteuer gegeben, die der „radikalliberale“ Schatzkanzler Lloyd George in den Etatentwurf eingebaut hatte, vermutlich um die Lords zu einer Überreaktion zu verleiten. Er hatte erklärt, die Regierungsmacht werde in England nach wie vor von den „nichtarbeitenden Klassen“ monopolisiert, die „nichts anderes zu tun hätten, als andere Leute zu regieren“, und deren Macht darauf beruhe, daß sie jene „zehntausend Leute“ verträten, die „im Besitz des Bodens sind und uns zu unerwünschten Störenfrieden im eigenen Land [degradieren]“. Wie zu erwarten, zeigte sich die sonst so gelassene Gemeinde der Peers ob der geplanten Steuer und noch mehr ob der respektlosen Äußerungen des Schatzkanzlers erzürnt. Es kam zu einer Abstimmung im Oberhaus, bei der sich 112 weltliche Peers und 2 Bischöfe vehement für eine Kraftprobe mit dem gewählten Parlament aussprachen, von dem sie in ihrer Belagertenmentalität fürchteten, es werde der Kontrolle der alten Elite entgleiten und ihr die ihr seit alters her zustehende Macht entreißen. Wer waren diese Unbelehrbaren, die für das, was sie als eine Art letztes Gefecht um ihre politische Existenz betrachteten, nicht nur das Oberhaus, sondern auch König, Heer und Unionistenpartei mobilisieren zu können hofften? Es waren weder verarmte Aristokraten noch politische Hinterwäldler. Die weitaus überwiegende Mehrzahl der Grabenkrieger waren Großgrundbesitzer, und sie konnten zu den Ihrigen nicht wenige Geheimräte, ehemalige Minister, imperiale Prokonsuln, Funktionäre der Unionistenpartei und Anführer der neuen sozialimperialistischen Vereinigungen zählen. Unter den führenden Köpfen dieser aggressiven Bewegung zur militanten Verteidigung der alten monarchischen Ordnung befanden sich solche hochkarätigen Notabeln wie die Herzöge von Bedford, Norfolk, Somerset und Westminster, der Vierte Marquess von Salisbury, die Earls von Halsbury, Selborn und Plymouth, der Viscount Llandaff und die Lords Milner und Roberts.

Es dauerte zwei Jahre, bis die Lords sich unter dem Druck der Öffentlichkeit dazu durchrangen, sich von den Ultrakonservativen in ihren eigenen Reihen loszusagen und einem Gesetz ihre Zustimmung zu geben, das dem Veto des Oberhauses nur noch eine aufschiebende Wirkung beließ. Zu diesem Einlenken kam es freilich erst, nachdem die Regierung eine außerplanmäßige allgemeine Wahl anberaumt, Sir Arthur Balfour, der hochgeachtete Führer der konservativen Unterhausfraktion, sein ganzes politisches Gewicht für ein gütliches Arrangement in die Waagschale geworfen und der König die Möglichkeit angedeutet hatte, das Oberhaus mit kompromißbereiten neuen Peers zu besetzen.

Die Ultras, die hiermit lediglich das erste Scharmützel in ihrem Kampf um die Wiedergewinnung jener politischen Macht verloren zu haben glaubten, die ihnen für ihr wirtschaftliches, gesellschaftliches und kulturelles Überleben unverzichtbar erschien, gingen nunmehr daran, die nordirische Widerstandsbewegung für ihre Zwecke einzuspannen. Um sich für diese Gegenoffensive zu rüsten, sorgten sie zunächst dafür, daß der versöhnliche Balfour abgehalftert und durch den kompromißlosen Bonar Law ersetzt wurde, den ersten Parteiführer der Konservativen, bei dem sich eine bürgerliche Herkunft mit dem Fehlen jeglicher Nobilitierungsgelüste verband.

Während die konservativen unter den Lords die ihnen verbliebenen politischen Befugnisse dadurch strapazierten, daß sie 1912 und 1913 ihr aufschiebendes Veto gegen das neue Selbstverwaltungsgesetz für Irland (sowie gegen drei andere Gesetzesvorhaben) einlegten, hätte Bonar Law wohl am liebsten der außerparlamentarischen Opposition Sir Edward

Carsons helfend unter die Arme gegriffen. Carson und seine Knappen gingen nach der Ratifizierung des Nordirland-Abkommens daran, paramilitärische Freiwilligentruppen auszubilden und einen regelmäßigen Waffenschmuggel zu organisieren. Von hochstehenden Torys ermuntert und von der Krone nicht gezügelt, äußerte sich Englands Oppositionsführer und Schattenpremier zustimmend zu direkten Widerstandsaktionen gegen die Beschlüsse des Parlaments und den Willen des Gesetzes. 1912 warf Bonar Law der liberalen Regierung vor, sie sei „ein Revolutionskomitee, das sich durch politischen Betrug in den Besitz despotischer Macht gebracht" habe, und erklärte, es gebe „Dinge, die schwerer wiegen als parlamentarische Mehrheiten". Er versicherte ferner, falls den Nordiren die Selbstverwaltung aufgezwungen werde, würde dies ihnen „das Recht geben, mit allen ihnen zu Gebote stehenden Mitteln Widerstand zu leisten", und setzte schließlich hinzu, er könne sich „keinen Widerstandskampf Nordirlands vorstellen, der sich so in die Länge ziehen und solche Ausmaße annehmen würde, daß [ihm] die Bereitschaft abhanden käme, sie [die Nordiren] zu unterstützen". Ende 1913 forderte Law bei einer Rede in Dublin sogar die in Ulster stationierten britischen Truppen auf, den Gehorsam zu verweigern, sollte man ihnen eines Tages die gewaltsame Durchsetzung eines Autonomiestatuts befehlen. Diese und ähnliche Äußerungen prominenter konservativer Politiker in Großbritannien bildeten sicherlich mit einen Beweggrund für die Offiziersmeuterei auf der *Curragh* im März 1914.

Unterdessen überdehnte Georg V. seine Neutralität zugunsten der rebellierenden Nordiren, die ihm lauthals ihre Loyalität beteuerten, während sie doch zugleich die Gesetze mißachteten, auf deren Respektierung und Verteidigung er vereidigt war. Premierminister Asquith und seine engsten Berater versuchten, die Extremisten in Nordirland und ihre Gesinnungsgenossen und Helfer in England durch Zugeständnisse zu beschwichtigen. Tatsächlich befand sich das liberale Kabinett in einer Sackgasse, ebenso wie das parlamentarische System Englands als ganzes: Eine Strafverfolgung und Festsetzung des harten Kerns der protestantischen Kämpfer mochte als unausweichliche Konsequenz die Verhaftung Carsons nach sich ziehen, und ein Vorgehen gegen Carson konnte zu einem Vorgehen gegen Bonar Law, den Oppositionsführer, eskalieren. Die zum Krieg führende Krise vom Juli/August 1914 kam gerade rechtzeitig, um der liberalen Regierung und dem parlamentarischen System aus einer explosiven Zwangslage zu helfen. Die politische Aporie, in der man steckte, war eine direkte Folge der Weigerung der streitbaren grundbesitzenden Peers im Oberhaus und ihrer aggressiven Gesinnungsfreunde in der Unionistenpartei, eine wirksame Beschneidung ihrer auf keiner demokratischen Legitimation beruhenden politischen Privilegien hinzunehmen.

Wenn sich Englands Oberhaus bis ins zweite Jahrzehnt des 20. Jahrhunderts hinein so ungefügig zeigte, war schwerlich zu erwarten, daß sein deutsches Pendant weniger Widerspenstigkeit an den Tag legen würde. Da das Land Preußen innerhalb des Deutschen Reiches Hegemonialmacht war, besaßen seine parlamentarischen Körperschaften praktisch ebenso großes Gewicht wie die des Reiches. Das preußische Herrenhaus war in jeder Beziehung ein Geschöpf des Königs, der so viele Mandate vergeben konnte, wie er wollte, vorausgesetzt er verlieh sie auf Lebenszeit oder machte sie erblich. 1913 umfaßte das Herrenhaus 402 Sitze, die sich in 3 Kategorien gliederten. In der ersten Kategorie fanden sich 117 erbliche Fürsten und Prinzen königlichen Geblüts: 1 Oberhaupt des Hauses Hohenzollern, 22 Häupter von Fürstenhäusern des ehemaligen Heiligen Römischen Reiches, 51 Fürsten, Grafen und Herren sowie 43 Angehörige aristokratischer Familien, denen kraft königlichen Befehls eine „erbliche Berechtigung" zuteil geworden war. Die zweite Kategorie umfaßte 105 Abgeordnete auf Lebenszeit, von denen 4 höchste Staatsämter in Preußen bekleidet hatten oder noch bekleideten und die meisten anderen ebenfalls Persönlichkeiten des öffentlichen Lebens waren, die sich durch treue Dienste für die Krone ausgezeichnet hatten. Die übrigen 190 ebenfalls auf Lebenszeit verliehenen Mandate verteilten sich auf Personen, die von etablierten gesellschaftlichen Gruppen nominiert und durch königlichen Befehl bestellt wurden: 3 Kirchenvertreter, 126 Repräsentanten von Standesorganisationen adliger Grundbesitzer, 10 Universitäts- und 51 Städtevertreter.

Wenn man die Abgeordneten des preußischen Herrenhauses nach Standeszugehörigkeit und Berufsgruppen aufgliedert, ergibt sich, daß drei Viertel von ihnen adligen Geblüts waren. Selbst wenn man die 117 erblichen Mandate ganz außer acht läßt, kommt man allein schon auf 71 Großagrarier und 106 Offiziere, davon 59 pensionierte und 47 aktive. Daß eine solche Versammlung von Magnaten, Großgrundbesitzern und namhaften staatlichen Würdenträgern dem preußischen König und der autoritären Staatstradition mit äußerster Hingabe diente, liegt auf der Hand.

Das preußische Herrenhaus teilte seine Macht mit dem Landtag, einer Abgeordnetenkammer, von der man, wenn man sich ihre Zusammensetzung und den Modus, nach dem sie gewählt wurde, ansieht, sagen kann, daß sie eigentlich eine Art kleines oder zweites Herrenhaus war. Während in Deutschland auf Reichsebene der Grundsatz der allgemeinen und gleichen Wahl bereits verwirklicht war, herrschte in Preußen ein aus den Jahren 1849–1853 stammendes ungleiches, indirektes und nicht-geheimes Wahlrecht. Im Gegensatz zum Reichstag, der den feudalen Elementen so viel Kopfzerbrechen bereitete, wurde also die preußische Abgeordnetenkammer, die in Wirklichkeit eine erheblich größere Macht ausübte, nach einem Modus gewählt, den sogar Bismarck einmal als ausgesprochen „unsinnig und kläglich" charakterisiert hatte. Aber weder der Eiserne Kanzler noch einer seiner vier Amtsnachfolger – die, von einer kurzen Unterbrechung in der Amtszeit Caprivis abgesehen, immer zugleich auch das Amt des preußischen Ministerpräsidenten innehatten – nahmen je Anlauf zu einer gründlichen Reform dieses anachronistischen Wahlrechts, und sie unterließen dies vermutlich gerade deshalb, weil dieses Wahlrecht ihnen mit zuverlässiger Regelmäßigkeit ein zweites Herrenhaus im Gewande einer Volksvertretung bescherte.

Das preußische Wahlrecht war vor allem deshalb ungleich, weil die Wahlberechtigten eines jeden Wahlkreises nach ihrem Steueraufkommen in drei Klassen eingeteilt wurden: Die erste Klasse umfaßte diejenigen, die zusammen das „oberste" Drittel des Gesamtsteueraufkommens bestritten, die zweite diejenigen, die zusammen das „mittlere" Drittel aufbrachten, und die dritte diejenigen, die zusammen das „untere" Drittel beisteuerten, einschließlich derer, die überhaupt keine Steuern bezahlten. Diese drei Gruppen wählten getrennt, und zwar so, daß jede von ihnen in offener Mehrheitswahl ein Drittel der Wahlmänner bestimmte, die auf ihren Wahlkreis entfielen (auf jeweils 250 000 Einwohner kam ein Wahlmann). Die Wahlmänner wiederum wählten die Landtagsabgeordneten.

Jede Wahlklasse entsandte also, unabhängig davon, wieviele Wahlberechtigte sie enthielt, die gleiche Zahl von Wahlmännern. Das bedeutete natürlich, daß die Wohlhabenden und Herrschenden ein in Relation zu ihrem Bevölkerungsanteil ganz unverhältnismäßig großes Stimmgewicht besaßen. Legt man die für ganz Preußen ermittelten Durchschnittswerte von 1908 zugrunde, so wählten von jeweils 10 000 Wahlberechtigten 382 in der ersten, 1 386 in der zweiten und 8 232 in der dritten Klasse (1914: 3–5 %, 10–12 % und 85 %). Unter den insgesamt rund 29 000 Wahlkreisen waren 2 200, in denen die erste Klasse nur aus einem einzigen Wahlberechtigten bestand, so etwa in Essen aus dem Wahlberechtigten Krupp. Natürlich hatten sich in Preußen seit 1848 bedeutsame Bevölkerungsverschiebungen zugunsten der Großstädte und der Industriereviere vollzogen. Gleichwohl hatte man auf eine Neueinteilung der Wahlkreise weitgehend verzichtet, mit dem Ergebnis, daß die preußische Zweite Kammer in erster Linie eine Vertretung des ländlichen und agrarischen Preußen blieb. 1913 waren von 440 Abgeordneten allein 140, d. h. etwas mehr als 31 %, Grundbesitzer; ihnen standen 28 Industrielle und 9 Kaufleute gegenüber. Im Verhältnis zwischen Stimm- und Mandatsanteil der Parteien äußerte sich dieselbe Disproportionalität zwischen Stadt und Land: Während sich der 16,6-Prozent-Erststimmenanteil der Konservativen Partei in einem Stimmgewicht von 48,2 % in der Kammer niederschlug, kamen die Sozialdemokraten bei 23,8 % Erststimmen letztlich nur auf 1,4 % der Mandate. Die adligen Junker Ostpreußens waren im Grunde die Hauptnutznießer dieses Dreiklassenwahlrechts, konnten doch die Konservative und die Freikonservative Partei, die zentralen politischen Stützen des Junkertums, noch bei der Wahl von 1913 148 bzw. 54, zusammen also 202 der insgesamt 443 Mandate erobern. Dazu kam, daß es zwischen diesen Parteien und dem katholischen Zentrum, das eine erhebliche agrarische Schlagseite hatte und 103 Mandate gewann, gemeinsame Interessen gab. Daneben kungelten sie auch noch mit der „Industriepartei", den Nationalliberalen, die sich 73 Sitze gesichert hatten. Was die Sozialdemokraten betraf, so mußten sie sich mit lediglich 10 Mandaten zufriedengeben, obgleich sie fast ebensoviele Erststimmen erhalten hatten wie die Katholiken.

Dank des Dreiklassenwahlrechts und der in die Aufteilung der Wahlkreise fest eingebauten strukturellen Disproportionalität konnten die feudalen Elemente über ihre beherrschende Stellung im preußischen Herrenhaus, im Ministerrat, in der Verwaltung, im Militär und bei Hofe hinaus auch in der Abgeordnetenkammer einen bestimmenden Einfluß ausüben. Darüber hinaus stellte diese politisch weitgehend homogene Gruppe auch noch das preußische Abgeordnetenkontingent im Bundesrat, dem „Oberhaus" des Deutschen Reiches (dessen „Unterhaus" der Reichstag war). Die im Bundesrat vertretenen Delegationen repräsentierten freilich nicht die Bevölkerung der Bundesländer, sondern deren Regierungen. Nach der Reichsverfassung stand jedem Land eine bestimmte, ungefähr an seiner Größe, Bevölkerungszahl und allgemeinen wirtschaftlichen und politischen Bedeutung orientierte Anzahl von Bundesratsmandaten zu. So hatten beispielsweise die drei Freien Hansestädte jeweils einen Sitz, Braunschweig hatte zwei, Baden drei, Sachsen vier und Bayern sechs. Preußen war mit den siebzehn Sitzen, über die es verfügte, zwar proportional unterrepräsentiert, doch genügten sie, um ihm im Bundesrat ein entscheidendes Stimmgewicht zu verleihen: Die Führungsmacht des Deutschen Reiches hatte gemäß der Verfassung ein absolutes Vetorecht in Militär- und Steuerfragen, und seine siebzehn Stimmen reichten gerade hin, um Verfassungsänderungen verhindern zu können. Da Preußen ferner die drei Bundesratsstimmen von Waldeck und Braunschweig de facto dirigieren konnte, mußte es von Fall zu Fall nur noch zehn weitere Stimmen hinter sich bringen, um über eine absolute Mehrheit zu gebieten.

Der Bundesrat, in dem Preußen die Oberhand hatte, war keine beratende Versammlung, sondern eher ein Kollegium von Botschaftern der Bundesländer. Jedes Land bzw. jeder Landesfürst war darin durch eine Delegation vertreten, die aus ernannten Mitgliedern, zumeist Staatsbeamten, bestand und der gewöhnlich mindestens ein Minister, manchmal sogar der Ministerpräsident des betreffenden Landes, angehörte; die Vertreter eines Landes pflegten bei Abstimmungen als geschlossener Block und gemäß den ausdrücklichen Anweisungen ihrer Regierung oder ihres Fürsten zu votieren. Preußen stellte nicht nur das stärkste Bundesratskontingent; es profitierte machtpolitisch darüberhinaus von der Tatsache, daß der preußische König und deutsche Kaiser den Reichskanzler ernannte, der im Bundesrat den Vorsitz führte und ihm zugleich als Mitglied der preußischen Delegation angehörte. Schließlich besaß Preußen auch das Übergewicht in den zwölf Ausschüssen, die hinter verschlossenen Türen alle wichtigen Vorarbeiten für die legislative Tätigkeit des Bundesrats leisteten.

Soweit man davon sprechen kann, daß es im Deutschen Reich einen parlamentarischen Gesetzgebungsmechanismus gab, lag die wirkliche legislative Macht nicht so sehr beim Reichstag als vielmehr in den Händen jenes föderalistischen Vertretungsorgans. Denn der Kaiser ernannte den Reichskanzler, und dieser nutzte seine dominierende Position im Bundesrat, um seinen Gesetzesvorlagen hier eine Mehrheit zu verschaffen, Vorlagen, die er dann dem Reichstag unterbreitete. Die Zustimmung des demokratisch gewählten Reichstags zu einem Gesetz zu gewinnen, war zwar höchst wünschenswert, aber nicht unbedingt erforderlich, waren doch der Kanzler und seine Minister ausschließlich der Krone gegenüber verantwortlich, die, im Verein mit Reichsregierung und Bundesrat, die Nation im Namen und im Sinn der feudalistischen gesellschaftlichen und politischen Elite Preußens regierte.

Von ähnlich archaischem Zuschnitt waren die Ersten Kammern Österreichs und Ungarns. Im österreichischen Herrenhaus tummelten sich Prinzen und Fürsten aus der kaiserlichen Familie, Erzbischöfe und andere hohe Geistliche, Oberhäupter aristokratischer Großgrundbesitzerdynastien, die vom Kaiser mit einem erblichen Mandat belehnt waren, sowie 150–170 auf Lebenszeit berufene Notabeln. Ein ähnliches Bild bot der ungarische *Förendihaz* (Magnatentafel), das Oberhaus des ungarischen Parlaments; es war eine Versammlung von rund 300 gewichtigen adligen Magnaten, die, ebenso wie die höchsten Würdenträger der katholischen, protestantischen und griechisch-orthodoxen Kirche, erbliche Sitze innehatten; dazu kamen 50 weniger bedeutende Magnaten und 50 andere Persönlichkeiten mit Mandaten auf Lebenszeit. Zwar berief der Kaiser auch geadelte Unternehmer und Bildungsbürger in die Herrenhäuser von Wien und Budapest, doch blieben sie in diesen Domänen der grundbesitzenden Aristokratie ohne eigenständiges Gewicht.

Auch in Rußland gab es ein Herrenhaus, Staatsrat genannt. Der Zar ernannte die Hälfte seiner Mitglieder, zumeist aus den Reihen des hohen Beamtentums und der Generalität. Die andere Hälfte wurde von den Standesorganisationen der Großgrundbesitzer, von der Aristokratie, der Geistlichkeit und den Gouvernementszemstvos (in denen eine wenig fortschrittliche Provinzaristokratie den Ton angab) gewählt. Alles in allem gab es in diesem Organ nur achtzehn Sitze, die von Vertretern der Industrie, des Handels oder des Akademikertums eingenommen wurden.

Der italienische Senat wies viele Familienähnlichkeiten mit den bisher beschriebenen Ersten Kammern auf. Die Prinzen des Hauses Savoyen durften als automatische und bevorrechtigte Mitglieder dieser Körperschaft, der sie damit einen königlichen Stempel aufdrückten, natürlich nicht fehlen. Alle anderen Senatsmitglieder waren vom König – der sich dabei an einer Vorschlagsliste des Premierministers orientierte – auf Lebenszeit berufen. Unter insgesamt 360 bis 400 Senatoren waren 100 hohe Militärs, Staats- und Justizbeamte, 100 Ex-Abgeordnete (die mindestens 6 Jahre dem Parlament angehört haben mußten) und 100 vermögende Notabeln mit einem Steueraufkommen von mehr als 3000 Lire. Die restlichen 60 bis 100 Senatoren waren teils Vertreter der Bildungselite des Landes einschließlich der Universitäten, teils andere Persönlichkeiten, die der Nation besonders bemerkenswerte Dienste geleistet hatten. Da für den Senat keine Mitgliederzahl festgelegt war, konnten, wenn es darum ging, ein obstruktives oder aufschiebendes Veto des Senats gegen ein von der Camera (Abgeordnetenkammer) verabschiedetes Gesetz zu erreichen, so viele Senatoren, als man Stimmen brauchte, neu kreiert werden, wie es beispielsweise 1886, 1890 und 1892 geschah, als insgesamt 40 Neu-Senatoren ernannt wurden. Von den beiden Kammern war der Senat eindeutig die konservativere, nicht zuletzt wegen des beträchtlichen Gewichts der in ihm versammelten feudalen Elemente.

Selbst die obere Kammer des französischen republikanischen Regierungssystems wies noch Spuren dieser feudalistischen Erbschaft auf. Nach dem Sturz Louis Napoleons und der Niederschlagung der Kommune waren es vor allem die untereinander zerstrittenen Monarchisten, die auf die Institutionalisierung eines Senats drängten. Sie hofften, ein solches Oberhaus könne ein wirksames politisches Gegengewicht zu den radikalen Bestrebungen der Zweiten Kammer bilden und als eine Art trojanisches Pferd dienen, mit dessen Hilfe die alte Elite das sich entfaltende republikanische Regime unterwandern und in Richtung auf eine Restauration des Königtums hin würde umformen können. Während die Ultramonarchisten dieses Ziel mit einer zunehmend starreren Unversöhnlichkeit verfolgten, entschloß sich insbesondere die vom Herzog de Broglie angeführte rechte Mitte, unter dem Eindruck des sich stabilisierenden politischen Einflusses der Notabeln und der Bauern des ländlichen Frankreich, Thiers' Republik zu unterstützen, unter der Voraussetzung, daß ein zuverlässiger Senat die schlimmsten Auswüchse der Demokratie verhinderte. Kaum nötig zu sagen, daß die Einrichtung einer solchen Kammer, wie überhaupt jegliches Zugeständnis dieser Art, in den Augen der Ultrarepublikaner untragbar war. Allein, ungeachtet dieser radikalen Opposition – oder vielleicht gerade ihretwegen – entschlossen sich die pragmatischen Republikaner der linken Mitte, den Senat hinzunehmen, konnten sie sich damit doch die Loyalität der rechten Mitte gegenüber einer Republik erkaufen, deren konservativen Charakter zu bewahren beide, die linke und die rechte Mitte, gleichermaßen entschlossen waren.

Das Gesetz vom Februar 1875, das die Zusammensetzung des Senats regelte, stellte eine der bedeutsamsten Verfassungsoperationen dar, welche die junge Republik vornahm, und wurde zugleich zu einer ihrer tragenden Säulen. Von 300 Senatoren sollten 75 von beiden Kammern in gemeinsamer Sitzung (unter dem Etikett „Nationalversammlung") gewählt werden. Die übrigen 225 waren in den einzelnen Départements durch besondere Gremien für eine Amtszeit von 9 Jahren zu wählen, wobei jeweils im Abstand von 3 Jahren ein Drittel der Senatssitze neu besetzt werden sollte. Die Wahlkollegien in den Départements setzten sich aus Honoratioren zusammen, die bereits ein öffentliches Amt innegehabt hatten oder noch innehatten: aus Angehörigen der Abgeordnetenkammer und des Generalrats, Funktionären der Arrondissementsverwaltung sowie einem Vertreter aller zum Département gehörenden Gemeinderäte. Dieses System war so angelegt, daß es im Senat eine maßlose Überrepräsentation der Klein- und Provinzstädte gegenüber Paris und den anderen Großstädten erzeugen mußte. Der Senat wurde damit zu einer Domäne von Beamten und politischen Honoratioren, die das ländliche Frankreich, die Dörfer und Kleinstädte mit zwischen 600 und 5000 Einwohnern, repräsentierten, eine soziale Welt, in der sich Veränderungen bis 1914 so gemächlich wie eh und je vollzogen und deren wirtschaftlicher, gesellschaftlicher und kultureller Konservatismus seinen Rückhalt bei den Großagrariern, Landwirten und Kleinbauern des umliegenden Landes hatte.

Der Senat war denn auch keineswegs eine bloß dekorative und politisch ohnmächtige Institution. Zu seinen Kompetenzen gehörte unter anderem, daß er in gemeinsamer Sitzung mit der Zweiten Kammer den Präsidenten der Republik wählte, und die konservativen Neigungen, die im Senat vorherrschten, trugen sicherlich ihren Teil dazu bei, daß im Januar 1913 Poincaré in dieses Amt gewählt wurde. Dazu kam, daß die von der Abgeordnetenkammer verabschiedeten Gesetze der Zustimmung des Oberhauses bedurften, ganz abgesehen von dessen Initiativrecht in allen außerfiskalischen Bereichen. Das Oberhaus bewies in dieser Beziehung eine bemerkenswerte Fähigkeit, den Gesetzgebungsprozeß zu verzögern, ja zu lähmen. Insbesondere nach 1907 blockierte der Senat systematisch alle Anläufe zu sozialen, steuerlichen und wahlrechtsbezogenen Reformen und widersetzte sich auch einer Herabsetzung der Militärdienstzeit von drei auf zwei Jahre, was als Bestandteil einer umfassenden, von Poincaré dirigierten Kampagne zur „sozialen Selbstverteidigung" zu verstehen war. Es ist offenkundig, daß der Senat es darauf angelegt hatte, gegenüber dem dynamischen das stagnierende, gegenüber dem großstädtischen das ländliche Frankreich zu bewahren, nicht nur durch konservatives Beharren auf dem Bestehenden, sondern auch durch offensives Handeln, und daß er damit zu einer politischen Aporie beitrug, an der jede noch so hoffnungsvoll gestartete Regierung scheitern mußte.

Von allen Institutionen der politischen Sphäre Europas waren die Abgeordnetenkammern die einzigen, die den Pulsschlag von Industrie und Handel, der sich am stärksten in den rasch wachsenden Großstädten, Industrierevieren und Bergbaugebieten bemerkbar machte, registrierten und etwas für diese aufstrebenden Bereiche taten. In einem breiten europäischen Rahmen betrachtet, wurden diese Volksvertretungen jedoch nicht nur in ihrer politischen Wirksamkeit erheblich behindert, sondern mußten sogar um ihren politischen Fortbestand kämpfen. Ungeachtet eines mehr oder weniger demokratischen Wahlrechts waren die wahltechnischen Voraussetzungen in allen Ländern Europas so, daß die ländlichen Regionen in den Volksvertretungen überproportional stark repräsentiert waren. In England und Frankreich, wo ein allgemeines und gleiches (männliches) Wahlrecht galt, hat diese Verzerrung zugunsten der bäuerlichen Bevölkerung dem Machtkampf zwischen Herrenhaus und Volksvertretung in den Jahren 1910–14 möglicherweise etwas von seiner Schärfe genommen. In Deutschland und Österreich wiederum, wo die Volksvertretung ebenfalls demokratisch (allerdings ohne Frauenstimmrecht) gewählt wurde, hatte die nämliche Verzerrung zur Folge, daß den fortschrittlichen Kräften der Kampf gegen den Absolutismus zusätzlich erschwert wurde. Das führte dazu, daß der deutsche Reichstag, wie sich Mitte 1914 offenbarte, zu einem politischen Fliegengewicht degenerierte, während der österreichische Reichsrat, abgesehen davon, daß ethnische Konflikte seine Kräfte lähmten, im kritischen Augenblick auf unbestimmte Zeit in Ferien geschickt wurde. In Ungarn ebenso wie in Rußland war das Wahlrecht bewußt so gestaltet, daß der grundbesitzende Stand in den Volksvertretungen auf jeden Fall eine unangefochtene Mehrheit behielt. Gleichwohl wurde die ungarische Abgeordnetenkammer (Képriselöhaz) 1914 vertagt, wogegen die Duma in St. Petersburg formell weiter in Funktion blieb. In Rom bewirkte, Mitte 1912, die überstürzte und politisch unüberlegte Einführung des allgemeinen (männlichen) Wahlrechts, die die Zahl der Wahlberechtigten über Nacht auf das Vierfache erhöhte, die weitere Destabilisierung einer ohnehin schon seit ihrer Geburt mit dem Makel der Unbeständigkeit behafteten *Camera*.

Das Prinzip des allgemeinen männlichen Stimmrechts für die Volksvertretung setzte sich nur allmählich durch. Während es in Frankreich

1875 neuerlich bestätigt und verankert wurde, entwickelte es sich in England in drei Etappen zwischen 1867 und 1918. Deutschland führte es 1871, Österreich 1907 und Italien 1912 ein. In Rußland verhalf die Revolution von 1905 dem allgemeinen Wahlrecht zu einem überraschenden Durchbruch, der jedoch nur eine kurze Episode blieb. In Ungarn stemmte sich die magyarische Oberschicht entschlossen gegen das demokratische Stimmrecht und nahm als Preis dafür sogar das Weiterbestehen der österreichischen Oberhoheit in Kauf. Nur in England, Frankreich und Deutschland wurde die Verknüpfung des Stimmrechts mit bestimmten Anforderungen bezüglich Vermögen, Steueraufkommen und Bildung noch vor der Jahrhundertwende abgeschafft. Das änderte jedoch nichts daran, daß auch in diesen drei Ländern bei Parlamentswahlen aufgrund einer unausgewogenen Einteilung und Gewichtung der Wahlkreise die Dörfer und Provinzstädte gegenüber den Großstädten, die Landwirtschaft gegenüber der Industrie begünstigt wurde. Auf dem Land waren ferner die traditionellen paternalistischen und religiösen Autoritätsmechanismen nach wie vor wirksam und beeinflußten das Wahlverhalten. Da die Bereitschaft der einfachen Leute, die privilegierte Stellung Höhergeborener zu respektieren und ihnen Gefolgschaft zu leisten, in kleinen, traditionell geprägten und sich nur langsam wandelnden ländlichen und provinziellen Gemeinwesen weitaus größer war als in den rasch wachsenden, geschäftigen Städten, wirkten sich diese Autoritätsmechanismen bei Wahlen vorzugsweise zugunsten provinzieller Notabeln und Honoratioren aus.

Die Geistlichen – Priester, Pastoren, Rabbis – waren als geachtete und einflußreiche Mitglieder lokaler und provinzieller Führungsgruppen im besonderen Maße prädestiniert, die politische Willensbildung ihrer Gläubigen zu steuern, und sie taten dies in der Regel zum Vorteil der Repräsentanten feudaler, agrarischer und vorindustrieller Elemente. In dem Maße, wie das Wahlrecht sich demokratisierte und die politischen Parteien für die Mittelschichten, das Kleinbürgertum und das Proletariat der Städte an Bedeutung und Anziehungskraft gewannen, verstärkten die Gottesmänner ihre Anstrengungen, ihr Prestige und ihre Autorität zugunsten der konservativen Kräfte im allgemeinen und der feudalen Elemente im besonderen in die Waagschale zu werfen. Von Frankreich abgesehen, gelang es den der alten Ordnung verpflichteten politischen Führern überall in Europa, die Autorität nicht nur des Altars, sondern auch der Krone, des Schwerts und der Fahne für ihre Zwecke zu nutzen. Und selbst in Frankreich wurde die katholische Kirche ungeachtet des erklärten Antiklerikalismus der Republik, zusammen mit den Streitkräften, der Trikolore und dem Kolonialismus für die Republikaner zu einem zunehmend wichtigeren mäßigenden Faktor.

Die Wahlrechtsreformen der letzten drei Jahrzehnte des 19. Jahrhunderts trugen sicherlich zur Beschleunigung des politischen Machtverfalls der grundbesitzenden Elite in England bei. Noch 1868 waren zwei Drittel aller Mandate im britischen Unterhaus, schwerpunktmäßig natürlich auf der rechten Seite des Hauses, im Besitz größtenteils vermögender und hocharistokratischer Grundeigentümer. Im Verlauf der achtzehn Jahre bis 1886 reduzierte sich diese Quote auf die Hälfte der Sitze, und nach 1906, als das demokratisierte Wahlrecht zu wirken begann, verringerte sich das quantitative Gewicht dieser Gruppe auf einen Anteil von etwas mehr als 10% an der Gesamtheit der Abgeordneten. Natürlich hing dieser Rückgang eng mit den Wahlerfolgen der Liberalen Partei zusammen, der die grundbesitzende Elite längst den Rücken gekehrt hatte, um sich den Konservativen anzuschließen. Die Partei der Konservativen/Unionisten wurde in der Tat zum Begegnungsforum für die alte Landaristokratie einerseits und den neuen Industrie- und Geldadel andererseits. Wenn der Großgrundbesitz innerhalb dieser mächtigen Interessenkoalition auch sein numerisches Übergewicht einbüßte, so vermochte er doch einen großen Teil seines Einflusses und seiner Macht zu bewahren, nicht zuletzt dank der großen politischen Autorität, die er auf dem Lande genoß. In Anbetracht der Tatsache, daß sie sich der fortbestehenden Ergebenheit ihrer Pächter sicher sein konnten, blieben die aristokratischen Grundbesitzer gerade in den „rückständigen" Grafschaften politisch dominierend, die an Stimmgewicht die städtischen Wahlbezirke nach wie vor übertrafen und insbesondere den Konservativen einen großen Stimmenanteil bescherten. Noch 1902 waren 50, 1910 immerhin noch 26% aller Unterhausabgeordneten der Konservativen Partei Grundeigentümer – bei der Liberalen Partei waren es starke 7%.

Mit der abnehmenden Zahl adliger Grundbesitzer unter den Parlamentskandidaten und -abgeordneten nahm aber die politische Macht der grundbesitzenden Klassen keineswegs ab. Vor allem in konservativen Regierungen nahmen sie und ihre Verbündeten weiterhin Schlüsselpositionen ein. Bis 1905 stellte der Adel in allen britischen Kabinetten mehr als die Hälfte der Minister; erst als die Liberalen unter Führung Campbell-Bannermans, von der Labour-Partei und den Iren toleriert, die Regierung zu stellen begannen, gerieten die alten Aristokraten in den Kabinetten in die Minderzahl. Schließlich fand 1908 auch ihr Monopol auf den Posten des Premierministers sein Ende, als Asquith als erster „Gemeiner" seit Disraeli dieses höchste Amt erklomm.

Die Liberale Partei und die von ihr gestellten Regierungen wiesen einen erheblich geringeren Anteil an Aristokraten auf, besonders nachdem viele vormals den Whigs verbundene Notabeln zu den Tories abgewandert waren. 1910 waren nur noch 7% der liberalen Unterhausabgeordneten Grundbesitzer, während 66% aus Handel und Industrie und 23% aus den Reihen des Bildungsbürgertums und der freien Berufe kamen. Die Partei hatte ihre „Massenbasis" im Bürgertum der Mittel- und Großstädte, und viele ihrer Führer entsprachen dieser soziologischen Zuordnung.

Gleichwohl waren die Liberalen alles andere als eine reine Bürgerpartei. Campbell-Bannerman war der Sohn eines wohlhabenden Geschäftsmannes, der sich nach dem Erwerb eines Guts in Schottland den Titel James Campbell of Strathcaro gesichert hatte, Asquith war ein Rechtsanwalt mit aristokratischen Ambitionen. Obgleich in ihren beiden liberalen Regierungen, die zwischen 1906 und 1916 amtierten, bürgerliche Minister in der Überzahl waren, stammten doch 49% aller Mitglieder dieser Regierungen (in absoluten Zahlen: 25 von 51) aus Familien mit einem erblichen Titel; oder, um einen strengeren Maßstab anzulegen: 34% der liberalen Minister entstammten Familien, die seit mindestens zwei Generationen einen erblichen Titel führten. Darüber hinaus hatten von den 51 Ministern der drei liberalen Regierungen 20 in Oxford und 16 in Cambridge studiert; 25 hatten eine der besonders angesehenen höheren Schulen besucht, darunter 12 die Eliteschule in Eton und 5 jene in Harrow. Diesen Schulen kam insbesondere die Aufgabe zu, die Söhne namhafter und erfolgreicher Bürgerlicher zu integrierten Vasallen einer herrschenden und regierenden Klasse zu erziehen, die – in ihrem Ethos noch weit ausgeprägter als in ihrer sozialen Zusammensetzung – nach wie vor aristokratisch geprägt war. Dazu kam, daß ungeachtet der prominenten Rolle, die einige wenige bürgerliche Politiker eher bescheidenen Herkommens vor allem unter Asquith spielten, die meisten Kabinettsmitglieder entweder durch Erbschaft oder durch Heirat vermögend geworden und damit in das gehobene Bürgertum aufgerückt waren. Normalerweise bedeutete das eine engere Bindung an die alte aristokratische Elite als an die bürgerlichen Gruppen, die ihre politische Basis bildeten.

In Frankreich prägten die Besorgnisse um die gesellschaftliche Ordnung und die Angst vor dem politischen Radikalismus, die 1875 bei der Einrichtung des Senats Pate standen, auch dem Wahlverfahren für die Abgeordnetenkammer ihren Stempel auf. In bezug auf die Großstädte hatten selbst die Republikaner gemischte, um nicht zu sagen bange Gefühle, von den Monarchisten und den Männern der rechten Mitte ganz zu schweigen. Gewiß waren es gerade die wirtschaftlich dynamischen Teile Frankreichs und namentlich die großen Städte, allen voran Paris, wo die Republikaner in der Spätphase des Kaiserreichs und nach dem Fall Sedans ihr politisches Glück gemacht hatten. Doch dann übernahmen die Kommunarden nicht nur in der Hauptstadt, sondern auch in Lyon, Marseille und Bordeaux die Herrschaft, mit der Folge, daß die Republikaner die städtischen Massen nicht nur zu fürchten, sondern auch zu verabscheuen begannen. Es kann kein Zweifel daran bestehen, daß Thiers und seine rechtskonservativen Anhänger auf die Pariser Kommune mit einer bewußten Überreaktion antworteten und etwas, von dem sie wohl wußten, daß es der patriotisch inspirierte Ausbruch eines jakobinischen Republikanismus war, als einen barbarischen Aufstand unversöhnlicher Sozialisten brandmarkten. Trotzdem schlossen sich die Republikaner fast ausnahmslos den Versaillern an und billigten stillschweigend selbst deren schlimmste Exzesse während und nach der berüchtigten Blutwoche im Mai 1871.

Jedenfalls legten die Republikaner, in den logischen Zwängen ihrer Politik der präventiven Konterrevolution gefangen, unfähig, sich Thiers' zu entledigen, und voller Furcht vor den städtischen Proletariermassen, großen Wert darauf, die Großstädte in den Griff zu bekommen, und sie suchten dies dadurch zu bewerkstelligen, daß sie für eine Überrepräsentation des ländlichen Frankreich und des Kleinbürgertums der Provinzstädte in der Abgeordnetenkammer sorgten. Dementsprechend wurde das Wahlsystem so gestaltet, daß in beiden Häusern des Parlaments das immobile über das dynamische Frankreich dominieren konnte.

Gewiß, die Zahl der großen und mittleren Grundeigentümer in der Abgeordnetenkammer ging von 25 % (absolut: 141 von 576 Abgeordneten) im Jahr 1889 auf 15 % (90 von 597) im Jahr 1910 zurück. Indes, während diese Repräsentanten der kommerzialisierten Sektoren der französischen Landwirtschaft in der Tat beträchtlich an Boden verloren, galt dies nicht für die Vertreter des Kleinbauerntums und der Kleinpächter und ebensowenig für die diesen sehr nahestehenden unteren Mittelschichten der Provinzstädte. Die Wahlordnung teilte das Land in Arrondissements ein, von denen jedes einen Abgeordneten entsenden durfte. Ein Arrondissement mit mehr als 100 000 Einwohnern hatte Anspruch auf einen zusätzlichen Repräsentanten für jedes angefangene Hunderttausend, so daß in diesen Fällen praktisch neue Arrondissements entstanden. Diese Regelung führte an und für sich schon zu einer überproportionalen Repräsentation ländlicher Regionen, da es auf dem Lande viele Arrondissements mit viel weniger als hunderttausend und eine ganze Reihe mit nur einigen tausend Einwohnern gab. Das nördliche Frankreich entsandte 1875 bei einer Bevölkerungszahl von 19 Millionen lediglich 220 Abgeordnete, während auf die weniger industrialisierte und an Großstädten ärmere südliche Landeshälfte mit ihren 16 Millionen Einwohnern 280 Deputierte entfielen. Bei einer um 2 Millionen geringeren Bevölkerungszahl entsandte der Süden also 60 Abgeordnete mehr als der Norden.

Dazu kam, daß das Arrondissement-System, nach dem, von der Wahl des Jahres 1885 abgesehen, in Frankreich bis 1919 gewählt wurde, die ländlichen Notabeln begünstigte. Die ungebrochene Ehrfurcht, Loyalität und Untertanenmentalität der Landbevölkerung sicherte den alteingesessenen adligen Grundherren den Fortbestand ihrer Dominanz, zumal sie in den meisten Fällen mit einer ihren Interessen wohlgesonnenen örtlichen Geistlichkeit rechnen konnten, die in der beneidenswerten Lage war, Wähler und Wahlergebnisse beeinflussen zu können. Nichtsdestotrotz gelang es im Lauf der Zeit den „neuen" Notabeln der dezentralisierten Radikalen Partei, die „alten" an Bedeutung zu überflügeln. Die Politiker dieser Partei verdankten die Autorität, die sie auf dem Lande und in den Dörfern genossen, der Tatsache, daß sie in den Provinzstädten sei es als Akademiker – Rechtsanwälte, Notare, Ärzte, Tierärzte –, sei es als Getreide-, Wein- oder Viehhändler, angesehene Männer waren. Diese „Provinz-Bourgeois" behaupteten, darin den altehrwürdigen Grundherren und den Priestern nicht unähnlich, das Denken und die Interessen der Bauern besonders gut verstehen und einschätzen zu können. In der Abgeordnetenkammer bildeten diese nicht-städtischen Bürger, die in der Mehrheit opportunistische Republikaner waren, zusammen mit den adligen Grundherren, zumeist heimlichen oder erklärten Monarchisten, einen Agrarblock, dessen Stärke sich von 300 Abgeordneten um das Jahr 1890 auf 200 um das Jahr 1910 reduzierte.

Als in den Kreisen des konservativen Frankreich namentlich nach der Dreyfus-Affäre die Angst vor den als bedrohlich empfundenen Folgen einer zunehmenden Industrialisierung und Verstädterung größer wurde, scharten sich die Royalisten zähneknirschend um die Republik, und die Radikalen dämpften ihren Antiklerikalismus. In politisch wie wirtschaftlich normalen Zeiten bildeten die agrarischen Elemente in Frankreich stets eine der tragenden Säulen zentralistischer Regierungen, die mit pragmatischen, konservativen wirtschafts- und sozialpolitischen Maßnahmen eine Verbesserung der Zustände anstrebten. In unruhigen Zeiten jedoch, in denen sich das politische Feld polarisierte, gebärdete sich der agrarische Block als Stoßtrupp eines starren, um nicht zu sagen reaktionären Konservatismus. Die Wählerstruktur und Wählerverteilung des ländlichen Frankreich war natürlich sehr uneinheitlich: Die Variationsbreite in bezug auf wirtschaftliche Strukturen, Besiedlungsdichte, Religiosität und politische Tradition war sehr groß; während der Westen, das Zentralmassiv und der Osten entschieden monarchistisch und klerikal waren, überwogen im Süden, im Norden, in Mittelfrankreich und in der Region Paris der Republikanismus und eine eher zurückhaltende Religiosität. Gleichwohl, auch die „linken" unter den ländlichen Regionen Frankreichs waren in wirtschaftlicher, sozialer und kultureller Hinsicht relativ gemäßigt, und dies nach der Jahrhundertwende noch mehr als zuvor.

Obgleich der deutsche Reichstag ein Parlament mit gebundenen Händen war, hielten die Regierenden in Berlin es für nötig, die Modalitäten des Wahlvorgangs so zu gestalten, daß sich das Stimmgewicht der städtischen und industriellen Wahlkreise nicht in einer entsprechenden Mandatszahl niederschlug. Von Beginn an (1871) gab es zwischen den 397 Wahlkreisen, die jeweils einen Abgeordneten entsandten, schwerwiegende Unterschiede. Es gab zwar eine allgemeine Bestimmung, derzufolge jeder Wahlkreis ungefähr 100 000 Einwohner haben sollte, was etwa 20 000 Wahlberechtigten entsprach. In Wirklichkeit jedoch gab es viele Wahlkreise, deren Einwohnerzahl weit über oder weit unter dieser Marke lag, und diese Abweichungen von der Norm nahmen mit der Zeit noch zu. Während die Bevölkerung des Deutschen Reichs zwischen 1870 und 1914 von 40 auf 65 Millionen Menschen anstieg, blieben Anzahl und Einteilung der Wahlkreise bis zum Ende der Kaiserzeit unverändert. Die Konservativen und die Katholiken, deren Parteien im ländlichen Deutschland ihre soliden Hochburgen hatten, widersetzten sich standhaft jeder Wahlkreisreform, aus Angst, einen Teil ihres Repräsentationsvorsprungs gegenüber den Großstädten einzubüßen, die nicht nur selbst die Hauptschauplätze der explosiven Bevölkerungsvermehrung waren, sondern auch die Hauptziele der internen Bevölkerungswanderung.

Im Zeichen des föderativen Prinzips verstand es sich fast von selbst, daß selbst Zwergstaaten wie Schaumburg-Lippe oder Waldeck, die beide nur etwa 10 000 Wahlberechtigte zählten, Anrecht auf einen eigenen Reichstagssitz hatten. Doch nicht sie waren es, die am stärksten zur Überrepräsentation der ländlichen Regionen beitrugen, sondern die ganz oder teilweise dünnbesiedelten Länder Ostpreußen, Pommern, Schlesien und Posen. Trotz einer stagnierenden oder gar rückläufigen Bevölkerungszahl blieb es in diesen Ländern bei der einmal eingeführten Wahlkreiseinteilung und somit auch bei der Zahl der in den Reichstag entsandten Vertreter. Von daher verwundert es nicht, daß die Konservativen 1907 45 ihrer 60 Mandate in diesen Gebieten errangen, und daß 1912 nur 4 der von ihnen gewonnenen 43 Wahlkreise außerhalb Preußens lagen. Die feudalistischen und agrarischen Elemente in diesen und anderen ländlich geprägten Bezirken widersetzten sich ihrerseits allen Versuchen, der rasch anwachsenden Bevölkerung der west- und mittelpreußischen und der sächsischen Industriegebiete sowie großstädtischer Ballungsräume wie Hamburg, Bremen und natürlich Berlin durch Anpassung der Wahlkreise mehr Stimmgewicht zu geben. Während in den agrarischen Regionen die Zahl der Wahlberechtigten über unseren gesamten Betrachtungszeitraum hinweg im wesentlichen unverändert und unterhalb des nationalen Durchschnitts blieb (1912: 15 500 pro Wahlkreis), stieg sie im Wahlkreis Bochum auf über 100 000 und in einem der Wahlkreise der Reichshauptstadt auf über 200 000. Groß-Berlin konnte trotz einer Zahl von nahezu einer Million Stimmberechtigten nach wie vor nur 8 Abgeordnete in den Reichstag entsenden.

Diese Nicht-Anpassung des Wahlsystems an die Bevölkerungsentwicklung vervielfachte praktisch das Stimmengewicht der konservativen

Wähler. Im Durchschnitt benötigten die konservativen Parteien bei der Wahl von 1907 für jeden ihrer 60 Reichstagssitze 26 000 Stimmen (bei den 20 in Preußen gelegenen Wahlkreisen, die sie gewannen, waren es sogar nur 10 500 Stimmen pro Mandat). Die Sozialdemokraten hatten es da viel schwerer. Obgleich sie in Preußen doppelt so viele Stimmen errangen wie die Konservativen, brachten sie damit nur sechs Abgeordnete ins Parlament; mit durchschnittlich 77 500 benötigten sie pro gewonnenem Mandat siebenmal so viele Stimmen wie die Konservativen. Auf Reichsebene betrachtet, war die Benachteiligung längst nicht so eklatant, aber doch vorhanden. Von den 43 sozialdemokratischen Abgeordneten vertrat jeder durchschnittlich 69 000 Wähler, d. h. 43 000 mehr als jeder ihrer konservativen Kollegen. Auch das Zentrum erzielte dank seiner ländlichen Hochburgen eine günstigere Proportion zwischen Stimmenzahl und Mandatszahl – mit nahezu der gleichen Anzahl von Erststimmen, wie die Sozialdemokraten sie verbuchten, konnte das Zentrum zweieinhalbmal so viele Mandate erringen; jeder Zentrumsabgeordnete repräsentierte durchschnittlich 29 600 Wähler, so daß die Katholiken der Repräsentationsquote der Konservativen relativ nahe kamen.

Bei der Wahl von 1912 konnten die Sozialisten zwar relativ besser abschneiden, indem sie mit 4,25 Millionen Wählerstimmen 110 Wahlkreise eroberten. Doch das bedeutete noch immer, daß sie mit 34,8 % aller Erststimmen lediglich 28 % der Abgeordneten stellten und daß jeder ihrer Abgeordneten im Durchschnitt noch immer 40 000 Wähler vertrat. Wenn die Wahl von 1912 für die Sozialdemokratie einen Sieg brachte, dann war es ein wertloser Sieg, dessen ihre Führer nicht froh wurden: Abgesehen davon, daß der Reichstag politisch ohnmächtig war, waren die Sozialisten nicht einmal mit der stärksten Parlamentsfraktion ihrer Geschichte in der Lage, die Modalitäten des Reichstagswahlrechts zu ändern und das preußische Dreiklassenwahlrecht abzuschaffen und damit dem *ancien régime* zwei seiner herrschaftssichernden Instrumente zu entwinden.

In den übrigen europäischen Ländern, die überwiegend agrarisch geprägt waren und in denen das Wahlrecht entweder nur sehr allmählich demokratisiert wurde oder auf eine Minderheit beschränkt blieb, trat die Begünstigung der feudalistischen und agrarischen Elemente kaum weniger deutlich zutage. In Italien waren unmittelbar nach der nationalen Einigung nicht einmal 2,5 % der Bevölkerung wahlberechtigt. Zum ersten Mal reformiert wurde das Stimmrecht im Januar 1882: Die Reduzierung des Steuerzensus von 40 auf 19 Lire und des Wahlalters von 24 auf 21 Lebensjahre führte zu einer Verdreifachung der Zahl der Wahlberechtigten auf 2 Millionen bzw. 6,9 % der Bevölkerung; 1,2 Millionen oder 60 % von ihnen machten von ihrem Stimmrecht Gebrauch. Während die Lese- und Schreibprüfung in vollem Umfang beibehalten wurde – bei einer Analphabetenrate von 62 % (wobei noch zu berücksichtigen ist, daß sich das Analphabetentum im Süden des Landes und in den ländlichen Regionen konzentrierte) –, wurden die steuerlichen Anforderungen für alle diejenigen, die Hypothekenzinsen oder Mietzahlungen in einer bestimmten Mindesthöhe leisteten, ebenso aufgehoben wie für Akademiker, Professoren und Inhaber hoher Ämter, für einen Personenkreis also, der in der Regel ohnehin wohlhabend war. Das ganze System begünstigte in jedem Fall allerorten die eingesessenen Notabeln, die sich ihrer traditionellen paternalistischen Autorität – gegebenenfalls ergänzt und aufgefrischt durch Wahlgeschenke – bedienten, um die kleine Gruppe der Wahlberechtigten ihres Bezirks für sich zu gewinnen und bei der Stange zu halten. Da bis zur Jahrhundertwende selbst in Norditalien eine industrielle Bourgeoisie praktisch nicht existierte, dominierten in den Großstädten einstweilen noch die traditionellen Patrizierfamilien. Diese städtische Oberschicht, ein Gemisch aus Großgrundbesitzern, Großkaufleuten und hohen Beamten, übte eine unangefochtene Herrschaft über ein Kleinbürgertum aus, dessen politische Mitwirkungsmöglichkeiten bescheiden waren und nur zögernd genutzt wurden.

Nachdem 1892 der Anteil der Wahlberechtigten auf 9,5 % der Gesamtbevölkerung angestiegen war, wurden rund 900 000 Personen wegen ungenügender Lese- und Schreibfähigkeit aus den Wahllisten gestrichen, mit der Konsequenz, daß der Anteil bei den Wahlen von 1895 und 1897 wieder unter 7 % betrug. Die Sozialisten und die fortschrittlichen Demokraten drängten unterdessen auf die Einführung des unbeschränkten (männlichen) Wahlrechts. Schließlich ließ Giolitti im Juni 1912, zu einem Zeitpunkt, da die Analphabetenrate auf 38 % gesunken war und von Jahr zu Jahr stärker zurückging, das allgemeine Wahlrecht institutionalisieren; er tat diesen Schritt im Rahmen seiner Strategie der präventiven Integration der städtischen und ländlichen Unterschichten in die bestehende gesellschaftliche und politische Ordnung. Die Gefahr der Destabilisierung schien zu schwinden, als Papst Pius X. es der Kirche gestattete, auf das *non expedit* zu verzichten, mit dem sie bis dahin vor einer Kandidatur für die Kräfte der Ordnung gewarnt hatte. Natürlich unternahmen Sozialisten, Syndikalisten und Anarchisten alle denkbaren Anstrengungen, um das städtische und ländliche Porletariat sowie Teile der Handwerkerschaft auf ihre Seite zu ziehen. Doch die – geistlichen und weltlichen – politischen Führer des Katholizismus verstanden es, die linken Kräfte zu neutralisieren, indem sie die Masse der Klein- und Mittelbauern, die noch immer zu einem beträchtlichen Teil Analphabeten waren, und das Kleinbürgertum der mittleren und großen Städte für die Sache der Ordnung mobilisierten; zwischen diesen Blöcken blieb für eine gemäßigt reformistische Regierung der nötige Spielraum, um Politik zu machen.

Unter den Bedingungen des neuen Wahlrechts wuchs die Zahl der

Stimmberechtigten von 2,9 Millionen im Jahr 1909 auf 8,4 Millionen im Jahr 1913 an. Im Gentilone-Pakt legitimierte die katholische Kirche ihre Funktionäre und Gläubigen zur Stimmabgabe nicht nur für die Konservativen, sondern auch für die Liberalen, sofern sich in einem Wahlkreis die Gefahr abzeichnete, daß bei einem Kopf-an-Kopf-Rennen zwischen drei Parteien der Kandidat der fortschrittlichen Kräfte, die ja immer auch antiklerikal waren, das Rennen machen würde. Die Tatsache, daß man der rapiden Bevölkerungsentwicklung in den italienischen Industriezentren nicht durch eine Wahlkreisreform Rechnung trug, bedeutete de facto eine zusätzliche Garantie dafür, daß die Macht in der *Camera* vorläufig nicht an die Vertreter der Industrie, der neuen großstädtischen Ballungszentren und des Proletariats übergehen würde.

Die Zweite Kammer des österreichischen Reichsrats wurde 40 Jahre lang nach einem beispiellos restriktiven und komplizierten Stimmrecht gewählt. Die Gesamtheit der wahlberechtigten Männer wurde in vier Klassen eingeteilt, die in der Regel als geschlossene Gruppe den Vertreter ihres Wahlkreises bestimmten, ausgenommen die Großgrundbesitzer, die ihre Repräsentanten gesondert wählten (was aber wiederum nicht für die böhmischen und galizischen Großgrundbesitzer galt). Der Reichsrat hatte 253 Sitze, wobei jeder Wählerklasse eine bestimmte Anzahl von Mandaten zustand. An der Wahl von 1873 beteiligten sich 1,2 Millionen Menschen, was bei einer Gesamtbevölkerung von 20,5 Millionen einem Anteil von 17% entsprach. Es wählten: die 4930 adligen Großgrundbesitzer 85 Abgeordnete (d.h. 1 auf je 59 Wahlberechtigte); die 1,1 Millionen in ländlichen Gemeinden ansässigen Wähler (in indirekter Wahl) 129 Abgeordnete (d.h. 1 auf je 8400 Wähler); die 500 Mitglieder der Handelskammern 21 Abgeordnete (d.h. 1 auf je 23 Wähler) und die 186300 städtischen Wähler 118 Abgeordnete (d.h. 1 auf je 1580 Wähler). Dieses Wahlrecht war natürlich auf die Interessen insbesondere der großen adligen Familien und der wohlhabenden Landwirte zugeschnitten – diese beiden Gruppen hatten mehr als 60% aller Mandate inne –, aber es begünstigte auch wohlhabende Geschäftsleute, vor allem Kaufleute.

Es dauerte bis 1896, ehe das königlich-kaiserliche Regime unter der Kanzlerschaft des Grafen Casimir Badeni den Unterschichten ein uneingeschränktes, wiewohl politisch unbedeutendes Stimmrecht gewährte. Man schuf einfach eine fünfte Kategorie, die der allgemeinen Wähler, und erhöhte die Zahl der Sitze im Reichsrat auf 425. Rund 3,1 Millionen Wahlberechtigte wählten die neu hinzugekommenen 72 Abgeordneten, von denen mithin jeder durchschnittlich 69500 Wähler repräsentierte. Wenn dies auch keine echte Demokratisierung des Wahlrechts war, so eröffnete die Einführung der fünften Klasse doch den nationalen Minderheiten verbesserte Vertretungsmöglichkeiten.

Schließlich bewerkstelligte es Max Wladimir von Beck 1907, wiederum gegen den heftigen Widerstand des adligen Großgrundbesitzes, das allgemeine gleiche (männliche) Stimmrecht durchzusetzen, und in der Tat wurden 1911 die Hocharistokraten fast ausnahmslos aus dem Reichsrat hinausgewählt, in dem danach nur noch ein Herzog, ein Fürst und vier Grafen das feudale Element repräsentierten. Aber anstatt friedlich dahinzuscheiden, warfen die Deutschkonservativen ihr Gewicht in die Waagschale der Christlich-Sozialen Partei, die das Kleinbürgertum der Mittel- und Großstädte mobilisierte, um den Liberalen auch noch ihre letzten Bastionen zu entreißen. Mit 96 Abgeordneten gingen die Christlich-Sozialen als stärkste Fraktion aus der Wahl hervor, gefolgt von den Sozialdemokraten mit 87 Mandaten. Doch diese Zahlen bedeuteten so gut wie gar nichts, denn man hatte zuvor die Zahl der Sitze auf 516 erhöht, wovon 45 % für das deutschsprachige Österreich, 21 % für die Tschechen, 16 % für die Polen und 18 % für die übrigen nationalen Minderheiten reserviert waren.

Hatte das alte Wahlrecht die Kriterien der Klassenzugehörigkeit und des gesellschaftlichen Ranges in den Vordergrund gerückt und nationale Interessen kaum berücksichtigt, so setzte das neue System mit seinen nationalen Quoten gerade umgekehrte Akzente. Die unausbleibliche Folge war, daß sich nach der Wahl von 1911 im Reichsrat 36 im wesentlichen national definierte Fraktionen drängten. Auch wenn sich diese drei Dutzend Splittergruppen durch Absprachen und Bündnisse untereinander auf nur noch ein Dutzend nationale „Klubs" oder Fraktionen konsolidierten, konnte sich unter diesen Bedingungen keine regierungsfähige Mehrheit bilden. Es gab einfach zu viele unversöhnliche Spannungen, nicht nur zwischen, sondern auch im Innern der wichtigsten nationalen Gruppierungen. Von wenigen Ausnahmen abgesehen, waren diese Gruppen mit Haut und Haar agrarischen und ländlichen Wählerschaften und Interessengruppen verpflichtet; dies galt selbst für die Tschechen. Wie auch immer, das – in seiner politischen Handlungsfähigkeit ohnehin stark eingeengte – Parlament wurde immer mehr zu einer hoffnungslos in sich zerstrittenen, chaotischen und sich selbst blockierenden Versammlung, bis der Kaiser es 1914 schließlich vertagte und sich damit den Beifall der dünkelhaften herrschenden und regierenden Klasse des deutschsprachigen Österreich sicherte.

Verglichen mit dem österreichischen Wahlrecht vor der Beckschen Reform, war das ungarische sowohl einfacher als auch exklusiver. Alle Adligen hatten Stimmrecht, ebenso alle Bürgerlichen, deren Steueraufkommen eine bestimmte, regional unterschiedlich festgesetzte Summe überstieg. Eine weitere De-facto-Voraussetzung für die Ausübung des Wahlrechts war die Beherrschung der ungarischen Sprache, da die Stimmabgabe öffentlich und durch mündliche Erklärung erfolgte. 1910 gehörten von den 413 Abgeordneten der Zweiten Kammer – zu denen noch 40 von der kroatischen Landesversammlung entsandte Abgeordnete hinzukamen – rund 42% dem niederen Landadel und rund 16% der Hocharistokratie an. Nur 5% waren nach Herkunft und wirtschaftlicher Stellung als Bürgerliche zu bezeichnen. Welche Konflikte in der Kammer auch immer ausgetragen wurden – und es gab in der Tat erbitterte Auseinandersetzungen –, es kamen in ihnen weit eher Interessengegensätze innerhalb der dünnen magyarischen Oberschicht als etwa Klassenwidersprüche zwischen ihr und dem ungarischen Bürgertum oder den nationalen Minoritäten zum Ausdruck.

Da die Sozialisten im ungarischen Teil der Doppelmonarchie längst nicht so stark waren wie im österreichischen, wurden Forderungen nach einer radikalen Wahlrechtsreform in Ungarn kaum laut, auch nicht nach der Jahrhundertwende. Dennoch führte Graf Stephan Tisza 1913, wohl zur Gewissensberuhigung einer kleinen, aber geachteten Schicht aufgeklärter Intellektuellen und Aristokraten, zwei Neuerungen ein, die dem ungarischen Wahlrecht ein demokratischeres Antlitz verleihen sollten: In den Städten ging man zur geheimen schriftlichen Stimmabgabe über, und an die Stelle der steuerlichen Vorbedingungen für die Wahlberechtigung trat ein Nachweis der Schulbildung. Obgleich es selbstredend eine hohe Korrelation zwischen Bildungsstandard einerseits, Einkommen und Vermögen andererseits gab, bewirkten diese Änderungen eine Erhöhung des Anteils der Wahlberechtigten von rund 6 auf 10% der Bevölkerung. Am Übergewicht der ungarischen Magnaten und des Beamtenadels in der Kammer änderte sich hierdurch allerdings nichts, nicht zuletzt, weil sie von einer überholten Wahlkreiseinteilung über Gebühr begünstigt wurden.

Die Budapester Abgeordnetenkammer wurde, wie ihr Wiener Pendant, 1914 beurlaubt: Graf Tisza vertagte sie, nicht um die Untertanen zum Schweigen zu bringen, sondern um widerspenstige ungarische Magnaten und ihre Gefolgsleute aus dem niederen Adel an die kurze Leine zu legen. Fast gleichzeitig löste er die Landesversammlung der quasiautonomen Provinz Kroatien in Zagreb auf, was zum Teil als Zugeständnis an eben jene rückwärtsgewandten Kräfte gedacht war, die, um ihren politischen Niedergang zu kompensieren, darauf aus waren, die ungarische Hegemonie über die unterworfenen Völkerschaften mit aller Macht zu verteidigen, wenn nicht gar auszubauen.

Die Niederlage im Krieg gegen Japan 1904/05 brachte das *ancien régime* Rußlands vorübergehend so ins Wanken, daß Nikolaus II. sich gezwungen sah, einen Teil seiner absoluten Macht abzugeben. Widerwillig verfügte er schließlich die Errichtung einer Duma oder zweiten Kammer, die lediglich beratende Befugnisse besitzen und unter den Bedingungen eines eingeschränkten Stimmrechts indirekt, über vier dazwischengeschaltete Gremien, gewählt werden sollte. Darüber hinaus konnte der Zar auch darauf bauen, daß der Staatsrat – gleichsam das russische Oberhaus und eine sichere Bastion der Kräfte der alten Ordnung – der Duma gegenüber als Gegengewicht und Kontrollinstanz fungieren würde. Wie in den beiden anderen halbabsolutistischen bzw. halbparlamentarischen Monarchien waren auch in Rußland nicht nur der Premierminister, sondern alle Regierungsmitglieder allein der Krone und nicht dem Parlament verantwortlich. Dazu kam, daß die Duma zwar auf fünf Jahre gewählt wurde, der Zar sich jedoch das Recht vorbehielt, sie nach eigenem Ermessen aufzulösen oder zu vertagen und dann gemäß Artikel 87 der Grundgesetze von 1906 – der besagte, daß alle nicht ausdrücklich an andere Instanzen delegierten Befugnisse im Besitz der Krone blieben – auf dem Verordnungsweg zu regieren.

Trotz eines Wahlsystems, das die im Sinne der Krone zuverlässigen Elemente der Gesellschaft begünstigte, erwiesen sich die beiden ersten, im April 1906 bzw. im Februar 1907 gewählten Dumas im Zeichen schwelender Unruhen nach der Niederschlagung der Revolution von 1905 für den Geschmack des Zaren, des grundbesitzenden Adels und der Staatsbürokratie als zu ungebärdig. Rund 100 bäuerliche Abgeordnete der Trudoviken-Fraktion taten sich mit den Konstitutionellen Demokraten, den Sozialisten und den nationalen Minderheiten zusammen und forderten gemeinsam mit ihnen nicht nur die Verwirklichung eines echten parlamentarischen Regierungssystems, sondern auch eine Landreform. Der Zar, der sein Selbstvertrauen zunehmend wiedergewonnen hatte, löste, vom grundbesitzenden Adel, den Zemstvos des Provinzadels und der äußersten Rechten ermuntert, die beiden ersten Dumas kurz entschlossen – am 9. Juli 1906 bzw. am 3. Juni 1907 – auf. Er wies seinen Premierminister Pjotr Stolypin an, vor der auf den September 1907 festgesetzten Wahl der dritten Duma ein neues, verschärftes Wahlrecht in Kraft zu setzen.

Der neue Premierminister – zugleich Innenminister im eigenen Kabinett –, war ein Mann, der den russischen Land- und Dienstadel perfekt verkörperte. Er besaß neben einem akademischen Grad 2000 ha Land in Kaunas und Penza; darüber hinaus hatte er in eine Adelsfamilie eingeheiratet, die an die 6000 ha Grundbesitz in Kasan besaß und dem Zarenhaus nahestand; und er amtierte, ehe er Karriere in der Staatsbürokratie machte, als Marschall in der provinziellen Adelsgesellschaft. Während Stolypins gemäßigte Land- und Kommunalverwaltungsreform letztlich von Teilen seiner eigenen „Klasse“ abgelehnt wurde, waren seine Wahlrechtsänderungen durchaus im Sinne des Großagrariertums, namentlich jener aristokratischen Großgrundbesitzer, denen zusammen noch immer mehr als 50 % allen privaten Grundbesitzes im europäischen Rußland gehörten und die sich eines bevorzugten Zugangs zum Hof und zu den höheren und höchsten Rängen der Bürokratie erfreuten. Das durch kaiserlichen

Ukas in Kraft gesetzte neue Wahlrecht erhöhte den Anteil der den Grundbesitzern zugestandenen Wahlmänner von 32 auf 51%. Die Folge war, daß in der dritten und vierten Duma jeder Repräsentant des Landadels nur noch durchschnittlich 16000 Wähler vertrat, während es zuvor 28000 gewesen waren. Zugleich wurde der den bäuerlichen Wählern zustehende Wahlmänneranteil von 42 auf 23% herabgesetzt, was bedeutete, daß jeder Bauernvertreter nunmehr 1700000 statt wie früher 800000 Wähler repräsentierte. Dazu kam, daß die Städte, die bis dahin selbständige Wahlkreise gewesen waren, in ländliche, vom Provinzadel beherrschte Wahlbezirke integriert wurden; hiervon ausgenommen blieben lediglich die fünf größten russischen Städte. Und schließlich liefen die neuen Bestimmungen darauf hinaus, daß in den Städten die kleine Gruppe der Wohlhabenden ein ebenso großes Stimmengewicht erhielt wie alle übrigen Einwohner zusammen.

In den beiden „schwarzen" Dumas von 1907 und 1912 stellten die adligen Grundbesitzer rund 220 Abgeordnete (entsprechend 50%). Die Hälfte von ihnen besaß mehr als 800 ha Land, 195 von ihnen waren adlig, und etwa 30 übten das Amt eines Zemstvo-Marschalls aus. Nicht weniger bezeichnend war, daß sich unter den 150 Abgeordneten der Oktobristenpartei, die die größte Einzelfraktion in der Duma stellte, rund 110 adlige Grundbesitzer befanden, davon 70, die mehr als 1100 ha ihr eigen nannten. Die Zahl der Bauernvertreter reduzierte sich dagegen um nahezu die Hälfte auf einen Anteil von 20%.

Obgleich der grundbesitzende Provinzadel nur knapp 1,5% der russischen Bevölkerung ausmachte, beherrschte er somit, dank des geänderten Wahlrechts und dank seiner dominierenden Rolle in den Zemstvos, die dritte und die vierte Duma. Vom Herbst 1907 an spielten namentlich die grundbesitzenden und hochrangigen Adligen, von 46 bis 48 konservativ orientierten Geistlichen tatkräftig und wirksam unterstützt, in einem politisch kastrierten Parlament eine ebenso dominierende Rolle wie bei Hofe, im Staatsrat und in der Bürokratie. Nach der Ermordung Stolypins im Jahr 1911 wurde die Duma zunehmend widerspenstiger und nutzte ihre rudimentären Haushaltskontrollbefugnisse zur Blockierung von Reformmaßnahmen, die, wie vor allem die vorgesehene Reform der Lokal- und Kommunalverwaltung, an existentielle Interessen des Provinzadels rührten. Die daraus resultierende Krise veranlaßte die Regierungen des Grafen Kokovzev und seines Nachfolgers Goremykin 1913/14 zu Überlegungen, die Befugnisse der Duma noch weiter zu beschneiden. Wie anderswo in Europa, waren es auch in Rußland primär Gegensätze innerhalb der herrschenden und regierenden Klasse und nicht etwa zunehmender politischer Druck seitens der Bauernschaft, des Proletariats oder gar des Bürgertums, die diese Krise entfachten und nährten.

Auch in den zivilen und militärischen Bürokratien, die das „stählerne Korsett" des europäischen Regierungssystems bildeten, konnten die feudalen Elemente ihre Position behaupten, ja verstärken. Daß die gebildeten Söhne mittel- und großbürgerlicher Familien in diesen Apparaten Karriere machten, führte zweifellos zu einer gesellschaftlichen Aufweichung des vorbürgerlichen „harten Kerns", dessen exklusives Revier jene Laufbahnen bis dahin gewesen waren. Daß eine solche Aufweichung möglich war, lag freilich nicht an der Aufgeschlossenheit der alten regierenden Klasse, sondern eher an ihrer Unfähigkeit, den rasch expandierenden Staatsapparat aus eigenen Kräften personell auszustatten. Abgesehen davon, daß sie eine relativ kleine gesellschaftliche Gruppe war, pflegte die Aristokratie ihre Sprößlinge auch nicht zu jenen Fähigkeiten zu erziehen, die für die Ausübung hoher verantwortlicher Funktionen in einem Kriegs-, Finanz-, Landwirtschafts- oder Justizministerium vonnöten waren. Man modifizierte daher die staatliche Rekrutierungspraxis so weit, daß qualifizierten bürgerlichen Aspiranten der Ein- und Aufstieg erleichtert wurde, und wertete für die Entscheidung über Beförderungen die Kriterien der Leistung und der Qualifikation gegenüber denen der Geburt oder der gesellschaftlichen Beziehungen auf. Was die Einstellungs- und Beförderungspraxis betrifft, so ist nicht zu bestreiten, daß hier die Gesichtspunkte der Herkunft und Klassenzugehörigkeit gegenüber jenen der Ausbildung, fachlichen Qualifikation und dienstlichen Leistung erheblich an Gewicht verloren.

Damit soll freilich nicht behauptet werden, daß der öffentliche Dienst zu einem jedem Begabten offenstehenden Betätigungsfeld geworden war. Bestimmte Bereiche des Staatsdienstes – Militär, Auswärtiges Amt, diplomatischer Dienst – blieben eine Domäne der ungebrochen an ihrem Autoritätsanspruch festhaltenden alten Aristokratie. Und auch in allen anderen Bereichen des öffentlichen Dienstes wurden Adlige nach wie vor bei Stellenbesetzungen und Beförderungen bevorzugt. Vor allem die höchsten Posten blieben für sie reserviert, womit freilich nicht gesagt werden soll, daß sie ihren bürgerlichen Mitbewerbern an Bildung und fachlicher Qualifikation in jedem Fall nachgestanden hätten. Im übrigen galt, daß der Landadel in dem Maße, wie er sich von seinem Grundbesitz trennen mußte, sein Augenmerk und seinen Ehrgeiz stärker auf eine Karriere im Staats- oder Militärdienst und die damit verbundenen Benefizien richtete.

Auf der anderen Seite suchten Beamte bürgerlicher Herkunft ihre Vergangenheit abzustreifen, indem sie, um vorwärts zu kommen, den Normenkodex des Adels verinnerlichten. Bestärkt wurden sie in dieser Anpassungsbereitschaft durch die Anreize, die im hierarchischen System der Rangstufen und der Beförderungen lagen, sei es, daß diese Beförderungen einer bestimmten Automatik folgten, oder sei es, daß sie von Fall zu Fall nach dem Gutdünken des Monarchen vorgenommen wurden. Nicht genug damit, daß die aufstiegsorientierten Bürgerlichen ihre soziale und politische Gefolgstreue bewiesen, um nicht zu sagen, hervorkehrten, eigneten sie sich auch das Ethos und die Mentalität der alten feudalistischen Bürokratenkaste an. Das Vorbild ihrer Idole und Vorgesetzten imitierend, gaben sie sich aristokratisch, wozu auch gehörte, daß man auf Arbeitsethos und Profit geringschätzig herabsah. Zwischen den aristokratischen Leitbildern und den Leistungsanforderungen ihrer Tätigkeit hin- und hergerissen, legten sie sich ins Zeug, um die Pose, in die sie geschlüpft waren, nach innen und außen zu bewahren, notfalls auch um den Preis sozialer und persönlicher Identitätskonflikte.

Es ist nicht zu leugnen, daß der bürokratische Apparat, den die regierende Klasse zu unterhalten gezwungen war, nach und nach vom Groß- und Kleinbürgertum durchsetzt wurde. Allein, waren die neuen Männer Träger bürgerlicher Werte, Denkhaltungen und Weltanschauungen? Wurden sie durch die Arbeit in staatlichen Behörden zu Verfechtern eines bürokratischen Rationalismus und Professionalismus, wie Max Weber ihn definierte? Oder war es nicht vielmehr so, daß der Beamtenadel der alten regierenden Klasse, wie die herrschende Klasse als ganze, diejenigen, die, aus bürgerlichen Verhältnissen kommend, die Sprossen der öffentlichen Karriereleiter hinaufsteigen wollten, zu lauter Möchtegern-Aristokraten machte? Gewiß vollzogen sich beide Prozesse simultan, aber der Zug zur Aristokratisierung war zweifellos die stärkere Komponente. Die Beamtenschaft wurde nicht zu einem Forum der gleichberechtigten Vermittlung zwischen Altem und Neuem, sondern blieb sowohl im zivilen als auch im militärischen Bereich ein Hort des Beamtenadels mit einem entschieden aristokratisch geprägten Ethos und Selbstverständnis. Gewiß, manche Zweige der Bürokratie waren konservativer als andere. Während der diplomatische Dienst eine nahezu exklusive Domäne des Adels blieb, wurden die Finanzministerien zu Betätigungsfeldern bürgerlicher Technokraten. Es gab ferner große nationale Unterschiede. In Frankreich war der öffentliche Dienst als ganzer in bezug auf Herkommen, Bewußtsein und Verhalten seiner Träger vorwiegend bürgerlich; in Ungarn war er ein ausgesprochenes Reservat des Adels.

Die bürokratischen Apparate waren keine politisch neutralen Institutionen, sondern selbst dort, wo sie Modernisierung und Fortschritt förderten, Instrumente der Systemerhaltung. Diese Tendenz kam den feudalen Elementen im Staatsdienst zugute. Waren sie schon von Herkunft und Ausbildung her konservativ orientiert, so wurden sie nun auch noch zu Erfüllern einer konservativen Funktion, die allein schon aufgrund fachlicher Erwägungen und Interessen gewisse Beamtentugenden wie Regelmäßigkeit, Pünktlichkeit und Vorsicht ausbilden mußten. Dazu kam, daß ein wohlbedachter Konservatismus – und nicht etwa Neutralität – stets, und insbesondere in Krisenzeiten, eine Vorbedingung für den beruflichen Aufstieg bildete, vor allem in den höheren Bereichen der Verwaltung und der Politik. Die politische Zusammensetzung der Beamtenschaft stabilisierte wiederum indirekt die Legitimation und Position der alten herrschenden und regierenden Klassen, indem sie diese am Nimbus des interessenneutralen, effizienten und mühseligen Dienstes für das Gemeinwohl teilhaben ließ.

Nach wie vor bildete das Militär das Zentrum im bürokratischen „Stahlkorsett" der europäischen Regierungssysteme, um so mehr, als die außerordentliche Vermehrung der stehenden Heere und der Reservetruppen eine immer größere Zahl von Offizieren erforderte. Die Streitkräfte wurden in erster Linie für den Krieg gebraucht, sie bildeten aber auch eine strategische Reserve für die innerstaatlichen Ordnungskräfte; sie waren eine Sozialisationsagentur ersten Ranges, sie verkörperten den Nationalgedanken und sie spielten eine wichtige Rolle bei öffentlichen Zeremoniellen. Die uniformierten Generale waren nicht nur dekorativ und imposant, sie waren auch einflußreiche Glieder der Gesellschaft und des politischen Establishments der europäischen Länder. Von wenigen Ausnahmen abgesehen, waren die ranghöchsten Generale überall Männer adligen Geblüts, und die wenigen, die aus bürgerlichen Verhältnissen stammten, hatten sich im Lauf ihrer Karriere längst die Normen, Denkweisen und äußeren Attribute der exklusiven Gesellschaft zu eigen gemacht, zu der sie nun gehörten. Dies galt ebenso für einen Conrad von Hötzendorff, der sich adeln ließ, wie für einen Erich Ludendorff, der dieser Ehre ausschlug. Keiner, der in diesen traditionsreichen Militärapparaten Karriere machte, konnte sich dem Zwang der Anpassung an die überlieferten gesellschaftlichen, religiösen und kulturellen Anschauungen entziehen, gleichgültig woher er kam und mit welcher Klasse er sich identifizierte. Je höher ein Offizier in der Hierarchie kletterte, desto konservativer oder reaktionärer wurden im allgemeinen seine politischen Auffassungen, und dies galt erst recht in Krisenzeiten. Für einen Offizier, der sich zu liberalen oder gar demokratischen Überzeugungen bekannte, war es so gut wie unmöglich, in einen hohen militärischen Rang aufzurücken, da Abweichler von der konservativen Norm schon frühzeitig diskret aufs Abstellgleis geschoben wurden.

In Großbritannien blieben die Schlüsselpositionen im Auswärtigen Amt, im Diplomatischen Korps, im Heer, in der Kolonialverwaltung und in der Justiz eine Domäne der Aristokratie. Junge Männer adliger Abkunft strebten, zumal sie auf den *public schools* und den Eliteuniversitäten in ihrer eingewurzelten Geringschätzung für wirtschaftliche und wissenschaftliche Tätigkeiten bestärkt wurden, mit Vorliebe eine Karriere im Staatsdienst an, die ihren Idealen vom Dienst an der Allgemeinheit entsprach, die sich mit dem Leben eines Gentleman vereinbaren ließ. In eine

Position, die als Sprungbrett zu einer solchen Karriere dienen konnte, gelangte man häufig durch Beziehungen oder Vetternwirtschaft, manchmal auch durch Kauf.

Auf dem Papier wurde die Möglichkeit, Offizierspatente und Beförderungen für Geld zu erwerben, 1871 abgeschafft; die Vergabe von Offiziersstellen erfolgte von da an, zumindest offiziell, nach dem Prinzip der freien Konkurrenz. In Wirklichkeit blieb das Offizierskorps ein höchst exklusives gesellschaftliches Gebilde. Die militärische Laufbahn bewahrte den Charakter einer noblen Berufung für Männer, die es nicht nötig hatten, einen Brotberuf auszuüben; berufsspezifische „technische" Kompetenzen waren denn auch nicht sonderlich gefragt. Der Anteil und die Bedeutung von Trägern erlesener aristokratischer Namen innerhalb der Streitkräfte gingen zwar im großen und ganzen zurück, doch wurden ihre Plätze von Sprößlingen des niederen Landadels und vor allem von Absolventen der Eliteschulen aus gutem Hause eingenommen. Viele Offiziere stammten aus den ländlichen Grafschaften des englischen Südens und aus Nachbarländern, vor allem aus Irland. Offiziersanwärter kamen von den Militärakademien in Woolwich und Sandhurst. Bis 1914 galt, daß mindestens 50% der Absolventen dieser Akademien Offizierssöhne und davon wieder zwei Drittel Söhne höherer Offiziere (vom Oberstleutnant an aufwärts) waren. Etwa 14% waren adliger Abkunft, und mindestens ebenso viele stammten aus Verhältnissen, die ihnen den Verzicht auf die Ausübung eines Brotberufs ermöglicht hätten. Wie in den meisten Ländern des Festlands, teilte auch in Großbritannien die grundbesitzende Aristokratie die höheren Offiziersränge und namentlich die allerhöchsten Kommandopositionen unter sich auf. In dem Maß, wie der Adel, in absoluten Zahlen gemessen, an Boden verlor, schuf er sich gleichsam Fluchtburgen in den Eliteregimentern wie der 1. Leibgarde oder den Royal Horse Guards. Im ganzen gesehen, verlief die Demokratisierung und Verbürgerlichung der höheren Ränge des Offizierskorps bis 1914 sehr schleppend, im Bereich der Artillerie und des Heeresingenieurwesens allerdings etwas rascher als in den anderen Sparten.

Auch der zivile öffentliche Dienst schöpfte seinen Nachwuchs, insbesondere was die höheren Ränge betraf, nach wie vor aus einem relativ schmalen gesellschaftlichen Reservoir. In dem Maße, wie offizielle und transparente Einstellungsprüfungen eingeführt wurden – was allerdings in sehr gemächlichem Tempo geschah –, sank die Wahrscheinlichkeit einer bürokratischen Inzucht. Bewerber für höhere Stellungen benötigten nunmehr eine qualifizierte Ausbildung, wie sie sich nur wenige Engländer leisten konnten. 75% der zwischen 1905 und 1914 in die höhere administrative Laufbahn im britischen Ministerium des Inneren Aufgenommenen hatten eine *public school* besucht, nahezu alle waren Absolventen der Universitäten Oxford oder Cambridge. Die Bewerber mußten sich nicht nur einer schriftlichen, sondern auch einer mündlichen Prüfung vor einem Kollegium unterziehen, wobei die Bewertung ihres Auftretens, ihrer Manieren, ihrer Aussprache und ihrer äußeren Erscheinung eine große, wenn nicht entscheidende Rolle spielte; Maßstab war dabei – natürlich – das traditionelle Leitbild des Gentleman. 1907 wurde ein amtlicher Ausschuß zur Auswahl von Bewerbern für den auswärtigen Dienst eingerichtet, der die Kandidaten, bevor er ihnen überhaupt ein Vorstellungsgespräch gewährte, auf ihren „sozialen Stammbaum" hin überprüfte. Kaum nötig zu sagen, daß im Hinblick auf die vergleichsweise geringen Gehälter im Militär- und im Staatsdienst die Inhaber hoher Beamtenposten über ein von ihrer Tätigkeit unabhängiges Einkommen verfügen mußten, um sich ihrer Berufung im Dienst des allgemeinen Wohls hingeben zu können.

Die Generalgouverneure der Dominions und die Vizekönige von Indien waren Peers, und zwar gewöhnlich solche von nachweislich erlesener Abstammung. Unter den Gouverneuren der Kolonien jedoch, vor allem der afrikanischen, gab es auch Männer von bescheidenerer Herkunft, zumeist Söhne bürgerlicher Beamten, Offiziere und Akademiker. Der Dienst in Übersee war ein Sprungbrett für den gesellschaftlichen Aufstieg und der erste Schritt auf dem Weg zur Nobilitierung. Namentlich die Prokonsuln verbreiteten um sich eine höfische Aura. In majestätischen Amtssitzen residierend, veranstalteten sie spektakuläre Festlichkeiten, die darauf berechnet waren, die einheimische Oberschicht zu vereinnahmen, die „Eingeborenen" einzuschüchtern und dem Publikum zu Hause den Kolonialismus als Abenteuer schmackhaft zu machen. Im Rahmen dieses politischen Theaters hielten die britischen Satrapen auch für die weiße Gesellschaft der Kolonien, einschließlich ihrer Nabobs, Hof. Nicht nur in ihren pseudo-höfischen Residenzen, sondern auch auf Reisen trugen sie reichdekorierte Uniformen und hielten sich an ein strenges und auf Prachtentfaltung angelegtes, mit Ehrenkompanien und Salutschüssen gespicktes Protokoll. Als Vertreter der Krone verliehen die Prokonsuln in den Territorien, die sie verwalteten, Orden und Ehrenzeichen. Umgekehrt konnten sie damit rechnen, nach Beendigung ihrer Mission nobilitiert, ja in den erblichen Peersrang erhoben zu werden.

In der Zivil- und Militärbürokratie des Zweiten Deutschen Reiches spielte das feudale Element eine fast dominierende Rolle. Wohl verloren die Junker und die Sprößlinge der alten Adelsfamilien an Boden, als frisch geadelte oder titellose Personen zunehmend in den öffentlichen, militärischen und diplomatischen Dienst eintraten. Gleichwohl taten Prestige und die Leitbildfunktion der traditionsreichen aristokratischen Namen nach wie vor unvermindert ihre Wirkung, um so mehr, als der Hochadel die höchsten Stellungen, die der preußische Staat zu vergeben hatte, nach wie vor unter sich aufteilte und von seiner Vormachtstellung in den Reichsbehörden nur einen geringfügigen Teil einbüßte.

Von den zwischen 1871 und 1914 amtierenden Ministern der preußischen Staatsregierung in Berlin waren knapp 25 % Junker, fast 75 % Adlige. In der Spitze der preußischen Provinzverwaltung war der Anteil sogar noch höher. 1907 war unter den zwölf Oberpräsidenten der preußischen Provinzen nur einer, der keinen Titel führte. Nicht viel anders verhielt es sich in Bayern, Württemberg und den anderen deutschen Ländern. Nimmt man das Reich als ganzes, so waren unter 36 Regierungspräsidenten 25 Adlige; unter den Oberpräsidialräten waren es 6 von 12, unter den Oberregierungsräten 35 von 131, unter den ordentlichen Regierungsmitgliedern (einschließlich der 131 Oberregierungsräte und 36 Verwaltungsdirektoren) 140 von 690, unter den außerordentlichen Regierungsmitgliedern 217 von 540, unter den Regierungsassessoren 121 von 278 und unter den Landräten 271 von 467. Zu den aristokratischen Beamten gehörten 2 Fürsten, 63 Grafen und 148 Barone.

Auf den höchsten Ebenen der Reichsregierung und -verwaltung waren Bürgerliche in der Tat eine Ausnahmeerscheinung. Alle Kanzler des Deutschen Reiches gehörten der Hocharistokratie an, ebenso die meisten Minister und Staatssekretäre. 1914 waren 8 der 10 höchsten Beamten des Außenministeriums sowie fast ausnahmslos alle Botschafter des Deutschen Reiches Träger eines Adelstitels. Viele dieser Beamten hatten sich ihre ersten Sporen in der preußischen Staatsverwaltung verdient, und alle demonstrierten mit ihrem Aufstieg in die höchsten Ränge einer regierenden Kaste, die in ihren Reihen keine fortschrittlichen Liberalen, keine Sozialisten und keine Juden duldete, ihren politischen Konservatismus.

In der Armee wahrten die preußischen Offiziere trotz ihres sinkenden quantitativen Anteils ihre beherrschende Stellung, nicht zuletzt weil die Hohenzollern-Kaiser ihnen in puncto herrisches Auftreten Vorbild und Ansporn waren. Zwischen 1860 und 1913 sank der Anteil der Adligen am Offizierskorps von 65 auf 30 %. Allerdings war die Verbürgerlichung in den unteren Rängen am ausgeprägtesten. 1913 waren in den niedrigeren Dienstgraden bis zum Hauptmann bereits 73 % aller Offiziere nichtadliger Abkunft. Anders in den höheren Rängen: Hier, bei den Generalen und Obersten, sank der Anteil des Adels im Laufe von 50 Jahren lediglich von 86 auf 52 bzw., wenn man die im Laufe ihrer Karriere Geadelten mitrechnet, auf 56 %. Bis ins 20. Jahrhundert hinein waren praktisch alle deutschen Generale und Feldmarschälle Träger aristokratischer Namen, und ein Drittel von ihnen entstammte alteingesessenen Junkerfamilien. Ein großer Teil der Führungsoffiziere, die im Generalstab, im Kriegsministerium und in den Elite-Kavallerieregimentern dienten, sowie ein nicht ganz so großer Teil der Regimentskommandeure der Infanterie und der Artillerie kamen aus ostelbischen Adelsfamilien.

Das hinderte gewisse preußische Offiziere und ihre reaktionären politischen Gesinnungsgenossen nicht daran, auf eine Refeudalisierung des Militärs durch eine weitere Verstärkung ihrer Machtposition in den besonders angesehenen Garde- und Kavallerieregimentern sowie in einigen ausgewählten Garnisonen hinzuarbeiten. Wichtiger noch: Ungeachtet ihres unbändigen Nationalismus und ihres militanten Soldatentums widersetzten sie sich in den Jahren vor 1914 jeder weiteren Heeresvermehrung, da sie fürchteten, die dabei unumgängliche Rekrutierung auch nichtadliger Nachwuchsoffiziere werde die Vormachtstellung des junkerlichen Elements mindern. Die Kassandrarufe dieser Ultrakonservativen waren freilich maßlos übertrieben, denn selbst wenn sich die Sozialstruktur des Militärs durch eine stärkere Präsenz des bürgerlichen Elements veränderte, blieben doch seine Kommandostrukturen und die Methoden und Inhalte der Offiziersschulung weitestgehend dem traditionellen soldatischen Ethos des Junkertums verhaftet.

Der österreichische Beamtenadel war etwas weniger exklusiv und geschlossen als der deutsche. Im k.u.k. Heer war Platz für eine verhältnismäßig große Zahl jüdischer und tschechischer Reserveoffiziere; die Eliteregimenter blieben ihnen freilich verschlossen. Und natürlich waren weder Juden noch andere Minderheiten in den höchsten Rängen der militärischen Führung und der Beamtenschaft vertreten; diese Bereiche waren fest in der Hand der deutschsprachigen österreichischen Aristokratie. Sicher, Conrad von Hötzendorf, der außerordentlich begabte, aber auch kriegslüsterne österreichische Stabschef, war nichtadliger Herkunft. Abgesehen davon, daß er eine der seltenen Ausnahmen von der Regel war, wurde er kurz vor Kriegsbeginn nobilitiert. Im großen und ganzen teilte er die erzaristokratischen, dünkelhaften und rückschrittlichen Ansichten des designierten Thronfolgers Franz Ferdinand. Neben den Kommandopositionen in den Streitkräften waren auch die höheren Etagen des auswärtigen und des diplomatischen Dienstes eine exklusive Domäne des deutschsprachigen österreichischen Hochadels.

Ein wirtschaftlich im Niedergang begriffener Mittel- und Kleinadel drängte sich insbesondere auch in Ungarn, wo die Magnaten zwar an Reichtum immer mehr zu-, aber an Zahl stetig abnahmen, um die materielle Sicherheit, gesellschaftliches Ansehen und politischen Einfluß verheißenden Stellungen im Staatsdienst. Zwischen 1867 und 1914 kamen rund 90000 Angehörige dieser Adelsschichten in einer Staatsbürokratie unter, die sich im selben Zeitraum von 30000 auf 233000 Bedienstete aufblähte, die Beschäftigten von Eisenbahn und Post nicht gerechnet. Der ungarische Beamtenadel war, ohne Hof, ohne Auswärtiges Amt und mit einer eigenen Militärverwaltung von höchst bescheidenen Dimensionen, die bei weitem glanzloseste und an Legitimationssymbolen und -ritualen ärmste Institution ihrer Art in Europa. Als wollten sie das labile Fundament ihrer Autorität abstützen, beuteten diese Bürokraten bedenkenlos das ideologische und gesellschaftliche Kapital der Klasse und des sozialen Milieus aus, denen sie entstammten. Obgleich aus dem patrimonialen Wirkungskreis hinausgedrängt, praktizierten und beeinflußten selbst die in Budapest lebenden Beamten mehr denn je das Ethos und den Lebensstil des grundbesitzenden Adels. Damit nicht genug, arbeiteten sie, die sich als die rechtmäßigen Erben und Verfechter der nationalen Sendung Ungarns präsentierten, entschlossen auf die möglichst vollständige Magyarisierung der unterworfenen Völkerschaften und auf das Endziel der Unabhängigkeit von Wien hin. Das heißt nicht, daß Nicht-Magyaren und Nicht-Adlige von Beamtenpositionen ferngehalten worden wären. Doch mußten sie, um in den Staatsdienst aufgenommen zu werden, zunächst einmal ihre Herkunft verleugnen, die ungarische Sprache beherrschen lernen und sich ein aristokratisches Auftreten angewöhnen. In dem Maße, wie ihm in den Juden ernstzunehmende Konkurrenten um Positionen im öffentlichen Dienst und in den freien und akademischen Berufen erwuchsen, wurde der Beamtenadel antisemitisch. Gleichzeitig schloß er sich mit dem bedrängten mittleren und kleinen Landadel zu gemeinsamem Widerstand gegen die großen Magnaten inner- und außerhalb der Regierung zusammen, die in den Augen des Beamtenadels durch die Zusammenarbeit mit den zumeist jüdischen Baronen des Handels- und Industriekapitals Ungarns nationales und kulturelles Erbe entweihten.

Auch in Rußland bemühten sich die Sprößlinge adliger Grundbesitzer um Aufnahme in den Staats- und Militärdienst, in der Hoffnung, sich dort für den schlechten Gang ihrer Geschäfte als Grundbesitzer schadlos haltenzu können. Insbesondere nach der Abschaffung der Leibeigenschaft im Jahr 1861 kam es zu einem vermehrten Zustrom verarmender Landadliger in den Staatsdienst. 1890 waren nur noch rund 30% der 600 Beamten des zweit- und dritthöchsten Dienstgrades im Besitz von Ländereien (180 Personen); zumeist handelte es sich dabei um ererbten Familienbesitz. Von ihnen besaßen wiederum 35% (etwa 63 Personen) Großgüter mit einer Grundfläche von mehr als 1100 ha. Es ist kaum wahrscheinlich, daß sich an diesen Größenordnungen im Verlauf des darauffolgenden Vierteljahrhunderts etwas Wesentliches änderte. Jedoch nahmen Beamte mit Großgrundbesitz und entsprechenden Interessen über die ganze Dauer dieses Zeitraums hinweg einen gewichtigen Platz in den Spitzenetagen der politischen Pyramide Rußlands ein, die unmittelbare Umgebung des Zaren mit eingeschlossen.

Das quasi automatisch funktionierende Rangstufensystem integrierte alle höheren Beamten – besonders jene ohne Landbesitz – in eine besondere gesellschaftliche Gruppe, den Dienstadel, dessen soziales Ethos und politische Neigungen wesentlich zur Selbstbehauptung eines *ancien régime* beitrugen, das unauflöslich mit der grundbesitzenden Aristokratie verflochten war. Den Söhnen dieser Dienstadligen wurde dafür bevorzugte Aufnahme in den Verwaltungsapparat zugesichert. Während der Anteil adlig Geborener an der Gesamtheit aller Staatsbeamten im späten 19. Jahrhundert lediglich ein Drittel betrug, waren sie in den vier höchsten Dienstgraden nach wie vor nahezu unter sich. Selbst nach dem Oktober 1906, als es keine rechtlich fixierten Begünstigungen mehr für aristokratische Amtsbewerber und -inhaber gab, wurden sie bei Beförderungen in der Regel vorgezogen. Ein wichtiger Grund hierfür lag in der Tatsache, daß die Sprößlinge adliger Familien leichter als andere Aufnahme in die eigens für die Ausbildung des Beamtennachwuchses eingerichteten Eliteschulen fanden. Ursprünglich nur für die Söhne der Hocharistokratie gedacht, öffneten das Kaiserliche Alexander-Gymnasium und das Kaiserliche Justiz-Institut von 1890 an ihre Türen für alle Träger adliger Namen, ungeachtet ihres Vermögens und ihres Status'. Die Absolventen dieser *grandes écoles* entschieden sich in aller Regel für eine Laufbahn im Innen- oder Justizministerium, den beiden wichtigsten Regierungsbehörden. Dort durften sie die beiden niedrigsten Dienstgrade sogleich überspringen, ja, den fähigsten unter ihnen gestattete man sogar, die fünf niedrigsten Grade zu überspringen und im neunten Rang anzufangen. Als diese Eliteschulen den Andrang der Aufnahmewilligen nicht mehr bewältigen konnten, schickte der russische Adel seine Söhne in die Gymnasien, wo sie darauf bedacht waren, sich streng abgesondert von ihren Mitschülern aus bürgerlichem Haus zu halten, die an diesen Schulen in der Überzahl waren.

Nach 1905 verlor der grundbesitzende Adel im Staatsdienst zugegebenermaßen etwas an Boden; Beamte bürgerlicher Herkunft, die ihren Aufstieg zum größten Teil ihrer Ausbildung, Begabung und Leistung verdankten, liefen den Repräsentanten des traditionellen Dienstadels auch in den höheren Etagen des Innenministeriums etwas den Rang ab. Gleichwohl waren auf dieser hohen Ebene auch 1914 noch 77% aller Posten (gegenüber 88% im Jahr 1905) mit Vertretern des alten Adels besetzt. Grundbesitzende Aristokraten, und unter ihnen insbesondere solche mit großem Grundbesitz, blieben in den höchsten und angesehensten Stellungen, sowohl im Innenministerium wie in den anderen Ressorts, weiterhin in der Überzahl. Ungeachtet der Veränderungen in der Gesellschaft und der Existenzbedingungen der herrschenden Klasse verstand es der Adel offenbar, sich in allen Bereichen des höheren Staatsdienstes eine bedeutende Machtposition zu bewahren.

Das galt weitgehend auch für die höheren Rangstufen der Militärbürokratie. Nach 1905 wurden ins Offizierskorps in verstärktem Maß Bürgerliche aufgenommen, während zur gleichen Zeit die Rangstufen insofern attraktiver gemacht – oder, so man will, entwertet – wurden, als der Erwerb des Offizierspatents automatisch mit einer persönlichen Auszeichnung und das Erreichen des Oberstenranges mit der Verleihung eines erblichen Titels verbunden wurde. Dies änderte prinzipiell aber nichts Grundlegendes an der Vorzugsstellung der Sprößlinge adliger Familien. Ihnen wurde der Aufstieg nach wie vor leichter gemacht als ihren nichtadligen Kameraden; der Löwenanteil an den höchsten Kommandopositionen wurde weiterhin ihnen zugeschanzt. Je erlauchter der Stammbaum eines Offiziers, desto schneller durchlief er normalerweise die Hierarchie der Dienstgrade, und ein Fürst oder Graf konnte allemal damit rechnen, es bis zum General zu bringen.

Das Offizierskorps der sich mit großem Tempo vermehrenden russischen Streitkräfte schwoll von 19 500 im Jahr 1860 auf 42 800 im Jahr 1900 und auf knapp 46 000 im Jahr 1914 an; der Anteil der adlig Geborenen lag zuletzt nur noch bei 50 %. Wenn man jedoch nur die 140 Generale in Betracht zieht, so waren um die Jahrhundertwende allein 10 von ihnen Mitglieder der kaiserlichen Familie und 78 Angehörige alter Adelsfamilien, 47 von ihnen allerdings ohne oder nur mit geringem eigenen Grundbesitz.

Daß Kavallerie und Artillerie erheblich exklusiver waren als die Infanterie, wird niemanden wundern. Das Offizierskorps der Kavallerie war nahezu bis auf den letzten Mann aristokratisch, und selbst noch 1911 waren alle Generale dieser Waffengattung Männer adliger Herkunft. Noch ausgeprägter war die gesellschaftliche Exklusivität bei den berittenen Garderegimentern, da in diese von vornherein nur Träger eines erblichen Adelstitels aufgenommen wurden. Gardeoffiziere konnten, wenn sie erst einmal die entsprechenden elitären Militärschulen, namentlich das Pagenkorps und die Nikolaus-Kavallerieschule, durchlaufen hatten, mit einem raschen Aufstieg im Offizierskorps rechnen, und noch 1912 kamen aus ihren Reihen über die Hälfte aller Generale der russischen Streitkräfte. Die Tatsache, daß die Kavallerie – die Garderegimenter eingeschlossen – 12 % des gesamten russischen Offizierskorps band, während ihr Anteil an der Gesamt-Truppenstärke lediglich etwa 6 % betrug, legt Zeugnis ab für den feudalen Geist des zaristischen Regimes. Im Vergleich dazu dienten bei der Artillerie, deren Anteil an der Gesamt-Truppenstärke 16 % betrug, lediglich 13 % aller Heeresoffiziere; im Blick auf Ausbildung und allgemeine Intelligenz lagen die meisten Artillerieoffiziere allerdings über dem Durchschnitt. Die Infanterieoffiziere hinkten in jeder Beziehung – gesellschaftliche Stellung, Bildungsniveau, Prestige und Einfluß im allgemeinen – ihren Ranggenossen in den beiden anderen Waffengattungen hinterher. Ein großer Teil der niedrigeren Offiziere der russischen Fußtruppen war bäuerlicher Herkunft und hatte keinerlei weiterführende Bildung. Höchstens 40 % der Offiziere der Infanterie-Linientruppen waren adliger Herkunft, wobei jedoch den übrigen 60 % mindestens eine persönliche Nobilitierung sicher war. All dies lief darauf hinaus, daß die regierende Kaste des Russischen Reiches den aristokratischen Charakter seiner Streitkräfte, die zugleich ihre Prätorianergarde waren, aufrechterhielt, indem sie die gesellschaftlich exklusiven Militärschulen als obligatorische Voraussetzungen für den Aufstieg in die höheren Ränge des Offizierskorps beibehielt.

Das „Stahlkorsett" der europäischen Regierungssysteme blieb bis zum Ausbruch des Ersten Weltkrieges weitgehend in der Hand feudaler, aristokratischer und quasi-aristokratischer Kräfte. Bei allen noch so großen nationalen und staatsrechtlichen Unterschieden gab es zwischen den europäischen Regimen doch auch unübersehbare und bedeutungsvolle „Familienähnlichkeiten". Ihre Wurzeln lagen in der Bedeutung, die Großgrundbesitz und ländliche Wirtschafts- und Lebensformen überall in Europa nach wie vor hatten. Während Grundbesitz in England eher eine Quelle gesellschaftlichen Prestiges und politischen Einflusses als wirtschaftlicher und finanzieller Macht war, war er in Frankreich die wichtigste jener tragenden Säulen, auf denen die Dritte Republik und namentlich deren herrschende und regierende Klasse ruhte. Die Revolution von 1789–94 hatte zwar die Monarchie hinweggefegt, die Stellung der bäuerlichen und großagrarischen Kräfte jedoch gestärkt; sie ließ nicht nur einen großen Teil der aristokratischen Großgrundbesitzer und die – in ihrer materiellen Existenz im wesentlichen agrarisch fundierte – katholische Kirche unangetastet, sondern sorgte auch für eine Vergrößerung und wirtschaftliche Konsolidierung der kleinen und mittleren bäuerlichen Anwesen. Überall in Europa sogen Herrenhäuser, Parlamente, Bürokratien und Heere ihre Lebenssäfte aus der ackerbauenden und viehzüchtenden Bevölkerung der Dörfer, Kleinstädte und Provinzen und (noch) nicht aus den mitten im Industrialisierungsprozeß steckenden Großstädten oder Industriegebieten. Auch Monarchen und ihre Höfe waren einfach nicht denkbar ohne den durch den Großgrundbesitz verbürgten Reichtum und Nimbus.

Im gleichen Grad, wie diese an Grund und Boden haftende Gesellschaft einem relativen wirtschaftlichen Niedergang anheimfiel, wurden ihr Beistand und Unterstützung von seiten der politisch Herrschenden zuteil. König und Hof erfüllten im Rahmen einer Strategie der wirtschaftlichen, gesellschaftlichen und kulturellen Selbstbehauptung des *ancien régime* eine bindende Funktion; Frankreich war die Ausnahme, die die Regel bestätigte. Althergebrachte Denkweisen und Bräuche oder politische und rechtliche Konventionen oder beides zusammen stärkten die Macht der herrschenden Klasse nicht nur in den lokalen und provinziellen Körperschaften, sondern vor allem auch in den Zentralregierungen. Die beiden Parlamentskammern und die weitgehend noch feudalistisch durchsetzten bürokratischen Apparate arbeiteten im Sinne der Erhaltung oder Konsolidierung der vorindustriellen gesellschaftlichen Kräfteverhältnisse. Sie verabschiedeten Schutzzollgesetze, um ihre Landwirtschaft und ihre gewerbliche Produktion vor Konkurrenz zu bewahren (hier bildete England die Ausnahme), und schoben ehrgeizigen Aristokraten und karrierewilligen Bürgerlichen prestigeträchtige Stellungen in Staat und Regierung zu. Und was nicht weniger wichtig war: Sie blockierten jede durchgreifende Steuer-, Wahlrechts-, Schul- und Sozialreform, die geeignet gewesen wäre, das Abbröckeln der alten Ordnung zu beschleunigen.

Viertes Kapitel

Die offizielle Hochkultur und die Avantgarde

Die offiziöse Kulturszene der europäischen Länder spiegelte getreu das zähe Beharrungsvermögen der vorindustriellen gesellschaftlichen und politischen Ordnung wider. In Form, Inhalt und Stil blieben die Artefakte der anerkannten Kulturträger jenen Konventionen und Traditionen verhaftet, die das alte Regime ideologisch untermauerten und glorifizierten. Die eklektizistische Reproduktion alter, durch Zeit und Geschichte geadelter Stilformen beherrschte nicht nur Architektur und Denkmalsgestaltung, sondern auch die bildenden und darstellenden Künste. Museen, Akademien, Kirchen und Universitäten förderten diesen uniformen akademischen Historismus.

Natürlich gab es zwischen 1848 und 1914 auch in der offiziösen kulturellen Szene der europäischen Länder Bewegungen, die nicht in das traditionalistische Bild paßten, in der Kunst ebenso wie in den Kirchen und im Bereich der Schulen und Universitäten. Doch diese modernistischen Abweichungen ließen sich ohne Mühe integrieren, vor allem weil sie die herrschende Kultur nicht ins Wanken bringen konnten, auch wenn unter denen, die aus der Reihe tanzten, viele junge begabte, furchtlose Experimentatoren und Neuerer waren, von denen einige auch endlich Ruhm und Anerkennung ernteten. Mag auf lange Sicht der Siegeszug der Moderne unaufhaltsam gewesen sein, so sahen sich die Modernisten doch vorläufig gründlich und wirksam isoliert und eingeengt, und diejenigen, die sie beaufsichtigten, scheuten auch vor gesetzlichen und administrativen Sanktionen nicht zurück. Trotz oder gerade wegen der unentwegten Angriffe und Verhöhnungen, denen sie sich seitens der Avantgarde ausgesetzt sahen, behielten die Koryphäen und Schirmherren der traditionellen kulturellen Schulen ihre – durchaus mit einer gewissen Offenheit für Neues gepaarte – arrogante Haltung bei. Wie die Könige und Aristokraten, lernten auch sie, mit den ihnen erwachsenen Rivalen durch dosierte Assimilation und selektive Integration fertigzuwerden. Und ebenso, wie die gesellschaftlichen Träger einer historisch überholten Wirtschaftsstruktur es verstanden, aus ihrem Überhang an politischer Macht das Beste zu machen und sich Schutzzölle und steuerliche Vorzugsbehandlung zu sichern, nutzten arrivierte Künstler ihren Einfluß in kulturellen Schlüsselinstitutionen – Akademien, Museen, Kultusministerien, Publikationsorganen –, um die Produkte ihrer traditionsverhafteten Gebrauchskunst in den Brennpunkt der Öffentlichkeit zu rücken.

Verglichen mit der Avantgarde, betätigten sich die offiziellen Kulturpfleger und ihre Epigonen vor allem als Bewahrer der Tradition. Das historische und eklektizistische Instrumentarium, mit dem sie arbeiteten und für das sie kämpften, mochte ästhetisch ausgelaugt sein, gesellschaftlich erledigt war es nicht. Der Historismus war nicht etwa ein archaisches, lebloses und passives Anhängsel, das die wirtschaftlichen und gesellschaftlichen Entwicklungen des 19. Jahrhunderts im weiten Abstand hinter sich herschleppten. Wenn der historistische Akademismus zwischen 1848 und 1914 Terrain einbüßte, dann keineswegs in stärkerem Maß als die anderen Komponenten der vorindustriellen Gesellschaft. Gewiß, er verlor an Lebendigkeit, weil er festgefahrene Formen über neue Ideen, Imitation über Authentizität, Dekorativität über Funktionalität und Pomp über Nüchternheit stellte.

Die Mittel und Elemente der wichtigen geschichtlichen Stilepochen – Antike, Mittelalter, Renaissance, Barock, Rokoko – waren in einem Arsenal von Symbolen und Bildern versammelt, die sich dazu benutzen ließen, die Realität mit einem schönen Schein zu umgeben oder überhaupt auszublenden. Der Historismus lieferte den gegen die Moderne eifernden Kulturkritikern ein unerschöpfliches Reservoir an Vorbildern und Vorstellungen, anhand derer sie nicht nur ihre eigene privilegierte, wenn auch bedrohte Welt aufwerten, sondern auch die neue Gesellschaft in Schach halten konnten, die ihr den Platz streitig machte. Repräsentanten des Land- und Beamtenadels, politische Sittenwächter und sozialromantische Kulturkritiker, sie alle hatten ihre eigenen Beweggründe, patinierten Metaphern und Symbolen nachzuhängen.

Aber auch die Pioniere und Barden der Moderne griffen auf klassische Topoi zurück, um ihren Vorstellungen eine Legitimation zu verleihen und sie konkret zu veranschaulichen. Kapitalistische Unternehmer, die sich im wirtschaftlichen Bereich mit außerordentlichem Eifer und Erfolg der „kreativen Zerstörung“ widmeten, waren im kulturellen Bereich sorgsam darauf bedacht, das Bewährte nicht anzutasten. In ihrem Bemühen um allerhöchste Gunst und gesellschaftliche Anerkennung bekränzten sie vielmehr sich und ihre Besitztümer mit den nachgemachten Attributen vergangener glanzvoller Epochen. Dieses Interesse für die kulturelle Vergangenheit und der Gebrauch, der von ihr gemacht wurde, lenkte ab von der Anspannung, die nötig gewesen wäre, um die Moderne in das bestehende gesellschaftliche und politische System zu integrieren.

Für die Regierenden war die offizielle Hochkultur ein wichtiges ideologisches Herrschaftsinstrument. Nicht nur öffentliche Bauten, Denkmäler und Plätze waren dazu bestimmt, das Loblied des *ancien régime* zu singen und dessen moralische Daseinsberechtigung, ja Überlegenheit darzutun, auch die bildenden und darstellenden Künste sollten diese Aufgabe erfüllen. Die herrschende Klasse als ganze betrachtete die Künste unter ähnlichen Gesichtspunkten. Während sie den Neureichen dazu dienten, ihren Wohlstand, ihren guten Geschmack und ihre gesellschaftlichen Ambitionen zu demonstrieren, bedienten sich ihrer die etablierten Familien, um ihr Prestige aufzupolieren und ihren gesellschaftlichen Rang zu untermauern. Die Förderung und der Genuß künstlerischer und kultureller Produktionen wies den Betreffenden als Inhaber einer der arrivierten und begehrten Positionen aus, die in einer nach wie vor entschieden traditionell geprägten Gesellschaft Prestige und Einfluß verbürgten, und war zugleich eine Art sakraler Pflichtübung. Angesichts dieser pragmatischen Funktionalisierung der Kunst waren die herrschenden und regierenden Klassen verständlicherweise wenig geneigt, Avantgardisten zu fördern, die nichts davon hielten, die alte Ordnung und die sie tragenden Eliten in der gewohnten Weise zu beweihräuchern.

In einer geschichtlichen Phase, in der die empordrängende neue von der im Abtreten begriffenen alten Ordnung noch mühelos in Schach gehalten wurde, wichen traditionelle Anschauungen, Geschmacksrichtungen und Stile nur ganz allmählich alternativen Visionen und Vorstellungen. Anders als ihre Vorgänger zur Zeit der Renaissance, betätigten sich nur die wenigsten der neuen Reichen als Mäzene des Modernen, was seinen Grund ohne Zweifel darin hatte, daß die Pioniere der neuen Kunst und Kultur nicht erkannten oder jedenfalls keine Rücksicht darauf nahmen, wie versessen diese Leute darauf waren, sich in einer ihren Interessen, ihrer Mission und ihrem Ansehen schmeichelnden Weise porträtiert zu sehen. Während der Epoche des Quattrocento hatten die Künstler Motive und Themen des klassischen Altertums aufgenommen, um den Aufstieg städtischer Patrizier in maßgebliche Stellungen innerhalb der ganz überwiegend aristokratischen herrschenden und regierenden Klassen der italienischen Stadtfürstentümer und Stadtrepubliken zu dokumentieren und zu feiern. In dem Bemühen, das vorwärtsdrängende Standes- und Selbstbewußtsein ihrer Mäzene einzufangen und künstlerisch wiederzugeben, hatten sie eine ästhetische Entwicklung in Gang gesetzt, die schließlich eigene Dynamik und Autonomie entwickelte.

Vom Mittelalter an hatten die herrschenden und regierenden Klassen der europäischen Reiche in der Kunst ebensosehr ein praktisches Mittel zum Zweck wie eine Quelle ästhetischer Erbauung gesehen. Aufgabe der Künste war es, Gott, Vaterland, Dynastie, Regime, Klasse und Grundherrschaft zu preisen. Bis zum Ende des 18. Jahrhunderts waren Künstler, um von ihrer Arbeit leben und sich einen Namen machen zu können, weitgehend auf die Förderung durch königliche, aristokratische, großbürgerliche oder kirchliche Mäzene angewiesen. Als die *anciens régimes* von ihrem angesammelten kulturellen Kapital zu zehren begannen, gingen den Künstlern ihre traditionellen Gönner allmählich verloren. Vor die Notwendigkeit gestellt, ihre Kunst nun um ihrer selbst willen – und auf eigene Rechnung – auszuüben, mußten sie sich an zahlungsfähige Kunden und an ein größeres Publikum wenden. Insbesondere solche Künstler, die neue Wege gingen, hatten es schwer, individuelle begüterte Förderer zu finden und an öffentliche Aufträge heranzukommen, und hielten daher nach Interessenten – Privatleuten oder Institutionen – Ausschau, die willens waren, neben traditioneller auch moderne Kunst zu kaufen. Die neuen Geldbarone hingegen verlegten sich – von wenigen, allerdings bemerkenswerten Ausnahmen abgesehen – in ihrem gierigen Verlangen nach Aufnahme in die illustre Gesellschaft fast ausschließlich darauf, „klassische" Gemälde und Kunstgegenstände zu sammeln, Landsitze oder Stadthäuser in „klassischen" Baustilen errichten zu lassen und im Bereich der darstellenden Künste die überlieferten Formen zu pflegen und zu fördern. Statt das Moderne zu protegieren und sich auf seine Herausforderungen einzulassen, kauften sie sich in das geschichtliche Kulturerbe ein, das ihnen freilich gleichwohl zu unüberschaubar und zu fremd blieb, als daß sie es sich wirklich hätten aneignen können. Das wirtschaftlich so radikale Bürgertum war im kulturellen Leben ebenso kleinmütig und opportunistisch wie in seinem politischen Verhalten und im gesellschaftlichen Verkehr. So lieferte die Bourgeoisie den herrschenden Klassen und der offiziösen Kultur mit ihren überwiegend an der vorindustriellen und vorbürgerlichen Welt orientierten Normen ein Stück Legitimations- und Überlebenshilfe.

Die Grundsätze und Leitbilder, welche die herrschende Hochkultur verkörperte, blieben im wesentlichen unverändert – staatstragender Realismus, unbedingte Bejahung der Vergangenheit, moralische und religiöse Rechtschaffenheit, Nationalstolz. Es war ein Zeitalter, in dem nicht das Modische, sondern das Altvertraute Trumpf war, in dem Kunst und Kultur „das Zauberelixier und der lebendige Spiegel einer Vergangenheit [waren], die noch leibte und lebte ... und sich ihrer eigenen Zukunft ganz sicher war". Es war ein Zeitalter, in dem man, von patriotischen Ideen aufgeputscht, „mehr von seinem Vaterland berauscht war als von seiner Zeit". Worum es ging, war, das zu reproduzieren und zu verbreiten, was „nicht nur bereits bekannt, sondern auch beliebt war, bewundert oder verehrt wurde". Konkret bedeutete dies, daß man religiöse Legenden und Heiligenfiguren porträtierte, historische Heldenepen und Heldengestalten glorifizierte und das alltägliche Leben mit seinen Bräuchen und Gewohnheiten unter bewußter Heranziehung symbolischer Motive (der Tod des Prometheus, die Tragödie des Ödipus, das Schöpfungsdrama, die moralischen Lehren aus gewissen volkstümlichen Fabeln) zur Darstellung brachte. Statt daß man von den Malern, Bildhauern und Musikern „neue Eindrücke [verlangte], forderte [man] sie auf, verbrauchte und bewährte Eindrücke und Inhalte zu kreieren und zu reproduzieren".

Es existierte aber auch eine künstlerische Avantgarde, die dem historischen Standpunkt radikal und höhnisch zu Leibe rückte. Der Begriff Avantgarde bedeutet dasselbe wie Vorhut und stammt eigentlich aus der militärischen Sprache. Er beschwor bei Freund und Feind die Vorstellung vorwärtsstürmender Stoßtrupps von Künstlern herauf, die mit ihren Gefolgsleuten den Angriff auf die Festungen der offiziellen Kultur einleiteten. Die Avantgarde setzte sich in jedem Land aus zahlreichen Cliquen zusammen, die sich immer wieder spalteten und neu formierten, sei es infolge innerer Auseinandersetzungen oder als Reaktion auf erlittene Niederlagen im Kampf mit dem offiziellen Kulturbetrieb.

Bei manchen Gruppen mischte sich die moderne Kunstabsicht mit radikalen politischen Parolen – bis deutlich wurde, daß der Kampf gegen den Traditionalismus schwierig, langwierig und auszehrend sein würde. Andere begnügten sich damit, auf ästhetisches Neuland vorzustoßen, und das war meist damit verbunden, die gesellschaftliche und politische Aufgabe der Kunst in Frage zu stellen. Wie auch immer die Gegensätze in und zwischen den verschiedenen Gruppierungen der kulturellen Avantgarde beschaffen sein mochten, die Erbitterung über die versteinerte historistische Pose der offiziösen Kultur war allen gemeinsam. Sowohl einzeln als auch kollektiv rebellierten die Avantgardisten nicht nur gegen die bestehenden kulturellen Institutionen, sondern vor allem gegen ihren strangulierenden Zensuranspruch. Mit ihren unentwegten Angriffen wollten sie eine Lockerung dieses Klammergriffs erzwingen, um sich einen größeren öffentlichen und privaten Spielraum für das Experimentieren mit Techniken, Stilelementen und neuen Inhalten zu schaffen.

Die zweite Hälfte des 19. Jahrhunderts war jedoch eine ungünstige und schwierige Zeit für Künstler. Während ihre Zahl sprunghaft anstieg, wurde das Mäzenatentum der alten herrschenden Klassen und der Kirchen eingeschränkt. Die opportunistische Bourgeoisie investierte derweil in bewährte „klassische" Kunst, statt die modernistischen Versuche zeitgenössischer Künstler zu fördern. Die Folge war, daß staatliche Fördergelder eine immer größere Bedeutung erhielten, und dies genau in dem geschichtlichen Augenblick, da die Künstler eine neue Selbständigkeit schätzen gelernt hatten und die offizielle Kultur wegen ihrer Lakaienrolle gegenüber Staat und Gesellschaft vehement kritisierten.

Parallel zum Wachstum der Großstädte kam es zwischen der Mitte des 19. Jahrhunderts und dem Ausbruch des Ersten Weltkriegs zu einer beträchtlichen Steigerung der mit staatlichen Geldern subventionierten künstlerischen Produktion; auch die Wirtschaftskrise zwischen 1873 und 1896 bremste diese Entwicklung nicht. Staatliche Behörden ließen Verwaltungsgebäude, Rathäuser, Museen, Bibliotheken und Universitäten bauen, gaben Denkmäler, Standbilder und Fresken in Auftrag, veranstalteten Weltausstellungen und öffentliche Feiern und gründeten Forschungsinstitute. Politiker und Beamte planten und organisierten diese Aktivitäten in enger Abstimmung mit Künstlern, Intellektuellen und Akademikern, die sich der Reproduktion und Verbreitung traditioneller Kulturgüter verschrieben hatten. Die meisten dieser „Kollaborateure" waren Produkte einer biederen Ausbildung an Akademien und Konservatorien, die junge, nach Anerkennung und Förderung strebende Künstler zwang, den konventionellen Kanon aufrechtzuerhalten. Die Präsidenten und Professoren dieser Akademien legten die Lehrpläne fest, bestimmten die Meinung in den Auswahlkommissionen, verliehen die Preise, kontrollierten den Zugang zu den besoldeten Künstlerlaufbahnen und entschieden maßgeblich über den Aufstieg in den erlauchten Kreis der Arrivierten.

Den Künstlern der Avantgarde wurden von allen Seiten Steine in den Weg gelegt. Die Institutionen der herrschenden Kultur verteidigten, gestützt von der alten Elite, ihren Besitzstand und ließen sich weder auf Kompromisse noch auf eine Förderung der Moderne ein. Auch die neuen Plutokraten zeigten sich, obendrein beleidigt über den Vorwurf des Philistertums, fest entschlossen, die Modernen nicht zur Kenntnis zu nehmen. Im Kleinbürgertum, in der Arbeiterklasse und in der Bauernschaft fanden die Avantgardisten ebenfalls keine Gönner – diese Klassen standen den neuen Ansätzen vollkommen gleichgültig, wenn nicht feindselig gegenüber.

In ihrer Verbitterung über die undurchdringliche Konservativität der herrschenden Kultur kapselten sich die avantgardistischen Gruppierungen zunehmend ab, zunächst von der Bourgeoisie, dann schließlich von der Gesellschaft überhaupt. Statt sich mit der politischen Avantgarde zusammenzutun, zogen sie sich in eine Art künstlerischen Untergrund zurück, wo sich mit der Zeit eine vielfältige Subkultur entwickelte. Sie verkündeten unbeirrt den Anspruch auf ihre Berufenheit und erklärten, niemandem außer sich selbst verantwortlich zu sein; so wurden die kulturellen Sezessionisten zu Vorreitern einer Kunst um der Kunst willen und eines extremen Ästhetizismus. Sie sahen in der Kunst einen absoluten Wert an sich, sprachen ihr im Grunde jede Beziehung zur Lebenspraxis ab und machten sie zum Gegenstand eines Kults, ja geradezu einer Religion. Wenn sie sich auch notgedrungen damit abfanden, immer nur die Leute ihres eigenen Kreises als Zuschauer, Zuhörer und Kritiker zu haben, hofften sie doch insgeheim, und sei es auch nur unbewußt, daß ihre unerschrockenen Neuerungen die herrschenden Stilformen und deren Matadore im Lauf der Zeit als überholt entlarven und ins Abseits drängen würden. Anders gesagt: Die Avantgardisten verinnerlichten ihren sozialen Protest und verzichteten auf eine direkte Konfrontation mit der offiziellen Ordnung und Kultur; statt dessen entwickelten sie eine Strategie der allmählichen Durchdringung und Subversion. Sie wurden (ausgenommen die Futuristen und die politisch linken Expressionisten) damit gleichsam zu den Fabianisten der modernistischen Bewegung.

Vom offiziellen Kulturbetrieb ausgeschlossen, entwickelte die künstlerische Avantgarde ein institutionelles Eigenleben mit alternativen Kommunikations- und Reproduktionsformen. Namentlich die Maler organisierten aus eigener Initiative Ausstellungen ohne Jurys und Preisen, während zugleich unternehmungslustige und dem Modernen gegenüber aufgeschlossene Kunsthändler und -kritiker die Voraussetzungen dafür schufen, daß ein Publikum und ein Markt für zeitgenössische Kunstwerke aller Art entstehen konnten. Große Orchester und Theater führten gelegentlich avantgardistische Kompositionen und Stücke auf. Viel häufiger waren es jedoch Amateurgruppen und Kleinbühnen, die moderne Werke vors Publikum brachten. Statt auf ihre Autonomie zu pochen, ließen die avantgardistischen Künstler sich allerdings paradoxerweise anstelle der Fesseln des offiziellen Kulturbetriebs, denen sie sich entzogen hatten, diejenigen eines konkurrenz- und spekulationsorientierten Marktes anlegen.

Diese neuen Wege und Mechanismen der Propagierung und Einführung experimenteller Kunst waren 1914 noch nicht sehr weit, bestenfalls ansatzweise, entwickelt, was vor allem daran lag, daß das Bürgertum, das an sich am ehesten berufen und geneigt war, das Angebot des Marktes zu nutzen, seine Abneigung gegen den Modernismus bewahrte. Die Zeit, da das ostentative Sammeln noch unbewerteter zeitgenössischer Kunstwerke zu den prestigefördernden Gepflogenheiten der Neureichen gehören sollte, war noch nicht gekommen. Gewiß, der eine oder andere Großbürger begann in moderner Kunst zu investieren, desgleichen einzelne weltläufige Aristokraten. Doch diese gelegentliche Patronage vermochte den eisernen Griff der herrschenden Traditionskultur auch nicht wirksamer zu lockern als die Entwicklungsfortschritte in der Landwirtschaft, in der Verwaltung und im Militärwesen den Klammergriff des herrschenden Land- und Beamtenadels.

Die Gebäude-Architektur war ohne Zweifel als Spiegelbild der Kultur besonders exemplarisch. Im Verein mit den öffentlichen Monumenten, den Plätzen und Prachtstraßen der großen Städte reflektierte sie die bestehende kulturelle und gesellschaftliche Ordnung und verlieh ihr zugleich eine höhere Weihe. Dem Baustil öffentlicher Gebäude aus dem 19. und frühen 20. Jahrhundert nach zu schließen, muß diese Epoche im Zeichen eines unerbittlichen Historismus gestanden haben. Der postmerkantilistische Kapitalismus war, so sehr er sich wirtschaftlich auf dem Vormarsch befand, zu keiner Zeit in der Lage, eine eigene architektonische Sprache zu finden oder zu inspirieren. In der Architektur wie in den anderen Künsten mit Ausnahme der Literatur vermochte die industrielle Revolution keine neuen Visionen zu entzünden, keine neuen Symbole zu schaffen und keine neuen Maßstäbe zu setzen. Namentlich in den größeren Städten einschließlich der rasch expandierenden Wirtschaftsmetropolen entstanden laufend neue Bauten sowohl in reinen als auch in eklektisch gemischten historischen Baustilen. Die Architekten, die das Bemühen um die Entwicklung eines eigenständigen und einheitlichen Baustils für die neue Gesellschaft aufgegeben hatten, setzten ihren Ehrgeiz und ihren Stolz darein, Meister in der Kunst der Imitation der wichtigsten Stilformen der europäischen Vergangenheit zu werden – griechisch, römisch, byzantinisch, romanisch, gotisch, Renaissance, Barock. Von Land zu Land verschieden, stand hier ein Jahrzehnt im Zeichen des Neohellenismus, dort eines im Zeichen der Neugotik, dort ein anderes im Zeichen einer Neubelebung des französischen Renaissancestils. Es kam aber auch vor, daß Architekten sich Ruhm erwarben, indem sie zwei oder mehr historische Stilformen mischten. Unabhängig von diesen mehr oder weniger zeitbedingten Variationen diente die Architektur kirchlicher und weltlicher Bauten durchweg der Demonstration und Bekräftigung affirmativer und ehrfurchtsvoller Einstellungen gegenüber dem *ancien régime*. Der Umstand, daß öffentliche Bauten mit der Zeit immer monumentaler und größer wurden, war sicherlich dazu angetan, diesen repräsentativen Effekt zu verstärken.

Unter den Bedingungen eines zunehmend eingeengten Pluralismus setzte sich im Kirchenbau eine starke Vorliebe für den gotischen Stil durch, und auch bei Rathäusern dominierte, in Erinnerung an die Wiedergeburt des städtischen Lebens am Ende des Mittelalters, das Neugotische. Parlamentsgebäude errichtete man gern in klassizistischem oder wiederum gotischem Stil, Kasernen wurden mittelalterlichen Festungen oder Burgen nachempfunden; bei Universitätsgebäuden sollte die Architektur den Geist des perikleischen Athen, der klösterlichen Gelehrsamkeit des Mittelalters oder des Humanismus der italienischen Renaissance wachrufen; und bei Museen bezog man sich häufig auf das Vorbild altgriechischer Tempel. Während bei Bankgebäuden die frühneuzeitlichen florentinischen *palazzi* Pate standen, versahen die Neureichen ihre Stadthäuser mit spektakulären Barockfassaden. Durch die Verwendung dieses Sortiments bewährter historischer Stilelemente erreichten die Architekten, daß die Städte trotz Wachstums, Wandels und industrieller Revolution eine traditionelle, auf die prämoderne Zeit verweisende Aura bewahrten oder erhielten.

England gehörte zu den Pionierländern der Industrialisierung und Urbanisierung, doch architektonisch blieb es voll und ganz der Vergangenheit verhaftet. In London wurden nach 1840 nicht nur die Parlamentsgebäude und zahlreiche Kirchen, sondern auch viele Verwaltungs-

und Behördensitze im neugotischen Stil erbaut. Bei Anbruch des 20. Jahrhunderts trug die Metropole des britischen und weltumspannenden Kapitalismus ein prachtvolleres historisches, namentlich gotisches Antlitz zur Schau als je zuvor. Ein ganz ähnliches Bild bot Manchester, das Zentrum der ersten industriellen Revolution. Der architektonische Historizismus und vor allem die Neugotik sollten dieser und anderen Großstädten ein kulturelles Erbe erschleichen, von dem seine Initiatoren hofften, es werde die Versöhnung zwischen den Errungenschaften und Verwüstungen des Kapitalismus und den überlieferten Werten der alten Ordnung erleichtern.

Das Gebäude des Deutschen Reichstags in Berlin, an sich als Forum für den demokratischen Diskurs gedacht, erhielt ein strenges Äußeres; massive Barockmauern verbanden seine vier Ecktürme. Am Königsplatz gelegen, stand der Reichstag vis-à-vis dem Hauptquartier des Generalstabs, einer der Kommandozentralen des feudalistischen Preußentums. Die Hohenzollern waren in dieser Hinsicht, wie auch in ihrer Denkmalbautätigkeit, rigider als die Habsburger. Das Gebäude des Wiener Reichsrats sah sich der weniger martialisch wirkenden Hofburg gegenüber, der im Barockstil gehaltenen kaiserlichen Residenz; an exponierter Stelle über einem ehemaligen Exerzier- und Paradeplatz errichtet, war der hohe Mittelteil des Parlamentsgebäudes einem griechischen Tempel nachempfunden. Das Parlament war indes nur eines aus einer ganzen Garnitur monumentaler, um nicht zu sagen kolossaler Bauten, die entlang der während der kurzen „liberalen" Ära angelegten neuen Ringstraße entstanden waren: Ein gotisches Rathaus, ein barockes Theater – das Burgtheater – und eine Universität im Renaissancestil repräsentierten hier einige der bedeutendsten Stilepochen der europäischen Geschichte nebst den dazugehörigen allegorischen Motiven. Die Ringstraße war, abgesehen davon, daß sie das äußerste dessen darstellte, was sich an architektonisch-visuellen Ausdrucksmöglichkeiten vorstellen ließ, ein mikroskopisch genaues Spiegelbild jener bürgerlichen Passion für historische Anleihen, die mithalf, der alten Ordnung, deren integriertes Werkzeug sie war, unentwegt neue Legitimationen zu liefern.

In Ungarn errichteten die Regierenden, fast als wollten sie ihr ungeläutert autoritäres Herrschaftsprinzip unter einer Tarnfassade verbergen, ein riesiges Parlamentsgebäude, das unter den neugotischen Staatspalästen Europas der vielleicht monumentalste war. Die regierende Klasse Italiens ersparte sich die Notwendigkeit, für *Camera* und Senat ein architektonisches Plagiat errichten zu lassen, indem sie den ungenutzten barocken Palazzo Montecitorio und den aus der Hochrenaissance stammenden Palazzo Madama erstand. In Rom bestanden gewisse verständliche Vorbehalte dagegen, bei weltlichen Bauvorhaben von der Kunst der Imitation Gebrauch zu machen, da Architekten aus ganz Europa in diese Stadt strömten, um ihre „echten" Meisterwerke zu studieren. Wie um wiedergutzumachen, daß sie ihre Kunstschaffenden nicht in gleicher Weise instrumentalisierte, wie es anderswo geschah, beschäftigte die italienische Regierung viele von ihnen beim Bau des Kolossaldenkmals von König Viktor Emanuel II. Diese ganz in weißem Marmor ausgeführte Gedenkstätte für die Ideale und Kämpfe der italienischen Einigungsbewegung lastete mindestens fünf der führenden Architekten Italiens sowie zahllose Bildhauer aus. Gekrönt von einem bronzenen Reiterstandbild des ersten Königs des geeinten italienischen Nationalstaats, rief dieses hoch aufragende Monument im Stil der griechischen Klassik die Erinnerung an die Vorliebe der alten Römer für prachtvolle Siegessäulen, Basreliefs, Monumentalstatuen, Trophäen und Embleme wach. Die regierende Klasse bekräftigte damit, ungeachtet ihrer republikanischen Tradition, ihre Gefolgschaftstreue zum Hause Savoyen, das sie als politisches Gegengewicht zum Parlament wohl zu schätzen wußte.

Überall in Europa wurde mit Nachdruck an der symbolischen Herstellung direkter, lebendiger Beziehungen zur geschichtlichen Vergangenheit gearbeitet. Ganz im Sinne dieses bewußten Anknüpfens an das Vergangene erhielt der große Dom in Mailand eine aus klassischen und neogotischen Elementen gemischte Fassade, und in Köln wurde der gotische Dom endlich doch noch fertig. Aus demselben Geist heraus schwelgten die Architekten beim Bau der großen Bahnhofsvorhallen in historischen Vorbildern nachempfundenen Bögen, Säulen, Türmchen und Kuppeln, mit denen die als stillos empfundenen, von Ingenieuren entworfenen und errichteten Bahnsteighallen aus Eisen und Glas „getarnt" wurden. Man kann fast sagen, daß die großen Bahnhöfe für das Europa der Epoche nach 1848 eine ähnliche Rolle spielten wie Klöster und Kathedralen für das 13. Jahrhundert; allerdings waren ihre von Bögen und Kolonnaden geprägten Vorhallen wohl kaum ein adäquater Ausdruck des heraufziehenden industriellen Zeitalters. Zwar glorifizierten diese Tempel das neue Verkehrs- und Transportmittel in einer allgemein anerkannten Art, gleichzeitig aber verkörperten sie auch die Reaktion auf die durch das Medium bewirkte Beschleunigung der Lebensrhythmen und Transportgeschwindigkeiten, indem sie einen nostalgischen Bezug zu gemächlicheren vorindustriellen Zeiten herstellten.

Natürlich wurden nicht alle neuzeitlichen Bauwerke mit archaischen Fassaden verblendet. Architekten und Ingenieure begannen gemeinsam, Möglichkeiten der Verwendung von Gußeisen und Glas, etwas später von Stahl und Beton in der Architektur zu erarbeiten. Der 1851 in London entstandene Kristallpalast war der erste konsequent durchgeführte Versuch, eine neue architektonische Form zu finden, die keinerlei Anleihen mehr bei der Vergangenheit machte. Das nächste bedeutende Exempel war der 1889 eingeweihte Eiffelturm in Paris. Diese beiden kühnen, nüchternen Konstruktionen entstanden jedoch im Rahmen von Weltausstellungen, vorübergehenden Veranstaltungen, auf denen der aufsteigende Industriekapitalismus seine Muskeln spielen ließ. In den für diese Ausstellungen errichteten Hallen, provisorischen und flüchtigen „Ruhmestempeln der Kunst und der Industrie", wurden die Vorzüge und Möglichkeiten moderner Materialien und Konstruktionsprinzipien demonstriert. Anders als gotische Kathedralen, verkörperten Joseph Paxtons Kristallpalast und Victor Contamins Palais des Machines Innenräume von maximaler Breite und ungebrochener Weite, Durchlässigkeit für natürliches Tageslicht – und Schlichtheit. Von Anfang an beargwöhnt, weil man fürchtete, sie könnten die bis dahin von der neuen industriellen Ästhetik noch kaum ergriffenen altehrwürdigen Hauptstädte entweihen, wurden diese „weltlichen Kathedralen aus Glas und Stahl" schließlich verbannt: Den Kristallpalast ließ man vom Hyde-Park nach Sydenham versetzen, während der Maschinenpalast gleich ganz abgetragen wurde. Daß man den Eiffelturm an seinem Platz ließ, mag vielleicht mit daran liegen, daß er trotz aller seiner Stahlträger ganz offensichtlich ein Ding ohne praktischen Nutzen war, das daher als harmloses, vom gewerblichen und großstädtischen Getriebe des Wirtschaftszentrums Paris räumlich weit entferntes Wahrzeichen passieren konnte.

Das große und das kleine Palais der Pariser Weltausstellung von 1900 blieben ebenfalls stehen, und zwar sogar an einer zentraler gelegenen Stelle der Stadt; um diese Zeit war man allerdings bereits wieder dazu übergegangen, Hallenkonstruktionen dieser Art durch dekorative Elemente in das historische Stadtbild einzupassen. Übrigens waren bei allen in Paris veranstalteten Weltausstellungen die Glas- und Eisenpaläste wesentlich moderner als die in ihnen gezeigten Objekte, bei denen es sich zumeist eher um handwerkliche als um industrielle Produkte handelte. Ähnlich lag der Fall auch in Mailand, wo die im Grundriß kreuzförmige, domartige Galleria Vittorio Emanuele II mit ihrem an einen Triumphbogen erinnernden Eingangstor exklusive Spezialitätengeschäfte und Cafés beherbergte.

Zugegeben, es gab zwischen 1900 und 1914 eine Reihe von Architekten, die sich nach Kräften bemühten, die Fesseln der Tradition und den Ballast des Ornamentalen abzuschütteln. Schließlich sahen die Architekten sich zu dieser Zeit bereits nicht nur naturwissenschaftlichen, technischen und gesellschaftlichen Herausforderungen gegenüber, sondern wurden auch mit neuen ästhetischen, visuellen und räumlichen Konzepten konfrontiert, vor allem seitens der Kubisten. Anders gesagt: Es war nicht die Tatsache allein, daß Stahl und Stahlbeton als Baumaterialien verfügbar wurden, die Otto Wagner, Joseph Olbrich, Josef Hoffman und Adolf Loos veranlaßte, „aus dem Historismus herauszutreten und einen neuen Stil für ein neues Jahrhundert zu finden". Die neuen Materialien erleichterten lediglich einen Umschwung, hinter dem als treibendes Motiv ein quasi-mystisches Ideal unbedingter „Echtheit“ stand und der in einem Kreuzzug gegen alles Ornamentale gipfelte, der selbst die kurzlebige Art nouveau nicht verschonte. In der Überzeugung, daß „nur das Praktische auch schön“ sein könne, versah Wagner den Neubau der Postsparkasse an der Wiener Ringstraße (1904–06), ein Gebäude, das als Schauplatz einer regen Geschäftstätigkeit konzipiert war, nicht nur mit einer glatten und schmucklosen Fassade, sondern auch mit einem stromlinienförmigen Innenleben. Wagner und seine österreichischen Kollegen gehörten zweifellos zu den führenden Vorboten eines neuen, vom Historismus ungetrübten Stils. Ihre Bauten waren jedoch isolierte Manifestationen, von denen vorläufig ebenso wenig innovative Wirkung ausging wie von den Bauten H. P. Berlages in Holland und Henry van de Veldes in Deutschland oder von den Reißbrettprojekten Tony Garniers. Daß der neue Stil außerhalb des bedrängten Häufleins der Avantgardisten überhaupt so viel von sich reden machte, war hauptsächlich die Folge der Feindseligkeit und Aggressivität, mit der die Anhänger historistischer Imitationen auf ihn reagierten. Die altvertrauten architektonischen Gestaltungselemente harmonierten nur allzugut mit den bestehenden gesellschaftlichen und politischen Verhältnissen, als daß man sie allesamt als bloßen Kitsch hätte abtun können.

Die Maler des Fin de siècle waren ebenso traditionsverhaftet wie die Architekten. Wie diese, hatten auch sie in der Regel eine Ausbildung durchlaufen, die eine lineare Konzeption der europäischen Kulturgeschichte vermittelte und den Studenten die wichtigsten Stilrichtungen und Meisterwerke der Vergangenheit eintrichterte, oft genug so lange und so penetrant, bis ihre eigene Kreativität gründlich verschüttet war. Die Maler waren in der Gedanken- und Bilderwelt der Bibel, der klassischen Mythologie und des volkstümlichen Sagen- und Märchenschatzes zuhause, ebenso wie ihre gutsituierten Kunden. Keiner von ihnen stellte die Vorstellung von der „ungebrochenen Kette des Seins“ in der bildenden Kunst in Frage, in der historische und mythologische Motive und Porträtbilder mit der Tendenz, die bestehende gesellschaftliche Ordnung zu verherrlichen, gegenüber der Genre-, der Landschafts- und der Stillleben-Malerei hervortraten. Die in manchen öffentlichen Gebäuden eingerichteten und unter höchster politischer Protektion stehenden Gemäldesalons perpetuierten diese allgemeine Rangfolge. Staatsoberhäupter oder ranghohe Minister walteten als Schirmherren über die feierliche Verleihung prestigeträchtiger Preise, deren Träger von Kommissionen bestimmt wurden, die aus bewährten, in die noble Gesellschaft aufgestiegenen Vertretern der Schulmalerei zusammengesetzt waren. Die Auszeichnung mit Goldmedaillen und die Erhebung in eine „akademische" Stellung waren für „kommende" Maler lediglich die ersten Sprossen auf der Leiter zum Erfolg, an deren Spitze hohe Auszeichnungen und Orden sowie, von Frankreich abgesehen, die Erhebung in den Adelsstand winkten. Erfolgreiche Künstler verwöhnten nebenbei die herrschende Klasse mit schmeichelhaften Porträtbildern, die den Dargestellten ins jeweils erwünschte rechte Licht setzten. Diese merkwürdige Interessengemeinschaft zwischen Kunst, Politik und nobler Gesellschaft war, wenn sie auch ihre Wurzeln in einer fernen Vergangenheit hatte, doch weder archaisch noch steril, bedenkt man die Souveränität, mit der die Nicht-Angepaßten von den Institutionen der herrschenden Kultur exkommuniziert oder aber wieder eingefangen wurden.

Daß diese Souveränität nach wie vor praktisch unangefochten war, hatte seine Ursache teilweise in der Entfaltung gewisser einflußreicher Institutionen. Während viele private Kunstsammlungen geschlossen wurden, gediehen und expandierten öffentliche Museen, insbesondere von der Jahrhundertmitte an. Diese Entwicklung besaß zweifellos auch ihre fortschrittlichen Aspekte. Öffentliche Museen erleichterten und verbreiterten, ähnlich wie öffentliche Bibliotheken, den Zugang zu den Werken der führenden Künstler und wurden dank der Vielfalt dessen, was sie unter ihrem Dach vereinten, zu symbolischen Fackelträgern der Toleranz. Daneben zeigten die Museen allerdings auch elitäre und obskurantistische Züge. Von ihren ersten Anfängen in der Napoleonischen Ära an waren sie stets vor allem den gesellschaftlichen und politischen Vorstellungen und Interessen der jeweils Herrschenden verbunden gewesen, die sie eingerichtet hatten und sie verwalteten. Ungeachtet der Tatsache, daß sie sich als Instrumente einer demokratischen Aufklärung verstanden und darstellten, wurden die großen Museen zu exklusiven Tempeln des Kunstgenusses, die ihre Mission darin sahen, eine Vergangenheit zu verherrlichen, deren blasses Echo die Gegenwart war. Schon die griechischen, römischen oder Renaissance-Fassaden dieser Kunsttempel flößten selbst den Eingeweihten Ehrfurcht und Respekt ein. Wenn der Besucher den Portikus passiert hatte, fand er sich in seiner Beklommenheit bestärkt durch die strengen Formen eines hohen Mittelsaals, wo er sich sammeln konnte, ehe er in das Allerheiligste eintrat, um die dort befindlichen Reliquien der Kunstgeschichte zu betrachten, für deren Echtheit eine Schar geweihter Hohepriester – Kuratoren, Kunsthistoriker, Sachverständige – bürgte. Der normale Museumsbesucher betrachtete die ausgestellten Werke, ohne etwas über die gesellschaftlichen und künstlerischen Bedingungen zu erfahren, unter denen sie entstanden waren.

Es lag weitgehend in der Natur der ausgestellten Stücke selbst, daß Museen in erster Linie ein Forum für die Darstellung und apologetische Verklärung jenes Glanzes waren, der verführte und kleinlaut machte, eines Glanzes, den die Spitzen der feudalen Gesellschaft über die Jahrhunderte hinweg entfaltet hatten. Bis 1914 fühlten sich die Hohepriester der Museumskultur kaum oder gar nicht bemüßigt, ihre Ausstellungen zu demokratisieren oder zu popularisieren. Wenngleich ihre geistige Disziplin und ihre verfeinerte ästhetische Wahrnehmung in gewisser Hinsicht auch autonomen Gesetzen folgten, waren Museumsdirektoren doch durch gesellschaftliche Herkunft, Ausbildung und soziale Osmose zu einem elitären Kultur- und Kunstverständnis prädestiniert. In diesem Sinn präsentierten sie eine Sichtweise der Vergangenheit, die die herrschenden Klassen in den Mittelpunkt einer unkritischen Heldenverehrung stellte – in der Tat wurden ja auch die meisten europäischen Museen von den herrschenden Klassen finanziert, und auch ihr Besucherpublikum gehörte der gesellschaftlichen Elite an. Man kann fast sagen, daß die wichtigste gesellschaftliche Funktion der Museen darin bestand, die Integration aufstrebender Bürgerlicher in die herrschende Klasse zu Bedingungen zu fördern, die für die alte Elite möglichst günstig waren. Die großen Museen waren zudem keineswegs politisch unberührt. Gegen Ende des 19. Jahrhunderts wurde es üblich, sie nach Herrschern zu benennen (Alexander III., Friedrich Wilhelm III., Victoria und Albert). Leuten aus der Mittel- und Unterschicht fiel es kaum einmal ein, diese verbotenen Ruhmestempel der großen Kunst, die sie als das exklusive Revier der herrschenden und regierenden Klassen betrachteten, zu betreten.

Die großen Museen in den Haupt- und Großstädten der bedeutenderen europäischen Länder – Italien allerdings ausgenommen – wurden in der Ära der Französischen Revolution konzipiert. London ließ es dabei langsam angehen: Seine im Korinthischen Stil erbaute Nationalgalerie wurde erst 1838 fertiggestellt, und das Britische Museum, einem Ionischen Tempel nachempfunden, öffnete seine Pforten erst 1847. Später tat Großbritannien dann jedoch mehr als genug, um das Versäumte nachzuholen. Die Zahl der im Lande unterhaltenen Museen stieg von 59 im Jahr 1850 auf 295 im Jahr 1914. Das durch und durch römisch inspirierte Naturgeschichtliche Museum (1871–1881), das Victoria-und-Albert-Museum (1891–1909), bei dem sich römische Elemente mit solchen der Renaissance-Architektur mischten, und die Tate Gallery (1897), ein bombastischer neoklassizistischer Bau, waren besonders schlagende Beispiele für den in der englischen Hauptstadt grassierenden historistischen Monumentalismus.

In Deutschland waren München, Dresden und Darmstadt, deren Museumsbestände auf die reichen Sammlungen ihrer Fürstenhäuser zurückgingen, die führenden Kunststädte. Die Hohenzollern, die nicht zurückstehen wollten, ließen in Berlin, auf einer Flußinsel, das Alte und das Neue Museum errichten (1823–28, 1843–55), die es nicht nur mit den prächtigen Pinakotheken der Wittelsbacher, Wettiner und Hessen, sondern auch mit dem Pariser Louvre aufnehmen sollten. Aus Gründen des Prestiges und der Macht setzten Wilhelm I. und Wilhelm II. ihren Ehrgeiz darein, ihre Vorfahren noch zu übertreffen, ersterer mit der in der Art eines korinthischen Tempels gestalteten Nationalgalerie (1876), letzterer mit dem von Ernst von Ihne im Barockstil des 17. Jahrhunderts erbauten Kaiser-Friedrich-Museum (1897–1903). Insgesamt wurden in Deutschland allein zwischen 1900 und 1914 rund 180 Museen errichtet. Gewiß war in Deutschland, wie anderswo auch, ein guter Teil dieser Museen Fachgebieten wie Völkerkunde, Archäologie und Technik gewidmet, während etwa in Prag und Budapest Museumsbestände in ausgeprägterem Maß dazu dienten, nationalistischen Bestrebungen historische Munition zu liefern. Doch überall waren es die großen, den Spitzenwerken der bildenden Kunst geweihten Museumspaläste, die sich als die zentralen Kultstätten des Kulturbetriebs behaupteten.

Die archaischste und aufschlußreichste Museen-Physiognomie aller europäischen Kunststädte hatte aber wohl St. Petersburg. Sowohl die alte als auch die neue, in den 1840er Jahren erbaute Eremitage waren baulich ganz in den Winterpalast der russischen Zaren integriert. Die Romanows waren die letzten, die ihre dynastische Privatsammlung dem Staat überschrieben. Noch bis zur Mitte der 60er Jahre diente die Eremitage als Schauplatz großer Empfänge. Das Museum zu besuchen, hieß die kaiserliche Familie zu besuchen, und daher mußte man sich als Besucher an höfische Bekleidungsvorschriften halten und sich anmelden. Und selbst nach der „Verstaatlichung" der Eremitage mit ihren prunkvollen Interieurs und ihrer majestätischen Sammlung westeuropäischer Meister blieben Verwaltung und Unterhalt des Museums in den Händen des zaristischen Hofministeriums, das auch für andere Museen sowie für Theater, Opernhäuser und Ballettbühnen in St. Petersburg zuständig blieb.

Es überrascht danach eigentlich nicht, daß die Avantgarde es schwer hatte, diese stolzen musealen Bastionen zu stürmen. Nicht, daß man ihr den Zugang völlig versperrt hätte. Paradoxerweise waren beispielsweise deutsche Museen bereits 1914 im Besitz von rund 200 Gemälden zeitgenössischer französischer Künstler, von Ingres bis zu den Kubisten. Allerdings wurden diese Werke nicht immer und nicht unbedingt groß herausgestellt. Auch wenn Hugo von Tschudi entlassen wurde, weil er für die Berliner Nationalgalerie Werke von Impressionisten angekauft hatte, muß man den Museen des martialischen Zweiten Reichs bescheinigen, daß sie sich der Moderne gegenüber relativ aufgeschlossen zeigten. Das lag zum Teil daran, daß der deutsche Föderalismus es Städten wie Darmstadt, Dresden und München – wo Tschudi mit offenen Armen empfangen wurde – gestattete, einen unabhängigen Kurs gegen die preußische Bombastomanie zu steuern. Dagegen hingen in den einer zentralen Kulturpolitik unterliegenden Museen der, wie man meinen sollte, repressionsfreien, um nicht zu sagen libertinistischen Dritten Republik nicht einmal 100 französische Avantgardisten. 1890 eröffneten Monet, Degas und Rodin eine nationale Subskriptionsliste in Höhe von 20000 Francs, um Manets bahnbrechendes Werk *Olympia* dem Luxembourg-Museum stiften zu können; das Bild dämmerte dort relativ unbeachtet vor sich hin, bis Georges Clemenceau mithalf, es es in ein helleres öffentliches Licht zu rücken. 1907 schließlich wurde es in den Louvre überführt und damit in den Kreis der unsterblichen Kunstwerke befördert. Zählebige Traditionen und Vorurteile erschwerten und verzögerten auch die Anerkennung der künstlerischen Hinterlassenschaft Gustave Caillebottes, des realistischen Malers, der, als er 1894 verstarb, rund 65 zumeist impressionistische Gemälde dem Staat vermachte, unter der Bedingung allerdings, daß sie nicht im Luxembourg oder in irgendwelchen Provinzmuseen versteckt werden sollten. Die Beamten der Akademie der Schönen Künste akzeptierten schließlich 38 seiner Bilder, nicht zuletzt, weil sie damit die noch immer umstrittenen Impressionisten in die Luxembourg-Sammlung integrieren konnten, ohne dafür etwas von ihrem mageren Acquisitionsbudget ausgeben zu müssen und dabei einen Konflikt mit der staatlichen Haushaltskontrolle zu riskieren. Dazu kam, daß die offiziellen Kulturwächter, besondere nach der Dreyfus-Affäre, den Impressionisten allmählich größere Sympathien entgegenbrachten, was wiederum teilweise als eine Kriegslist gegen die als noch gefährlicher empfundenen nachimpressionistischen Richtungen interpretierbar ist; jedenfalls hingen 1914 9 Monets, 7 Renoirs und 6 Pissarros im Luxembourg, das schließlich sogar auch ein kleines *Stilleben* von Gauguin akzeptierte. 1911 bescherte das Testament von Isaac de Camondo dem Louvre Werke von Cézanne, Dégas, Renoir und Toulouse-Lautrec, und 1914 gelangte durch eine Schenkung von Pierre Goujon auch ein van Gogh in diese heiligen Hallen. Ungeachtet dessen überschatteten bis 1900 Jean-Léon Gérôme, Adolphe-William Bouguereau und Carolus Duran und nach der Jahrhundertwende Joseph-Léon Bonnat und Paul-Albert Besnard ihre avantgardistischen Herausforderer. Alle fünf Genannten waren Mitglieder der Académie des Beaux-Arts des Institut de France.

Verglichen mit der Architektur und den meisten Sparten der darstellenden Kunst, ist die Malerei eine individuelle und persönliche Form der künstlerischen Arbeit, und dies erklärt wohl zum Teil, warum sie so etwas wie die Lokomotive der modernistischen Bewegung in der Kunst gewesen ist. Maler der Avantgarde hatten die Möglichkeit, ungehemmt zu experimentieren, und sie entwickelten im Prozeß des Aufbegehrens zunächst gegen den Klassizismus und dann gegen den Realismus Formen, Methoden und Auffassungen, die eine Kampfansage gegen die traditionellen akademischen – und gesellschaftlichen – Regeln der Kunstwelt darstellten. Der Impressionismus war nur die erste in einer ganzen Reihe immer rascher aufeinanderfolgender verschiedener Auffassungen, die diskontinuierlich, aber keineswegs beziehungslos zueinander hervortraten. Wie immer freilich, überschätzten die Zeitgenossen auch hier die Radikalität des Bruches mit den herrschenden Normen und Regeln und der offiziellen Kultur. Im Rückblick betrachtet, macht die Entwicklung der modernen Kunst den Eindruck eines ziemlich linearen Übergangs von der gegenständlichen zur abstrakten Darstellung.

Die Impressionisten waren in der Tat nur insoweit Radikale, als sie gegen die versteinerten akademischen Konventionen aufbegehrten und der sterilen Imitation und Reproduktion alter Vorbilder zugunsten einer lebenskräftigen Darstellung des zeitgenössischen Lebens eine Absage erteilten. Es war ihr Vorläufer Manet, der als erster laut und deutlich verkündete, er wolle ein Maler seiner Zeit sein und das im Bild festhalten, war er sah. Mit anderen Worten, die Impressionisten waren, hierin von Courbet angeregt, die ersten und bedeutendsten Pioniere eines Realismus, der dem christlichen Legendenwesen, der gesellschaftlichen Schmeichelei und der akademisch verordneten Ästhetik den Rücken wandte, um stattdessen ein ungeschöntes Bild, nicht eine Deutung, der sie umgebenden Welt zu zeigen. In bewußter Absage an die hergebrachte Auffassung, daß das Malen eine geistige Betätigung sei, vertrauten die Impressionisten darauf, daß das menschliche Auge die Wirklichkeit ohne den Umweg über eine verstandesmäßige Deutung vermitteln könne. So vertauschten sie die Düsternis des Ateliers mit dem hellen Tageslicht der Straßen und Plätze und der offenen Landschaft. Obwohl Zeitgenossen Zolas und des Naturalismus, wandten sie sich, von Dégas einmal abgesehen, den klaren und heiteren Aspekten ihrer Umwelt zu. Wenn man Konzeption, Technik und farbliche Gestaltung einmal beiseite läßt und nur nach den Sujets urteilt, nahmen die Augen der Impressionisten nur einen bestimmten Ausschnitt der Wirklichkeit ihrer Zeit wahr. Monets herrlicher *Gare Saint-Lazare* gehörte, obschon von ätherischer Transparenz, mit zum Verwegensten, was der Impressionismus sich an „modernen“ Motiven gestattete, und auch Monet zog es alsbald zu den Ufern und Nebenflüssen der Seine und zu den sonnenüberfluteten Landschaftsbildern, die zum Emblem der impressionistischen Malerei wurden.

Anders als Realisten wie Alfred-Philippe Roll und Jean-François Raffaëlli, malten die Impressionisten im großen und ganzen lieber Landschaften und bäuerliche Szenen als großstädtische Motive oder gar proletarische Figuren. Was sie an der Großstadt interessierte, waren Werkstätten, Geflügelmärkte und die ausgelassenen Vergnügungen der Pariser Mittelschichts- und Kleinbürger. Und das städtische Leben, dem diese Leute frönten, kreiste in der Tat vorwiegend um Zerstreuungen; vom Getriebe der Fabriken und der proletarischen Wohnviertel war es weit entfernt, und nur hie und da traf ein Blick die *haut monde.* In ihrer nie erlahmenden Hoffnung auf offizielle Anerkennung verzichteten die Impressionisten auf eine abschätzige Kritik an ihren künstlerischen Widersachern. Als Manet 1881 eine Medaille für eines seiner unbedeutenderen Werke und später auch das Kreuz der Ehrenlegion entgegennahm, deutete sich in dieser Haltung der einmal von Cézanne geäußerte Ausspruch an, daß er den Impressionismus zu etwas machen wolle, „das so beständig und unvergänglich bleibt wie die Museumskunst".

Die Entschlossenheit, sich aus der „erstorbenen Hand der Vergangenheit" zu befreien, blieb bis 1914 das treibende Motiv der künstlerischen Avantgarde. Es war in diesem Sinne durchaus konsequent, wenn die Neo-Impressionisten Seurat, Signac und Luce sich von den Sujets einer weniger idyllischen, elegischen und beschaulichen sozialen Realität angezogen fühlten; sie stellten sich damit freilich in Gegensatz zur Mehrheit der Maler ihrer Zeit, die zwar Trittbrettfahrer, aber nicht eigentlich Anhänger der impressionistischen Bewegung waren. Während Expressionisten und Kubisten der offiziellen Kultur mit stillschweigender Verachtung gegenüberstanden, donnerten die Futuristen ihr von den Hausdächern ihre wütenden Kampfansagen entgegen.

Im Gegensatz dazu kokettierten die Pioniere der Art nouveauté – des Jugendstils, der Sezession – mit dem Akademismus, indem sie seine übermäßige Ornamentalistik nicht schroff negierten, sondern nur etwas dämpften. Sie waren nicht sicher, ob das Jahr 1900 den Anbruch eines neuen Zeitalters oder die Abenddämmerung des *ancien régime* markierte, und hofften, in einer Zeit zunehmender Mechanisierung mit Hilfe der Kunst die handwerkliche Qualitätsarbeit neu zu beleben. Wenn sie sich auch um eine Versöhnung zwischen Kunst und Industrie bemühten, so ließ doch ihr gestörtes Verhältnis zu allem, was mit Maschinen zu tun hatte, daraus nur eine immer stärkere Annäherung an das Kunsthandwerk werden. Besonders in Frankreich, aber auch anderswo hinterließ die Art nouveauté ihre Spuren primär in der Gebrauchs- und Dekorkunst. Sie pfropfte ihre zeitlosen Motive bestimmten traditionellen handwerklichen Techniken auf, vor allem in solchen Städten, die, wie Paris Zentren der Produktion von Luxusgütern – Möbeln, Bekleidung, Schmuck, Glaskunst – waren.

Die Art nouveauté fand, von wenigen Ausnahmen abgesehen, keinen nennenswerten Niederschlag in der Architektur. Ihre Gestaltungsprinzipien setzten sich im konstruktiven Bereich des Bauens nicht durch, sondern fanden lediglich bei der Ausschmückung von Fassaden und tageshellen Innenräumen mit liebevoll und individuell gearbeiteten *objets d'art* Anwendung. Daß ihre Blumen-, Früchte- und Tiermotive antitraditionelle künstlerische Aussagen waren, ist unbestreitbar. Aber die kurvigen, verschlungenen und ineinanderfließenden Linien, die die Künstler der

Art nouveauté, unfähig, sich zwischen Vergangenheit und Zukunft zu entscheiden, malten, schnitzten und schmiedeten, vermittelten eher die Illusion als die Realität einer Bewegung. Dieser Versuch, Bewegung vorzutäuschen und Wirklichkeit zur Miniatur zu machen, mußte in einer veränderungsschwangeren Zeit zum Fehlschlag geraten, und in der Tat verschwand die Art nouveauté so rasch wie eine kulturelle Sternschnuppe. Da sie nicht in der Lage waren, ihre ästhetischen Ansprüche mit Forderungen der fabrikmäßigen Produktion in Einklang zu bringen, sanken diese Möchtegern-Kunstproduzenten zu Auftrags-Kunsthandwerkern und Porträtlieferanten für wohlhabende Kunden herab. Die meisten ihrer Gönner waren Aristokraten oder großbürgerliche Kunstliebhaber, die sich mit ihnen in der Ablehnung des rigiden Konservatismus der offiziellen Kultur einig waren. Auf jeden Fall war die Art nouveauté nach sehr kurzer Zeit einerseits von einer klassizistischen Reaktion und andererseits von bestimmten unaufhaltsamen neuen Strömungen überholt. Vielleicht kann man in dem faszinierenden Phantasiereichtum, in der lebensvollen, wenngleich nur zirkulären Bewegtheit mancher Partien bei Debussy und Ravel so etwas wie ein Vermächtnis der Art nouveauté sehen; dafür waren dann auch Alfred Guiberts Shaftsbury-Brunnen, Hector Guimards Métro-Eingänge, Emile Gallés Nancy-Vasen, Gustav Klimts Gesellschaftsporträts und Henry van de Veldes Manifeste sicher exemplarisch.

Die Künstler der Art nouveauté stimmten freilich mit den Nach-Impressionisten – die Kubisten und die Futuristen ausgenommen – in zwei wichtigen Beziehungen überein. Der visuellen Wahrnehmung mißtrauend, kehrten sie alle dem Realismus und Naturalismus den Rücken und versuchten statt dessen, innere, emotionale Vorgänge und Sinnesreize zum Ausdruck zu bringen. Darüber hinaus entfremdeten sie sich, die politisch linken Expressionisten ausgenommen, der Großstadt, der Fabrik, dem Proletariat und den Massen. Namentlich die moderne Großstadt mit ihren Wohnvororten war es, die selbst die Kosmopoliten unter ihnen im übertragenen wie wörtlichen Sinn abstieß. Während die Art-nouveauté-Künstler versuchten, diesen Erfahrungsbereich, der immer stärker hervortrat, auszublenden, bemühten sich die meisten Nach-Impressionisten entweder, ihm zu entkommen, oder aber ihn mit der Waffe der Kritik gleichsam symbolisch zu vernichten. In dieser Hinsicht wußten sich Cézanne, van Gogh, Gauguin und Munch nicht nur mit Kirchner, Kokoschka und Schiele einig, sondern auch mit Kandinsky. Tatsächlich erfüllten die modernen Großstädte, die bildliche Vergleiche wie „Babylon" und „Moloch" herausforderten, obgleich ihre Existenz vorläufig noch eher Horrorvision als Realität war, fast die gesamte künstlerische Avantgarde mit Frustration, Angst und Abscheu. Zugleich dekadent und dynamisch, abstoßend und anziehend, drohte die Großstadt jene herrschende Kultur und Gesellschaft zu zerstören, der sie selbst ebenfalls, wenn auch in einer anderen Sphäre, den Kampf angesagt hatten. Unschlüssig, wohin sie sich wenden sollten, externalisierten einige Avantgardisten ihre ungelösten innerlichen Konflikte durch eine bewußt verzerrende Darstellung natürlicher und menschlicher Formen, während andere zu ersten tastenden Versuchen ansetzten, über wiedererkennbare Gegenstände, Situationen und Personen hinauszugehen und mit abstrakten und nicht-gegenständlichen Darstellungen zu experimentieren. Nach 1905 war es der deutsche Expressionismus (auf den ich zurückkommen werde), in dem sich diese zwiespältige Haltung am auffälligsten offenbarte.

Weder die Kubisten noch die Futuristen teilten dieses tiefe Unbehagen und diesen Pessimismus. Trotz enormer Unterschiede zwischen ihnen hatten beide Gruppen das Ziel, Kunst für eine Welt gigantischer Städte und Maschinen zu schaffen, eine Welt, der sie mit Zuversicht begegneten.

Die kubistischen Maler, die ihr Hauptaugenmerk auf alltägliche, von Menschenhand oder von Maschinen gefertigte Gegenstände richteten, experimentierten nicht nur mit neuen Materialien – Papier, Holz, Metall, Sägemehl –, sondern auch mit neuen visuellen Konzepten. Statt die Welt zu exponieren, wie die Impressionisten es getan hatten, erkundeten sie die Interaktionen von Struktur, Raum und Darstellung, wobei für sie nicht das Sujet, sondern die Form das Wichtigste war. Die Kubisten, die die Abbildung statischer Figuren ablehnten, präsentierten ihre interaktiven und synchronisierten geometrischen Formen in einem hermetischen Vakuum, ohne jeden Bezug zu Natur und Gesellschaft. Und auch die Großstadt, mit der Braque und Picasso sich versöhnten, trat auf Bildern, mit denen die dynamischen Prozesse der modernen Welt und der modernen Psyche durchleuchtet werden sollten, nicht in Erscheinung.

Die Futuristen wiederum ließen bildliche Figuren vor dem Hintergrund der modernen Stadt erstehen, die sie glorifizierten. Die Rhetorik ihrer Reden und Aufsätze war bei weitem militanter als ihre visuelle Sprache, nicht zuletzt wegen des Publikums, an das sie sich wandten. Während die Kubisten Formulierungen für ihre Ästhetik fanden, mit denen sie sich der künstlerischen Subkultur in Europa verständlich machen konnten, lösten die Futuristen sich bewußt von dieser Subkultur – auch von der Bohème –, um ganz ungeniert um die Massen zu werben bzw. sich ihnen aufzudrängen. Konsequenterweise erschien Marinettis Manifest vom Februar 1909 zuerst auf der Titelseite des *Figaro.* Diese Zeitung war, obgleich ein „modernes“ Medium, doch paradoxerweise elitär, konservativ und katholisch orientiert, trat also eigentlich für all jene Werte ein, gegen die die Futuristen aufbegehrten.

Mit einer Serie von Kampagnen und „Happenings“ läuteten die italienischen Futuristen einen Sturmangriff auf die offizielle Kultur Europas ein, wie er in dieser Breite und Schärfe noch nicht dagewesen war. Italien war für sie „ein Land der Toten ... ein gigantisches Pompeji, aus dem ein Krebsgeschwür von Professoren, Archäologen, Touristenführern und Antiquitätenhändlern" hervorwuchs. Selbst aus dem industrialisierten Norden, vor allem aus Mailand stammend, gifteten die Futuristen gegen Neapel, Rom, Florenz und Venedig, jene schwärenden „Eiterbeulen des Nostalgismus". Venedig, das sich um diese Zeit gerade die Herzen der europäischen Ästheten zu erobern begann, wurde von den Futuristen als „Marktplatz für gefälschte Antiquitäten ... Anziehungspunkt für Snobs und Dummköpfe ... edelsteinbesetztes Sitzbad für kosmopolitische Kurtisanen ... und größtes Bordell aller Zeiten" geschmäht. Venedig war in ihren Augen von der „Syphilis der Sentimentalität" befallen, seine Gondeln waren ihnen „Idiotenschaukeln". Aber der Aufschrei der Futuristen sollte über Venedig und Italien hinaus zu hören sein. Indem sie über Tradition und Geschichte herzogen, präsentierten sie sich als Speerspitze der europäischen Avantgarde, entschlossen, mit der Vergangenheit ein für alle Mal zu brechen, und sei es selbst dadurch, daß man Bibliotheken niederbrannte, Akademien bombardierte und Museen unter Wasser setzte.

Kein Zweifel, daß Marinetti als Lyriker und Dramatiker seine Rhetorik um ein beträchtliches über die rebellischen Impulse der futuristischen Maler, Bildhauer und Architekten hinausschießen ließ. Dennoch waren sie sich einig in der Abneigung gegen die kultische Pflege der herrschenden Kultur und wollten ihr eine Gegenkultur der Jugend, der Respektlosigkeit, der Wissenschaft und Technik, der Bewegung und des Tempos entgegensetzen. In dieser Hinsicht waren die Futuristen also durchaus erklärte Befürworter der Industrie, der Innovation und des Fortschritts, wenn sie mit Pinsel und Feder die dynamischen Rhythmen der Maschinen, Motoren, Flugzeuge und Turbinen priesen. Andererseits aber verbündeten sie sich mit konservativen Kräften. Wohl attackierten sie die Monarchie, die Kirche und den Vatikan, ließen aber auch an Parlamenten und Wahlen ebensowenig ein gutes Haar wie an der philisterhaften Bourgeoisie. Außerdem distanzierten sie sich von den Sozialisten und den Arbeitermassen, den politischen Pionieren des gesellschaftlichen Fortschritts. Sie setzten stattdessen darauf, daß ein extremer italienischer Nationalismus, ja Imperialismus und Krieg den Weg ins Zeitalter der Maschine und der Maschinenkultur ebnen würden, um welchen menschlichen, sozialen und politischen Preis auch immer. Von Nietzsche inspiriert, dessen Oden auf die trügerischen Verlockungen des Alten sie in Oden auf die Leichtigkeit und Flüchtigkeit des Modernen ummünzten, verneinten die Futuristen die Idee der Gleichheit, opponierten gegen die Einebnung der Gesellschaft und glaubten an eine Aristokratie des Geistes und der Kunst.

Gewiß entsprachen nur die wenigsten Bilder der Futuristen dem Geist ihrer gedruckten Manifeste und ihrer verbalen Erklärungen. Umberto Boccioni, Carlo Carrà, Ardengo Soffici und Gino Severini kehrten den erlesenen Heimstätten der guten Gesellschaft den Rücken und zogen es vor, Großstadtstraßen, Fabriken und mechanische Fortbewegungsmittel zu porträtieren, die von der Dynamik, den Spannungen und den Konflikten der Arbeiter, der Arbeitslosen und der Außenseiter pulsierten. Während sie den unaufhaltsamen Modernisierungsprozeß des italienischen Nordens – der, wie wir gesehen haben, eine Enklave inmitten einer ansonsten ganz überwiegend vorindustriell geprägten Gesellschaft war – zu überzeugenden Kompositionen verdichteten, gelang es ihnen auf der anderen Seite nicht, die soziale Frage aus ihren Bildern zu verbannen und so Platz zu schaffen für die im Gefolge der Konflikte ihres Landes mit Österreich oder Libyen überschwappende patriotische Begeisterung. Anstatt sich dem sozialen Protest hinzugeben oder sich mit Marinettis modernistischem Alptraum zu identifizieren, näherten sich Boccioni, Severini und Carrà dem Kubismus und seiner sowohl psychologisch als auch gesellschaftlich weniger hektischen Suche nach einem modernen Stil. 1914 jedoch hatten Futurismus und Kubismus ihren Zenith überschritten, und man wird kaum behaupten können, sie hätten die Wachhunde der offiziellen Kultur sonderlich aufgeschreckt.

Während die akademische Malerei und die Museen für die kontemplative Ernsthaftigkeit der Kunst- und Künstlerverehrung und des Epigonentums sorgten, lieferten Theater, Oper und Ballett gleichsam die dazugehörige emotionale Hefe. Mit einer Fülle von Stilrichtungen konfrontiert, fanden die herrschenden Klassen im Bereich der darstellenden Künste noch genügend festen Boden und Authentizität vor, um sich selbst wiederzuerkennen, so etwa in den barocken Inszenierungen höfischer Dramen an der Comédie Française in Paris oder am Burgtheater in Wien.

Es war indes die Oper, die zwischen 1848 und 1914 zur Königin der dionysischen Kunstformen und Kunstkulte avancierte. Dem Barock entstammend, trat sie, wie die Museen, aus ihrer ursprünglich höfischen Welt heraus in die öffentliche Sphäre, wobei sie den größten Teil ihres Repertoires und ihres Arsenals an Bühnen- und Ausstattungstechniken mitbrachte. Im Grunde verlor die Oper nie ihren höfischen Charakter, und sie legte nach 1840, als sie in neue Häuser übersiedelte und ihr Repertoire ergänzte und erneuerte, an Prachtentfaltung eher noch zu. Die pompösen Treppen, die in mehreren Emporen übereinander angeordneten Logen und die manieristisch gestalteten Foyers hinter grandiosen historistischen Fassaden waren die ideale Kulisse für die Imitationsrituale, mit denen die Bourgeoisie ihre aristokratischen Ambitionen demonstrierte und unterstrich. Einen kaum geringeren Beitrag zu dieser fortdauernden Renobilitierung der herrschenden Klassen Europas leisteten die mit geschichtlicher Überlieferung und tradierten musikalischen Gestaltungsprinzipien überfrachteten Opernlibretti, -partituren und -inszenierungen selbst. Dazu paßte, daß die gekrönten Häupter Deutschlands, Österreichs und Rußlands besonderen Anteil an den Opernhäusern ihrer Hauptstädte nahmen, und alle Regierungen einschließlich derer der Dritten Republik wandten einen unverhältnismäßig großen Anteil ihrer schmalen Kulturbudgets für die Förderung dieses exklusiven und fetischisierten Kunstgenres auf.

Richard Wagner war und blieb bis nach der Jahrhundertwende der einzige echte Erneuerer des Musikdramas; von ihm gingen ungeheure Anstöße für die Apotheose der großen Oper aus. Wagner, ein fundierter Kenner des klassischen griechischen Dramas, wollte als Komponist, Schriftsteller und Dirigent ein „Gesamtkunstwerk" schaffen. Die Oper wurde unter seinen Händen zu einem Vehikel für die Integration der wichtigen Kunstformen – Architektur, Malerei, Drama, Literatur, Musik, Gesang und Tanz – in ein umfassendes und kollektives Kunstereignis. Alle diese Mittel wurden zu einem harmonischen Ganzen zusammengefügt, zu etwas qualitativ Anderem und Größerem, als die einzelnen Elemente es für sich allein waren. Statt eine neue musikalische und dramatische Sprache zu schaffen, verband Wagner phantasievoll und geschickt vorgefertigte Elemente, um eine maximale Bühnenwirkung zu erzielen. Der prinzipielle Zwiespalt, vor dem dieses Genre „Superoper" stand, war die Frage, ob die Musik die Dienerin oder aber die Gebieterin der Dramaturgie sein sollte. Gerade dieser Zwiespalt aber stand im Zentrum der Wagnerschen Absichten. Sein Interesse galt immer weniger dem Unterhaltungsaspekt oder dem Ziel, irgendein Ideal stilistischer Reinheit zu erreichen; er hatte nur die Absicht, die gesellschaftliche Ordnung des zweiten Deutschen Reiches zu feiern und mit einem Heiligenschein zu versehen. Wie sein Freund Gottfried Semper – führender Architekt des barocken Monumentalismus in Mitteleuropa –, schuf Wagner kolossalische und pompöse Musikdramen, die das Leben innerhalb und außerhalb des Musentempels mystifizieren und vergeistigen sollten.

Dieser Tempel entstand in den Jahren 1872 bis 1876 in Gestalt des Festspielhauses in Bayreuth; eingeweiht wurde er mit einer Aufführung des *Ring des Nibelungen*, der Kaiser Wilhelm I., König Ludwig II. von Bayern und eine Partie weiterer deutscher Fürsten und Prinzen beiwohnten. Alsbald wurde offenkundig, daß Wagner in zweierlei Hinsicht von seinem Vorbild, der griechischen Tragödie, abwich: Einmal bediente er ein exklusives Publikum, statt sich an einen Querschnitt der Gesellschaft zu wenden, und zum zweiten war sein Anliegen nicht universal, sondern überwiegend auf Deutschland bezogen. Es war jedenfalls eine Tatsache, daß die Leute, die in Bayreuth zusammenströmten, um dem einsetzenden Wagnerkult zu frönen, durchweg der Besitz- und Bildungselite angehörten, denn sie mußten sich den Luxus teurer Reisen leisten können und imstande sein, Wagnerianische Mythen und Legenden zu studieren. Freilich, trotz des starken germanischen Einschlags des in Bayreuth zelebrierten Kults nahmen Aristokraten und Großbürger aus ganz Europa am alljährlichen Pilgerzug in die kleine Residenzstadt teil, und dies noch in einer Zeit wachsender internationaler Spannungen. Thomas Mann erklärte schließlich, Bayreuth sei zu einem „musikalischen Lourdes, ... einer wundersamen Grotte für die unersättliche Leichtgläubigkeit einer dekadenten Welt“ geworden.

Ein ähnliches Urteil fällte auch Max Nordau, der Autor der äußerst polemischen Schrift *Degeneration*, die erstmals 1893 veröffentlicht und binnen weniger Jahre in rund zwanzig Sprachen übersetzt wurde. Nach Ansicht Nordaus wurde es bei den „Snobs“ der Geld- und Bildungselite zu einem „Kennzeichen des Aristokratischen“, nach Bayreuth zu reisen und Zeuge von Opernaufführungen zu werden, die das „blökende Echo einer fernen Vergangenheit, ... die letzte Pilzkultur auf dem Misthaufen der Romantik [und nicht etwa] das Kunstwerk der Zukunft“ waren. Nordau räumte ein, daß Wagner als Dramatiker „ein Historienmaler höchsten Ranges“ mit einer genialen Begabung für das Imaginieren und Nachinszenieren von „Festen, Feiern, Triumphen und allegorischen Stücken [war, deren]... verlockende Bildlichkeit selbst dem Auge des krassesten Philisters nicht entging“. Er betrachtete Wagner auch als einen „atavistischen“ Komponisten, der die Musik zu einem „konventionellen phonetischen Symbol“ erniedrigte, sich des „unklaren Rezitativs der Wilden“ bediente, eine „höchst differenzierte Instrumentalmusik dem Musikdrama unterordnete“ und den „gleichzeitigen Auftritt mehrerer singender Personen“ ebenso mied wie die „vokale Polyphonie“.

Wie im Falle Nietzsches, so steigerte sich auch bei Wagner der Kult um seine Person und sein Werk, wie auch dessen Verbreitung, nach seinem Tode sprunghaft, namentlich in der Zeit zwischen der Jahrhundertwende und 1914. Man kann sein Werk durchaus als Reflexion, Prophezeiung und ideologisches Werkzeug der Selbstbehauptung der alten Ordnung nicht nur in Deutschland, sondern in ganz Europa interpretieren. Sicherlich war es weder der Grabgesang noch die Marseillaise des bürgerlichen Zeitalters. Nachdem Wagner erst einmal seine – ohnehin nicht überschäumende – Begeisterung für die Freiheitskämpfe des März 1848 über Bord geworfen hatte, begann er zunehmend das heroische Herrschertum über das Gesetz, die Emotion über die Vernunft und romantischen Nationalismus über das souveräne Weltbürgertum zu stellen.

Es war nicht Claude Debussy, sondern Richard Strauss, der als erster den traditionellen Opernstil und auch den Wagnerismus als dominierende Manier und Mode durchbrach. Strauss, der sich selbst als Expressionist verstand, strebte stimmliche Dissonanz und einen vehementen Psychologismus an, zögernd zunächst in *Salome* (1905), ganz konsequent dann in *Elektra* (1909). Diese Werke fanden jedoch, in Wien wie auch anderswo, eine so feindselige Aufnahme, daß er den Rückzug in den vorwagnerschen Opernstil antrat. Der durch und durch mozarteske, mit wienerischen Walzerrhythmen durchsetzte *Rosenkavalier* (1911) war eine „Kapitulation und Verbeugung" vor dem musikalisch konservativen europäischen Opernpublikum.

So wenig, wie die musikalische Avantgarde die große Oper zu verdrängen oder auch nur zu bedrängen vermochte, so wenig übte sie einen ästhetisch radikalisierenden Einfluß auf die Wiedergeburt des Balletts aus, die von Sergej Diaghilew initiiert wurde. Eigentlich nicht mehr als ein Propagandist und Impresario, wurde Diaghilev gleichwohl zu einer Art Richard Wagner des Balletts: Er machte daraus ein „Gesamtkunstwerk", ohne bedeutsame neue stilistische Akzente zu setzen. Es ist nicht verwunderlich, daß die Ballett-Renaissance von dem europäischen Land mit dem stabilsten *ancien régime* ausging. In Rußland konnte das Ballett, eine aristokratische Kunstform, die ihre Vollendung während des 18. Jahrhunderts erfahren hatte, unter der Schirmherrschaft der Romanows auf eine ununterbrochene Blütezeit zurückblicken. Im Lauf des 19. Jahrhunderts wurde die klassische Choreographie- und Kostümtradition des Balletts durch die Einbeziehung volkstümlicher und patriotischer Motive erweitert. Dem Beispiel Glinkas folgend, schufen die großen russischen Komponisten – Borodin, Tschaikowski, Rimskij-Korssakow – Ballettmusiken, die die Wiederentdeckung und Pflege des kulturellen Erbes Rußlands in der darstellenden Kunst einleiteten, eines Erbes, von dem sich nach der Jahrhundertwende auch die russische Avantgarde animieren ließ.

Diaghilew, der sich den künstlerischen Sezessionsbewegungen Westeuropas verbunden fühlte, trug wesentlich mit dazu bei, daß Rußland sich dem Impressionismus öffnete. Nachdem er hierfür gesorgt hatte, wandte er sich der Aufgabe zu, die Vergangenheit seines Heimatlandes künstlerisch neu zu beleben. In Zeitschriften, Ausstellungen und Künstlerzirkeln propagierte er eine Renaissance des Russischen, zunächst bei sich zuhause, dann als eine Art kultureller Generalbevollmächtigter seines Landes bei den Nachbarn im Westen; seine aristokratische Abstammung kam ihm dabei ebenso zugute wie die gelegentliche Förderung und Unterstützung durch den Zaren.

Nach der Revolution von 1905 verbrachte Diaghilew drei Jahre damit, russische Ikonen, russische Orchestermusik und russische Opern in Paris einzuführen. Dann, von Mai 1909 an, setzte er die französische Hauptstadt mit den *Ballets Russes* in Erstaunen. Publikum und Kritiker zeigten sich überwältigt, nicht weil diese Tanzkunst etwas ganz und gar Neues gewesen wäre, sondern wegen des neuen Lebens und Glanzes, den die Russen einer alten Kunstform eingehaucht hatten. Vor allem der Tänzer Nijinskij verkörperte die neuentdeckte Vitalität linearer, frontaler, zyklischer, aber rigoros klassischer Schritte. Im Zusammenwirken mit dem Ballett verstanden es die russischen Solotänzer, mittels konventioneller Körperbewegungen und Gebärden ein ungeheuer breites Spektrum unverfänglicher Stimmungen und Gefühle zum Ausdruck zu bringen.

Diaghilews geniale Tat war es, diese standardisierte Choreographie mit farbenprächtigen und spektakulären Bühnenbildern und Kostümen aufzufrischen und zu variieren. Diese *mis-en-scènes,* für die Künstler wie Bakst, Benois und Larionov – später auch Derain, Matisse und Picasso – verantwortlich zeichneten, tauchte die gesamte Darbietung in eine Aura des Märchenhaften. Diaghilew beauftragte auch Strawinsky, Musiken für sein Ballett zu komponieren, dessen Repertoire stark „altrussisch" ausgerichtet war. Strawinsky stand um diese Zeit gerade selbst heftig unter dem Eindruck der Renaissance der Volkskultur, der Märchen und Sagen, der Lieder und Tänze des Volkes und seiner Instrumentalmusik. Ganz gewiß trugen *Der Feuervogel* (1910) und *Petruschka* (1911) den Stempel dieses neuen Interesses an der Folklore, ebenso wie *Le Sacre du Printemps* (1913), das „Szenen aus dem ländlichen Rußland" in einer musikalischen Sprache darbot, die einen revolutionären Durchbruch markierte.

Zuhause oder im Ausland traten die *Ballets Russes* stets in den erlesensten Häusern und vor einem höchst exklusiven Publikum auf, das sich gewiß nicht als Bannerträger der kulturellen Avantgarde verstand. Das rhythmusbetonte, aber mit Dissonanzen gespickte *Sacre du Printemps* schockierte 1913 zwar sein Pariser Premierenpublikum, und *Petruschka* wurde in Wien ebenso kühl aufgenommen wie Debussys *Après-midi d'un faune,* aber andererseits hatten die *Ballets Russes* schon 1911 im Rahmen der Krönungsfeierlichkeiten für Georg V. im Londoner Covent Garden mit Erfolg einen Galaabend des Tanzes und der Oper präsentiert. Und im gleichen Jahr hatte der größte Antimodernist unter den europäischen Monarchen, Kaiser Wilhelm II., unter dem illustren Premierenpublikum in der Berliner Kroll-Oper geweilt. Nach der Vorstellung ließ er Diaghilew seine Glückwünsche übermitteln, insbesondere für *Cléopatra.*

„Während in St. Petersburg die Volksmusik durch das Wirken großer Komponisten zur Erneuerung der Balletttradition beitrug, wurde sie in Wien von der Walzermusik übertönt, die operettenhaft und daher weder volkstümliche Kunst noch Ballett war." In ihren auf den kommerziellen Erfolg angelegten Operetten ließen Franz Lehár *(Die Lustige Witwe)* und Johann Strauß *(Die Fledermaus)* eine Welt erstehen, die ebenso aristokratisch, sinnlich und frivol war wie das Bild, das Jacques Offenbach in seinem *Pariser Leben* vom Frankreich der Zeit Napoleons III. zeichnete.

Indes, verglichen mit den *tableaux vivants* der französischen Gesellschaft der Kaiserzeit, die mit Zynismen gespickt waren, lieferten die österreichischen ein durch und durch rosagefärbtes, gewissermaßen jugendfreies Bild des gesellschaftlichen Lebens am habsburgischen Hof.

Die großen Opern- und Theaterpaläste waren zumeist vom gleichen ehrfurchtheischenden architektonischen Zuschnitt wie die Museen. Verglichen mit einem Gang ins Museum, war jedoch ein Theater-, Opern- oder Ballettbesuch weit eher ein öffentlicher, demonstrativer Akt. In den Preisen und in der Anordnung der Plätze, namentlich bei Galavorstellungen, spiegelte sich die soziale Rangordnung ihrer Inhaber. In der Tat war die Sitzordnung bei festlichen Premieren im Opern- und Schauspielhaus ein besseres und schneller reagierendes Statusbarometer als die Protokollordnung bei Hofe und in den Salons. Die Tatsache, daß unter den Förderern und Mäzenen der darstellenden Künste assimilierte Juden überproportional vertreten waren – insbesondere galt dies für die mitteleuropäischen Länder –, zeugte nicht nur von der traditionellen jüdischen Wertschätzung für das geistige Leben und die nicht-gegenständliche Kunst, sondern auch von ihrem Bemühen, ihre fortbestehende gesellschaftliche und politische Ächtung durch eine Hinwendung zur Kultur zu kompensieren. Auf jeden Fall waren die meisten dieser Juden eher Klein- als Großbürger, und zusammen mit dem Bildungsbürgertum nahmen sie eifrig die Gelegenheit wahr, sich an einem Kulturleben zu beteiligen, das seinen Inhalten und Formen nach der alten Ordnung verhaftet blieb.

Die Kleidermode der Zeit, namentlich die zu bedeutenden gesellschaftlichen Anlässen getragene Garderobe, reflektierte und beförderte diese Anpassung. Kein Zweifel, daß die Aristokratie sich im Laufe des 19. Jahrhunderts, was das Zurschaustellen des eigenen Reichtums und das Bemühen um Abgrenzung anbelangte, zunehmend zurückhielt, und daß die Männer ihre Rolle als Schrittmacher der Mode an die Frauen abtraten. Im großen und ganzen blieb die Mode allerdings das Mündel der Tradition: Kleider waren nach wie vor eher eine Sache von Brauch und Herkommen als ein Produkt phantasievoller Modeschöpfer. Während der Adlige sich bescheidener, weniger grandios kleidete, machte sich das Großbürgertum die alte Vorliebe der Aristokratie für äußerliche Symbole der Abgrenzung zu eigen. Somit blieb es dabei, daß die Kleider, die man trug, auf die gesellschaftliche Stellung des Trägers verwiesen. Sich modisch zu kleiden, hieß jedoch für die Wohlhabenden nicht etwa, etwas Originelles, Auffälliges oder Extravagantes zu tragen. Ebenso wie ihr Benehmen und Auftreten, richteten sie ihre Garderobe auf das Ziel aus, sich der aristokratischen Elite anzugleichen.

Kleidungsgewohnheiten und -vorschriften dienten der herrschenden Klasse nicht nur zur äußeren Kennzeichnung, sondern auch zur Festigung ihres inneren Zusammenhalts. Wie in so vielen anderen Sphären des

Lebens der oberen Klassen, galt auch hier, daß das Modische das Gewohnte war, und die Gewohnheit war es, die eine Kleiderordnung diktierte, deren Geist und Zuschnitt in der Zeit vor der Jahrhundertmitte wurzelten. Wenn die Mode konservativ war und nur langsam wechselte, so lag das zum größten Teil daran, daß das Bürgertum die alten Eliten nicht herausfordern, sondern sich ihnen anbiedern wollte. Diese Eliten bekräftigten ihren Anspruch auf Dominanz regelmäßig dadurch, daß sie bei offiziellen Empfängen und bedeutenden gesellschaftlichen und kulturellen Anlässen ihre Uniformen und Galakostüme zur Schau trugen. Zwischen Louis-Philippe, dem „bürgerlichen König", der Uniform und Ehrenzeichen ablegte und den dunklen Anzug und den Cut zu Ehren kommen ließ, und Paul Poiret, dem Modeschöpfer, der sich 1910 behutsam anschickte, die Damen der Gesellschaft von ihren starren Korsetts und engen Schnürleibchen zu befreien, waren die wechselnden Moden nicht viel mehr als Begleitakzente zum geläuterten Lebensrhythmus der traditionellen Gesellschaft.

Selbst die am weitesten industrialisierte und verstädterte und zugleich imperialistischste europäische Nation pflegte bis 1914 eine offizielle Kultur, deren Traditionalismus kaum noch zu überbieten war. Im Blick auf die öffentlichen Bauten – ausgenommen die Kirchenarchitektur – ebbte der Neogotizismus der Victorianischen Ära allmählich ab und machte dem Neobarock der Edwardianischen Epoche und – zehn Jahre vor Kriegsausbruch – dem Neoklassizismus Platz. Von 1890 an verlegten sich die britischen Architekten auf den Barock-Stil (die sog. englische Renaissance), um der Hochblüte wirtschaftlicher Macht und politischer Geltung des britischen Imperiums entsprechenden Ausdruck zu verleihen. Wie kaum anders zu erwarten, tobte sich der protzige Edwardianische Barockstil vor allem an Regierungsgebäuden in London, an Rathäusern wie denen von Belfast und Cardiff und an Gedenkstätten wie der für Königin Victoria in Kalkutta aus. Im gleichen Stil entwarfen und erbauten aber auch John Belcher das Ausbildungsinstitut für Wirtschaftsprüfer in London, Matear und Simon die Baumwollbörse in Liverpool und die Gebrüder Skipper und J. J. Burnett die Verwaltungspaläste von Versicherungsgesellschaften in Norwich und Glasgow. Nicht genug damit, stürzten sich, wie das Beispiel des von Belcher 1905–09 erbauten Ashton-Memorials zeigt, mit dem Lord Ashton dem seiner Familie gehörenden Linoleumwerk in Lancaster ein Denkmal setzte, auch Provinzmagnaten auf das Edwardianische Barock, um ihre Integration in die alte Oberschicht zu bekunden.

Zum Teil als Reaktion auf diesen Schwulst – gegen den auch die Art-Nouveau-Bewegung letzten Endes nichts ausrichten konnte – öffneten sich die englischen Architekten nach der Jahrhundertwende, wenn auch vorsichtig, den Einflüssen der französischen Beaux-Arts-Kultur. Auf der Suche nach der Schlichtheit und Formvollendung klassischer Proportionen fanden die Architekten sowohl für öffentliche als auch für gewerbliche Gebäude einen neomanieristischen Stil. Aber wenn auch das Hotel Ritz (1903/06) und das Gebäude des Automobilklubs (1908–11) in London ohne übermäßiges Beiwerk an Schnörkeln und Ornamenten auskamen, so beherbergten sie hinter ihrer geglätteten klassischen Fassade doch noch die gleiche Atmosphäre der Nobelkeit, die den empfindsamen Proust im Pariser Ritz-Hotel einhüllte.

Im Bereich der bildenden Künste herrschte unangefochten die sich ausschließlich durch Inzucht reproduzierende Royal Academy, die ein Monopol auf die künstlerische Ausbildung innehatte und die prestigeträchtigen Sommerausstellungen veranstaltete, bei denen das Arts Council regelmäßig seine Käufe tätigte. Unter der Präsidentschaft Frederick Leightons, der 1886 nobilitiert und 1896 zum Peer ernannt wurde, sowie John Everett Millais', der 1885 den Ritterschlag erhielt, förderte und propagierte die Academy einen in jeder Hinsicht äußerst traditionalistischen Malstil. Während desselben Zeitraums malte George Frederic Watts die Wand- und Deckenfresken im unlängst erbauten Oberhaus sowie zahlreiche manieristische Porträts von Mitgliedern der englischen Oberschicht, die ihm schließlich den Verdienstorden einbrachten. Dieser ästhetische Konservatismus hatte übrigens einen nationalistischen, um nicht zu sagen völkischen Aspekt. Man verachtete den Impressionismus nicht nur, weil er neu und pietätlos war, sondern auch weil man meinte, er übertrage – wie ein Bazillus – französische Verderbtheit, Frivolität und Radikalität. Nur ein kleiner Teil des dünkelhaften englischen Mittel- und Großbürgertums zeigte sich aufgeschlossen gegenüber Einflüssen von jenseits des Ärmelkanals. Diese Leute, die unter der lähmenden kulturellen und aristokratischen Atmosphäre des Edwardianischen und nachedwardianischen England litten, veranstalteten in privaten Londoner Galerien Ausstellungen mit Werken moderner Künstler.

Die britische Nationalgalerie, die 1904 ein ihr als Geschenk angebotenes Dégas-Bild zurückwies, war eine Schatzkammer italienischer, flämischer und niederländischer Meister; die Bilder englischer Maler dagegen waren ins South Kensington Museum relegiert. Henry Tate, ein wohlhabender Zuckerfabrikant, machte es sich, von nationalen wie auch sozialen Motiven bewegt, zur Aufgabe, für die Errichtung eines Gegenstücks zum Pariser Luxembourg-Museum zu werben. Er stellte hierfür nicht nur seine eigene Sammlung englischer Gemälde zur Verfügung, die zum größten Teil aus Werken der Akademie-Malerei bestand, sondern auch die Geldmittel für die Errichtung eines großen Museumbaus auf einem von der Regierung bereitgestellten Grundstück. 1897 weihte der Prince of Wales das schwülstige neoklassizistische Gebäude ein, das diese neue

„Galerie für Moderne Britische Kunst" aufnehmen sollte. Ein Jahr darauf wurde Tate mit einem Baronstitel belohnt, was ihn zweifellos zur Stiftung weiterer Bilder aus seinem Besitz sowie weiterer Geldmittel zur Erweiterung der Ausstellungsfläche anspornte.

Daß das Wort „modern", das den Namen der Galerie zierte, eine ausschließlich kalendarische Bedeutung hatte, braucht wohl kaum betont zu werden; die Tate Gallery sollte jüngere und aktuelle Werke der akademischen Malschule erwerben und ausstellen. Das britische Schatzamt förderte die Erweiterung dieser Sammlung nationaler Kunstwerke mit finanziellen Zuschüssen. Es entschädigte auch private Geldgeber, die der Nationalgalerie halfen, alte kontinentaleuropäische Meister zu erwerben, die von einigen der bedeutendsten englischen Peers (z. B. vom Herzog von Marlborough, vom Earl von Radnor, vom Herzog von Norfolk) zum Verkauf angeboten wurden und bei denen die Gefahr bestand, daß man sie an ausländische Museen oder Privatsammler verlor. Den modernen Künstlern, einheimischen ebenso wie ausländischen, blieben die Türen der Royal Academy und der staatlichen Museen verschlossen.

Nicht weniger offen äußerte sich der Widerwille gegen das Moderne in der Literatur und im Drama. Stücke von Ibsen, Maeterlinck und Sudermann standen ebenso auf der Verbotsliste wie Richard Strauss' *Salome* oder die Bücher von Zola. Obschon in dieser massiven Abwehrhaltung gegen neue künstlerische Formen und Aussagen ein Stück Fremdenfeindlichkeit mitschwang, stand der Zensor doch nicht an, auch Oscar Wildes *Salomé* (in französischer Sprache verfaßt) und zwei Einakter von George Bernard Shaw auf den Index zu setzen.

Im Jahre 1907 wandten sich rund 70 namhafte Schriftsteller mit einer Petition an die Regierung, in der sie eine Überprüfung der Befugnisse der Zensurbehörde im Bereich des Theaters forderten (obgleich in diesem Jahr von 536 Aufführungsanträgen nur 4 abgelehnt worden waren). Nachdem eine Reihe von Parlamentsabgeordneten sich dieses Anliegens angenommen hatten, ernannte Asquith 1909 einen aus Vertretern aller Fraktionen zusammengesetzten Untersuchungsausschuß. Nach viermonatiger Tätigkeit sprach der Ausschuß, dem die Interessen der Produzenten und des Publikums näher lagen als die der Autoren, die Empfehlung aus, die Zensurbefugnisse des Lordkämmerers im wesentlichen unangetastet zu lassen.

Obwohl einige der Ideen und Anschauungen der kontinentaleuropäischen Avantgarde nach 1910 in England Widerhall fanden, blieb das Echo doch ziemlich schwach. Asquith und seine liberalen Mitstreiter blieben auf Distanz zur Moderne, nicht zuletzt aus Furcht, sich andernfalls den Unwillen ihrer bürgerlichen Wähler zuzuziehen und die Gegensätze innerhalb der herrschenden Klasse des Landes noch weiter zu verschärfen. Dazu kam, daß das liberale Kabinett nicht gerade eine Brutstätte des kulturellen Radikalismus war. Man hegte in diesem Gremium vielmehr ebenso starke Vorbehalte gegen „Dekadente" und „Ästheten" wie gegen Künstler, die sich um eine Erneuerung des Kunstschaffens bemühten.

Als die einzige Republik unter den bedeutenderen europäischen Mächten gehörte Frankreich zu den Schrittmachern der Entfeudalisierung und Säkularisierung. Die an Einfluß verlierenden antirepublikanischen Elemente versuchten allerdings, sich sowohl der Boulanger-Krise als auch der Dreyfus-Affäre zu bedienen, um die auf 1789 zurückgehende historische Kluft ein Stück weit oder gar ganz zu schließen. Zwar endeten ihre Anläufe zu einer Restauration des Königtums mit Fehlschlägen, aber sie hinterließen doch eine heftig in sich zerrissene politische Führungsschicht, in der die royalistischen Elemente vor allem deshalb noch so stark waren, weil die revolutionären Ereignisse des 18. und 19. Jahrhunderts große Teile der französischen Gesellschaft unberührt gelassen hatten. Bei den beiden gescheiterten Umsturzversuchen und auch im Zuge der nationalistischen Welle, die nach 1905 aufbrandete, demonstrierten die Ewiggestrigen, daß sie durchaus in der Lage waren, auch in Paris eine beträchtliche Massengefolgschaft auf die Beine zu bringen. Offensichtlich war die Hauptstadt nicht weniger gespalten als das ländliche und provinzielle Frankreich. Die Folge war, daß Paris einerseits eine erstrangige Bastion des nationalen Akademismus blieb, zum andern aber das Mekka der französischen, ja der europäischen Avantgarde wurde. Die hochnäsige offizielle Kultur schlug aus der chronischen politischen Handlungsunfähigkeit der Dritten Republik, die sich einseitig zugunsten der alten Ordnung auswirkte, einerseits Kapital und perpetuierte sie andererseits.

Das in die Defensive gedrängte republikanische Regime trieb zwar, zunächst unter dem ersten Kabinett Jules Ferrys, die Säkularisierung, Demokratisierung und Verstaatlichung des Bildungswesens, namentlich im Bereich der Grund- und weiterführenden Schulen, kraftvoll voran, zögerte jedoch, unter Einsatz staatlicher Mittel neue, eigene kulturelle und künstlerische Entwicklungen zu fördern. Statt Experimente zu unterstützen, befleißigten sich die Regierungen, eine wie die andere, gegenüber den Modernen einer Politik der wohlwollenden Vernachlässigung, die letztlich dazu führte, daß der von den voraufgegangenen Regimen ererbte klassische Akademismus sich weiterhin reproduzierte und erneut zur offiziellen Kulturdoktrin wurde. Die politische Schwäche des republikanischen Systems und die kulturelle Unmündigkeit der neuen politischen Führungsschicht, die ihrer Bewußtseinslage nach eher klein- als großbürgerlich war, waren zwei gebieterische Gründe für diesen Mangel an kulturpolitischer Initiative.

Die notorische Instabilität der Dritten Republik stärkte beträchtlich die Stellung der quasi-permanenten Unterstaatssekretäre in den wichtigsten Ministerien, darunter auch in denen, die kulturelle und künstlerische Belange verwalteten. Diese in den *grandes écoles* und den Akademien Frankreichs ausgebildeten und geformten Geschöpfe einer staatlichen Elitezucht waren, gleich welcher gesellschaftlichen Gruppe sie entstammen mochten, stur darauf abgerichtet, die klassische Hochkultur als einen unverzichtbaren Pfeiler der bestehenden Ordnung zu betrachten, auf deren Erhaltung sie eingeschworen waren. Henri Roujon war zwölf Jahre lang, von 1891 bis 1903, Direktor der staatlichen Behörde für die schönen Künste und darüber hinaus zugleich auch Mitglied und später permanent Sekretär der Académie des Beaux-Arts. Noch ausgeprägter verkörperte H. Dujardin-Beaumetz, der zwischen 1905 und 1912 unter sechs verschiedenen Regierungen als Unterstaatssekretär für die schönen Künste amtierte, diese Kontinuität. Ein akademisch geschulter Maler und Republikaner aus wohlbedachtem Opportunismus, war Dujardin-Beaumetz, der es erst zum Abgeordneten und dann zum Senator brachte, ein erklärter Kulturkonservativer. Es bedurfte erst massiver Interventionen der Premierminister Clemenceau und Briand, ehe er sich bereitfand, André Antoine zum Direktor des Odéon und Gabriel Fauré zum Direktor des Konservatoriums zu machen. Nachdem er den Historienmaler und Ritter der Ehrenlegion Bonnat zum Leiter der École nationale supérieure des Beaux-Arts ernannt hatte, gab Dujardin-Beaumetz zahlreiche orthodoxe Skulpturen zur Aufstellung an öffentlichen Plätzen in Auftrag; zugleich weigerte er sich, auch nur ein einziges Bild von Cézanne zu kaufen. Sein Nachfolger Léon Bérard war nicht viel fortschrittlicher.

Neben den kurzlebigen Kabinetten und den langlebigen Bürokraten gab es noch die vier unabhängigen Akademien mit ihren auf Lebenszeit ernannten bzw. unsterblichen Mitgliedern. Dadurch, daß sie die wichtigsten Lehranstalten, allen voran die Kunstakademie und das Konservatorium, kontrollierten, konnten diese Kulturverwalter sich nach Gutdünken als Wächter und Apostel der herrschenden kulturellen Doktrinen und Stilprinzipien, um nicht zu sagen Dogmen, gebärden. Sie besetzten die Jurys, die jene Preise vergaben, die jungen Malern, Komponisten und Architekten zu den begehrten Studienstipendien in der Villa Medici in Rom verhalfen, der Stadt, die das bedeutendste pädagogische Museum Europas war. Wer einen dieser Preise gewann und die darin liegende Chance am Schopf packte, konnte damit rechnen, von da an nicht nur bei offiziellen Ausstellungen und bei Ankäufen, sondern auch bei der Vergabe staatlicher Aufträge, bei der Verleihung von Auszeichnungen und bei der Besetzung akademischer Posten bevorzugt zu werden.

Die freiwillige Selbstbeschränkung des republikanischen Regimes auf die kulturellen Vorgaben seiner monarchischen Vorgänger äußerte sich ganz besonders in der geradezu willkürlich anmutenden Architektur öffentlicher Gebäude und Monumente, für die das neue Rathaus und die Kirche Sacré-Cœur typische Beispiele abgaben. Anstatt sich auf authentische, wenn auch möglicherweise noch vorläufige und unbestimmte architektonische Aussagen einzulassen, beschränkten sich die Regierenden Frankreichs darauf, zu restaurieren, zu dekorieren und zu erhalten. Aus leicht erklärbaren Gründen war es ihr erstes und dringendstes Anliegen, jene historischen Bauten, die im Zuge der Niederschlagung der Kommune beschädigt worden waren, sorgfältig wiederaufzubauen. Danach wurden die Interieurs des Théatre Français und der Opéra Comique renoviert (nicht etwa modernisiert), und 1887 und 1913 traten Gesetze in Kraft, die die architektonischen Zeugen der Pariser Stadtgeschichte unter Denkmalschutz stellten; die Zahl der geschützten Gebäude stieg von 1702 im Jahre 1902 auf 3560 im Jahr 1913.

Natürlich mußte die Dritte Republik sich in einem kulturellen Umfeld einrichten, das von voraufgegangenen Regimen aufgebaut und ausgestattet worden war. Sie verhielt sich darin freilich nicht wie ein stolzer neuer Hausherr, der seine eigenen baulichen Vorstellungen verwirklicht und sich Denkmäler setzt, sondern wie ein pflichtbewußter Treuhänder, der ein ihm anvertrautes Erbe verwaltet. Man scheute – nur teilweise aus wirtschaftlichen Gründen – vor der Errichtung neuer Bauten zurück und zog es vor, zentrale gesellschaftliche und politische Institutionen in den grandiosen Palästen der königlichen und kaiserlichen Vergangenheit Frankreichs unterzubringen. Obgleich die französischen Ingenieure mit Stahlgerüsten und Stahlbeton umzugehen wußten, machte man von ihren Fähigkeiten kaum Gebrauch. Man versicherte sich ihrer Dienste lediglich bei Gelegenheit der Weltausstellungen, mit denen das Regime zeigen wollte, daß es entschlossen und in der Lage war, die Herausforderungen der Zukunft zu bewältigen. In diesem Sinne prägten der Maschinenpalast und der Eiffelturm der Hundertjahrfeier der Revolution im Jahr 1889 einen willkommenen modernistischen Stempel auf. Im Vergleich zu diesen Monumenten des technischen Zeitalters verkörperten das Grand und das Petit Palais der Weltausstellung von 1900 insofern eher eine halbherzige Aussage, als sie beide mit einer Barockfassade verkleidet waren.

Auch in der Malerei und Bildhauerei konnte sich der Akademismus bis 1914 ohne Schwierigkeiten behaupten; hier wurde das Schwergewicht auf die Reproduktion und Imitation alter Kunstformen, Motive und Meister gelegt. Die Neoklassizisten beherrschten die École des Beaux-Arts und die Salons. Sie sicherten sich ferner alle öffentlichen Aufträge sowohl auf nationaler als auch auf lokaler Ebene und konnten auf die Unterstützung wohlhabender Mäzene rechnen. Es bereitete ihnen wenig Probleme, sich die Impressionisten und ihre Nachfolger vom Halse zu halten. Mit wenigen, unauffälligen Ausnahmen zeigte die *haut monde* den Post-Impressionisten, den Fauves und den Kubisten die kalte Schulter. Die französischen Avantgardisten zogen sich ihrerseits mehr oder weniger freiwillig in sektiererische Künstlergruppen zurück, denen die sozialen und politischen Kämpfe ihrer Zeit gleichgültig waren. Anstatt die herrschende Ordnung anzugreifen, straften sie sie mit Verachtung und gaben sich weiterhin der sehnsüchtigen Hoffnung nach offizieller Anerkennung oder nach privaten Gönnern hin, vor allem weil Kunsthändler wie Kahnweiler, Durand-Ruel und Vollard gerade erst begonnen hatten, „alternative" Galerien und Märkte aufzubauen.

Die Dreyfus-Affäre schlug überraschend in eine von randständigen Intellektuellen und Künstlern vorangetriebene politische Kampagne um, mit dem Ziel, zu verhindern, daß Frankreich den Anschluß an die europäische Zeitrechnung endgültig verlor. Der Konflikt, der die Nation beinahe in zwei unversöhnliche Teile gespalten hätte, machte deutlich, wie weitgehend die kulturellen Institutionen der Dritten Republik von einem tiefgreifenden Konservatismus durchdrungen waren. Die Dreyfus-Gegner fanden viele namhafte Fürsprecher an den Akademien, am Konservatorium, an den Theatern, den Universitäten, in der Kirche und nicht zuletzt auch in den Reihen angesehener und erfolgreicher Schriftsteller, Dramatiker und Journalisten. Die Pro-Dreyfus-Fraktion bestand hingegen vorwiegend aus der intellektuellen und künstlerischen Avantgarde; zu ihr gehörten aber auch Soziologie-, Geschichts- und Philosophieprofessoren, denen es darum zu tun war, der zerbrechlichen Republik eine ideologische Legitimationsgrundlage zu verschaffen, die sie dringend benötigte. Wenn es den Dreyfusianern der ersten Stunde gelang, den Versuch einer Restauration des Königtums abzuwehren, dann vor allem deswegen, weil sie mit Erfolg die – im Grunde eher unpolitischen – fortschrittlichen und avantgardistischen Teile der Intelligenz und der Künstlerschaft mobilisierten und so die Regierenden mit einer Herausforderung konfrontierten, die diese nicht ignorieren konnten. Obgleich viele der für die Kampagne Rekrutierten Zola seinen prosaischen Naturalismus und seine Popularität übelnahmen, so war er es doch, der, von der republikanischen Presse unterstützt, ihnen eine so außerordentliche Resonanz verschaffte. Barrès und die Anti-Dreyfus-Presse fanden sich, zusammen mit ihren aristokratischen und akademischen Hintermännern, zu ihrer Überraschung in die Defensive gedrängt.

Die Republik überstand den Sturm. Dem von Premierminister Émile Combes gewiesenen Weg folgend, konnten die nachfolgenden Kabinette die royalistischen und klerikalen Einflüsse in wichtigen Bereichen des öffentlichen Dienstes nach und nach zurückdrängen, wenn nicht gar vollständig eliminieren. Allein, mit dieser Säuberung des Staatsapparates ging nun nicht etwa eine der Kulturbürokratie und gar des Pariser Establishments einher, noch folgte ihr eine solche. Obgleich die Avantgardisten nach bestandenem Kampf nur allzu gerne wieder in ihr kulturelles Getto zurückkehrten, mißtraute man ihnen mehr denn je. Durch ihre vorübergehende Bundesgenossenschaft mit Sozialisten und eingefleischten Republikanern hatten sie die alte Kultur- und Geisteselite in ihrer Überzeugung bestärkt, daß zwischen künstlerischem Modernismus und sozialem und politischem Radikalismus ein unauflöslicher Zusammenhang bestehe. Die Arbeiterunruhen in den Jahren zwischen 1906 und 1910 taten ein übriges, die antiliberale und konservative Haltung bedeutender Teile nicht nur der herrschenden und regierenden Klasse, sondern auch des offiziellen Kulturapparats zu verhärten. In die Kritik an der modernistischen Bewegung mischten sich zunehmend moralische und politische Zwischentöne. Zugleich trat eine lärmende „Nachhut" (um einmal eine negative Entsprechung zu „Avantgarde" zu konstruieren) in Aktion und rief nach einem neuen Neoklassizismus, der die herrschende künstlerische und kulturelle Orthodoxie gegen die Herausforderung durch die Avantgarde und ihre sozialistischen und anarchistischen Helfershelfer wappnen sollte.

Der Rückfall in den Konservatismus äußerte sich in der Zunahme patriotischer, ja chauvinistischer Strömungen an den Universitäten; auch die „Modernisten" innerhalb der katholischen Kirche verstummten. Strawinskys *Sacre du printemps* wurde 1913 von ehemaligen Sympathisanten der Moderne mit Hohn und Spott überschüttet, und Debussy ging es mit seinen *Jeux* nicht viel besser, obgleich beiden Komponisten jede Sympathie mit der Linken und ihrem Internationalismus fernlag. Wagners pietistischer *Parsifal* dagegen fand ungeachtet der zu dieser Zeit grassierenden heftigen antideutschen Stimmung eine – vielleicht verständliche – wärmere Aufnahme, als er schließlich und endlich an der (noch immer „kaiserlichen") Oper aufgeführt wurde, deren Unterhalt mehr als ein Drittel der für die Förderung der darstellenden Künste insgesamt zur Verfügung stehenden Haushaltsmittel verschlang. Die handfesten Interventionen, die unternommen wurden, um eine Beteiligung kubistischer Künstler am nächstfolgenden Herbstsalon zu verhindern, führten am 3. Dezember 1912 zu einer Interpellation in der Abgeordnetenkammer. Bezeichnenderweise fand sogar ein sozialistischer Abgeordneter es „absolut unzumutbar, daß die nationalen Kunsthallen Frankreichs für solche offensichtlich unkünstlerischen und antinationalen Zwecke zur Verfügung gestellt werden". Darauf erwiderte ein anderer Sozialist, Marcel Sembat, unverzüglich, so sehr jeder Ausstellungsbesucher das Recht habe, bestimmte Bilder bestimmten anderen vorzuziehen, so wenig habe man das Recht, „die Polizei herbeizurufen". Wenn diese Debatte auch keine unmittelbaren Folgen hatte, so war es doch bezeichnend für die Zeitstimmung, daß sie überhaupt geführt wurde. Das Frankreich eines Poincaré, der 1909 seine eigene Aufnahme in die Akademie der Künste arrangiert hatte, war gewiß nicht prädestiniert, eine offiziöse Kultur, deren oberster Herold ein Maurice Barrès war, für moderne Einflüsse zu öffnen. Beide, Poincaré und Barrès, stammten aus Lothringen und waren Mitglieder der Akademie, doch nur der Autor von *Les Déracinés* betätigte sich als treibende Kraft in der royalistischen Action Française und im Rahmen des einsetzenden Jeanne-d'Arc-Kults.

Das kulturelle Leben des zweiten Deutschen Reiches war durch und durch traditionalistisch. Selbst (oder ganz besonders) nach 1890 stand im Zentrum aller Bestrebungen die Imitation und Reproduktion konventioneller Kunstformen, die nichts von der rapiden wirtschaftlichen, demographischen und bevölkerungsgeographischen Entwicklung des Landes ahnen ließen. Namentlich in Preußen förderten Staat und Regierung diese patinierte Kultur, die als einen ihrer Seitenzweige die ikonographische Verherrlichung der neuen deutschen Nation hervortrieb.

Wilhelm II. äußerte sich unverhohlener als jeder andere Fürst seiner Zeit über die Aufgaben der Kunst, und er scheute auch nicht davor zurück, Kunstwerke, die die von ihm festgelegten „Gesetze und Grenzen" verletzten, als „Antikunst" zu brandmarken. Im übrigen betrachtete er die bildenden und darstellenden Künste ebenso wie Schulen und Universitäten als „Waffen" und „Werkzeuge" aus seiner politischen Rüstkammer.

Seine ausführlichste und aufschlußreichste Erklärung zu Fragen der Kultur gab der Kaiser am 18. Dezember 1901 ab, unmittelbar im Anschluß an die Enthüllung von 32 Standbildern der verflossenen Fürsten Brandenburg-Preußens, die eine eigens hierfür angelegte, von der Siegessäule durch den Tiergarten zum Rolandplatz führende „Siegesallee" säumten. In seiner Ansprache an die Künstler, die an dieser eigenwilligen Gedenkstätte für die Dynastie der Hohenzollern mitgearbeitet hatten, rühmte Wilhelm II. sich zunächst seines guten und engen Verhältnisses zu diesen Künstlern. Er hob hervor, daß er persönlich, beraten von seinem Hofhistoriker Professor Reinhold Koser und seinem Hofbildhauer Professor Reinhold Begas, den Künstlern die allgemeinen Richtlinien für ihre Arbeit vorgegeben habe, ohne ihre „absolute Freiheit" in deren Ausführung auch nur im geringsten zu beschneiden. Natürlich setzte der Kaiser eine allgemeine Übereinstimmung hinsichtlich des Vorbildcharakters der klassischen Werke der Bildhauerkunst und hinsichtlich der zeitlosen Gesetzmäßigkeiten der Schönheit und Harmonie voraus. Er zollte den Künstlern das höchste Lob, das er zu vergeben hatte, indem er ihnen bescheinigte, ihre weißen Marmorstatuen seien „fast so vollendet" wie ihre antiken Vorbilder. Die deutsche Bildhauerei sei zum Glück von den „sogenannten modernen Tendenzen und Strömungen" unbeeinflußt geblieben, die zumeist aus dem Ausland kämen und mit ihrer „Leichtfertigkeit, Vermessenheit und Arroganz" eine Perversion des Begriffs der künstlerischen Freiheit bedeuteten. Nach Auffassung des Kaisers hatte die Kultur keine höhere Aufgabe, als die Öffentlichkeit, insbesondere die unteren Schichten, durch eine kraft- und eindrucksvolle Darstellung von Tugend, Schönheit und Ehre zu erziehen. Diese erhabenen klassischen Ideale vorzuführen, bedeute, das deutsche Volk moralisch und geistig emporzuheben; menschliches Elend zu schildern und es über Gebühr zu dramatisieren, heiße dagegen, sich „an ihm [dem deutschen Volk] zu versündigen".

Schon bevor er seiner Hauptstadt die Siegesallee schenkte, hatte Wilhelm II. den Bau der neoromanischen Kaiser-Wilhelm-Gedächtniskirche am Kurfürstendamm in Auftrag gegeben. Dem 25. Jahrestag des Sieges von Sedan geweiht, sollte diese Kirche, die ihren Namen zu Ehren des Großvaters des amtierenden Kaisers trug, die Einheit und den Ruhm von Thron, Altar und Vaterland bezeugen, und zwar unter anderem dadurch, daß zwischen zweien ihrer Portale die Namen Roons, Bismarcks und Moltkes eingemeißelt wurden. Da es etwas ganz Neues war, religiöse Gebäude politischen Helden zu widmen, galt dieser kühne Tempel den Zeitgenossen sogleich als Prototyp eines neuen kaiserlichen Stils, der alsbald Nachahmer fand und in unzähligen Standbildern Wilhelms I. sowie in offiziellen Porträtbildern wiederkehrte, die Wilhelm II. in soldatischer Pose und bombastischer Galauniform zeigten.

Obgleich Wilhelm II. vielen nüchtern denkenden Konservativen und Liberalen vorlaut und undiplomatisch erschien, war die herrschende und regierende Klasse es zufrieden – oder sie ließ es sich zumindest gefallen –, daß er eine so aktive Rolle im offiziellen Kulturleben spielte. Er förderte nicht nur unbekannte Schriftsteller wie Ludwig Ganghofer und Ludwig Pietsch, indem er unüberhörbar seine allerhöchste Wertschätzung für sie zum Ausdruck brachte, sondern ernannte auch seinen Hofmaler Anton von Werner zum Präsidenten der Preußischen Akademie der Schönen Künste (einschließlich der zu ihr gehörenden Kunstschule). Bei Werner, der für seine bildlichen Huldigungen an die Geschichte Preußens bekannt war, konnte man sicher sein, daß er Naturalismus, Impressionismus und künstlerische Experimente nicht dulden würde. Demonstrative Gesten und Ernennungen dieser Art dienten nicht zuletzt dem Ziel, allenthalben Beamte und Funktionäre kultureller Institutionen zu weiterem entschlossenen Widerstand und ebensolchem Durchgreifen gegen Abweichler, Unbotmäßige und Kritiker zu ermuntern. Gerhart Hauptmann wurde, obwohl international weithin anerkannt und gefeiert, in Deutschland wegen seiner Stücke *Die Weber* (einer naturalistischen Darstellung der Verelendung schlesischer Heimarbeiter) und *Der Biberpelz* (einer Satire auf das preußische Obrigkeitssystem) systematisch diskriminiert. In Berlin be- und verhinderten Polizei und Zensur nach 1890 konsequent die Aufführung von Stücken Gerhart Hauptmanns – wie auch Ibsens und Sudermanns –, und Wilhelm II. hob persönlich das Votum der Jury auf, die Hauptmann den Schillerpreis verleihen wollte.

Nicht viel besser erging es Frank Wedekind. Wegen der ätzenden Satiren, die er im *Simplicissimus* veröffentlichte, und weil er sich über moralische – vor allem sexuelle – Konventionen lustig machte und hinwegsetzte, bekam er es wiederholt mit dem Zensor zu tun und wurde einmal sogar zu sieben Monaten ehrenhafter Festungshaft auf der Burg Königstein verurteilt. Obgleich Wedekind sein *Frühlings Erwachen* bereits 1890 fertiggestellt hatte, dauerte es bis 1906, ehe Max Reinhardt es in einer entschärften Fassung in Berlin auf die Bühne bringen konnte. Das Diktum des Kaisers, das Drama solle der seelischen Erhebung des einzelnen dienen und den Patriotismus fördern, war Wasser auf die Mühlen dieser schikanösen Kulturpolitik. Während Wilhelm dafür sorgte, daß das Königliche Schauspielhaus Stücke mit entsprechender moralischer Tendenz präsentierte, machte die Kaiserin ihren Einfluß geltend, um die Inszenierung der *Salome* und des *Rosenkavalier* von Richard Strauss an der Berliner Oper – deren Repertoirepolitik von höchster Stelle mit besonderem Interesse verfolgt wurde – hinauszuzögern. Auch in der bildenden Kunst spielte der Kaiser sich als Richter und Wächter auf. So verhinderte er 1898 durch sein Veto, daß Käthe Kollwitz für ihren *Die Weber* betitelten, vom gleichnamigen Drama Gerhart Hauptmanns inspirierten Zyklus von Zeichnungen mit einer Goldmedaille ausgezeichnet wurde, und elf Jahre später entließ er Hugo von Tschudi, den Direktor der Berliner Nationalgalerie, weil der impressionistische Gemälde erworben hatte, die für den kaiserlichen Geschmack zu modern waren.

Die verschiedenen Sezessionsbewegungen waren eine Demonstration oder eine Rebellion gegen diese politisch begründete und unbeholfene Zwangsverordnung einer unaufgeklärten akademischen Kunst und einer imperialen Kulturauffassung. Man kann sicherlich davon ausgehen, daß die Berliner Sezession von 1898, ebenso wie die ein Jahr zuvor zustandegekommene Wiener Sezession, die Fesseln des Akademismus nicht sprengen, sondern lediglich lockern wollte. Max Liebermann, Mitglied der Berliner Akademie der Künste, und Julius Meier-Graefe, angesehener Kunstkritiker, forderten lediglich die Einrichtung eines *Salon des refusés* mit eigener Jury im Rahmen der jährlichen Ausstellung der Preußischen Akademie in Berlin. Als Anton von Werner dies, mit Rückendeckung des Kaisers, ablehnte, organisierten die Sezessionisten unter Führung Liebermanns ihre eigene Ausstellung; die Werke moderner französischer Maler, die hier gezeigt wurden, dienten als eine Art Legitimation für die Präsentation deutscher Impressionisten wie Lovis Corinth und Max Slevogt. Die Abtrünnigen vertraten übrigens durchaus keinen allzu radikalen künstlerischen Anspruch, denn es ging ihnen lediglich darum, den französischen Impressionismus einzuholen. Von wenigen Ausnahmen abgesehen, hatten sie mit Gesellschaftskritik und Politik wenig im Sinn. Gewiß, Liebermann hatte zuvor zwei Jahrzehnte lang mit seinen Bildern im Stile eines realistischen Naturalismus die sozialen Probleme des zeitgenössischen Deutschland dargestellt und dafür auch offizielle Lorbeeren geerntet, darunter etliche Preise sowie die Aufnahme in die Akademie der Künste. Doch dann wandte er sich, in dem Gefühl, in eine künstlerische Sackgasse geraten zu sein, impressionistischen Momentaufnahmen aus dem Privatleben des Großbürgertums zu, dem er selbst angehörte. Der Kaiser schmähte Liebermann und seine Mitstreiter zu guter Letzt als „Gossenkünstler", nicht so sehr freilich, weil sie experimentell malten, als vielmehr, weil sie sich weigerten, weiterhin den kaiserlichen Kolossalstil zu pflegen. Wenn Max Pechstein und die „neuen" Sezessionisten sich 1910 von Liebermann lossagten, dann deshalb, weil ihnen seine Modernität zu konservativ war.

Während die Opposition sowohl der alten als auch der neuen Sezession loyal blieb, wurde der Expressionismus zur radikalen Absage an die herrschende Kultur. Auch bei den Expressionisten war es zunächst so, daß sie in der Kritik an dem alles erstickenden Traditionalismus, der die deutsche Kultur beherrschte, weit dezidierter und klarer waren als in der Formulierung neuer ästhetischer Konzepte. Wie Rudolf Kurtz in der ersten Ausgabe der Zeitschrift *Der Sturm* (vom 3. März 1910) erklärte, ging es den jungen Rebellen darum, die erdrückende Feierlichkeit, die Selbstzufriedenheit und Hohlheit der Gesellschaft des kaiserlichen Deutschland zu entlarven. Gegen Väter, Professoren, Offiziere, Richter und Regierende rebellierend, identifizierten sie sich mit den Bedürftigen, den Prostituierten, den seelisch Kranken, den um ihre Emanzipation kämpfenden Frauen und der Jugend. Die Expressionisten gingen jedoch nicht soweit, die Bourgeoisie und ihre mittelständischen Anhängsel als Ausbeuter des Proletariats und als Propagandisten eines chauvinistischen Patriotismus anzuprangern. Was sie erzürnte, war vielmehr, daß die Wegbereiter des industriellen Fortschritts sich mit einer archaischen Kultur liiert hatten, anstatt die modernen Kunstbewegungen zu unterstützen; die Expressionisten sahen hierin einen Abgrund von Provinzialität und Banausentum.

Die Expressionisten bewunderten an den Impressionisten nicht so sehr die Art und Weise, wie sie die äußerliche Welt abbildeten, die Passion, mit der sie die Perspektive handhabten, den verschwenderischen Umgang mit der Farbe, den sie pflegten, oder die optimistische Problemabgewandtheit, die ihre Bilder auszeichnete, als vielmehr die Tatsache, daß sie dem Akademismus den Rücken gekehrt hatten. Angerührt von den gepeinigten Pinselstrichen eines van Gogh und eines Edward Munch und mißtrauisch gegenüber den Wahrnehmungen der Sinne, suchten die Expressionisten bei Rouault, Rousseau und Delaunay nach Orientierungshilfen für die Bewältigung ihrer eigenen künstlerischen Absicht, die Projektion von Gefühlszuständen auf die äußere Welt. Worum es ihnen ging, war, die Wechselwirkungen zwischen der eigenen psychischen Verfassung und der realen Außenwelt auf die Leinwand zu bannen. Während sie sich aus der beengenden und gespreizten bürgerlichen und aristokratischen Gesellschaft des kaiserlichen Deutschland nichts machten, blieben sie doch den ideellen Entwurf einer Alternative zu ihr schuldig.

Jenseits ihres Unbehagens an der Welt und ihres Verlangens, alle künstlerischen Konventionen hinter sich zu lassen – zweier Motive, die ihnen allen gemein waren –, waren die deutschen Expressionisten untereinander ebenso wie jede avantgardistische Bewegung zerstritten. Es gab unter ihnen radikale Irrationalisten, schwärmerische Mystiker und überzeugte Humanisten. Eine andere Bruchlinie verlief zwischen „aktiven Ästheten" und politischen Aktivisten; zurückgezogen arbeitende Eigenbrötler gab es in ihren Reihen nur wenige. Abgesehen davon, daß ihr innerer Zusammenhalt schwach war, machten sich einzelne Gruppen aus ihrer Mitte zeitweise selbständig. Die ästhetisch und politisch radikaleren Elemente unter ihnen fanden eigentlich erst nach 1910 zu einer verbindlicheren Gruppenidentität, zu einer Zeit also, als Deutschland bereits fest im Griff eines neuen Ultrakonservatismus war.

Die Künstlervereinigung *Die Brücke*, 1905 in Dresden gegründet, war übrigens vom Expressionismus allenfalls angehaucht. Ernst Kirchner und seine Mitstreiter (Emil Nolde, Erich Heckel, Karl Schmidt-Rottluff, Max Pechstein) brachen niemals radikal mit der gegenständlichen Malerei. Gewiß, in ihren stürzenden Landschaften, entstellten Gesichtern und Leibern und ihren melancholisch brutalen Farben artikulierten sich ihre seelische Not, ihre bebende Sinnlichkeit und ihre Absage an die kosmetische und heiligsprechende Funktion der Kunst. Allein, wenn die *Brücke* auch gegen die kaiserlichen Kunstnormen verstieß, so rang sie doch nicht um ein neues ästhetisches Paradigma. Als die Gruppe und ihre Zeitschrift 1913 zu bestehen aufhörten, richtete sich Kirchner auf halber Distanz zwischen den gemäßigten Berliner Sezessionisten und dem Ultramodernismus der neuesten Avantgarde-Generation ein.

Die 1911 in München gegründete Vereinigung *Der Blaue Reiter* vertrat von Anfang an eine vehement kritische Gegenposition zur *Brücke* und bezichtigte sie eines Übermaßes an Impulsivität, Spontaneität und Egoismus und eines Mangels an Experimentierfreude und Reflektiertheit. Statt elementare Lebensäußerungen in Farben und Formen zu übersetzen und das Medium der Botschaft zu unterwerfen, forderten Wassilij Kandinsky und Franz Marc, das gemalte Bild müsse ein geistig durchgearbeiteter Ausdruck seelischer und mystischer Empfindungen sein. Ihren Vorstellungen zufolge sollten die Gemälde der Zukunft – auch hinsichtlich der

Farbgebung – spekulative symbolische Beschreibungen des psychischen und geistigen Zustandes eines von den ästhetischen Fesseln der Vergangenheit befreiten Künstlers sein. An diesem Kriterium gemessen, erfüllten die Werke der *Brücke* in den Augen Kandinskys nicht die Anforderungen für eine Aufnahme in den *Almanach*, in dem er und Marc Bilder vorstellten, die einen „entscheidenden Beitrag zur Weiterentwicklung der zeitgenössischen Kunst" verkörperten. Auch in der ersten Ausstellung des *Blauen Reiters* im Jahr 1911 waren sie nicht vertreten.

Unterdessen hatte Herwarth Walden die Herausgeberschaft des *Sturm* übernommen, der bald zum Zentralorgan der ästhetischen Avantgarde aller Kunstsparten wurde. Walden, der im Rahmen eines im Grundsatz modernistischen Kunstverständnisses Eklektiker war, öffnete seine Zeitschrift und seine 1913 eingeweihte Galerie allen wirklich experimentellen Richtungen, und zwar einheimischen Künstlern ebenso wie ausländischen; auch Futurismus und abstrakte Malerei, die beide erst in ihren Anfängen steckten, fanden bei ihm ein Forum. Indes, ebenso wie Kandinsky, dessen Bedeutung er sehr hoch einschätzte, verstand Walden sich als Vorkämpfer einer wenn auch neuen, so doch im Grunde unpolitischen Ästhetik, die nach einem Freiraum innerhalb der alten gesellschaftlichen Ordnung strebte. Die „blauen Reiter" waren Propheten der Angst und der Verzweiflung, nicht etwa selbstbewußte Revolutionäre. Sie distanzierten sich von der Gesellschaft – und erst recht vom Sozialismus – und machten eine strikte Trennung zwischen Kunst und Politik, und ihr politisches Bewußtsein erschöpfte sich in vagen Vorahnungen einer Weltkatastrophe. Kandinsky und Marc erwarteten und ersehnten eine Erneuerung, die aus einem Zusammenbruch hervorgehen könne, allerdings keine wirtschaftliche, gesellschaftliche und politische, sondern lediglich eine geistige. Genau gesehen verkörperten das Pferd und der Reiter auf dem Umschlag ihres *Almanach*, immerhin noch gegenständlich gemalt, eine Vision des Übernatürlichen: Der blaue Reiter war eine symbolische Synthese aus dem Heiligen Georg und dem Heiligen Michael – ein apokalyptischer Reiter, der den Drachen des Materialismus tötet. Nebenbei gesagt war der Reiter seit jeher ein Symbol des europäischen Adels gewesen, und die blaue Farbe weckte Assoziationen an feudale Lehnstreue und romantische Sehnsüchte nach geistlicher Erlösung.

Nachdem sie dem Materialismus und dem Empirismus den Rücken gekehrt hatten, suchten Kandinsky und Marc Orientierung und Trost überall dort, wo die industrielle und kommerzielle Zivilisation ihr zersetzendes Werk noch nicht verrichtet hatte. Sie holten sich Inspirationen bei der Kunst einer idealisierten, fernen Vergangenheit sowie beim Volk, bei den Kindern und den „Primitiven" ihres eigenen Zeitalters. Gewiß, sie wollten die „Krusten der Konvention" aufsprengen und die „Krücken der Gewohnheit" fortwerfen. Aber ihre Absage an das „aufgezehrte Kulturerbe" ging Hand in Hand mit einer Verneinung des wissenschaftlichen Fortschritts. Damit nicht genug, strebten Marc und Kandinsky, statt zu einer konstruktiven oder kritischen Einstellung gegenüber ihrer Gesellschaft zu finden, danach, es den „frühchristlichen Jüngern" gleichzutun, „die im lärmenden Tosen ihrer Zeit die Kraft zu stiller Einkehr gefunden hatten". Bewußt und mit eitlem Stolz wählten sie einen elitären Weg, von dem sie sagten, er sei „zu steil" für die Massen, deren „Habgier und Falschheit" jeden für die „reine Idee" geführten Kreuzzug letzten Endes zum Scheitern bringen oder doch entwürdigen mußten.

Der von Franz Pfemfert gegründeten *Aktion* blieb es überlassen, festzustellen, daß der Kampf um eine neue Ästhetik untrennbar mit dem Kampf um eine neue Gesellschaft verbunden sei. Der Kreis um die *Aktion* stand nicht etwa dem Marxismus oder der Sozialdemokratie nahe, deren Sympathien ganz auf der Seite der konventionellen Kultur lagen. Die Malerei und Literatur der Revolte suchten sich ihre politischen Anstöße paradoxerweise beim Anarchismus, einer politischen Strömung, die in Deutschland praktisch keine Rolle spielte, es sei denn in Dostojewskischer oder Nietzschescher Verkleidung.

Nur wenige Vertreter des deutschen Expressionismus gestanden sich illusionslos die neuartigen Spannungs- und Gefahrenquellen ein, die durch die forciert vorangetriebene Ausstattung der traditionsverhafteten deutschen Gesellschaft mit den Produktionsmitteln und Produktionsweisen der modernen Industrie heraufbeschworen wurden. Im Unterschied zu den französischen Impressionisten zog es sie nicht auf das Land, und sie erlagen auch nicht der Faszination des gutbürgerlichen Großstadtlebens. Was sie in den Bann schlug, das waren die industriellen Metropolen mit ihren Arbeitervorstädten, deren pulsierendes Leben sie in ihrer eigenen Ruhelosigkeit und Gehetztheit bestätigte und bestärkte. Die Anfänge vieler Avantgardisten mochten in Städten wie Dresden (Bevölkerungszahl 1880: 221 000; 1914: 550 000) und München (Bevölkerungszahl 1880: 230 000; 1914: 600 000) liegen, doch nur wenige widerstanden der Anziehungskraft Berlins. Anders als Paris, war die deutsche Hauptstadt ein bedeutendes industrielles Ballungszentrum mit einer Bevölkerung, die zwischen 1870 und 1914 von 800 000 auf über 2 Millionen (bzw., wenn man die Vorstädte einrechnet, auf 3,75 Millionen) anwuchs. Berlin war ein Ungetüm, das die explosiven Widersprüche der deutschen Gesellschaft und Politik in besonders krasser Form verkörperte. Für fast alle Expressionisten wurde die moderne Großstadt zu einer quälenden Obsession, zu einem unergründlichen Rätsel, das sie nicht losließ; sie war ein Schmelztiegel, in dem sich Reichtum und Armut, Hoffnung und Verzweiflung, Moderne und atavistische Tradition, Befreiung und Entfremdung, Lust und Dumpfheit mischten und begegneten – aber jenseits dessen und vor allem war sie auch ein Fundus und eine Stätte der Hochkultur. Allein, wenn die moderne Stadt im Denken und Erleben der Expressionisten auch einen zentralen Platz einnahm, so blieb sie in ihrem künstlerischen Schaffen doch auf eine merkwürdige Weise nebensächlich oder vage.

Ludwig Meidner – Maler, Stückeschreiber, Lyriker und kultureller Aktivist – war es schließlich, der die allzu intensive Beschäftigung der Avantgarde mit primitiven Völkern oder mit den Christen des frühen Mittelalters einer herben Kritik unterzog. Er forderte die Expressionisten auf, sich endlich einzugestehen, „daß wir Bewohner von Berlin sind, anno 1913, in Caféhäusern sitzen und diskutieren, viel lesen". Es sei an der Zeit, daß „wir endlich anfangen, unsere Heimat zu malen, die Großstadt, die wir unendlich lieben". Anders als ihre impressionistischen Lehrmeister, konnten die Expressionisten Meidners Überzeugung nach ihre „Staffelei nicht ins Gewühl der Straße tragen, um dort (blinzelnd) ‚Tonwerte' abzulesen ... Wir können nicht das Zufällige, Ungeordnete unsres Motivs im Nu auf die Leinwand bringen und ein Bild daraus machen." Auf diese Art sei „das Monströse und Dramatische der Avenüen, Bahnhöfe, Fabriken und Türme", seien die „Eleganz eiserner Hängebrücken ... die brüllende Koloristik der Autobusse und Schnellzuglokomotiven, die wogenden Telefondrähte, die Harlekinaden der Litfaßsäulen und ... die Nacht ... die Großstadt-Nacht" nicht einzufangen. Wenn die Künstler der Gegenwart das pulsierende Leben der Großstadt auf die Leinwand bannen wollten, müßten sie sich völlig neue Techniken der Beobachtung und des Ausdrucks zu eigen machen. „Das erste ist, daß wir sehen lernen, ... intensiver und richtiger sehen als unsere Vorgänger." Sodann „müssen [wir] mutig und überlegt die optischen Eindrücke, mit denen wir uns draußen vollgesogen haben, zu einer Komposition formen. Es handelt sich hier nicht ... um eine rein dekorativ-ornamentale Füllung der Fläche à la Kandinsky oder Matisse, sondern ... um eine tiefere Durchdringung der Wirklichkeit." Bisher habe es immer geheißen, in der Natur gebe es „keine gerade Linie ..., die freie Natur ist unmathematisch ... Seit den Tagen Ruisdaels ist die gerade Linie in der Landschaftsmalerei verpönt, und die Künstler haben immer vermieden, neue Gebäude, neue Kirchen und Schlösser auf ihren Bildern anzubringen. Sie zogen die pittoresken Dinge vor, denn diese waren unregelmäßig und vielgestaltig: baufällige Häuser, Ruinen und möglichst viel Laubbäume." Die Expressionisten „als Zeitgenossen des Ingenieurs" müßten jedoch lernen, „die Schönheit der geraden Linien, der geometrischen Formen" wahrzunehmen, welch letztere für „die moderne Bewegung des Kubismus ... eine noch tiefere Bedeutung haben als für uns". Eine gerade Linie müsse keineswegs „kalt und starr" sein. Man müsse sie nur „sehr erregt zeichnen und ihren Verlauf gut beobachten. Sie sei bald dünn, bald dicker und von leisem, nervösem Erzittern. Sind nicht unsere Großstadtlandschaften alle Schlachten von Mathematik! Was für Dreiecke, Vierecke, Vielecke und Kreise stürmen auf den Straßen auf uns ein." Es sei an der Zeit, daß die Künstler diese Elemente zur Kenntnis nähmen. „Malen wir das Naheliegende, unsere Stadt-Welt!"

1914 waren die beiden Berliner Sezessionsbewegungen von 1898 und 1910 bereits erloschen, und auch die *Brücke* von 1905 war tot; der *Sturm* und die *Aktion* hingegen mußten ihre Lebensfähigkeit erst noch unter Beweis stellen, zumal in einem politischen Klima, das, auch in München, durch zunehmende Illiberalität gekennzeichnet war. Man konnte davon ausgehen, daß ein Regime, das es verstand, die Sozialdemokratie in Schach zu halten und sich mit dem Bürgertum zu arrangieren, auch Mittel und Wege finden würde, einer kulturellen Herausforderung zu begegnen und sie abzuwehren. Das sollte um so leichter gelingen, als die Avantgarde in sich gespalten war und sich selbst als eine von Politik und Gesellschaft getrennte Bewegung begriff.

Die Wiener Sezession, die sich formell im April 1897 konstituierte, war ebenfalls eine Protestaktion gegen eine die kreative Initiative erstickende offizielle Kultur. Gustav Klimt amtierte bis 1905 als „Präsident" einer Clique junger Architekten, Maler und Graveure, die sich vorgenommen hatten, den modernen Kunstrichtungen der anderen europäischen Länder in Wien Eingang zu verschaffen, um sich so eine Legitimation für eigene künstlerische Experimente zu verschaffen. Sie beauftragten den Architekten Joseph Maria Olbrich, einen Sezessionisten der ersten Stunde, mitten in der Metropole eines bis zum Überdruß getriebenen Historismus, unmittelbar gegenüber dem unsäglichen Palast der Akademie der Schönen Künste, der Auslöserin ihrer Rebellion, eine moderne Ausstellungshalle zu errichten, die 1899 ihre Pforten öffnete. In diesem zeitlosen, von Olbrich in der Art eines ahistorischen heidnischen Tempels konzipierten Gebäude zeigten sie in den folgenden Jahren ihre Gemälde und Skulpturen Seite an Seite mit denen der europäischen Impressionisten, Naturalisten und Symbolisten.

1897 gründeten die Sezessionisten die Zeitschrift *Ver sacrum* („Heilige Quelle"), in deren Spalten sie ihre ketzerischen Auffassungen verbreiteten und zugleich Kontakte zwischen den bildenden und literarischen Kunstformen ermöglichten. In *Ver sacrum* erschienen, gewöhnlich von Klimt und Koloman Moser illustriert, Beiträge von Hugo von Hofmannsthal, Rainer Maria Rilke, Peter Altenberg und anderen; 1903 ging die Zeitschrift ein. Von der organischen Zusammengehörigkeit und Einheit aller Künste überzeugt, gründeten Hoffmann und Moser auf Anregung Klimts die *Wiener Werkstätte*, mit dem Ziel, dem einheimischen Kunsthandwerk den Geist und den Stil der Art nouveau nahezubringen.

Von ihren Anfängen an litt die Wiener Sezession an den Gegensätzen zwischen den gemäßigten und absoluten Ästheten in ihren Reihen. Die ersteren, allen voran Klimt und Hoffmann, waren willens, ihre konzeptionellen, formalen und technischen Innovationen der herrschenden künstlerischen und kulturellen Matrix aufzupfropfen. Daneben gab es aber auch die unversöhnlichen Puristen, vor allem Adolf Loos, der einen modernistischen Funktionalismus vertrat, und Oskar Kokoschka, den begabten nihilistischen Expressionisten. Zwischen 1897 und 1905 erlebte diese buntscheckige Bewegung etliche Konflikte und Aderlässe.

Klimts gestörte Beziehungen zu den Institutionen der offiziellen Kulturpflege machten unterdessen deutlich, daß die Sezessionsbewegung auf dünnem Eis wandelte. Klimt hatte sich seine ersten Sporen mit Dekorationsmalereien für Bauten an der Wiener Ringstraße verdient. Zu seinen wichtigsten Arbeiten hatten Wandgemälde mit historischen Motiven für das Burgtheater und das Kunstgeschichtliche Museum gehört, Arbeiten, die ihm 1890 den Kaiserpreis eingetragen hatten. Nachdem er so seine Orthodoxie und Loyalität bewiesen hatte, erhielt Klimt 1894 vom Kulturminister den Auftrag, drei große Deckenfresken für die Aula der Wiener Universität zu entwerfen. Seine Aufgabe bestand darin, allegorische Darstellungen der Philosophie, der Medizin und der Jurisprudenz anzufertigen, repräsentativ für drei der vier Fakultäten der Universität; den Auftrag für die allegorische Darstellung der vierten, der Fakultät für Theologie, erhielt Franz Matsch. Es dauerte dann allerdings bis 1898, ehe der Vertrag unterzeichnet und das Honorar von 30000 Kronen ausbezahlt wurde und Klimt sich an die Arbeit machte. Er war zwar zu diesem Zeitpunkt schon in die Sezession abgewandert, doch verhielten sowohl er als auch die Behörden sich so, als ob das Bekenntnis zum künstlerischen Experiment und eine Auftragsarbeit im Dienste der offiziellen Kultur zwei einander nicht unbedingt ausschließende Dinge wären.

Allein, als Klimt rund zwei Jahre später seinen Entwurf für die Philosophie-Allegorie vorlegte, zeigte sich, daß diese Annahme ein Trugschluß war. Klimt hatte nun einmal dem Formenkanon des Klassizismus abgeschworen und war nicht mehr in der Lage, eine symbolische Darstellung des „Triumphs des Lichtes über die Dunkelheit" zu liefern, die im Einklang mit dem Renaissance-Stil und dem traditionellen Ethos der altneuen Universität an der Ringstraße gestanden hätte. Er fühlte sich vielmehr, angespornt von seiner jüngst gemachten Entdeckung der tieferen instinktiven Regungen des Menschen, genötigt, seine eigenen psychischen und gesellschaftspolitischen Ängste und Besorgnisse in eine symbolisch und ästhetisch ungestalte, nur schwer zu entschlüsselnde bildliche Interpretation des philosophischen Bemühens einfließen zu lassen.

Die akademische Welt entrüstete sich verständlicherweise über diesen

Affront gegen die geheiligte Symbolsprache und den Geist der traditionellen künstlerischen Darstellung der alten Ordnung. Der Rektor der Universität, Professor Wilhelm von Neumann, protestierte im Namen von 87 Fakultätsmitgliedern gegen den Entwurf Klimts und forderte das Kultusministerium auf, ihn abzulehnen. Der Widerstand intensivierte sich noch, als Klimt 1901 bzw. 1903 in der Sezessionshalle seine Entwürfe für das Medizin- und das Jurisprudenz-Fresko zeigte, die genauso unorthodox und provokant waren. Zehn Fakultätsmitglieder nahmen für Klimt Partei, aber gegen die konservativen und liberalen Tugendwächter der Kunst und die Hüter der klassischen Tradition fielen sie nicht ins Gewicht.

Zu diesem Zeitpunkt hatte sich bereits die Regierung in die Kontroverse eingeschaltet. Der Rat der Kunstsachverständigen und der ständige Kunstausschuß des Kultusministeriums waren nicht so rasch mit einem Votum gegen Klimt zur Hand, vor allem weil seine Arbeit dem im klassischen Stil gehaltenen Gegenentwurf von Matsch technisch weit überlegen war. Doch die Regierung hatte einen schweren Stand gegen die Kritiker, in deren Schar sich nicht nur Vertreter der äußersten Rechten und der Geistlichkeit einreihten, sondern auch die Wortführer des gemäßigten Konservatismus. 1901 wurde Wilhelm von Hartel, der aufgeklärte Kultusminister, wegen des Klimtschen Medizin-Freskos im Reichsrat zur Rede gestellt; man fragte ihn, ob sein Festhalten an Klimt bedeute, daß ein Stil, „der das ästhetische Empfinden einer Mehrheit der Bevölkerung gröblich verletzt, von nun an die offizielle österreichische Kunst“ bestimmen werden. Von Hartel verneinte nicht nur jede derartige Absicht, sondern erklärte auch, eine „offizielle Kunst“ gebe es nicht; sein Ministerium fühle sich vielmehr der Forderung nach „völliger Freiheit des künstlerischen Schaffens“ verpflichtet. Gleichwohl, im September 1905 nahm von Hartel seinen Hut, wahrscheinlich weil er nicht willens oder nicht imstande war, sich weiterhin vor Klimt zu stellen, dem übrigens auch eine Professur an der Akademie der Schönen Künste verweigert wurde.

Einige Monate zuvor, am 25. Mai 1905, hatte Klimt um die Rückgabe seiner drei Tableaus ersucht. In der Gewißheit, zu einer akuten „Belastung“ für von Hartel geworden zu sein, beschloß er, den Rückzug anzutreten: „Genug von der Zensur. Ich werde zur Selbsthilfe greifen. Ich möchte mich freimachen. Ich entsage aller staatlichen Hilfe und verzichte auf alles.“ Drei Monate später konnte Klimt mit Erlaubnis der Regierung seine Arbeiten um jene 30000 Kronen, die er anfangs erhalten hatte, zurückkaufen; das Geld kam von August Lederer, einem wohlhabenden jüdischen Geschäftsmann. Im Dezember erhielt Matsch den Auftrag, die drei Fresken nach seinen Entwürfen, die für geeignet befunden wurden, auszuführen.

Klimt hatte sich zu diesem Zeitpunkt bereits aus dem öffentlichen ins private Leben zurückgezogen. Er verlegte sich nunmehr darauf, zahlungskräftige Damen der guten Gesellschaft, in der Mehrzahl Jüdinnen, zu porträtieren; sie erschienen auf seinen Bildern als höchst kultivierte, eine ruhige Erotik ausstrahlende Vertreterinnen der Wiener Oberschicht. Im Vergleich hierzu waren die Akte Egon Schieles mit ihren ausgeprägten satirischen Anspielungen von einer wesentlich aggressiveren Erotik. Die Behörden veranlaßten denn auch eine Razzia in Schieles Atelier. Schiele mußte nicht nur mit ansehen, wie eine seiner Zeichnungen von einem Beamten der kaiserlichen Polizei zerstört wurde, sondern mußte auch eine kurze Zuchthausstrafe verbüßen.

Am weitesten von allen ging jedoch Oskar Kokoschka mit seinen ätzenden Porträts. Er lehnte die Tradition, die bildliche Darstellung und den Jugendstil – und somit auch seinen Lehrmeister Klimt – ab. Er brachte sein erbittertes Unbehagen und seinen zornigen Nihilismus darüber hinaus durch bilderstürmerische Theaterstücke, Gedichte und programmatische Manifeste zum Ausdruck, die den ästhetisch radikalen Expressionismus vorwegnahmen, den er nach 1910 in Berlin aus der Taufe heben half. Der jähzornige Franz Ferdinand war bezeichnenderweise der Auffassung, Kokoschka „gehörte jeder Knochen im Leib gebrochen“, und wie um dies zu unterstreichen, traktierte er einmal eines seiner Bilder mit der Reitpeitsche. Ziemlich genau um die gleiche Zeit geriet Adolf Loos, ein enger Freund Kokoschkas, wegen der kompromißlos modernen Architektur seiner Bauten am Michaelerplatz, gegenüber dem barocken Portal der Hofburg, unter Beschuß; der greise Franz Joseph gelobte sogar, diese Stätte, nachdem sie nun durch eine solche Nachbarschaft entweiht war, nicht mehr zu betreten.

In der Tat war eine der Klippen, an denen die Wiener Sezession auflief, der öffentliche und behördliche Widerstand, der ihr auf architektonischem Gebiet entgegenschlug, vor allem im Zusammenhang mit der Bebauung der Ringstraße. Durch die Errichtung von zwölf öffentlichen Großbauten in allen wichtigen historischen Baustilen zwischen 1860 und 1890 war Österreichs *via triumphalis* zu einem unmißverständlichen Monument der traditionellen Ordnung geworden. Nach 1890 jedoch lockerten die Planungsbehörden ihre konventionellen Normen und ließen in gewissem Rahmen auch Elemente der Moderne zu. Die folgenden eineinhalb Jahrzehnte waren geprägt von einer gewissen stilistischen Unstetigkeit und Promiskuität; Jugendstil- und Art-nouveau-Ornamente erschienen auf traditionalistischen Fassaden und Monumenten, und es entstanden Gebäude wie die Sezessionshalle von Olbrich (1899) und die Postsparkasse von Wagner (1904).

Damit soll nicht etwa behauptet werden, daß die Sezessionisten zu irgendeinem Zeitpunkt eine nennenswerte Bresche in die architektonische Tradition geschlagen hätten. Selbst noch im Altweibersommer der

Wiener Belle Epoque blieb die Ringstraße ein Tummelplatz für klassizistisches Bauen. Dazu kam, daß die Zugeständnisse, die man den avantgardistischen Architekten machte, eine Gegenreaktion auslösten, ähnlich der, vor der Gustav Klimt letztlich kapitulierte.

In der Tat sahen die Jahre 1905 bis 1914 eine Renaissance des Historismus an der Ringstraße, eine Entwicklung, die vom designierten Thronerben und seinen ultrakonservativen Anhängern wenn nicht ferngesteuert, so doch gefördert wurde. Auf die barocke Form fixiert, setzten sie darauf, daß ein neuer neoklassizistischer Monumentalismus die modernistischen Ansätze im Keim ersticken und Macht und Willenskraft der alten Ordnung in früherer Großartigkeit wiedererstrahlen lassen werde. Von diesem „retrospektiven" künstlerischen Geist ließ sich Ludwig Baumann, Franz Ferdinands Lieblingsarchitekt, bei der Fertigstellung der Neuen Hofburg und beim Bau des neuen Kriegsministeriums leiten. Im Einklang mit dieser amtlich dirigierten Gegenoffensive untermauerten auch zwei Bauherren den historischen Geist der Ringstraße, von denen man eigentlich hätte erwarten können, daß sie sich einer weniger archaischen architektonischen Sprache bedienten: Sowohl der Handels- als auch der Industrieverband wiesen ihre Architekten an, ihren neuen Hauptquartieren mit Hilfe von Barockfassaden ein palastähnliches monumentales Aussehen zu verliehen.

Diese systematische Wiederaufwertung des Historismus an der Ringstraße übte eine unvergleichlich mächtigere symbolische und politische Wirkung aus als die sporadischen modernen Einstreusel, die das Wiener Stadtbild sich gefallen lassen mußte, die es aber nicht absorbierte. Die letzten barocken Neuschöpfungen überschatteten jedenfalls die beiden Pionierbauten, die Loos 1910 für private Auftraggeber errichtet hatte, ebenso wie die unausgeführt gebliebenen Entwürfe Wagners, dessen einziges Publikum zu dieser Zeit die Gemeinde der Avantgarde-Architekten war.

In ähnlich harmonischer Übereinstimmung mit dem *ancien régime* präsentierten sich die darstellenden Künste, vor allem Konzertmusik und Oper. Zwar entwickelten Arnold Schönberg und sein Jünger Alban Berg die Grammatik einer neuen musikalischen Sprache, doch außerhalb eines engen Kreises von Musikschaffenden waren beide so gut wie unbekannt. Überdies waren die frühen Kompositionen Schönbergs, namentlich die *Verklärte Nacht* (1899) und die *Gurrelieder* (erstmals aufgeführt 1913) noch tonale Werke, die den Einfluß Hugo Wolfs, Debussys und Richard Strauss' und vor allem den Einfluß Wagners und Brahms' verrieten. Zwar komponierte Schönberg 1908 ein erstes atonales Werk (*Stücke für Piano,* Opus 11), doch dauerte es noch weitere fünfzehn Jahre, ehe ihm die Emanzipation von der „Tyrannei der Tonalität" geglückt war und er seine Zwölftontechnik perfektioniert hatte. Gewiß, sein *Pierrot Lunaire* stieß bei und nach seiner Uraufführung 1912 auf ein kontroverses Echo. Dabei sollte man jedoch bedenken, daß die Premiere nicht in Wien, sondern in Berlin stattfand, und daß das Publikum weniger von der Atonalität des Werkes schockiert war als von der darin angewandten Technik des Sprechgesangs, einem von Schönberg neu eingeführten stimmlichen Ausdrucksmittel, das in der Mitte zwischen Gesang und Rezitation lag. Berg fand den Weg zur Atonalität erst 1913–14, als er seine *Drei Stücke für Orchester,* Opus 6, komponierte, die allerdings erst später aufgeführt wurden.

Schönberg und Berg (und Anton von Webern) mochten geniale Neuerer sein, sie waren nichtsdestoweniger isoliert. Den Ton gaben in der Wiener Musikszene nicht sie an, sondern Gustav Mahler, Hugo von Hofmannsthal und Richard Strauss. Mahler zeichnete sich weniger als Komponist aus denn als Direktor und Dirigent der Hofoper, die er von 1897 bis 1907 leitete. Er verwandte in diesen zehn Jahren den größten Teil seiner enormen schöpferischen Energie und seines Talents darauf, die Opern Richard Wagners auf die Bühne zu bringen, und nährte damit den Wagnerkult, dem die musikinteressierte Gesellschaft, vom Hofadel bis zum Kleinbürgertum, verfallen war. Als Mahler von seinem Posten zurücktrat, beherrschte das Wagnersche Werk den Spielplan der Kaiserlichen Oper. Zwischen 1907 und 1914 fanden hier Jahr für Jahr rund 55 Aufführungen der wichtigsten Wagner-Opern statt. Aber auch an der Volksoper war das Wagnersche Musikdrama unterdessen zum Kassenschlager avanciert.

Hofmannsthal und Strauss standen selbstredend stark unter dem Einfluß, um nicht zu sagen im Banne Wagners und seiner „Musik der Vergangenheit". Beide vertraten die gleiche Auffassung von der Aufgabe der Kunst, wie schon Wagner sie mit den herrschenden und regierenden Klassen Europas geteilt hatte. Besonders Hofmannsthal wollte mit seinen Werken die ehrwürdigen Werte der österreichischen und europäischen Vergangenheit wiederbeleben. Es kann von daher nicht überraschen, daß er allem, was in Literatur, Lyrik, Malerei und Musik an radikal Neuem in Erscheinung trat, verständnislos oder gar feindselig gegenüberstand. Wie so viele Wiener des Fin de siècle, argwöhnte auch Hofmannsthal, die modernistische Bewegung könne das *ancien régime,* dessen ergebener Parteigänger er war, untergraben und zersetzen. Seine Zusammenarbeit mit Richard Strauss, dem neuen Wagner, begann 1907; ihr Ergebnis waren sechs Opern. Die *Elektra,* uraufgeführt im März 1909, war offenkundig selbst für das sachkundige Wiener Opernpublikum zu schwer, zu komplex und zu schaurig. Der *Rosenkavalier* jedoch, dessen Wiener Premiere im April 1913 stattfand, stieß von Anfang an auf eine freundlichere Aufnahme. Gewiß, die Anfangsszene im Schlafzimmer und Ochsens Schilderung seiner amourösen Eskapaden waren, obgleich Strauss und

Hofmannsthal den ersten Akt aus Rücksicht auf die Zensur entschärft hatten, für Teile des Publikums zu lasziv. Dabei bot der *Rosenkavalier* ein durchaus zutreffendes Spiegelbild des Lebens, Liebens und der Wünsche und Selbsttäuschungen der Wiener *haut monde.* In der Epoche Maria Theresiens angesiedelt, feierte das mit exquisiten Melodien und anmutigen Walzern gewürzte Werk die unverwüstliche aristokratische Welt der Barone, Edelleute und Prinzessinnen und ihrer Höflinge. Es gab in dieser komischen Oper keinen Figaro, der den jüngst geadelten, eitlen Herrn von Faninal, der sein riesiges Vermögen als Heereslieferant gemacht hatte, dem Spott preisgegeben hätte. Gewiß, der blaublütige Baron Ochs auf Lärchenau wurde als lächerlicher Lüstling dargestellt. Am Ende jedoch triumphierten die guten alten Tugenden und Konventionen der aristokratischen Gesellschaft in Gestalt der ebenso widerwillig wie anmutig alternden Feldmarschallin Fürstin Werdenberg, des jungen und zupackenden Edelmanns Octavian und der noch jüngeren Sophie von Faninal, die, als sie etwas über den gesellschaftlichen Werdegang ihrer Familie erfahren wollte, im österreichischen *Gotha* nachschlug.

Akademismus und Historismus spielten in Rußland eine mindestens ebenso vorherrschende Rolle wie in den anderen größeren europäischen Ländern, so daß auch hier für die Avantgarde wenig Bewegungsspielraum blieb. Nachdem vorübergehend eine temperierte Begeisterung für die Art nouveau aufgeflammt war – zum Schrecken der gesellschaftlichen und institutionellen Träger der offiziellen Kultur –, verlegte sich die künstlerische Avantgarde Rußlands mit Feuereifer auf die Suche nach nationalen Wurzeln und nationaler Authentizität, eine Suche, die ihr künstlerisches Experimentieren bis 1914 bestimmen sollte. Im Unterschied zu anderen, suchten die russischen Maler die Erneuerung nicht durch die Begegnung mit „primitiven" Völkern jenseits der Meere, sondern tauchten in die Tiefen ihrer eigenen, vielfältigen Kultur und nationalen Vergangenheit. Dem Beispiel der großen russischen Komponisten folgend, die schon seit Mitte des 19. Jahrhunderts in der Musik und den Legenden des Volkes nach musikalischen und motivischen Anregungen suchten, erkundeten die unermüdlichen Neuerer die Techniken, Farben und Motive der russisch-byzantinischen Ikonen-, der bäuerlichen Holzschnitt- und der volkstümlichen Kunst im allgemeinen. Selbst diejenigen Künstler, die den Sezessionsbewegungen von Wien, Berlin, München und Paris eng verbunden waren, bekräftigten im Sog dieser unwiderstehlichen Strömung den eindeutig russischen Grundzug ihres Schaffens. Dadurch, daß sie so tief aus dem Brunnen der kulturellen Erbschaft ihres eigenen Volkes schöpften, entzogen die russischen Avantgardisten ihrem Antihistorismus und Antiakademismus einen Teil des darin ursprünglich enthaltenen subversiven Giftes, so daß selbst Zar Nikolaus II. ihnen gelegentlich moralische und materielle Unterstützung zukommen ließ.

Die Revolution von 1905–06 radikalisierte vorübergehend viele Angehörige der kulturellen Avantgarde und veranlaßte sie, sowohl ihr Aufbegehren gegen die offizielle Kultur als auch ihre künstlerische Tätigkeit als solche in politische Bahnen zu lenken. Sobald jedoch das zaristische Regime wieder auf die Beine gekommen war und seine absolute politische und kulturelle Kontrolle wiedergewonnen hatte, verfielen die russischen Sezessionisten in einen aus Ernüchterung, Verzweiflung und Ohnmachtsgefühlen zusammengesetzten psychischen Zustand, als dessen Folge sie ihre Revolte gegen den Historismus wieder aus dem politischen Zusammenhang herauslösten und sich in einen reinen Subjektivismus und in einen L'art-pour-l'art-Kult zurückzogen. Anders als die „Wanderaussteller" der 70er und 80er Jahre des 19. Jahrhunderts, in deren Kritik an den traditionellen Praktiken der Akademie der Künste populistische Motive mitschwangen, bekräftigten die Rebellen der nachrevolutionären Phase nach 1905 ihre Abneigung gegen jedwede gesellschaftspolitische Funktion der Kunst, eine Abneigung, die auf die Fin-de-Siècle-Zeit zurückging.

Der private Kunstmarkt war in Rußland, verglichen mit Mittel- und Westeuropa, unterentwickelt, so daß schon von daher der Spielraum für künstlerische Experimente eingeschränkt war. Dies erklärt teilweise die unverhältnismäßig große Bedeutung, die sechs wohlhabende Mäzene, einer aus St. Petersburg, die übrigen aus Moskau, für die russische Avantgarde gewannen. Unter ihnen war übrigens nur ein Industriekapitalist moderner Prägung, der Eisenbahnmogul Savija Mamontov, und seinem Mäzenatentum wurde durch eine letzten Endes substanzlose Anklage wegen Unterschlagung ein Ende gesetzt. Die übrigen fünf stammten aus den Reihen der Großkaufleute, waren Verleger und Manufakturkapitalisten, Männer in der Tradition der Kaufmannsfürsten, deren Geschäfts- und Bildungshorizont über Rußland hinausreichte. Sergej Ščukin, der bedeutendste und kühnste unter diesen Großbürgern, war Textilimporteur. Zu seiner Kunstsammlung gehörten 1914 221 Bilder französischer Impressionisten und Nach-Impressionisten, darunter 54 Picassos, 37 Matisses, 19 Monets, 13 Renoirs und 26 Cézannes. Zu besichtigen waren diese Gemälde im großen Moskauer Stadthaus Ščukins, einem prunkvollen Palais aus dem Besitz der Trubezkojs, das jeden Samstagnachmittag für das Publikum geöffnet wurde. Während Ščukin sich nach 1905 auf die Nach-Impressionisten konzentrierte, wagte sich Ivan Morosov, Rußlands größter Textilfabrikant und selbst Kunstmaler, niemals ganz so weit vor. Seine Sammlung war etwas konventioneller. Von einem einzigen Picasso abgesehen, beschränkte er sich bei den zeitgenössischen Malern auf die Impressionisten, deren Bilder er ebenfalls in einem prachtvollen Stadthaus ausstellte. Es war bezeichnend, daß sowohl Ščukin als auch Morosov zwar die modernen französischen Maler kauften und ausstellten, nicht aber deren russische Zeit- und Zunftgenossen. Immerhin aber schufen sie auf diese Weise für die einheimischen Maler, von denen die meisten in bescheidenen Verhältnissen lebten und sich schwerlich eine Auslandsreise leisten konnten, eine Art Fenster zum Westen, zum künstlerischen Geschehen in Paris, das nicht nur das Zentrum der Entwicklung der modernen Kunst war, sondern auch die Hauptstadt des wichtigsten Verbündeten des Zarenreichs, eine Tatsache, die dem Kulturaustausch zwischen Frankreich und Rußland natürlich zugute kam.

Die restlichen drei Mäzene förderten einheimische Künstler. Semsurin kaufte zwar selbst nur wenige Gemälde, stellte aber in seinem Haus, wo er auch Essen für Künstler veranstaltete, Werke junger russischer Maler aus. Nikolaj Rjabušinskij gab die Zeitschrift *Das goldene Vlies* heraus und stellte seine herrschaftliche Moskauer Villa für eine der wichtigsten Ausstellungen der Künstler der gleichnamigen Avantgardegruppe zur Verfügung.

Wie im übrigen Europa, so waren auch in Rußland die unorthodoxen Künstler unter sich zerstritten und uneinig, abgesehen von ihrer einhelligen Entschlossenheit, die tötende Verlogenheit, den Formalismus und den Eklektizismus der offiziellen Kunst bloßzustellen. Sergej Diaghilew war die wichtigste treibende Kraft der *Welt der Kunst,* des ersten russischen Frondeurszirkels, der von 1897 an in Moskau eine Reihe von Ausstellungen veranstaltete. Die Mitglieder dieses Kreises, die den Sezessionsbewegungen der deutschsprachigen Welt größere Aufmerksamkeit beimaßen als den französischen, proklamierten die innere Zusammengehörigkeit aller schöpferischen und darstellenden Künste, wie sie Diaghilew selbst beispielhaft mit seiner Erneuerung des russischen Balletts demonstrierte, das Musik, Drama und Tanz in sich vereinte. Bezeichnenderweise bestritten die Experimentalisten der Kunst jede gesellschaftliche Funktion, während sie andererseits zugleich das nationale Kulturerbe Rußlands durchforschten, um die eigene Arbeit zu bereichern. Sie lehnten den Historismus nicht in Bausch und Bogen ab, sondern traten für eine Deutung der Traditionen ein, die deren Authentizität und Geschichte wahrte. Besonders die Bilder Michail Vrubels verrieten den Einfluß des zweidimensionalen mittelalterlichen byzantinischen Stils, gerade bei der Restaurierung alter Kirchenfresken in Kiew. Leon Bakst und Alexander Benoit begründeten ihre künstlerische Geltung zunächst und vor allem mit rätselvollen, erotischen, farbenprächtigen Bühnendekors für durch und durch klassische russische Theaterstücke und Ballette.

Mit finanzieller Unterstützung Mamontovs begründete Diaghilew 1899 die Zeitschrift *Welt der Kunst,* die so etwas wie ein Zentralorgan der russischen Avantgardezirkel wurde. Weil der Ton dieser Zeitschrift ausgesprochen national war, beschloß Nikolaus II., als Mamontow einige Monate später seine Zahlungen einstellte, einer ihrer Mäzene zu werden.

Der Zar wußte, daß er dabei keinerlei Risiko einging, da die *Welt der Kunst* – abgesehen davon, daß sie in russischer Folklore schwelgte – alles, was in die Richtung einer nicht-gegenständlichen, abstrakten Kunst wies, als dekadent verurteilte.

Zum Umkreis der *Welt der Kunst* zählten auch Architekten, und sie waren nicht weniger auf die russische Vergangenheit fixiert als die Maler. Sie drängten auf eine „Wiedergeburt des kaiserlichen und aristokratischen St. Petersburg", das in ihren Augen eine Fundgrube visueller Motive und räumlicher Gestaltungen war, die „sowohl ihren ästhetischen als auch ihren gesellschaftlich-politischen Neigungen entsprachen". Die Architekten unter diesen kulturellen Wiedertäufern „labten auch die gesellschaftlichen Ambitionen einer erheblichen Zahl von Kaufmannsfürsten, indem sie ihnen Villen im Stil des russischen Klassizismus errichteten, die ihren Anspruch auf Gleichrangigkeit mit der alten Aristokratie artikulierten". Diese Architekten waren die Vorläufer der nach 1905 einsetzenden Erneuerung eines romantischen Klassizismus, wie ihn die zur Dreihundertjahrfeier des Bestehens der Romanow-Dynastie im Jahr 1913 errichteten Monumente und Gebäude verkörperten.

Die *Welt der Kunst* blieb, auch wenn sie dem Impressionismus als Organ gegen den versteinerten Historismus diente, „im Innersten aristokratisch und konservativ gesinnt" und erhob sich zu keiner Zeit aus dem Schwerefeld der offiziellen Kultur. Schließlich räumte Diaghilew selbst ein, er und seine Gesinnungsfreunde seien, weil sie „zu den tiefsten geschichtlichen Wurzeln künstlerischer Bilder vorgedrungen" seien, immun gegen die „Unbilden eines extremen künstlerischen Radikalismus". In Vorahnung eines Kataklysmus, in dessen Gefolge die „neue, unbekannte Kultur diejenigen, die ihre Hebammen gewesen sind, hinwegfegen würde", erhob er sein Glas, um „auf beide, die verfallenen Mauern der schönen Paläste und die neuen Gebote der neuen Ästhetik" anzustoßen. Obwohl Diaghilew sich dazu bekannte, ein „unverbesserlicher Sensualist" in der Tradition Nietzsches zu sein, wünschte er sich, daß der „bevorstehende Kampf die Ästhetik des Lebens nicht zunichte machen und daß der Tod ebenso schön und strahlend sein möge wie die Wiedergeburt".

Ehe Diaghilew sich in diese Katastrophenstimmung stürzte, hatte er Ende 1906 noch bei der Gründung der *Blauen Rose* mitgewirkt, einer Gruppe, die der kulturellen Zukunft innerhalb der zaristischen Gesellschaft mit großer Zuversicht entgegensah. Die Bilder von Pavel Kusnezov, dessen Moskauer Haus zur permanenten Galerie der *Blauen Rose* wurde, strahlten mit ihren warmen Farben, den kurvigen Strichen und fließenden Linien etwas Beruhigendes, Fröhliches und Geheimnisvolles zugleich aus. Natalija Gončarova und Michail Larionov bildeten zu der Zeit, als die Zeitschrift *Das Goldene Vließ* und die gleichnamige Ausstallung mit finanzieller Unterstützung Rjabušinskijs gestartet wurden, den Mittelpunkt des Kreises der *Blauen Rose*. Die ersten beiden Ausstellungen unter dem Signum *Das Goldene Vlies* in den Jahren 1908 und 1909 machten deutlich, wie wichtig die Verbindung zwischen Rußland und Frankreich geworden war. Indem sie die französischen Post-Impressionisten und die Fauves in den Mittelpunkt rückten, sorgten diese Ausstellungen dafür, daß es Ščukin und Morosov leichter fiel, mit ihren Sammlungen das Augenmerk der künstlerisch Interessierten von Berlin und München weg auf Paris zu lenken. Daß die unorthodoxen französischen Bilder die russischen Künstler in ihrem Antihistorismus und Antiakademismus bestärkten und legitimierten, ist nicht zu leugnen. Doch schon bei der dritten Ausstellung unter der Ägide des *Goldenen Vlies'* im Dezember 1909/Januar 1910 zeigte sich, daß die gewohnte Reaktion auf die neuen Impulse – ihre ‚Russifizierung' – bereits in vollem Gang war. Larionov und die Gončarova bestritten mit ihren Bildern, die ihre innige Verbundenheit mit der russischen Volks- und Ikonenkunst verrieten, die Ausstellung nahezu allein.

Die erste und zweite Ausstellung unter dem Signum *Karo-Bube*, die 1910 und 1912 in Moskau veranstaltet wurden, waren überwiegend russisch geprägt, wenngleich einige Exponate der *Brücke* und des *Blauen Reiters* den Kontakt zur deutschen Avantgarde wiederherstellten. In Anbetracht des großen Platzes, den dabei Kandinsky einnahm, kann man freilich sagen, daß auch der wichtigste ausländische Beitrag von echtem russischen Schrot und Korn war. Wie auch immer, die durch und durch nationalistisch eingestellten Larionov und Gončarova, die sich inzwischen in Moskau eine dominierende Stellung geschaffen hatten, straften die „Dekadenten" aus München und Paris und ihre russischen Gefolgsleute mit Verachtung und führten den offenen Bruch mit dem eklektischen *Karo-Bube*-Kreis herbei.

Sie schlossen sich sogleich mit Kasimir Malevič und Vladimir Tatlin zu einem neuen Zirkel zusammen, aus dessen Wirken im darauffolgenden Jahr eine allrussische Ausstellung unter dem Titel *Eselsschwanz* hervorging. Wenn die *Eselsschwanz*-Gruppe auch das Ziel verfolgte, die russische Avantgarde in ihrer nationalen Eigenständigkeit gegenüber den kühnen Experimenten der mittel- und westeuropäischen Zentren abzugrenzen, so gab es doch eine Reihe von Gemeinsamkeiten. Vor allem hatte der *Eselsschwanz* mit dem Münchner *Blauen Reiter* das Interesse für die volkstümliche und bäuerliche Kunst gemein. Mit dem „Rayonnistischen Manifest", das er anläßlich der Ausstellung *Das Ziel* proklamierte, tat Larionov einen weiteren Schritt weg von der bürgerlichen Kunst. Er verkündete nunmehr: „Wir verlangen keine öffentliche Aufmerksamkeit, sondern bitten vielmehr die Öffentlichkeit, von uns keine Aufmerksamkeit zu erwarten." Um die gleiche Zeit entdeckten Larionov und die

Gončarova vorübergehend gewisse Affinitäten zum italienischen Futurismus. Larionov erwärmte sich in seinem Manifest – nicht aber in seinen Bildern – für „Straßenbahnen, Busse, Flugzeuge, Eisenbahnen, herrliche Schiffe", während die Gončarova, ihre bittere Abneigung gegen die Großstadt ablegend, Fabrikgebäude, Bahnhöfe, elektrisch angetriebene Maschinen und Radfahrer malte, um den Eindruck von Geschwindigkeit und mechanischer Bewegung zu vermitteln. 1914 reisten beide als Bühnenbildner für Diaghilews Wanderballett ins Ausland, zweifellos in der Absicht, ihrem Lande dadurch zu dienen, daß sie eine seiner authentischsten und traditionsreichsten Kunstformen weltweit bekanntmachten.

So waren es allein Malevič und Tatlin, die sich, obgleich tief in der russischen Maltradition verwurzelt, in eine Richtung vortasteten, wie sie auch die westlichen, vor allem die französischen Maler mit ihren kühnsten Experimenten einschlugen. Das Lieblingsmotiv Malevičs blieb zwar das ländliche und bäuerliche Leben, aber er ging in den Jahren 1910 bis 1912 dazu über, Figuren und Bewegungen in geometrische, mechanische und kubistische Kompositionen umzusetzen, die Arbeiten Fernand Légers aus der gleichen Zeit vergleichbar waren. Von Ende 1913 an wandte er sich jedoch, unter dem Einfluß Braques und Picassos, vom Kubismus und Futurismus ab und verlegte sich auf Kompositionen, die ebenso abstrakt wie verspielt waren.

Eine ähnliche Entwicklung machte Tatlin durch. Nachdem er zwischen 1910 und 1913 eng mit Larionov und der Gončarova zusammengearbeitet hatte, streifte er nach und nach die Fesseln des russischen Traditionalismus ab. Von den kubistischen Konstruktionen Picassos gefesselt, ging er nach Paris, nicht um die Fackel der russischen Kultur dorthin zu tragen, sondern um aus erster Hand zu lernen. Nach seiner Rückkehr nach Moskau Ende 1913 übte er sich in der Konstruktion und Ausgestaltung dreidimensionaler Räume, wobei er sich auch anderer Materialien als Pinsel und Leinwand bediente. Doch weder Tatlin mit seinen konstruktivistischen Reliefmalereien (1913–14) noch Malevič mit seinem abstrakten *Kopf eines Bauernmädchens* (1913) vermochten die Grundfesten der offiziellen Kultur des Zarenreichs zu erschüttern. Auch konnten sie dem Sog des Hauptstroms der Avantgarde nicht entkommen, der mit dem Kulturerbe Rußlands verbunden war.

Ungeachtet einer seit langem anhaltenden Tendenz zur Säkularisierung des öffentlichen und privaten Lebens und eines Verfalls religiöser Frömmigkeit überall in Europa blieb die Kirche eine zentrale Stütze der alten Ordnung. Bei den Bauern in den Dörfern, bei den unteren Mittelschichten in den Provinzstädten und auch bei den in die Großstädte abgewanderten Ex-Bauern war die Abwendung vom Christentum allerdings ohnehin nicht sehr weit fortgeschritten. Und auch die herrschenden Klassen hatten der Kirche die Treue gehalten. Selbst Arbeiter, die in sozialistische Parteien und Gewerkschaften eintraten, nahmen – auch als seltene Kirchgänger – die Sakramente entgegen, vor allem weil sie Wert auf kirchliche Eheschließung, Taufe und ein christliches Begräbnis legten.

Insbesondere jedoch blieb die Kirche eng mit dem Staat und mit der nationalen Selbstdarstellung verbunden. Am wenigsten sichtbar war diese Verbundenheit zweifellos in Frankreich, obschon der Katholizismus in der politischen Oberschicht auch dieses Landes stark verankert war. In den anderen größeren europäischen Ländern präsidierten gekrönte Fürsten stolz an der Spitze religiöser Institutionen, die so etwas wie geistliche Organe ihrer Herrschaft waren. In ihrer verfassungsrechtlichen Position dem Staat unterstellt, nutzten diese geweihten Institutionen der autoritären Ordnung ihr Prestige und ihre magische Autorität über die Gläubigen, um den politischen und gesellschaftlichen Status quo zu legitimieren.

Die Oberhäupter der einzelnen nationalen Kirchen wurden von König, Kaiser oder Zar wenn nicht ernannt, so doch vornominiert. Wo die Wahl von einer Synode getroffen wurde, wußte die Krone stets Einfluß auf deren Entscheidung zu nehmen. Zudem gab es enge Verbindungen zwischen Aristokratie und Kirchenhierarchie. Viele der höchsten geistlichen Würdenträger, auch in der römischen Kurie, waren edlen Geblüts, hatten eine Eliteschule besucht oder, soweit sie Nichtkatholiken waren, in eine adlige Familie eingeheiratet und damit das Eintrittsbillett in die vornehme Gesellschaft erworben. In der Tat bildeten die führenden Männer der Kirche zusammen mit hochrangigen Beamten und Militärs einen integralen Bestandteil jener herrschenden Schicht, die fest im Staatsapparat und im Land selbst verwurzelt war. Die niedere Geistlichkeit fühlte sich der Bauernschaft und dem provinziellen Kleinbürgertum verpflichtet, dem sie selbst entstammte. Diese einfachen Geistlichen übten als Beichtväter, Seelsorger, Berater und Fürsprecher ihrer Schäfchen großen Einfluß aus, um so mehr, als sie einem Sprengel oder einer Gemeinde, der sie einmal zugewiesen wurden, in der Regel lebenslänglich die Treue hielten.

Die Kirche erfüllte ein breites Spektrum von Funktionen, angefangen bei den religiösen Aufgaben im engeren Sinne: den Gottesdiensten und den heiligen Sakramenten, den individuellen Sakramenten (Taufe, Kommunion bzw. Konfirmation, Eheschließung, Begräbnis), den Feiertagszeremonien und Wallfahrten. Die Bilderverehrung, der Symbolismus, die rituellen Zeremonien spielten bei all dem eine wichtigere Rolle als das gesprochene Wort, und sie waren es, die die althergebrachten kirchlichen Glaubensüberzeugungen und Bräuche immer wieder mit neuem Leben erfüllten. Kirchliche Prozessionen waren, namentlich in katholischen und orthodoxen Ländern oder Regionen, spektakuläre Veranstaltungen und illustrierten oft – ebenso wie Krönungs- und Begräbnisfeierlichkeiten für regierende Fürsten – anschaulich die Zusammengehörigkeit von Thron und Altar, Nation und herrschender Klasse.

Abgesehen von ihrer religiösen und moralischen Mission waren die Kirchen, auch in Frankreich, auf den Gebieten der Gemeindearbeit und der Erziehung und Schulbildung tätig. Auch unterhielten sie, außer in Rußland, nach wie vor Kranken- und Waisenhäuser, Altersheime, Asyle und Wohltätigkeitsvereine. Besonders in den katholischen Ländern schuf die Kirche sich dadurch, daß ihre Ordensschwestern in den sozialen Diensten eine so herausragende Rolle spielten, ein großes Vertrauens- und Sympathiekapital.

Von noch größerer Bedeutung waren die Kirchen im Erziehungs- und Schulbereich. Einmal verfügten sie über eigene Seminare und Schwesternschulen; politisch wichtiger war allerdings, daß sie im Schulwesen, vor allem im Grundschulbereich, fest verankert blieben. Die meisten Elementar- und auch viele weiterführende Schulen waren entweder kirchliche Einrichtungen oder wurden von den Kirchen geführt, und auch in den staatlichen Schulen fungierten häufig Geistliche als Lehrkräfte. Die Gottesmänner erteilten dabei nicht nur Religionsunterricht, sondern waren für die Unterweisung in allen Schulfächern ausgebildet, so daß sie auch ein naturwissenschaftliches Grundwissen vermitteln konnten. Der Lehrer oder Schulmeister war, ob Geistlicher oder nicht, insbesondere auf dem Dorf und in der Provinzstadt ein hochangesehener Mann, nicht zuletzt weil es in seiner Macht stand, begabte und ehrgeizige Schüler auf eine höhere Schule zu schicken, was praktisch die Gewähr für deren gesellschaftlichen Aufstieg bot. Wenn 1914 selbst in Frankreich noch 30 % aller Schullehrer Geistliche waren, dann kann kaum ein Zweifel daran sein, daß vielerorts die kirchlichen gegenüber den weltlichen Lehrern noch in der Überzahl waren, ganz abgesehen davon, daß ihr Prestige höher war.

Die Möglichkeiten der politischen Einflußnahme, die den Kirchen zu Gebote standen, sind keineswegs gering zu schätzen. Ihre Sympathien gehörten zwar der traditionellen autoritären und patriarchalischen Ordnung, doch war sie flexibel genug, sich auf das Zeitalter der Parteipolitik einzustellen: Die konservativen Parteien konnten sich bei Wahlkämpfen im allgemeinen auf massiven Beistand von seiten der Geistlichkeit verlassen. Nicht nur, daß die Kirche ein Korps von Wanderpredigern in Marsch setzte, die öffentliche Wahlreden hielten, auch die Gemeindepriester nützten ihre Autorität als Geistliche und machten von der Kanzel herab Politik. Es gab auch Kirchenmänner, die sich als aktive Parteipolitiker betätigten, sich für politische Ämter zur Wahl stellten oder ein Mandat in einer Parlamentskammer bekleideten.

Die Kirchen waren natürlich keine monolithischen Blöcke. Es gab in ihnen Spannungen zwischen doktrinären Dogmatikern und Revisionisten, zwischen konservativ und reformistisch Gesinnten. Unabhängig davon blieben die Kirchen starre, hierarchische Gebilde. Da auch ihnen die Verstädterung, die Industrialisierung und das Heranwachsen eines Proletariats Sorgen und Ängste einflößten, entwickelten sie eine ähnliche Belagertenmentalität wie der Land- und der Beamtenadel. Obwohl die Kirchen den Verfall der organisierten Religiosität übertrieben darstellten, war er doch insgesamt keineswegs abzuleugnen. Der Kirchenbesuch ging besonders in den schnell wachsenden Großstädten zurück, wo der politisch motivierte Antiklerikalismus am stärksten vertreten war. Für die absehbare Zukunft schienen nur noch die Dörfer und Provinzstädte Europas ein sicherer Hort der Frömmigkeit zu sein, aber natürlich blieben sie von der industriellen Entwicklung und ihren Folgewirkungen nicht gänzlich verschont. Dazu kam, daß sinkende Pachtpreise und Grundrenten die Finanzen der Kirchen, deren Vermögen ja zu einem beträchtlichen Teil aus Grundbesitz bestand, stark belasteten, während zugleich die Ausgaben stiegen. Die neuen und zum Teil erst im Aufbau oder in der Planung begriffenen Kirchengemeinden, die mit ihren Bauvorhaben den in den klassischen religiösen Stilarten bewanderten Architekten und Künstlern Arbeit und Aufträge boten, konnten sich finanziell weder durch ihr Stiftungsvermögen noch durch ihr Spendenaufkommen selbst tragen. Und schließlich schnellten, wie in allen anderen bürokratisierten Dienstleistungs-Institutionen, so auch in den Kirchen Ausbildungskosten und Personalkosten in dem Maße in die Höhe, wie man sich bemühte, in der Effektivität der eigenen pädagogischen und kulturellen Tätigkeit mit den Anforderungen einer in raschem Fortschritt begriffenen Gesellschaft Schritt zu halten.

Die Gegensätze, die innerhalb der einzelnen Kirchen auftraten, verstärkten ironischerweise deren Abhängigkeit von jenen Teilen der herrschenden und regierenden Klasse, deren Anliegen es gerade war, die staatstragende Rolle der Geistlichkeit auszubauen. Stärker als je zuvor sahen die Kirchenführer sich darauf angewiesen, daß der Staat ihnen ihre althergebrachten Privilegien und Funktionen garantierte, nicht zuletzt durch Gewährung zusätzlicher Kredite und Zuschüsse. Gerade in Gesellschaften, die sich rasch entwickelten und eine zunehmende Zahl akademisch oder beruflich hochqualifizierter Arbeitskräfte benötigten, kam es den Kirchen besonders darauf an, ihre Kompetenzen im schulischen Bereich zu bewahren und zu erweitern.

Von der Jahrhundertwende an traten konservative Kräfte in ihrer übertriebenen Angst vor dem Sozialismus wieder verstärkt für eine staatliche und öffentliche Förderung kirchlicher Belange ein. Quasi im Gegenzug dafür, daß sie weiterhin den Thron, das Schwert, die Fahne und die herrschende Gesellschaftsordnung mit der Aura des Gottgeweihten umgaben, erhielten die Kirchen die staatlichen Hilfen, die sie brauchten, um ihre sozusagen konjunkturbedingte Finanzmisere überwinden und ihre sozialen Dienstleistungen modernisieren zu können. Eine der Folgen dieser verstärkten Gemeinsamkeit, um nicht zu sagen Komplizenschaft der Interessen zwischen *ancien régime* und Kirche war eine zunehmende Unduldsamkeit gegenüber fortschrittlich und reformistisch Denkenden *innerhalb* der Kirchenhierarchie. In der Tat waren die orthodoxen Eiferer, die zwischen 1900 und 1914 lautstark in Erscheinung traten, das passende Gegenstück zu den Ultrakonservativen, die in diesen Jahren Politik und offizielle Kultur der Staaten Europas beherrschten. Darüber hinaus hüteten sich die Kirchen davor, die Innen- oder Außenpolitik von Regierungen oder politischen Kräften zu kritisieren, die ihre natürlichen Verbündeten waren.

In der römisch-katholischen Kirche folgte auf die von relativer Liberalität gekennzeichnete Amtszeit Leos XIII. (1878–1903) das strenge Pontifikat Pius' X. (1903–1914). Leo hatte als toleranter Traditionalist einerseits exegetische Irrtümer verurteilt und andererseits versucht, mit den neuen gesellschaftlichen Verhältnissen ins reine zu kommen, von denen er hoffte und erwartete, sie würden nicht nur den „zivilisierten Völkern", sondern der gesamten Menschheit „ungeheure Segnungen" bescheren. 1891 hatte Papst Leo in seiner Enzyklika *Rerum Novarum* die Haltung des Heiligen Stuhls zu jenen gesellschaftlichen und wirtschaftlichen Entwicklungen umrissen, die eine neue *rerum ordo in terris futurus* hervorzubringen in Begriff waren. Daß diese berühmte päpstliche Epistel die Maßlosigkeit des wirtschaftlichen und gesellschaftlichen Liberalismus – insbesondere den zügellosen Wuchergeist, die Profite und die Reichtümer der Kapitalisten – ebenso geißelte, wie sie zugleich das Elend und die Ausbeutung der Arbeiter beklagte, ist unbestritten. Doch daneben oder eigentlich vor allem verurteilte der Pontifex den Sozialismus und die Gewerkschaften als Glaubensverräter, die aus dem Los der Industriearbeiter Kapital schlügen. Ferner appellierte er, nachdem er beiläufig das Privateigentum für unverletztlich und für einen Bestandteil der natürlichen göttlichen Ordnung erklärt hatte, an den Staat, „gesetzesfürchtige Eigentümer vor der Ausplünderung zu schützen" und die Arbeiter vor den „Verführungskünsten der Aufwiegler" – die in die Schranken gewiesen werden müßten – zu bewahren. Die Massen müßten auf dem „Weg der Pflicht" gehalten werden. Es sei nun einmal das Los der Menschheit, daß sie „leide und ertrage". In diesem Sinne ermahnte Leo XIII. die Arbeiter, nicht zu streiken, dem Sozialismus zu entsagen und statt dessen die Zünfte wiederzubeleben und mit ihnen die schlimmsten Auswüchse des Kapitalismus einzudämmen. Diese Vorstellung von christlicher Sozialpolitik war alles andere als ausgewogen: Während sie den Industriekapitalismus sanktionierte, empfahl sie der Arbeiterschaft, auf vorindustrielle Formen der Interessenvertretung und des Selbstschutzes zu vertrauen. Daß Papst Leo XIII. nicht gerade ein Mann des Fortschritts war, wurde in den letzten Jahren seines Pontifikats noch deutlicher, als er sich scharf gegen eine historische Bibelkritik wandte.

Es blieb jedoch Pius X. vorbehalten, alles, was sich in der Kirche an Fortschrittsdenken regte, abzuwürgen; er behandelte ein solches Denken wie eine ketzerische Abweichung, der man den Garaus machen mußte. In der Überzeugung, sein Vorgänger habe durch theologische und soziale Zugeständnisse Widerspruchsgeist und Leichtfertigkeit gezüchtet, ging er daran, die Zügel der Disziplin wieder fest zu straffen. Gewiß, unmittelbar nach seiner Wahl erklärte Pius X., eine Rückkehr zur Vergangenheit sei ebenso unmöglich, wie Veränderungen unvermeidlich seien. Gleichwohl arbeitete er seine gesamte Amtszeit über daran, die Kirche, die er in der Gefahr des Niedergangs und Zerfalls wähnte, wieder zu konsolidieren. In diesem Sinne erhob er traditionelle Werte, Bräuche und Praktiken wieder zu geheiligten Dogmen, setzte das Alter der Erstkommunion herauf und verlieh dem Gregorianischen Gesang einen höheren Stellenwert innerhalb der Liturgie. Vor allem aber bekräftigte er den Grundsatz der Unfehlbarkeit der Heiligen Schrift und erklärte eine innere, geistliche Erneuerung der Kirche zur Schlüsselvoraussetzung für ihr zukünftiges Heil.

Das Verhalten Pius' X. war natürlich eine Reaktion auf revisionistische Bestrebungen, die sich von etwa 1890 an in einer Reihe nationaler Kirchen regten. Vom Wind des Fin de siècle angehaucht und besorgt über die wachsende Diskrepanz zwischen dem christlichen Glauben und dem naturwissenschaftlichen Denken der Zeit, unternahmen es einige wenige Kleriker und Theologen, unter Berufung und Rückgriff auf die wissenschaftliche Geschichts- und Bibelkritik, die katholische Lehre und Praxis mit zeitgemäßen Anschauungen in Einklang zu bringen. Diese kirchliche Avantgarde wollte, mit den Worten Alfred Loisys, „die katholische Theorie an die geschichtlichen Fakten und die katholische Praxis an die Realitäten des Lebens ihrer Zeit anpassen". Ähnliche Bemühungen um eine Versöhnung der Theologie mit der Naturwissenschaft gab es in den protestantischen und orthodoxen Kirchen, aber auch hier beschränkten sich diese Bestrebungen auf eine kleine Elite fortschrittlicher Theologen. Eigenwillige katholische Denker stellten in ihren kritischen Schriften die bis dahin gültige, gleichsam wortgetreue Deutung der Offenbarung in Frage, traten allgemein für eine mehr symbolische Interpretation der Heiligen Schrift ein und rückten den historischen Christus gegenüber dem Gottessohn stärker in den Vordergrund. Anders als die künstlerische Avantgarde, die aus der Geschichte auszusteigen versuchte, wollten die theologischen Reformer die Kirche erneuern, indem sie sich ihrer Geschichtlichkeit stellten. Dem Weg folgend, den der deutsche Kirchenhistoriker und Begründer eines liberalen Protestantismus, Adolf von Harnack, gewiesen hatte, bemächtigten sich die Katholiken Loisy in Frankreich und George Tyrrell in England der Geschichte der Religion, einschließlich einer kritischen Deutung der heiligen Texte, um glaubhaft zu machen, daß viele in der Heiligen Schrift geschilderte Wunder ebenso wie die katholische Lehre selbst späte, verfälschende Ausmalungen waren. Implizit forderten sie eine Rückkehr zur Reinheit und Schlichtheit einer ursprünglichen Kirche mit einfachen, gradlinigen Sakramenten, Hierarchien und Ritualen. Sie hoben ferner die „diesseitigen" Aspekte des Reichs Gottes hervor und lenkten damit das Augenmerk auf die soziale Botschaft des Evangeliums.

Wie die Kunstakademien, so hatten auch die Kirchen ihre orthodoxen Tugendhüter. Nicht nur der Stellvertreter Christi, sondern vor allem die von kompromißlosen Traditionalisten beherrschten nationalen Kirchenleitungen waren entschlossen, diese Herausforderung ihrer Autorität und der geltenden Dogmen nicht zu dulden. Pius X. setzte, kaum im Amt, die Schriften Loisys auf den Index, und fünf Jahre später, 1908, exkommunizierte er ihn sogar. Tyrrell wurde ein katholisches Begräbnis verweigert. 1907 erließ der Heilige Vater zwei Verdammungs-Enzykliken: *Lamentabili* (17. Juli) und *Pascendi dominici gregis* (8. September). Diese päpstlichen Zirkulare waren es, die den Begriff „modernistisch" für die Ideen jener einführten, die von da an als Ketzer betrachtet wurden. Pius X. verurteilte „die absurden Thesen der Modernisten" mit ausgesprochen heftigen Worten. Er bezeichnete die besagten Thesen als „profane Neuheiten ... törichtes Geschwätz [und] Gefasel ... und zersetzende Lehren, verbreitet von Feinden der Kirche, [die] jedes Gefühl für Bescheidenheit verloren haben". In der Tat fehlte den Ideen der Skeptiker, wie der Papst bemerkte, die systematische Ordnung. Außerdem bewegte sich diese Avantgarde, wie die meisten anderen auch, auf einem zu hohen theoretischen Niveau, um beim geistlichen Fußvolk und bei der Masse der Gläubigen auf Anhieb Gefolgschaft zu finden. Das hinderte den Pontifex freilich nicht daran, die modernistische Ketzerei als eine gefährliche Bewegung mit breiter Anhängerschaft darzustellen – vielleicht tat er dies, um die Härte seiner Reaktion zu rechtfertigen. Der Vatikan ordnete sogar, ganz im Geist einer neuen Inquisition, die Bildung von Vigilanzkomitees in allen Diözesen an und verlangte nach 1910 allen Geistlichen einen antimodernistischen Eid ab.

Diese heftige und unbeugsame Reaktion des Papstes und der römischen Kurie war eine Ermutigung für die kompromißlosen Orthodoxen und die Saubermänner in den einzelnen nationalen Kirchen. Sie fühlten sich dadurch autorisiert, Neuerungsbestrebungen abzublocken, vermeintliche Ketzer zu denunzieren und mit politischen Kräften zusammenzuarbeiten, die den Kampf gegen den Modernismus in der Gesellschaft auf ihre Fahnen geschrieben hatten. Bei Kriegsbeginn war von der geistigen Aufbruchsstimmung des Fin de siècle nicht nichts mehr übrig.

Der Ruf nach Reformen hatte indes noch eine weitere Dimension. Es gab erste Anfänge einer katholischen sozialen Bewegung, die sich auf die Enzyklika *Rerum Novarum* Leos XIII. berief und sie ausbauen wollte. Wie kaum anders zu erwarten, war jedoch der Heilige Stuhl und waren die Kirchenführer gewillt, den sozialen Modernismus ebenso zu bekämpfen wie den geistigen. Es ist in diesem Zusammenhang interessant, daß die Enzykliken von 1907 zwar theologische Abweichungen anprangerten, über soziale und politische Ketzereien jedoch diskret hinweggingen. Einige der Revisionisten forderten die Kirche auf, die Arbeiter zur Wiederbelebung der alten Gilden und Zünfte als wirtschaftliche Schutz- und Interessenverbände anzuhalten und zugleich die Kapitalisten zu einem von paternalistischem Verantwortungsgefühl geleiteten Handeln zu ermahnen. Anderen schwebte eine Reorganisation der Industrie vor – Mitbestimmung für die Arbeiter, mehr soziale Verantwortung für die Arbeitgeber, Humanisierung der Arbeitsplätze. Jedoch, abgesehen davon, daß sie unbestimmt blieben, fanden diese und ähnliche Reformvorschläge weder bei den Arbeitern noch bei den Arbeitgebern nennenswerte Zustimmung. Ungeachtet dessen wurden die Sozialreformer Albert de Mun und Marc Sangnier vom französischen Episkopat heftig getadelt. Namentlich Sangnier stürzte die Kirche in große Verlegenheit, weil er mit seiner Zeitschrift *Le Sillon* für demokratische Selbstverwaltung und für eine graduelle Einebnung der Klassenunterschiede warb und sich damit in den Ruf oder vielmehr Verruf brachte, ein verkappter Sozialist zu sein. Im Windschatten eines Klimas der konfessionellen Intoleranz intensivierten die französischen Bischöfe ihre Kampagne gegen den sozialen Reformismus, und im August 1910 war es schließlich Pius X. selbst, der Sangnier und seinen Gesinnungsfreunden einen offiziellen Verweis erteilte. Er warf ihnen Verstöße gegen die katholische Lehre und Mangel an Disziplin vor und beschuldigte sie, sie arbeiteten „nicht für die Kirche, sondern für die Menschheit". Prompt und fügsam gab Sangnier klein bei: Er ließ die Stimme des *Sillon* verstummen. Daß diese Knebelung eines katholischen Sozialreformers praktisch keine öffentlichen Proteste auslöste, war ein Indiz dafür, auf welch schwachen Beinen die katholische soziale Bewegung zu diesem Zeitpunkt stand.

Anders als in Deutschland und Österreich, gab es in der Dritten französischen Republik keine katholische Sozial- und Gewerkschaftsbewegung. In Deutschland rang die Zentrumspartei zusammen mit den katholischen Gewerkschaften um die Verbesserung der Lage der katholischen Arbeiter, ohne daß der Vatikan hieran Anstoß genommen hätte. Andererseits gab es in der katholischen Sozialbewegung Deutschlands keine radikalen Reformer, die aus dem Evangelium eine demokratische und humanitäre Botschaft ableiteten. In einigen Gebieten arbeiteten die Arbeitgeber mit den gemäßigten katholischen Gewerkschaften zusammen, um so den freien Gewerkschaften und der Sozialdemokratie das Wasser abzugraben. Der Deutsche Protestantenverein, der innerhalb des protestantischen Lagers und insbesondere im südwestlichen Deutschland als fortschrittliche soziale und politische Kraft zu wirken versuchte, geriet spätestens nach 1910 auf den absteigenden Ast.

Selbst in Deutschland, das über einen verhältnismäßig entwickelten industriellen Sektor und eine beträchtliche Industriearbeiterschaft verfügte, ruhte die katholische Kirche nach wie vor auf einer im Grunde vorindustriellen Basis: Die Hauptmasse ihrer Gläubigen waren Bauern und Kleinbürger, die niedere Geistlichkeit entstammte ebenfalls diesen sozialen Gruppen, den materiellen Unterbau der Kirche bildeten Grundbesitz und Landwirtschaft, und die überwiegende Mehrzahl der Pfarrgemeinden entfiel auf das flache Land und die Provinzstädte. Die – akademisch-theologischen und sozialpolitischen – Modernisten hatten zu diesem präindustriell geprägten Umfeld keine Beziehung; sie waren die akademische Atmosphäre der Universitätsstädte gewöhnt und auf die sozialen Probleme der städtischen Arbeiterschaft eingestellt. Sie waren überzeugt, die Welt der Religion solle und könne sich den Erfordernissen einer in raschem Wandel begriffenen Gesellschaft anpassen. Aus der Exegese der heiligen Texte heraus traten sie dafür ein, daß die Kirche die neue Ordnung nicht diffamieren, gegen sie opponieren oder vor ihr die Augen verschließen, sondern sie vielmehr sanktionieren und in ihrem Sinne zu lenken versuchen sollte.

Während die verschwindend winzige Minderheit der Dissidenten sich dem Neuen und Zukünftigen gegenüber offenzuhalten suchte, versteifte sich die Haltung der Kurie und der Kirchenführungen vollends. Selbst auf die Gefahr hin, die eigene theologische und soziale Avantgarde und die mit ihr verbundenen Laien zu verprellen, entschieden sie sich für die Beibehaltung und Wiedererweckung althergebrachter Glaubensüberzeugungen und Praktiken, die zum Bewußtseinsniveau ihrer traditionsgebundenen Gläubigen ebensogut paßten wie zu ihrem eigenen. Kein Zweifel, der Heilige Stuhl und die höhere Geistlichkeit der einzelnen Länder wollten die religiösen Überzeugungen und Bräuche ihrer in vorindustriellen Verhältnissen und Denkweisen befangenen Schäfchen schützen und bewahren, denn sie waren das Fundament, auf dem die Kirche ruhte. Hinzu kam eine geradezu archaische Mentalität, die sie hartnäckig an altvertrauten Strukturen und Praktiken festhalten und die sie befürchten ließ, die Kirche den Realitäten der Gegenwart anzunähern oder gar anzupassen, bedeute, vor ihnen zu kapitulieren.

Während die religiöse Reformbewegung in Rußland zunächst ebenso unscheinbar war wie im übrigen Europa, erhielt sie durch die Revolution von 1905 einen beträchtlichen Aufschwung. Nachdem jedoch die Erhebung niedergeworfen und die Duma gezähmt war, wurden die reformistisch gesonnenen Bischöfe und Schulleiter entweder abgehalftert oder aber unter strenge Aufsicht gestellt. Die Ostkirche nahm ihren zentralen Platz in der offiziellen Dreierkonstellation von Orthodoxie, Autokratie und Nation wieder ein, die das zaristische Rußland prägte. Als Filiale der Staatsmacht spiegelte sie jenen Rückfall in die Reaktion, der das Zarenreich bis 1914 und darüber hinaus charakterisierte. Der Heilige Synod und die höhere Geistlichkeit zeigten sich von einer zunehmend starrsinnigen und ideologisch aggressiven Seite. Namhafte Würdenträger der orthodoxen Kirche segneten Pogromfahnen, betrieben die Verurteilung von Mendel Beilis wegen Ritualmords und marschierten an der Spitze der rechtspopulistischen ‚Union des Russischen Volkes'. Daß keiner dieser Zeloten jemals vom Zaren oder vom Heiligen Synod zur Rechenschaft gezogen, zur Ordnung gerufen oder degradiert wurde, zeigt, daß ihre Aktivitäten von höchster Stelle geduldet oder sogar gefördert wurden.

Die Geistlichkeit übernahm nach dem Staatsstreich Stolypins vom Juni 1907 eine noch aktivere Rolle im parteipolitischen und parlamentarischen Geschehen des Zarenreichs. Daß ihre Bataillone dabei ausschließlich auf reaktionärer und konservativer Seite kämpften, braucht kaum eigens hervorgehoben zu werden. In der dritten und vierten Duma saßen jeweils rund 46 orthodoxe Priester, was einem Anteil von 10% an der Gesamtzahl der Abgeordneten entsprach. Zwar gehörten nur 16 von ihnen dem ultrakonservativen Lager an, aber alle übrigen bekannten sich aus vollem Herzen zum rechten Flügel der Oktobristenpartei. Es konnte kein Zweifel daran bestehen, daß diese Priester-Abgeordneten, ebenso wie der Heilige Synod, treue Gefolgsleute des Zaren und derjenigen unter seinen Ratgebern waren, die zielstrebig an der Demontierung der Duma arbeiteten, obgleich diese doch zwischen 1908 und 1914 die finanziellen Zuschüsse für die Kirche nahezu verdoppelte.

Für das autokratische Regime war diese handgreifliche Form der politischen Unterstützung durch die Kirche indes weniger bedeutungsvoll als der gebieterische Einfluß, den die Kirche als Institution durch ihre Prachtentfaltung und ihre rituellen Funktionen in einer Gesellschaft beinahe zwangsläufig ausübte, deren Masse aus armen, ungebildeten und abergläubischen Bauern und Tagelöhnern bestand. Durch die Erschütterung von 1905 gewarnt und gewitzt, traf die Führung der orthodoxen Kirche die Vorkehrungen dafür, daß in ihrem Schoß nicht noch einmal ein Georgij Gapon heranwachsen würde.

Das höhere Bildungswesen fügte sich in die übrigen Institutionen der vordemokratischen Gesellschaft ein und diente wie sie dem *ancien régime* als solider Stützpfeiler. Die höheren Schulen waren nicht nur Bastionen des traditionellen Kulturverständnisses, sondern hatten auch den Auftrag, die Anpassung der Gesellschaft an die Gegenwart sowie ihre Orientierung auf die Zukunft hin zu vermitteln. Im großen und ganzen wirkten die weiterführenden Schulen und die Universitäten freilich weniger als Lokomotiven des Fortschritts denn als Pflegestätten der vorindustriellen und vorbürgerlichen Kulturerbschaft, die die bestehende Ordnung ideologisch untermauerte. Damit soll allerdings nicht behauptet werden, daß diese Bildungsinstitutionen den gesellschaftlichen Wandel übermäßig gehemmt hätten und etwa die Schuld dafür trügen, daß sich zwischen archaischen und überkommenen Ideen, Bedeutungen und Werten auf der einen und neuen wirtschaftlichen und gesellschaftlichen Realitäten auf der anderen Seite eine unverhältnismäßig breite Kluft auftat. Wie wir gesehen haben, waren die alten Eliten, die für das Erstgenannte standen, nach wie vor einflußreicher als das Großbürgertum und die Mittelschichten. Dazu kam das zwanghafte Verlangen der neu emporgestiegenen gesellschaftlichen Gruppen nach Integration in die bestehende Gesellschaft und ihre Kultur, ein Verlangen, das sie veranlaßte, ihre Söhne in eine der angesehenen Eliteschulen zu schicken, um ihnen den angestrebten sozialen Aufstieg zu erleichtern.

Die *public schools* in England, *die lycées* in Frankreich, die *ginnasi-licei* in Italien und die Gymnasien in Deutschland, Österreich-Ungarn und Rußland waren in jedem Fall Instrumente zur Reproduktion der Weltanschauung und Gelehrsamkeit der alten Eliten, und eine ähnliche Rolle spielten die Universitäten. Die klassischen Fächer standen an den höheren Schulen und Universitäten aller europäischen Länder, ungeachtet des Standes ihrer kapitalistischen Entwicklung, im Mittelpunkt. Diese Konzentration auf das klassische Bildungsgut durchzog zwischen 1848 und 1914 das gesamte höhere Bildungswesen, gleich ob es sich um staatliche, private oder kirchliche Schulen und Universitäten handelte. Die Männer, die diese Anstalten leiteten, und diejenigen, die an ihnen lehrten, waren selbst leidenschaftliche Befürworter der klassisch-humanistischen Bildung. Ihr pädagogischer und bildungspolitischer Konservatismus war nicht nur im „Innenleben“ ihrer Lehranstalten und ihrer Schüler und Studenten verankert, sondern wurzelte in ihren eigenen persönlichen, gesellschaftlichen und politischen Wert- und Zielvorstellungen.

Diese institutionellen und psychosozialen Faktoren allein reichen allerdings nicht hin zur Erklärung der Tatsache, daß die höhere Bildung ihrer klassischen Orientierung so unbeirrt treu blieb. Eingebettet in eine im wesentlichen noch vorindustriell geprägte Gesellschaftsstruktur und (abgesehen von Frankreich) in ein halbfeudales Herrschaftssystem, dienten die Hochschulen zunächst und vor allem der Heranziehung des Nachwuchses für die höheren Ränge des öffentlichen Dienstes und des

Klerus sowie für die akademischen Berufe. Die höheren Schulen bestätigten und bestärkten durch Vermittlung einer allgemeinen Bildung, die allen diesen Berufssparten – mit Ausnahme der medizinischen Profession – angemessen war, das den industriellen, technischen und kommerziellen Berufen anhaftende negative Stigma. Eine ihrer Hauptaufgaben bestand in der Tat darin, die Söhne groß- und mittelbürgerlicher Familien in die alte Oberschicht einzuschmelzen – zu Bedingungen, die für diese Oberschicht annehmbar waren. Die standesbewußte Lehrer- und Professorenschaft erfüllte diesen Auftrag, indem sie vorrangig allgemeines Bildungsgut und kultivierte Lebensart und erst in zweiter Linie spezielle und praktische Kenntnisse vermittelte.

Familienväter aus Großbürgertum und Mittelstand, die das Ethos und den Lebensstil des Land- und Beamtenadels quasi instinktiv übernahmen, hegten natürlicherweise den Wunsch, in ihren Söhnen diese gesellschaftliche Metamorphose vollendet und auch formell vollzogen zu sehen. Deshalb schickten sie sie auf Eliteschulen, in denen sie durch die Integration in eine nach Status und Prestige höherstehende Gleichaltrigengruppe mit klassisch-humanistischem Bildungsverständnis „geadelt" wurden. Die klassischen Bildungsinhalte nahmen im Verlauf des 19. Jahrhunderts in den Lehrplänen dieser Schulen einen immer größeren Raum ein. Namentlich die Beherrschung des Lateinischen wurde zur Vorbedingung für die Aufnahme in eine gesellschaftliche Oberschicht, die ihren Daseinszweck nicht so sehr im Geldverdienen sah als vielmehr darin, das Staatsschiff zu lenken und in der offiziellen Kultur (einschließlich der Kirchen und der höheren Bildungsanstalten) den Ton anzugeben. Die vorherrschende Ansicht war, daß nur das Studium klassischer Texte den Angehörigen dieser Elite die erforderlichen Normen und Vorbilder für heroisches Handeln, Wirken im Dienst der Allgemeinheit und nobles Auftreten liefern könne.

Wie immer ihr soziales Mischungsverhältnis ursprünglich sein mochte, zu dem Zeitpunkt, da sie die höhere Schule oder die Universität verließen, waren die aufeinanderfolgenden Jahrgänge längst zu Trägern und Garanten einer homogenen geistigen, kulturellen und sittlichen Erbmasse verknetet. In England wie anderswo in Europa galt, daß der Nachwuchs der gesellschaftlichen Oberschicht – einschließlich des niedrig geborenen – seine Gesellschaftsfähigkeit durch klassische Bildung oder *culture générale* unter Beweis stellte oder zumindest den Anschein dieser Bildung erweckte. Dazu kam, daß die höheren Schulen und namentlich die exklusivsten unter ihnen es darauf anlegten, die Aussprache ihrer Zöglinge von allen sozialen und regionalen Herkunftsmerkmalen zu reinigen. Die gesprochene Sprache wurde auf diese Weise nicht nur zu einem Signal, an dem die Absolventen der Eliteschulen einander erkannten, sondern auch zu einem sogar über die nationalen Grenzen hinaus anerkannten Gütesiegel für Status und Einfluß im öffentlichen Leben. Wo geographische und föderalistische Gegebenheiten und Interessen eine solche Reinigung und Vereinheitlichung der gesprochenen Sprache nicht zuließen, traten an ihre Stelle als Erkennungszeichen der Schmiß (Duellnarbe) oder die spezielle Kleidung.

Als wichtigstes Kriterium und Instrument des Auslesens und Aussiebens fungierten Zeugnisse. Besonders für einen jungen Mann bürgerlicher Herkunft waren ein Hochschul- oder gleichwertiger Abschluß eine absolut unverzichtbare Vorbedingung für das Aufrücken in die oder innerhalb der Oberschicht. Die Zulassung zum Universitätsstudium wiederum hatte den erfolgreichen Besuch einer weiterführenden Schule zur Voraussetzung, wo mindestens die Hälfte des Unterrichts auf klassische Sprachen und Literatur entfiel. Es gab dementsprechend zwei Bildungsgänge, die sich zwischen dem 10. und 12. Lebensjahr formell trennten, im Grunde aber in einer viel weiter, nämlich bis ins Elternhaus und die familiäre Umwelt und somit auch bis in die Grundschule zurückreichenden sozialen Konstellation wurzelten. Der enge – und bewußt eng gehaltene – klassische Pfad führte eine privilegierte Minderheit zum Studium an namhaften Universitäten und angesehenen Hochschulen von Universitätsrang, während die breiteren – und zunehmend breiter werdenden – Wege der außerklassischen Bildung Schüler aus bescheideneren Verhältnissen und mit bescheideneren Lebenschancen zur beruflichen Weiterbildung führten.

Die kontrollierte Integration des Neuen in gegebene Strukturen, wie sie in der Wirtschaft, in der Politik und auf dem militärischen Sektor so schön funktionierte, bereitete interessanterweise im schulischen und universitären Bereich erheblich größere Schwierigkeiten und klappte hier auch nicht so gut. Statt ihren klassischen Lehrstoff um neue Fächer und ihre exklusive Schüler- bzw. Studentenschaft um neue gesellschaftliche Elemente zu erweitern, blieben die Hochschulen in beiderlei Hinsicht unzugänglich und machten damit den Aufbau eines zusätzlichen, im Vergleich mit ihnen selbst zweitrangigen Bildungswegs nötig. So entstanden die englischen *grammar schools*, die französischen *collèges municipaux* und die deutschen Realschulen, in denen die klassischen zugunsten zeitgemäßerer Fächer in den Hintergrund traten. Die Absolvierung dieser im wesentlichen „entlatinisierten" weiterführenden Schulen berechtigte zwar in der Regel nicht zum Besuch der altehrwürdigen, angesehenen Universitäten, aber der Ausbau dieses Bildungszweigs führte doch nach und nach zur Eröffnung alternativer Zugänge zu einem Studium der neuen Fächer auf universitärem Niveau. Die großen, traditionsreichen Universitäten hielten, wie die Gymnasien, hartnäckig an ihrem herkömmlichen Fächerkanon fest, mit der Folge, daß neue Universitäten und Institute aufgebaut werden mußten, damit die theoretischen und angewandten Naturwissenschaften einschließlich der Ingenieurswissenschaften eine Heimstätte und eine solide Grundlage erhielten. Das Vereinigte Königreich – Schottland allerdings ausgenommen – erlebte im Gefolge der Gründung der Londoner Universität im frühen 19. Jahrhundert die beginnende Ära der sogenannten Backstein-Universitäten. Deutschland baute seine Technischen Hochschulen aus und richtete die Kaiser-Wilhelm-Institute für Physik und Chemie ein, die nahezu unabhängig von den Universitäten arbeiteten. In Frankreich wurden an der École supérieure des Mines, der École des Ponts et Chaussées und an der École Polytechnique nicht nur Fachkräfte für eine hochzentralisierte staatliche Bürokratie ausgebildet; diese Schulen förderten indirekt auch das Ansehen bestimmter praxisorientierter Studiengänge und Berufslaufbahnen, wenngleich dabei an ein Prestige, wie es die altehrwürdigen akademischen Fächer und Berufe besaßen, noch nicht annähernd zu denken war.

Es mag sein, daß die Hochkonjunktur des Klassischen im höheren Bildungswesen um die Jahrhundertwende herum ihren Höhepunkt überschritten hatte. Gleichwohl blieb die klassische Bildung bis 1914 und darüber hinaus der wichtigste Auswahlfilter innerhalb eines ausgeklügelten Auslesemechanismus. Sinn und Zweck dieses Mechanismus bestanden nicht darin, den Söhnen von Bauern, Arbeitern und Kleinbürgern den gesellschaftlichen Aufstieg zu verwehren. Da die höhere und akademische Bildung ein Vorrecht für wenige blieb, diente der Selektionsmechanismus vielmehr dazu, die Bedingungen und Belohnungen für die Kooptation und Integration der Söhne des Besitz- und Bildungsbürgertums in die gesellschaftliche und politische Oberschicht zu definieren. Das war zugleich eine wirksame Vorbeugung gegen die Entstehung einer Gegenelite und einer politischen Gegenkultur. Zusammenfassend gesagt, förderten die klassisch-humanistischen höheren Bildungsanstalten die kontrollierte Einverleibung der jüngst emporgestiegenen gesellschaftlichen Gruppen in eine von etablierten aristokratischen Kasten beherrschte Oberschicht. Indem sie den Sprößlingen des Bürgertums die allgemeine Bildung vermittelten, die die Vorbedingung für die Zulassung zu den höheren Rängen des öffentlichen Dienstes und zu den akademischen Berufen war, beglaubigten und erhöhten diese Schulen den Status der von der alten Gesellschaft in Gnaden aufgenommenen Emporkömmlinge, während die Fähigkeit, im Rahmen der neuen wirtschaftlichen Möglichkeiten Geld zu verdienen, keine entsprechende gesellschaftliche Anerkennung fand.

Die industriekapitalistisch am weitesten fortgeschrittene unter den europäischen Nationen besaß ein bemerkenswert rückständiges Bildungswesen. Namentlich was das Niveau der Volksschulen betraf, taten sich die Herrschenden Englands schwer, ihren selbstverkündeten staatsbürgerlichen Ansprüchen gerecht zu werden. Erst in den 1890er Jahren hatte sich in England die allgemeine Schulpflicht völlig durchgesetzt. Kostenlos war der Besuch der Grundschule allerdings auch 1914 noch nicht, und das Abschlußalter lag noch unter 14 Jahren. Dazu kam, daß das Niveau des Unterrichts an den englischen Volksschulen zu niedrig war, um den Schülern die Voraussetzungen zum Besuch einer höheren Schule zu vermitteln.

Auf dem Gebiet der weiterführenden Bildung existierte ein staatliches Schulwesen bis zur Jahrhundertwende praktisch überhaupt nicht. Das Schulgesetz von 1902 sollte diesem Mangel zwar abhelfen, aber das änderte nichts daran, daß bis weit ins 20. Jahrhundert hinein private Bildungsanstalten in diesem wichtigen Bereich des Lernens und der Verteilung von Aufstiegschancen eine führende Rolle spielten.

Das Fabrikanten- und Handelsbürgertum, dessen Aufstieg mit dem Industrialisierungs- und Verstädterungsprozeß des 19. Jahrhunderts einherging, entwickelte zu keinem Zeitpunkt ein eigenes, selbständiges Bildungskonzept. Gewiß, die Unternehmer und Bildungsbürger der Fabrikstädte wollten von den elitären *public schools*, in denen sie Vorposten jenes Establishments sahen, das geringschätzig auf sie herabblickte, zunächst nichts wissen. Aber es dauert nicht lange, bis sie sich zu der Einsicht durchrangen, daß es keinen anderen Weg zur gesellschaftlichen Anerkennung gab. So entschlossen sie sich, ihre Söhne den *public schools* anzuvertrauen, ungeachtet der Tatsache, daß die alte Elite und ihre Agenten, die Schullehrer – in der Mehrzahl anglikanische Geistliche – das Monopol, das sie im Bildungswesen innehatten, ihren Interessen nutzbar machten.

Wenn auch die *grammar schools* und die *proprietary schools* während des 19. Jahrhunderts einen raschen Aufschwung nahmen, so vermochten diese Schulen doch nie und nimmer aus dem Schatten der angesehenen und teuren *public schools* herauszutreten, denen sie nachgebildet waren. Die zumeist konfessionellen (d. h. anglikanischen) englischen *public schools* waren perfekt auf die Aufgabe eingestellt, die Fortdauer der Dominanz des aristokratischen Elements im gesellschaftlichen und politischen Leben ideologisch abzusichern. Es gab allerdings selbst in dieser erlauchten Sphäre nur neun Schulen, die wirklich zählten. Eton und Harrow sowie Charterhouse, Merchant Taylors, Rugby, Shrewsbury, St. Paul's, Westminster und Winchester.

Anders als die Gymnasien und Lyzeen auf dem europäischen Festland, deren exklusivste Exemplare sich in der Regel in den Hauptstädten und den traditionsreichen Großstädten befanden, hatten die englischen Eliteschulen ihren Standort weit ab von den Städten in ländlicher Abgeschiedenheit. Es waren Internatsschulen, untergebracht in ehemaligen oder nachgemachten herrschaftlichen Landhäusern – das galt auch für die neueren unter ihnen –, und sie beherbergten Zöglinge im Alter zwischen

13 und 19 Jahren. Schon durch ihre isolierte Lage und ihren Baustil verkündeten und priesen diese Schulburgen die Überlegenheit des aristokratischen Lebensstils. Und sie verfehlten nicht, insbesondere auf wohlhabende Stadtbürger Eindruck zu machen, die, von einem wehmütigen Verlangen nach Bodenständigkeit bewegt, ihren Söhnen nur allzugern die Möglichkeit gaben, sich in die Welt und die Lebensart des englischen Landadels einweihen zu lassen.

Nicht weniger wichtig war, daß noch bis über die Mitte des 19. Jahrhunderts hinaus ungefähr drei Viertel des Unterrichts und nahe zu zwei Drittel des Lehrkörpers auf die klassisch-humanistischen Fächer entfielen. Gewiß, spätestens in den 60er Jahren richteten die meisten *public schools* auch „moderne" sowie „militärische" Lerngänge ein, die sich stärker auf naturwissenschaftliche Stoffe, neuzeitliche Sprachen, englische Literatur und Geschichte konzentrieren. Allein, diese neuen Zweige entwickelten sich bis 1914 nicht nur sehr zögernd, sondern galten auch als minderwertig und allenfalls geeignet für Schüler mit zweitklassigem Verstand und Stammbaum.

Das vierte charakteristische Merkmal der *public schools* neben der ländlichen Abgeschiedenheit, dem Internatsbetrieb und der klassisch-humanistischen Ausrichtung war die wichtige Stelle, die der Sport in ihrem Lehrplan einnahm. Sportarten wie das in Oxford und Cambridge erfundene Rugby boten den Schülern eines Jahrgangs die Möglichkeit, ein Verhalten einzuüben und zu entwickeln, das individuelle Anstrengung mit Mannschaftsgeist verband. Und ebenso wie der Landhaus-Charakter der Internate das Leitbild des ländlich-herrschaftlichen Lebens unterstrich, so war die sportliche Betätigung im Freien eine Einstimmung auf die Jagden und Pferderennen der aristokratischen Gesellschaft. Was die *grammar schools* betraf, so standen zwar viele von ihnen – einschließlich derer, die, nach 1902, finanziell vom Staat getragen wurden – in den größeren Städten, doch sie behielten nichtsdestoweniger die klassisch-humanistischen Lehrinhalte ihrer Vorbilder und deren aristokratisch angehauchte Bevorzugung allgemeiner anstelle spezifisch praktischer Bildungsziele bei; auch sie pflegten übrigens den Schulsport, wenngleich sie aus Platzgründen oft auf weniger raumgreifende Sportarten ausweichen mußten.

Daß in den führenden *public schools* die Sprößlinge des Hof- und Landadels die bei weitem größte Schülergruppe bildeten, kann nicht überraschen. Knaben aus Unternehmer- und Kaufmannsfamilien vergrößerten ihren Anteil an der Schülerschaft zwar allmählich, konnten aber die Söhne von Geistlichen, Akademikern und Offizieren nicht vom zweiten Platz verdrängen.

Ein im wesentlichen gleiches Bild bot sich in Oxford und Cambridge, den beiden Universitäten, die das Gros der Absolventen der neuen Eliteschulen aufnahmen. An den Instituten und Seminaren beider Universitäten lag der Schwerpunkt nach wie vor auf den klassischen und humanistischen Fächern. Ein Fachstudium im Sinne einer Ausbildung für einen bestimmten akademischen Beruf gab es praktisch nicht, sieht man von der Theologie einmal ab. Gewiß, in London war schon 1826 das Universitätskolleg eingerichtet worden, mit dem vorrangigen Ziel, eine Bresche in die „marktbeherrschende" Stellung von Oxford und Cambridge mit seinem anglikanischen, klassizistischen und aristokratischen Weltbild zu schlagen. Und zu Beginn der 60er Jahre führte die Londoner Universität ihren „external-degree"-Studiengang ein, für dessen Aufnahme nicht mehr der Besuch einer *public school* Voraussetzung war. Der Aufbau der „Backstein-Universitäten" in Birmingham, Bristol, Leeds, Liverpool, Manchester und Sheffield fiel im wesentlichen in die Zeit zwischen 1880 und 1914. Zwar übernahmen alle diese Universitäten das traditionelle Leitbild der Allgemeinbildung in ihre Lehrpläne, aber im Gegensatz zu Oxbridge eröffneten und erweiterten sie darüber hinaus berufsbezogene Studiengänge, vor allem in den naturwissenschaftlichen, medizinischen und technischen Fächern. Freilich, die Londoner Universität einschließlich des ihr angeschlossenen Imperial College of Science and Technology brachte bis nach der Jahrhundertwende keine nennenswerte Zahl von Absolventen hervor. Und obgleich die Universität von London und die „Backstein-Universitäten" zur Zeit der Jahrhundertwende zusammen bereits mehr Studenten hatten als die beiden großen alten Elite-Universitäten, stieg ihr wissenschaftliches und gesellschaftliches Ansehen keineswegs in einem vergleichbaren Maße. Gelegentlich kam es vor, daß ein Naturwissenschaftler oder Mathematiker, der an einer von ihnen studiert hatte, die englische *haut monde* durch seine Leistungen zu widerwillig gespendeten Kundgebungen des Respekts zwang, aber im großen und ganzen galten Naturwissenschaft und Technik nach wie vor als nicht „gentlemanlike". Cambridge und Oxford verlangten noch weit über 1914 hinaus das Graecum. Zwar zeigte sich Cambridge ein wenig aufgeschlossener als Oxford, doch galt für beide fast gleichermaßen, daß sie auch nach 1880 noch so gut wie keine Notiz von Chemie, Physik und Ingenieurwissenschaften nahmen, nicht zuletzt wegen der – geringfügigen – finanziellen und gesellschaftlichen Verbindungen zwischen diesen Fächern und der Industrie- und Geschäftswelt.

Um die Jahrhundertmitte waren von den in Cambridge Studierenden rund 60% Söhne von Großgrundbesitzern und Geistlichen. Gut über 50% der Absolventen dieser Universität entschieden sich für die geistliche Laufbahn, 15% übernahmen den väterlichen Grundbesitz, 10% wandten sich akademischen Berufen oder einer Beamtenlaufbahn zu, und weitere 10% ergriffen einen Lehrberuf. Obgleich Söhne aus Unternehmer- und Bankiersfamilien ohnehin nur einen bescheidenen Anteil von

5–10% an der Studentenschaft von Cambridge stellten, entschied sich kaum einer von ihnen dafür, das geringgeschätzte väterliche Metier fortzuführen; die allermeisten fühlten sich zu Höherem berufen. Zwischen 1850 und 1914, und insbesondere in den Jahren nach 1900, vollzog sich hinsichtlich sowohl der gesellschaftlichen Herkunft, als auch der Laufbahnentscheidungen der Cambridge-Studenten ein beträchtlicher Wandel, der freilich nicht etwa dazu führte, daß diese Universität nunmehr zu einer Brutstätte für Industrielle, Kaufleute und Ingenieure wurde. Der Anteil der Aristokraten-Sprößlinge an der Studentenschaft ging im Laufe der zweiten Hälfte des 19. Jahrhunderts von 31 auf 19% zurück, und es ist nicht zu bestreiten, daß auch sie den traditionellen aristokratischen „Berufen" zunehmend den Rücken kehrten. Der Anteil der Pfarrerssöhne blieb jedoch so groß wie eh und je, und auch nach der Jahrhundertwende schlugen noch mehr als 35% der Cambridge-Absolventen die geistliche Laufbahn ein. Der Anteil der Unternehmer- und Kaufmannssöhne nahm zu, allerdings nur auf zirka 15%. Anstatt sich für eine Karriere in der Wirtschaft zu entscheiden, wählten aber auch die meisten von ihnen, ähnlich wie die Grundbesitzersöhne, einen akademischen Beruf oder die höhere Beamtenlaufbahn. Der Anteil derjenigen Cambridge-Studenten, die sich einer juristischen oder medizinischen Karriere, einem Lehrberuf oder der Beamtenlaufbahn zuwandten, stieg bis zur Jahrhunderwende auf 14% an. Eine ähnliche Entwicklung war in Oxford zu beobachten. Die Sprößlinge von Grundbesitzern, Geistlichen und Akademikern stellten jeweils einen mindestens ebenso hohen Anteil an der Gesamtstudentenschaft wie die Söhne von Industriellen und anderen Männern der Wirtschaft. Etwa 20% der in Oxford Studierenden stammten aus Unternehmer- und Kaufmannsfamilien, doch nur 15–20% aller Oxford-Absolventen entschieden sich nach Abschluß ihres Studiums für den Eintritt ins Geschäftsleben.

Alles in allem fungierten die führenden *public schools* und die Universitäten als wirksame Filtervorrichtungen und Integrationsschleusen im Dienste der alten Eliten. Aus den Klassenzimmern der „ehrwürdigen Neun" ging der wichtigste Teil jener kaum 2% aller englischen Schulkinder umfassenden Gruppe hervor, die in der Zeit unmittelbar vor und nach der Jahrhundertwende eine weiterführende Schulbildung durchlief. Aus diesem kleinen Kreis rekrutierte sich die Mehrzahl der Oxbridge-Studenten, jener Elite, der nur 0,3% eines jeden Jahrgangs angehörten.

Nachdem die herrschende und regierende Klasse Englands sich erst einmal in voller und militanter Überzeugung zur imperialen Mission ihres Landes bekannt hatte, standen die *public schools* und die Oxbridge-Universitäten nicht an, sich selbst als diejenigen Bildungsstätten zu präsentieren, die mehr als alle anderen dafür prädestiniert seien, künftigen Generationen das für die Erfüllung dieses schweren Auftrags erforderliche Rüstzeug zu geben. Das Studium der Klassik, vor allem der Geschichte des Römischen Reiches, schien in idealer Weise geeignet, prospektive Statthalter und Verweser eines Kolonialreichs auf die Aufgabe vorzubereiten, über jene obskuren Völker Indiens und Afrikas zu herrschen, die nach den Berichten Rudyard Kiplings – und der Missionare – „halb nackt und halb kindlich" waren. Anders ausgedrückt: Die Kolonialbegeisterung und der neue Patriotismus des späten 19. Jahrhunderts bescherten den Eliteschulen einen Vitalitätsschub. Ihre Kuratoren und Koryphäen stimmten begeistert in die allgemeine imperialistische Euphorie ein, die der sozialen Selbstverteidigung der alten Elite sehr zugute kam und die eher den Ansprüchen, dem Ethos und der Praxis eines oligarchischen Herrschaftssystems Vorschub leistete, als das Leistungsprinzip zu fördern. Dazu kam, daß die Lehrer und Leiter der höheren Schulen darauf abgerichtet waren, nicht so sehr die wirtschaftliche Betätigung als vielmehr den Dienst in der Staats- und Kolonialverwaltung, im Heer und in der Marine als Abenteuer und Herausforderung zu verklären.

Anders als in England, wurde in Frankreich das politische Regime von der vorherrschenden Religion bzw. Kirche nicht gestützt, sondern bekämpft. Die politischen Träger der Dritten Republik zeigten sich angesichts dessen entschlossen, den maßgeblichen Einfluß der katholischen Kirche auf dem Bildungssektor zurückzudrängen. In der ersten Amtszeit von Jules Ferry 1881–82 wurden per Gesetz die allgemeine Schulpflicht und die Kostenfreiheit des Grundschulbesuchs eingeführt. Ferry wollte damit erreichen, daß den Kirchen und Priestern im Land in Gestalt von Schulhäusern und Lehrern eine Konkurrenz erwuchs, weltliche Missionsstationen gewissermaßen, in denen staatlich besoldete Lehrer nicht nur grundlegende Kenntnisse und Fertigkeiten vermitteln, sondern auch das republikanische Evangelium predigen würden. Nach dem rapiden Rückgang der Zahl kirchlicher Schulen zu urteilen, hatte die Republik den Kampf um die Volksbildung bis 1914 klar für sich entschieden. Von einem vollständigen Sieg konnte allerdings noch nicht die Rede sein: Rund 12% aller Knaben und 25% aller Mädchen besuchten weiterhin eine von der katholischen Kirche getragene und geführte Grundschule, und von den Schülern, die in den Genuß einer weiterführenden Bildung kamen, wurden vermutlich sogar 40% an einer konfessionellen Schule unterrichtet. Unter diesen Umständen verwundert es nicht, daß es um 1910 in Frankreich immerhin noch halb so viele Priester (60 000) wie Grundschullehrer (120 000) gab und daß der ideologische Einfluß der Erstgenannten auch noch in staatliche Schulen hineinreichte. Dazu kam, daß die meisten Lehrer, obzwar republikanisch und vermutlich auch antiklerikal gesinnt, eine Konfrontation mit dem Katholizismus scheuten. In ihrer Mehrzahl von provinziellem und kleinbürgerlichem Herkommen, Zuschnitt und Status, waren die „Missionare" der Dritten Republik nicht nur im katholischen Glauben erzogen worden, sondern hatten sich auch bei der Heirat, bei Taufen und Begräbnissen an die kirchlichen Rituale gehalten. Und schließlich galt für die meisten Grundschullehrer – abgesehen von einer allerdings nicht unerheblichen Minderheit, bei der die Erfahrung eines sich von neuem regenden Ultrakonservatismus im Verein mit der Unzufriedenheit über ihre schlechte Bezahlung zu einer Radikalisierung ihrer republikanischen Überzeugungen führte –, daß sie nie müßig wurden, ihren Schülern einen Patriotismus einzuimpfen, der durch und durch konservativer Natur war.

Der Übergang von der Grund- in die weiterführende Schule war in Frankreich ebenso schwierig und ebenso Wenigen vorbehalten, wie dies anderswo in Europa auch der Fall war. Die finanziellen Verhältnisse der Familie und das soziale Umfeld blieben die letzten Endes entscheidenden Faktoren. Da die Grundschulen nicht als Zulieferer für die weiterführenden Schulen gedacht waren, mußten Eltern, die vorhatten, ihr Kind ein *lycée* besuchen zu lassen, es zuvor in eine besondere, kostspielige Vorbereitungsschule schicken. Paradoxerweise wurden zum gleichen Zeitpunkt, an dem die Schulgesetze in Kraft traten, die die Elementarbildung demokratisierten, die Fächer Latein und Griechisch in den Lehrplänen der *lycées* aufgewertet, ebenso die klassischen Unterweisungsmethoden in den philologischen Fächern und in der Rhetorik. Die höchsten gesellschaftlichen und politischen Funktionsträger erhielten somit eine Ausbildung, die sich eher am Ideal der allgemeinen Kulturfähigkeit als an praktischen und berufsbezogenen Standards orientierte. Die klassischen Bildungselemente waren integrale Bestandteile jener allgemeinen Kulturfähigkeit, jener *culture générale*, deren Vermittlung einem doppelten Zweck diente: die alten Notabeln und das neue Großbürgertum zu einer homogenen herrschenden Klasse zu verschmelzen und zugleich weltanschauliche Affinitäten und Bindungen zu den eher kleinbürgerlich geprägten Repräsentanten der politischen Macht herzustellen.

Der Lehrplan der *lycées* war weder Ausdruck noch Instrument einer gesellschaftlichen Dominanz des Großbürgertums oder des Unternehmertums. Er huldigte im Gegenteil den zählebigen Wertvorstellungen einer anderen Epoche, in der Geistesbildung als Zeichen der Zugehörigkeit zu einer dem Zwang zur Arbeit enthobenen Klasse gedient hatte, einer Klasse, die die Welt, in und von der sie lebte, eher zu erhalten als zu verändern trachtete. Noch um 1900 entfiel mehr als die Hälfte der Unterrichtszeit an den *lycées* auf klassische Sprachen, Grammatik und Rhetorik, dagegen nur ein Achtel der Stunden auf naturwissenschaftlichen Unterricht. Merkwürdigerweise bereiteten die *lycées* mit ihrem eher klassisch-allgemeinbildenden als berufsorientierten Unterricht ihre Schüler nicht einmal auf die Aufnahmeprüfungen jener Hochschulen vor, die den Universitäten gleichgestellt waren und auf denen angehende Beamte

„praktische" Staatswissenschaft studierten. Als Reaktion auf diesen Mangel und auf Druck und Forderungen von etlichen Seiten wurden von 1902 an *innerhalb* der bestehenden weiterführenden Schulen auch moderne und naturwissenschaftliche Zweige eingerichtet. Allein, trotz der Tatsache, daß in diesen Lehrgängen nach wie vor ein klassischer Fächeranteil enthalten war, daß sie im Rahmen der erlesenen und angesehenen *lycées* absolviert und mit dem begehrten, alles entscheidenden *baccalauréat* abgeschlossen werden konnten, erwarben sie sich zu keiner Zeit sonderliche Beliebtheit oder ein nennenswertes quantitatives Gewicht.

Dennoch versetzten diese neuen Ansätze die Anhänger der klassisch-humanistischen *culture générale* in Rage. Professoren und Lehrer der etablierten Bildungsanstalten erhoben ihre Stimme zur Verteidigung der heiligen pädagogischen, akademischen und institutionellen Ordnung. Sie fanden sich darin unterstützt von großen Teilen der herrschenden und regierenden Klasse, von all jenen, die in der klassischen Bildung ein teures Erbe der Vergangenheit, ein augenfälliges Attribut adliger Gesinnung und ein wertvolles geistiges Kapital sahen, das es unversehrt an die Nachwelt weiterzureichen galt. Obgleich die Abschlußzeugnisse der modernen Schulzweige von Gesetzes wegen denen der klassischen gleichgestellt waren, führten die Lehrer weiterhin nur die weniger begabten Schüler den modernen Fächerkombinationen zu, hielten an der Praxis fest, neuzeitliche geisteswissenschaftliche Inhalte als Anhängsel an die Klassiker abzuhandeln, und mieden tunlichst die Suche nach Möglichkeiten der Befreiung von der kulturellen Hypothek der Vergangenheit. In den *collèges municipaux* der Klein- und Mittelstädte mußten die Schüler zugegebenermaßen längst nicht so viel klassischen Ballast mitschleppen wie in den *lycées* der Großstädte, nicht zuletzt weil die *collèges* in der Regel ein komprimiertes Lernpensum anboten, minder qualifizierte Lehrer hatten und weniger Schulgeld verlangten.

Im Jahr 1910 gab es an den staatlichen *lycées* und *collèges* Frankreichs insgesamt rund 77 500 Schüler, was einem Anteil von etwa 2,75 % an der gesamten Jugend des Landes (zwischen 12 und 19 Jahren) entsprach. Es braucht kaum betont zu werden, daß die Zahl derer, die die vollen sieben Schuljahre durchliefen, beträchtlich geringer war: Während etwa jeder zwanzigste französische Zwölfjährige in eine höhere Schule eintrat, hielt nur jeder fünfzigste bis zur Abschlußprüfung durch, und nur jeder hundertste schaffte dann auch tatsächlich das *baccalauréat*.

Bis 1914 war es eindeutig so, daß der Besuch einer weiterführenden Schule ein De-facto-Privileg der Kinder von Eltern aus der Oberschicht war; zu ihnen gesellten sich ein kleiner Anteil an Mittelschichts-Kindern und hin und wieder ein „Wunderkind" aus den untersten Etagen der gesellschaftlichen Pyramide. Wenn hier von „Kindern" die Rede ist, so sind im wesentlichen Knaben gemeint. Mädchen stellten nur ein Siebentel aller an den französischen *lycées* und *collèges* eingeschriebenen Schüler; ein Grund dafür war, daß man allgemein glaubte, Latein sei nichts für Mädchen. Der Besuch einer weiterführenden Schule war, anders als der Besuch der Grundschule, nicht kostenlos. Das Schulgeld war zwar nicht hoch, aber eine Familie mit niedrigem Einkommen konnte es sich ohnehin nicht leisten, einen Sohn bis zum 19. Lebensjahr auf die Schule zu schicken, noch dazu wo die Durchfallquote bei der Reifeprüfung so hoch war. Es gab zwar die Möglichkeit, ein Stipendium zu erhalten, doch zum einen wurden in der Zeit vor 1914 pro Jahr vermutlich nicht mehr als 1500 Stipendien vergeben, und zum zweiten wurden dabei die Söhne loyaler Beamter und Lehrer bevorzugt. Unter diesen Umständen ist es nicht verwunderlich, daß sich die Zahl der an den klassischen *lycées* eingeschriebenen Schüler zwischen 1850 und 1914 kaum erhöhte. Was nach 1880 an Zuwachs und Fortschritt im Bildungswesen zu verzeichnen war, beschränkte sich auf die erweiterten Grund- und die Berufsschulen; diese Schulen trugen aber nichts dazu bei, für Kinder der unteren Klassen die Voraussetzungen für den Besuch einer höheren Schule zu schaffen.

Vorbedingung für die Zulassung zum Universitätsstudium war natürlich, daß man das erlauchte *baccalauréat* vorweisen konnte; die Zahl der Studenten an den Universitäten Frankreichs erhöhte sich von 10000 im Jahr 1875 auf 19300 im Jahr 1891 und 39900 im Jahr 1908. Rund zwei Drittel aller dieser Studenten entfielen auf die juristischen und medizinischen Fakultäten, während das verbleibende Drittel sich nahezu gleichmäßig auf die Geistes- und die Naturwissenschaften verteilte. Verglichen mit anderen Ländern, nahmen sich die Studentenzahlen in Frankreich klein aus, was vor allem daran lag, daß die theologischen Fakultäten hier weder Geistliche noch Lehrer für klassisch-humanistische Fächer ausbildeten. Dafür verfügte Frankreich über ein verschlungenes System universitätsähnlicher akademischer Bildungsanstalten, an denen eine nicht unerhebliche Zahl von Studenten eingeschrieben war. Bis 1914 gelang es jedoch allenfalls ganz wenigen der aus einer dieser spezialisierten *grandes écoles* hervorgegangenen intellektuellen, technischen und administrativen Führungskräfte, bis in die höchsten Zirkel der gesellschaftlichen Elite Frankreichs vorzustoßen.

Die führende und angesehenste unter den *grandes écoles*, die *École normale supérieure*, nahm pro Jahr 30–40 Studenten auf, die eine außerordentlich schwierige und selektive Zulassungsprüfung bestehen mußten. Vermutlich die Hälfte dieser Elitestudenten stammte aus Akademikerfamilien, und ausnahmslos alle waren dazu ausersehen, nach Bestehen des Staatsexamens herausgehobene Lehrfunktionen an *lycées* und Universitäten zu bekleiden, wo sie das Banner einer unverfälschten *culture générale* hochhielten. So waren die Studenten – Studentinnen gab es zu dieser Zeit erst ganz wenige – also nichts anderes als der Nachwuchs jenes Elitekorps der Studienräte und Professoren, die sich als die zähesten Fürsprecher und Exerziermeister des klassisch-humanistischen Unterrichts und der Exegese literarischer und philosophischer Texte – vor allem aus dem 17. Jahrhundert – an den höheren Schulen und Universitäten gebärdeten. Namentlich die Universitätsprofessoren, deren Zahl von 500 im Jahr 1880 auf 1050 im Jahr 1910 zunahm und von denen 30% aus Familien der besten Gesellschaft stammten, hielten sich, gleich in welchem Fach und an welcher Fakultät sie lehrten, viel auf ihre klassische Bildung zugute. Dies galt weitgehend auch für die rund 2000 Lehrkräfte, die Elite unter jenen 9000 bis 10 000 *professeurs*, die an den *lycées* und *collèges* lehrten. Es ist sehr wahrscheinlich, daß diese Lehrer aus gesellschaftlich etwas höher angesiedelten Familien stammten als die 7000 bis 8000 einfachen Schullehrer, die in der Mehrzahl wohl aus kleinbürgerlichen Verhältnissen kamen und zu ihren betitelten, kultivierteren, besser verdienenden und gesellschaftlich angeseheneren Kollegen ebenso bewundernd wie mißgünstig aufschauten. In einer Provinzstadt konnte ein *professeur*, d. h. ein Lyzeumslehrer, es zu beachtlichem Ansehen und Einfluß bringen, vorausgesetzt er besaß die klassische *agrégation* (in Paris, wo die sozialen Schranken höher waren, war dies dagegen kaum denkbar). Seine Lateinkenntnisse ließen ihn in der Regel selbst in den Augen solcher örtlichen Honoratioren akzeptabel erscheinen, die ihn ansonsten wegen des Verdachts republikanischer Gesinnungen vielleicht gemieden hätten.

Was die vermutlich fast ebenso angesehene *École polytechnique* betraf, so wies sie selbstverständlich ein anderes Gepräge auf als die *École normale*. Sie rekrutierte ihre Studenten, insbesondere nach 1880, zunehmend auch aus der unteren Mittelschicht: Die Zahl der Studenten aus dieser sozialen Gruppe hatte 1914 die der Söhne wohlhabender Geschäftsleute, Freiberufler und Beamten nahezu erreicht. Kaum weniger bezeichnend ist die Tatsache, daß der Anteil der Stipendiaten während des gleichen Zeitraums von 31 auf 57% und der Anteil der Absolventen, die nach dem Studium in die Dienste des Militärs traten, auf 74% anstieg.

Weder das Polytechnikum noch die *École des Ponts et Chaussées* und die *École de Mines* waren zu Beginn des 20. Jahrhunderts Eliteschulen nach den herkömmlichen Kriterien – soziale Herkunft der Studenten, Charakteristik der Lehrinhalte, Sprungbrett für eine Karriere im öffentlichen oder militärischen Dienst. Tatsächlich boten diese sogenannten *grandes écoles*, zu denen auch *bacheliers* ohne klassisch-humanistischen Schulabschluß zugelassen wurden, eine qualifizierte wissenschaftliche, aber praktisch orientierte Ausbildung sowie akademische Titel, die im noch-nicht-bürgerlichen Frankreich, ähnlich wie bei seinen noch halbfeudalistischen Nachbarn, ihren Trägern kein allzugroßes Prestige einbrachten. Sie fanden jedenfalls in aller Regel keinen Zugang zu den staatlichen und politischen Führungsgruppen des Landes, geschweige denn zu den Salons der exklusiven Gesellschaft.

Wie Frankreich und anders als England, besaß das Deutsche Reich ein öffentliches, d. h. staatliches höheres Bildungswesen. Die Kultusministerien der einzelnen Länder waren zwar nominell selbständig, folgten aber bei der Finanzierung und Verwaltung der höheren Schulen und Universitäten einer im wesentlichen einheitlichen Politik. Lehrer und Professoren hatten in Deutschland Beamtenstatus und waren im allgemeinen eingefleischte Konservative. Anders als in Frankreich, wo die Hochburgen der akademischen Bildung in Paris versammelt waren, und anders auch als in England, wo sie sich auf dem flachen Land versteckten, gab es in Deutschland keine unumstritten als führend anerkannten akademischen Retorten.

Es gab vielmehr eine große Zahl qualitativ annähernd gleichwertiger Gymnasien in den großen und auch noch in den kleineren Städten des Reichs. Und auch die berühmten deutschen Universitäten standen nicht unbedingt in den Metropolen, sondern in traditionsreichen Städten wie Bonn, Freiburg, Göttingen, Halle, Heidelberg, München und Leipzig; dagegen waren Großstadtuniversitäten wie die von Berlin und Düsseldorf relativ späte Gründungen. Wer ein Gymnasium besuchte, tat dies gewöhnlich in seiner Heimatstadt, um nach abgelegtem Abitur auf eine – auch außerhalb gelegene – Universität zu gehen, die freilich keinen Internatsbetrieb kannte. Da die deutschen Gymnasien gesellschaftlich weniger exklusiv waren als die französischen *lycées* und die englischen *public schools,* begann das Buhlen um gesellschaftliche Beziehungen und Aufstiegschancen in Deutschland erst an der Universität.

An der Universität kehrten die Sprößlinge des Land- und Beamtenadels ihre gesellschaftliche Dominanz hervor. Bei vielen Studenten begann der soziale Aufstieg – oder zumindest das Liebäugeln mit ihm – zwischen der Reifeprüfung und dem ersten Universitätssemester, wenn sie in ausgewählten Heereseinheiten, vorzugsweise Kavallerieregimentern, ihre Offiziersausbildung absolvierten, eine soldatische Erfahrung, die gerade bei den Angehörigen der provinziellen Geisteselite die nationale, um nicht zu sagen nationalistische Überzeugungstreue festigte. Einmal immatrikuliert, schloß der durchschnittliche Student sich einer Landsmannschaft oder Burschenschaft an; in vielen dieser Studentenvereinigungen wurden quasi-feudale Anschauungen und Vorstellungen gepflegt. Die echten Blaublütigen hielten sich in Bonn zumeist an die „Borussen", in Heidelberg an die „Westphalen", in Leipzig an die „Canitzer". Diese und andere Burschenschaften nahmen freilich auch Studenten geringerer Herkunft als Mitglieder auf, sofern sie sich den rauhen Initiationsritualen unterwarfen. Die Mensur, jener „bizarre Überrest kriegerischen Rittertums", war unter all den Prüfungen, mit denen Aspiranten ihre Tauglichkeit als Burschenschafter unter Beweis stellen mußten, die berüchtigste. Gedacht war dieses Säbelduell eigentlich als Prüfstein für den Mut und die Standhaftigkeit des einzelnen, der sich dabei der Gefahr einer schwerwiegenden Gesichtsverletzung aussetzte, die eine untilgbare, auffällige Narbe, den sogenannten Schmiß, hinterließ. In Wirklichkeit aber waren bei der Mensur Augen, Hals, Schlagarm und Rumpf der Teilnehmer so gut geschützt, daß das angeblich so gefährliche Duell nicht viel mehr war als eine harmlose ritualisierte Gesichtsoperation. Um die Jahrhundertwende schwenkten selbst die bis dato liberalen Burschenschaften, dem allgemeinen Umschwung in Richtung Konservatismus und Patriotismus folgend, mehr und mehr auf den von Arroganz und Aggressivität geprägten Stil der ungeläuterten Landsmannschaften ein. Einer Studentenvereinigung, gleich welcher Couleur, beizutreten, hieß daher, sich die aristokratischen Vorurteile und Anmaßungen des *ancien régime* zu eigen zu machen.

Kaum nötig zu betonen, daß auch in Deutschland die höheren Schulen Sorge dafür trugen, daß der geistige und moralische Mörtel, der die akademische Elite des Landes zusammenhielt, weiterhin aus Zutaten zusammengemischt wurde, die der guten alten Zeit entstammten. Hatte zwischen 1789 und 1850 noch das Studium der altgriechischen Sprache im Mittelpunkt gestanden, so avancierte danach das Lateinische zum Dreh- und Angelpunkt eines Gymnasialunterrichts, der sich nunmehr auf die Vermittlung sowohl der klassischen als auch ausgewählter moderner Sprachen mit den Methoden der Philologie konzentrierte – das deutsche Gegenstück zur Textanalyse, die auf den französischen *lycées* gepflegt wurde. Die klassischen Lehrstoffe nahmen aber jedenfalls bis weit ins 20. Jahrhundert hinein gute zwei Fünftel der Gesamtunterrichtszeit ein. Zum Vergleich: Auf moderne Sprachen und Literatur entfielen 20, auf Geschichtsunterricht 10, auf Religion und Philosophie 8, auf Mathematik 14 und auf naturwissenschaftliche Fächer 7% der Unterrichtszeit.

Wie in anderen europäischen Ländern, entschied auch in Deutschland nicht die Lernleistung in der Grundschule, sondern der familiäre Hintergrund darüber, ob ein Kind qualifiziert war, auf eine weiterführende Schule überzuwechseln. Für die Kinder – d.h. Söhne – von Bauern, Arbeitern und Kleinbürgern war die Aussicht auf den Besuch des Gymnasiums, das eine Zitadelle der wenigen Feinen gegen die vielen Kleinen blieb, gering. In Tradition getaucht und darauf programmiert, „Bildung" zu vermitteln, trug das klassisch-humanistische Gymnasium als Selektionsinstrument dazu bei, die privilegierte Stellung der alten herrschenden und regierenden Klasse ideologisch abzusichern und Familien, denen der wirtschaftliche Aufstieg geglückt war, eine gesellschaftliche Kontakt- und Integrationsschleuse zu öffnen. Gymnasium und Abitur waren die unerläßlichen Stationen auf dem Weg zum Universitätsstudium, und nur dieses öffnete den Zugang zu einer Erfolg, Ehre und Adelstitel versprechenden Karriere im Staatsdienst, in der Kirchenhierarchie, in einem freien Beruf oder im akademischen Bereich.

Natürlich hatte die Moderne auch in das höhere Bildungswesen Deutschlands Einzug gehalten. Der 50%ige Zuwachs der Schüler- und Absolventenzahlen im Bereich der weiterführenden Schulbildung, der zwischen 1870 und 1914 zu verzeichnen war, ging in der Tat zur Gänze auf das Konto dieses rasch expandierenden Sektors. Im Jahr 1910 konnten die weiterführenden Schulen des neuen Typs bereits eine fast ebenso große Gesamtschülerzahl vorweisen wie die traditionellen Gymnasien und 35% aller Reifezeugnisse ausstellen. Der neue Schultyp, der natürlich in puncto Prestige mit dem Gymnasium nicht konkurrieren konnte, gliederte sich in drei wesentliche Unterformen: die Mittelschule, die eine verbesserte und verlängerte Grundschulausbildung bot, die sechsjährige Realschule, eine Art nicht-humanistisches Rumpfgymnasium, das mit dem Zeugnis der „Mittleren Reife" abgeschlossen werden konnte, und das neunjährige Realgymnasium, in dessen Lehrplan die klassischen Fächer, insbesondere Griechisch und Latein zugunsten moderner Sprachen und, wenn auch in geringerem Grad, naturwissenschaftlicher Fächer zurücktraten. Obgleich der Abschluß an einem dieser halb klassischen, halb modernen Realgymnasien zum Universitätsstudium berechtigte, fanden sich an ihnen durchweg nur Kinder aus bescheidenen Verhältnissen, namentlich aus dem Mittelstand. Und in der Tat vermittelten sie ihren Schülern bestenfalls „mittelständische" Qualifikationen, die zur Bekleidung einer mittleren Funktion in der Wirtschaft oder im Staatsdienst ausreichten, aber mehr auch nicht. Nur rund 8% der „Real-Abiturienten" fanden über Studium und akademischen Titel den Weg in einen freien akademischen Beruf oder in die höhere Beamtenlaufbahn. Zwar wurde den Absolventen der Realgymnasien um die Jahrhundertwende die Studienberechtigung an allen deutschen Universitäten und gleichgestellten akademischen Institutionen zugestanden, doch blieben ihnen nach wie vor die theologischen Fakultäten und die Zugänge zur höheren Beamtenlaufbahn und zu einer freiberuflichen Karriere verschlossen, weil hierfür weiterhin Latein- und sogar Griechischkenntnisse Vorbedingung waren.

Wie in England und Frankreich, war also auch in Deutschland der klassisch-humanistische vom modernen, d.h. neusprachlich-naturwissenschaftlichen Bildungsgang streng getrennt. Und der Kreis der Gymnasiasten blieb so beharrlich klein wie der der Absolventen der *public schools* in England und der *lycées* in Frankreich; die Zahl dieser Privilegierten entsprach in allen drei Ländern einem Anteil von 1–2% an dem jeweiligen Schülerjahrgang. Gemeinsam war den Eliteschulen der drei Länder ferner, daß ihre Schülerschaft eine gesellschaftliche Auslese darstellte, daß sie sich einem traditionellen Kulturideal verpflichtet fühlten und daß sie als Zulieferer für die Universitäten fungierten. In Deutschland wie in England behauptete die protestantische Kirche eine wichtige Rolle in der gesellschaftlichen Sphäre, im schulischen und akademischen Bereich sowie als geachtete Arbeitgeberin.

Die 22 Universitäten des Deutschen Reichs waren, im großen und ganzen gesehen, die konsequente Weiterführung der humanistischen Gymnasien, was umso logischer erscheint, als ein Universitätsstudium ohnehin das angestrebte Ziel der meisten Gymnasiasten war. Die Zahl der Universitätsstudenten – namentlich an den juristischen und philosophischen Fakultäten – war in Deutschland vor allem deshalb so hoch, weil für einen Großteil der höheren Laufbahnen im Staatsdienst sowie für die Zulassung zu den wichtigsten freien Berufen sowohl das Abitur als auch ein akademischer Grad verlangt wurden. Die Zahl der an den philosophischen Fakultäten der deutschen Universitäten Immatrikulierten erhöhte sich zwischen 1890 und 1914 um nahezu 50%, während im gleichen Zeitraum der Anteil der evangelischen Theologiestudenten von 16 auf 5% zurückging. Bei dieser Gelegenheit sollte noch angemerkt werden, daß die deutsche Professorenschaft, mit wie großer Berechtigung sie auch die „geistige Leibwache der Hohenzollern" genannt worden sein mag, hinsichtlich ihres sozialen und politischen Konservatismus ihre Kollegen in den anderen europäischen Ländern sicherlich nur unwesentlich übertraf.

Daß die deutsche Universität sich den Anforderungen der Moderne ebenso entschieden versagte wie das deutsche Gymnasium, war ein sichtbares Zeichen für die grundlegende Homogenität des traditionellen höheren Bildungswesens. Während die Universitäten sich durch die Herausforderungen einer rapide fortschreitenden Industrialisierung nicht in ihrem Antimodernismus beirren ließen, beeilte sich der Staat unter dem Eindruck dieser Entwicklung, ein leistungsfähiges System technischer und berufsbezogener, teilweise hochspezialisierter Bildungseinrichtungen auf wissenschaftlichem Niveau aufzubauen. Die vielseitigsten und bemerkenswertesten unter diesen Einrichtungen waren die Technischen Hochschulen, die Pionierleistungen in der forschungs- und anwendungsbezogenen Vermittlung naturwissenschaftlicher und technischer Kenntnisse vollbrachten. 1914 waren bereits 20% aller deutschen Studenten an den Technischen Hochschulen des Landes immatrikuliert. Daß diese Institutionen trotz ihrer funktionellen Bedeutung und ihres numerischen Gewichts den Universitäten in bezug auf akademisches und gesellschaftliches Prestige eindeutig nachstanden – nicht zuletzt weil sowohl ihren Professoren als auch ihren Studenten als auch den beruflichen Zielen der letzteren die klassisch-humanistische Weihe fehlte –, braucht kaum eigens betont zu werden.

Ein im großen und ganzen ähnliches Bild bot das Bildungswesen in Österreich-Ungarn, sieht man einmal davon ab, daß der Ausbau der Technischen Hochschulen dort noch nicht so weit gediehen war wie in Deutschland. Der Besuch des Gymnasiums und der Universität war auch hier den Söhnen einer kleinen gesellschaftlichen Elite vorbehalten, und die klassischen Fächer beherrschten einen Unterricht, der die Schüler eher auf eine vergangene als auf die Welt ihrer Gegenwart vorbereitete. Abgesehen davon, daß sie viel für die Reproduktion der alten adligen Oberschicht und deren kultureller Wertvorstellungen leisteten, fungierten die Gymnasien und Universitäten auch als Integrationsschleusen nicht nur für das immer stärker aufkommende Groß- und Mittelbürgertum des deutschsprachigen und des magyarischen Herrenvolks, sondern auch für die Eliten der untertanen Völkerschaften. Dazu kam, daß Universitätsprofessoren im Habsburgerreich ordentliche Staatsbeamte waren. Wer hier Ordinarius werden wollte, mußte nicht nur vom Berufungsausschuß der entsprechenden Fakultät gewählt, sondern darüber hinaus noch vom Bildungsminister bestätigt werden. Albert Einstein mußte, ehe er seine Professur in Prag antreten konnte, feierlich versichern, daß er an Gott glaube, und sich in eine militärisch anmutende Uniform mit Seitengewehr werfen, um so den erforderlichen Treueeid auf die Habsburger ablegen zu können. Sigmund Freud blieb diese Maskerade erspart, aber nur deshalb, weil er sich mit der Berufung zum außerordentlichen Professor begnügen mußte, eine Stellung, mit der keine jener Pfründen und Privilegien verbunden war, auf die ein ordentlicher Professor Anrecht hatte. Lehrstuhlinhaber, die sich einen Namen machten, konnten damit rechnen, ins Herrenhaus berufen oder sogar geadelt zu werden. Studenten, die eine Karriere im Staatsdienst anstrebten, taten gut daran, in eine der Burschenschaften einzutreten, die der Mensur mehr denn je frönten.

Das Schul- und Universitätswesen des zaristischen Rußland wurde im Zeitraum zwischen der Mitte des 19. Jahrhunderts und 1914 zunehmend dem Vorbild der westlichen Nachbarn, insbesondere Preußens bzw. Deutschlands, angeglichen. Der bedeutendste Erziehungsminister, den Rußland im 19. Jahrhundert hatte, Dmitrij Tolstoi, sorgte in seiner Amtszeit (1866–82) dafür, daß das achtklassige humanistische Gymnasium in den wichtigsten russischen Städten feste Wurzeln schlug. Latein und Griechisch traten in das Zentrum eines Unterrichts, dessen Hauptfunktion darin bestand, die Schüler auf ein Universitätsstudium vorzubereiten, das ihnen die Türen zum Staatsdienst und damit zum automatischen Aufstieg in den Dienstadel öffnete. Unter dem Einfluß Konstantin Pobedonosčevs, des fundamentalistischen Prokurators des Heiligen Synod, führte der Nachfolger Tolstois, der bis 1898 amtierende Ivan Deljanov, Höchstquoten für die Zulassung jüdischer Studenten ein und unterstrich damit den Grundsatz des privilegierten Zugangs orthodoxgläubiger und adliger Großrussen sowohl zu den Gymnasien als auch zu den Universitäten. Abgesehen von illiberalen Maßnahmen wie dieser und von einer geringfügigen Zurücknahme der klassischen Fächer nach der Revolution von 1905, blieb das russische Gymnasium bis 1914 unverändert und überstrahlte die gegenwartsbezogene Realschule vollständig, die Tolstoi ebenfalls nach deutschem Vorbild eingeführt und gestaltet hatte. Auch die Universitäten behielten ihre dem deutschen System nachgebildete Struktur und ebenso auch ihre Aufgabe bei, die wirtschaftliche, bürokratische und militärische Modernisierung des Zarenreiches unter voller Rücksichtnahme auf die Unantastbarkeit der bestehenden Ordnung mitzugestalten. Zweifellos war dieses durch und durch konservative Anliegen der Grund dafür, daß das zaristische Regime, während es die weiterführenden Schulen und Universitäten für seinen Elitenachwuchs zügig ausbaute, die Entwicklung eines Grundschulwesens für die breite Masse vollständig vernachlässigte.

Wie anderswo in Europa, war auch in Rußland die Gilde der Vollprofessoren eine sehr kleine, stramm auf dem Boden der herrschenden Ordnung stehende Gruppe. Zwischen 1860 und 1914 wurden in Rußland nur rund 90 neue Lehrstühle geschaffen, und 1914 waren von den zu diesem Zeitpunkt insgesamt bestehenden 475 Lehrstühlen 145 unbesetzt, unter anderem deshalb, weil die Regierung den Expansionsdrang der Universitäten bremsen wollte, in denen sie Brutstätten der Subversion sah. Die Professoren genossen als hohe Staatsbeamte natürlich alle mit diesem Status einhergehenden Vorteile und Vorrechte einschließlich des Vorrükkens auf der Rangstufenleiter. So kam etwa einem Universitätsrektor die vierthöchste, mit der Verleihung eines erblichen Adelstitels verbundene Rangstufe zu, und auch die Vollprofessoren und die Extraordinarien waren mit der fünften bzw. sechsten Rangstufe gut bedient. Ein nicht unbeträchtlicher Teil der Professorenschaft war ohnehin von Haus aus adlig. Von den Vollprofessoren stammten rund 18 % aus alteingesessenen, wohlhabenden Familien des Landadels, und knapp 40 % brachten bereits bei ihrer Berufung einen Adelstitel mit. Von den 90 Professoren der Moskauer Universität waren 37 adligen Geblüts, 12 waren Söhne hoher Offiziere und 12 Söhne orthodoxer Geistlicher. Ein im wesentlichen ähnliches soziales Profil wiesen die Fakultäten der St. Petersburger und der Kiewer Universität auf. Auch bei den Studenten betrug der adlige Anteil nach wie vor rund 40 % (alle genannten Werte beziehen sich auf die Zeit nach der Jahrhundertwende).

Damit soll allerdings keineswegs suggeriert werden, daß die Universitäten zuverlässige Bastionen und Missionsstationen des *ancien régime* gewesen wären. Im Gegenteil: 1899–1902 und 1905–1906 standen große Teile der Studentenschaft in der vordersten Front der liberalen Opposition – mit Unterstützung oder zumindest wohlwollender Duldung einer nicht unerheblichen Zahl von Professoren. Beide Male jedoch, und insbesondere 1905 und danach, scheuten Studenten und Professoren vor einer politischen Zusammenarbeit mit den aufbegehrenden Arbeitern und Bauern, ja selbst mit den liberalen Politikern zurück; ihr primäres Anliegen war und blieb die Wahrung der akademischen Freiheit. Viele Professoren begriffen sich selbst, hierin ihren deutschen Kollegen und Vorbildern nicht unähnlich, als unpolitische, ausschließlich den Zielen und Normen einer objektiven und letzten Endes zwangsläufig dem Kulturfortschritt dienenden Wissenschaft verpflichtete Gelehrte.

Im Strudel der revolutionären Ereignisse von 1905 gelang es den Professoren und Studenten, dem Erziehungsministerium eine Erweiterung der universitären Selbstverwaltung bei der Bestimmung der Lehrinhalte und der Prüfungs-, Zulassungs- und Berufungsverfahren abzuringen. Zwischen 1907 und 1914 setzte die Regierung jedoch im Rahmen ihrer allgemeinen Strategie der Wiedererrichtung eines straffen autokratischen Regimes Schritt für Schritt eine Gegenreform im höheren Bildungswesen durch. Zwischen 1908 und 1913 verhinderten die beiden während dieser Zeit amtierenden Erziehungsminister mit ihrem Veto 58 von den zuständigen akademischen Gremien beschlossene Berufungen; zugleich erlegten sie diesen Gremien die Verantwortung für die Aufrechterhaltung von Ruhe und Ordnung an den Universitäten auf und wiesen sie an, Unruhestifter notfalls zu relegieren. 1910/11 nahmen oppositionelle Studenten den Tod und das Begräbnis Leo Tolstois zum Anlaß, gegen die Todesstrafe und gegen die Zustände im russischen Strafvollzug zu protestieren – nicht so sehr gegen die Beschneidung der politischen und der akademischen Freiheit. Die Regierung reagierte mit übermäßiger Härte. L. A. Kasso, der ultrakonservative Erziehungsminister, ließ an die 5000 Studenten verhaften und weitere 3000 aus den bedeutendsten Universitätsstädten verbannen. Zugleich setzte er die Professoren unter Druck, die aktiven Oppositionellen aus ihren eigenen Reihen anzuzeigen, von der Universität zu weisen oder in die Provinz abzuschieben. Nicht wenige Professoren – insbesondere der Moskauer Universität – protestierten offen gegen diese Eingriffe des Staates in Belange der universitären Selbstverwaltung. Im ganzen jedoch zeigte sich die russische Professorenschaft – auch die der Moskauer Universität – vom Vorgehen der Regierung beeindruckt, um nicht zu sagen eingeschüchtert. Man befürchtete, wenn die Studenten weiterhin aufbegehrten, werde womöglich die Stunde der ultrakonservativen Scharfmacher schlagen, und die Institutionen der klassischen akademischen Bildung würden zugunsten von Realschulen und fachspezifischen Ausbildungsstätten zur Ader gelassen.

Auch das höhere Bildungswesen Italiens war fest in das Korsett des klassischen Bildungsideals eingeschnürt. Daß Graf Gabrio Casati, zwischen 1859 und 1877 italienischer Erziehungsminister, ein wesentlich liberalerer Mann war als sein russischer Kollege Graf Tolstoi, hinderte ihn nicht daran, seinem Land ein System der höheren Bildung überzustülpen, das dem russischen an klassisch-humanistischer Schlagseite, elitärer Ausrichtung und Unbeweglichkeit nicht nachstand. Das Grundschulwesen wurde, wie in Rußland, vernachlässigt bzw. – bezeichnenderweise – der Kirche überlassen. Um 1910 waren zwar rund 80% aller italienischen Kinder zwischen sechs und zehn Jahren in einer Grundschule angemeldet, aber bei den Elf- bis Vierzehnjährigen reduzierte sich der Anteil der Schulbesucher auf weniger als 10%. Was die klassisch-humanistischen *ginnasi-licei* betraf, so wurden an ihnen im Jahr 1910 insgesamt nur 63 000 Schüler unterrichtet, d.h. rund 1% aller italienischen Kinder und Jugendlichen zwischen 11 und 19 Jahren; drei Viertel von ihnen besuchten staatliche Gymnasien. Fast alle Absolventen dieser Eliteschulen bewarben sich um die Zulassung zum Hochschulstudium, und zwei Drittel von ihnen übersprangen die Hürde der Zulassungsprüfung. Die Studierfreudigkeit der italienischen Abiturienten hatte ihren Grund vermutlich vor allem darin, daß erst ein akademischer Grad die Türen zu einer achtbaren beruflichen Karriere öffnete, etwa in den höheren Gefilden des öffentlichen Dienstes. Die Leiter, die nach oben führte, war nach wie vor schmal, und die Konkurrenz war groß, zumal Familien mit mittleren Einkommen angesichts der Tatsache, daß das gymnasiale Abschlußzeugnis ohne die Beigabe eines akademischen Grades verhältnismäßig wertlos war, die Alternative hatten und nützten, ihre Söhne auf die nach deutschem Vorbild errichteten nicht-humanistischen Oberschulen zu schikken. Was die Universitätsprofessoren betraf, so konnten sie nur mit Zustimmung der Regierung berufen werden und mußten vor ihrer Ernennung einen Eid sowohl auf die Krone als auch auf den Staat ablegen; ihr Selbstverständnis orientierte sich, wie das ihrer russischen Kollegen, am Vorbild des sich unpolitisch gebenden deutschen Ordinarius.

Fünftes Kapitel

Weltanschauung

Sozialdarwinismus, Nietzsche, Krieg

Europa war beim Ausbruch des Ersten Weltkriegs noch zu sehr von der überkommenen politischen und gesellschaftlichen Ordnung geprägt, als daß seine dominierenden Ideen und Werte von anderer als konservativer, undemokratischer und hierarchischer Beschaffenheit hätten sein können. Der Industriekapitalismus und die ihm entsprechenden Klassenformationen waren noch zu schwach, als daß Liberalismus, aufgeklärtes Fortschrittsdenken und Gleichheit zu tragenden gesellschaftlichen Grundpositionen hätten werden können. Ja, die Grundsätze der Aufklärung des 19. Jahrhunderts wurden sogar mit sanfter Gewalt der herkömmlichen Weltanschauung des autoritären *ancien régime* angepaßt, das es ausgezeichnet verstand, sie zu entstellen und zu entschärfen. Gewiß, sowohl der Staat als auch die Gesellschaft hatten im Lauf des Jahrhunderts immer mehr ihre Verpflichtungen gegenüber der Würde, der Vernunft und der Wohlfahrt des einfachen Bürgers entdeckt. Doch das bedeutete keineswegs, daß an die Stelle der herrschenden vorbürgerlichen Auffassungen und Vorurteile ein neues, bürgerliches Weltbild getreten wäre. Die europäische Gesellschaft blieb vielmehr fest den Traditionen und Wertvorstellungen der vorindustriellen Ära verhaftet. Statt sich als Geburtshelfer einer aufgeklärten und demokratischen Gesellschaft der Zukunft zu betätigen, verstanden sich die herrschenden und regierenden Klassen weiterhin als Träger und Bewahrer des stolzen klassisch-humanistischen Erbes der Vergangenheit. Daß ihnen dies gelang, lag teilweise daran, daß die Fallstricke des Nationalismus, die Ängste vor der sozialistischen Gefahr und – in Mittel- und Osteuropa – die Behinderungen durch halbabsolutistische Regierungssysteme die nach oben drängenden liberalen Kräfte immer wieder lähmten und korrumpierten.

Von der Jahrhundertmitte an wurde der naturwissenschaftliche, technische und materielle Fortschritt in zunehmendem Maß als Motor einer sich immer mehr beschleunigenden Entwicklung zu einem erfüllten, vernünftigen und moralischen gesellschaftlichen Leben begrüßt. Dazu gesellte sich die Annahme, der unaufhaltsame und immerwährende Aufstieg des Menschen werde Hand in Hand gehen mit einer Zunahme der politischen Freiheit, der religiösen Toleranz und des Weltfriedens. Die gläubigen Anhänger dieses irdischen Fortschrittevangeliums kamen vor allem aus dem traditionalistisch orientierten Besitz- und Bildungsbürgertum und aus den gebildeten Mittelschichten. Vorläufig jedoch blieb noch zu viel von der alten Ordnung unversehrt erhalten; so konnte das neue Glaubensbekenntnis keine wirkliche Herausforderung für die herrschenden Eliten sein, geschweige denn bei der Bauernschaft, dem Kleinbürgertum und der Arbeiterschaft allzu viele Anhänger finden.

Weil der Glaube an einen linearen, kontinuierlichen Fortschritt noch keine tiefen gesellschaftlichen und politischen Wurzeln geschlagen hatte, erwies er sich, wenn er angegriffen wurde, als verwundbar. Zugegeben, die frühen Kritiker der Moderne stellten nicht den Fortschritt als solchen in Frage. Was sie aber zu bedenken gaben, war, daß der Fortschritt möglicherweise ein diskontinuierlicher, von Rückschlägen unterbrochener Prozeß war. Sie warnten auch davor, daß ein beschleunigtes Entwicklungstempo des naturwissenschaftlichen und technischen Fortschritts zu schwerwiegenden sozialen und psychischen Entwurzelungen führen werde. Um die Jahrhundertwende trat an die Stelle dieser differenziert kritischen Haltung eine regelrechte Fortschrittsfeindlichkeit. Immer mehr Intellektuelle und Künstler wandten sich nun gegen den Optimismus der zeitgenössischen Gesellschaftstheorien, bestritten die Vernunftfähigkeit des Menschen und die Realität des Fortschritts.

Zwischen Fortschritt und Liberalismus bestand ein enger und notwendiger Zusammenhang. Beide benötigten, um sich innerhalb einer stark traditionsgebundenen Gesellschaft entfalten zu können, als soziales Substrat kapitalistische, akademische und großstädtische Eliten. Aber die gesellschaftlichen Träger des Liberalismus waren nicht nur an und für sich schwach, sondern dazu noch in sich gespalten. Gewiß, zwischen 1848 und 1914 gewann das Bürgertum stetig an Boden. Doch es verschwendete einen großen Teil seiner wachsenden Kraft auf interne Richtungskämpfe zwischen den Anhängern freihändlerischer Grundsätze, demokratischer Freiheiten und eines gleichsam an der langen Leine geführten Kolonialreichs auf der einen und den Verfechtern von Schutzzollpolitik, starker Staatsmacht und militärisch forciertem Imperialismus auf der anderen Seite. Die große Preisdeflation zwischen 1873 und 1896 entschied diesen Konflikt schließlich zugunsten des nationalkonservativen Bürgertums, indem sie Protektionismus und Imperialismus förderte und die militärische Aufrüstung beschleunigte.

Der Liberalismus entwuchs zwar zwischen 1848 und 1873 den Kinderschuhen, erreichte aber nie so etwas wie eine politische Volljährigkeit. Gewiß wurden *laisser-faire* und Freihandel im Laufe dieses Vierteljahrhunderts in den kapitalistischen Volkswirtschaften Europas und der Welt zu den bestimmenden Grundsätzen. Doch blieb dieses goldene Zeitalter der uneingeschränkt freien Konkurrenz eine kurze Episode inmitten einer weiterhin durch staatliche Reglementierungen und Eingriffe in das wirtschaftliche Leben bestimmten Wirklichkeit. Noch begrenzter und flüchtiger waren die Erfolge des Liberalismus in der politischen Sphäre. Dies alles legt den Schluß nahe, daß die liberale Bewegung angesichts ihrer schwachen wirtschaftlichen, gesellschaftlichen und politischen Verankerung wohl auch ohne die „große Depression" – die ihr Scheitern nur beschleunigte – auf Grund gelaufen wäre.

Der Liberalismus war nicht nur in sich schwach und gespalten, sondern begegnete auch einer ungewöhnlich heftigen und aktiven Opposition. Die alten herrschenden und regierenden Klassen und ihre führenden kulturellen Institutionen waren stets willens gewesen und waren es auch weiterhin, den Liberalismus in die Schranken zu weisen. Die grundbesitzende Klasse, in der die Aristokratie so beherrschend vertreten war, holte in den 1870er Jahren zu einem Gegenschlag aus; der internationale Wettbewerb drohte zu diesem Zeitpunkt die Grundlagen ihrer wirtschaftlichen Existenz – und damit zugleich ihre gesellschaftliche, politische und kulturelle Stellung – zu untergraben. Ihre Forderungen nach einem Schutzzollsystem und wirtschaftlichen Vergünstigungen für die Landwirtschaft leiteten die Rekonsolidierung der alten gesellschaftlichen Kräfte ein, denen es an „einer Tradition oder Ideologie der staatsbürgerlichen Freiheiten und des parlamentarischen Regierens" gebrach. Im Zusammenwirken mit dem Beamtenadel machten sich die grundbesitzenden Klassen daran, „die Marktwirtschaft und ihr politisches Pendant, die konstitutionelle Regierungsform" zu erdrosseln. Sie waren es, die in ihrem entschlossenen Widerstand gegen die liberale Bewegung „die schlingernden Wendungen der preußischen Politik unter Bismarck bewirkten, in Frankreich die klerikalen und militaristischen Kräfte des Revanchismus nährten, im Habsburger- [und im Romanow-] Reich den bestimmenden Einfluß der Feudalaristokratie bei Hofe sicherstellten und die Kirche und das Militär zu Wächtern und Bewahrern wackelnder Herrscherthrone bestellten". Auch in England ergriffen die Großgrundbesitzer die Initiative zur Remobilisierung der alten gesellschaftlichen Kräfte, hier allerdings etwas später. Überall in Europa verbesserten die alten und neueren Aristokraten, von Bischöfen und Generälen darin unterstützt, ihr Prestige, „indem sie sich zu Verteidigern der Segnungen und Tugenden des Landes und der Landwirtschaft aufwarfen" und sich selbst als „Beschützer und Bewahrer der natürlichen Umwelt des Menschen" darstellten. Diese Strategie brachte den traditionellen Eliten die Unterstützung großer Teile der Bauernschaft sowie anderer Gruppen ein, die sich von der raschen industriellen Entwicklung und vom Wachstum der Städte bedroht fühlten.

Die alten Eliten konnten sich ohne große Mühe rekonsolidieren, weil sie in der Blütezeit des Liberalismus wenig an Boden verloren hatten. Sie stärkten ihre Position nicht nur in den drei halbabsolutistischen Reichen, sondern auch in England, Frankreich und Italien, wo ihr unmittelbarer politischer Einfluß zuvor drastisch reduziert worden war. Der Liberalismus hatte nicht die Kraft, das Wiedererstarken dieser Kräfte im gesellschaftlichen und politischen Bereich zu verhindern, denn das keineswegs gefestigte Bürgertum war in zwei Fraktionen zerfallen, von denen nur die schwächere, kleinbürgerlich-vorindustrielle Widerstand leistete.

Die stärkere Fraktion des Bürgertums der europäischen Länder lehnte sich zunehmend an das *ancien régime* an, nicht nur weil sie Schutzzölle, Aufträge und öffentliche Ämter (für ihre Söhne) erhoffte, sondern auch weil sie auf diesem Weg bewaffneten Schutz vor rebellierenden Arbeitern und nationalen Minderheiten im Inland sowie zur Niederhaltung rivalisierender Mächte und Kolonialvölker erwarten konnte. Starke wirtschaftliche Interessengruppen suchten das Bündnis mit dem Großagrariertum, mit dessen Hilfe sie hofften, den Staat veranlassen zu können, zu ihrem beiderseitigen Nutzen tätig zu werden. Zwar benötigten beide Gruppen die Hilfe des Staates, aber nur die Agrarier verfügten über den politischen Einfluß und die schon legendäre Macht, sie zu erwirken. Im Tausch für die ihnen bei der Indienstnahme des Staates gewährte Hilfe warfen die Wirtschaftsführer ihre liberalen Überzeugungen über Bord, machten sich die konservative Weltanschauung der traditionellen Eliten zu eigen und unterstützten eine illiberale Politik. Diese politische Positionsverschiebung verminderte die Konflikte zwischen konkurrierenden Eliten, entschärfte die ideologische Diskussion und führte zu einem Konsens, der weitgehend den moralischen, kulturellen und politischen Vorstellungen des *ancien régime* entgegenkam.

England bildete in einer Beziehung eine Ausnahme. Weil hier die freihändlerisch gesonnenen Interessengruppen des Industrie-, Finanz- und Handelskapitals mehr politisches Gewicht hatten als die dem Protektionismus verschriebenen agrarischen Gruppen, blieb das Bemühen um die Einführung von Schutzzöllen in London zunächst einmal erfolglos. Aber wenn die britischen Zollreformer auch ihre wirtschaftspolitischen Ziele verfehlten, so gelang es ihnen doch, innerhalb der Konservativen Partei eine tiefgreifende soziale und politische Reaktion in Gang zu setzen, in der der Ruf nach Rückbesinnung auf die Traditionen des ländlichen Lebens eine zentrale Rolle spielte.

Wie auch immer, der entfesselte Prometheus des materiellen Fortschritts trug in Europa allenthalben dazu bei, die alte Ordnung zu festigen, statt sie zu liberalisieren und damit zu schwächen. Dies war der fatale Widerspruch, der so viele Denker in Ratlosigkeit und Besorgnis stürzte. Sie widerriefen ihren Glauben an das Goldene Zeitalter der Industrie und wurden zu zornigen Propheten des Niedergangs und der Weltkatastrophe. Besonders aufgebracht waren kritische Intellektuelle darüber, daß das Bürgertum sich nicht nur gesellschaftlich und kulturell, sondern auch weltanschaulich und politisch bereitwillig dem Feudalismus anpaßte. Gleichwohl hüteten sie sich, das Bürgertum direkt und ausdrücklich anzugreifen. Die meisten Kritiker zogen es vor, gegen ein gesellschaftlich nicht näher lokalisiertes Philistertum zu Felde zu ziehen, in der Hoffnung, sie könnten auf diese Weise einen Bruch mit dem Bürgertum vermeiden, dem sie sich gerade jetzt in der gemeinsamen Bestürzung über das politische Andrängen der Massen verbunden fühlten. Nicht daß sie eine sozialistische Umgestaltung gefürchtet hätten. Was dem Bürgertum vor allem Angst einflößte, waren die Demokratisierung des Wahlrechts und die Parlamentarisierung der Politik, und diese wirtschaftlich motivierte, Angst beschleunigte seine Kapitulation vor der alten Elite. Die Intelligenz machte sich große Sorgen um die Zukunft des Geistes und der Kultur unter den Bedingungen der demokratisch-parlamentarischen Regierung.

Fortschrittskritische Intellektuelle sahen in der Großstadt das Sinnbild des verhängnisvollen Irrwegs, auf den die europäische Zivilisation zu geraten schien. Die kapitalistische Modernisierung führte, wie sie glaubten, nicht nur zwangsläufig zur Entstehung und Aufblähung seelenloser Industriemetropolen, sondern auch zum Niedergang der großen geschichtlichen Städte Europas. Am meisten quälte sie der Gedanke, daß die altehrwürdigen Städte zu gesichtslosen Sammelbecken einer sozial und kulturell nivellierten Masse herabsänken, in denen die gebildeten, geistig und geschmacklich kultivierten patrizischen Minderheiten dem Wohlwollen und Gutdünken von Haufen ungewaschener Proletarier ausgeliefert sein würden.

Bei all ihrem tiefen Unbehagen an der Großstadt predigten jedoch nur wenige unter diesen Pessimisten eine Rückkehr zur Natur, nicht einmal in ihren arkadischen Tagträumen. Geschöpfe der Stadt, die sie nun einmal waren, konnten sie sich keine Alternative zu ihr vorstellen. Nervosität, Korruption und Langeweile, die den Boden der Großstädte bildeten und die ihre Rolle als Hort der menschlichen Schöpferkraft und Erkenntnis zu bedrohen schienen, wirkten auf sie zugleich abstoßend und faszinierend.

Die fortschreitende Dekadenz, die sich in Europa breitmachte, war ein Schritt vom Wege des klassischen politischen, gesellschaftlichen und kulturellen Lebens des städtischen Bürgertums und nicht etwa ein Sündenfall, der einen Zustand paradiesischer Unschuld und Reinheit beendet hätte. Die Dekadenzler verachteten, ja sie fürchteten das rohe und finstere Plebejertum und dessen ungenierte Ansprüche. Zugleich verhöhnten sie die tief verstörten oberen Klassen, weil diese die humanistische Tradition in den Dienst ihrer Selbstverteidigung gestellt hatten. Es schien, als wünsche die desillusionierte Intelligenz sowohl den Einen als auch den Anderen die Pest an den Hals. In Wirklichkeit aber schloß sie sich eindeutig der herrschenden Ordnung als der Garantien einer elitären Kultur an. Dieser gleichsam eingebaute konservative Drall verstärkte sich nach der Jahrhundertwende, als viele Propheten der Dekadenz sich, anstatt in einen exquisiten Ästhetizismus und Dandyismus zu flüchten, entweder um eine der etablierten Kirchen scharten oder sich dem neuen Kult eines übersteigerten Patriotismus ergaben.

Die Idee der Dekadenz war einer der Wesenszüge der Kultur der Jahrhundertwende, die ein Gefühl psychischer Verkümmerung, weltanschaulicher Unsicherheit, ja eine Mischung von Hoffnung und Angst vermittelte. Mit dem Jahr 1900 konnte ebensowohl die Morgenröte eines neuen Zeitalters und einer neuen Gesellschaft anbrechen wie die Dämmerung des *ancien régime*. Europas besorgte Intelligenz rechnete, von wenigen Ausnahmen abgesehen, damit, daß die verschärften Widersprüche zwischen humanistischer Kultiviertheit und demokratischen Ansprüchen einer breiten Bevölkerungsmasse zur Explosion und zum Eintritt der menschlichen Zivilisation in eine Ära der Dunkelheit führen würden.

Die *idées-forces* der Dekadenz und des Fin de siècle gingen in die Vorstellungswelt und die psychische Konstitution der feudalistischen und aristokratisch orientierten Mitglieder der europäischen Oberschicht ein. Sie fanden Eingang in Überzeugungen, die „eher stillschweigend vorausgesetzt als förmlich ausgesprochen oder offen vertreten wurden, ... die so selbstverständlich und unumgänglich erschienen, daß sie nicht mit der Lupe der logischen Selbstprüfung untersucht wurden". Wenn diese vagen Vorstellungen eine weite Verbreitung fanden, dann deshalb, „weil in ihnen eine Bedeutung steckte oder weil sie Gedanken weckten, die dem Zeitgeist entsprachen". Ein durchdringendes Gefühl des Zerfalls und der Heimsuchung wurde zu einem festen Bestandteil der Weltanschauung der gesellschaftlichen Elite, einer Weltanschauung, in der „theorielose und unlogische, aber nicht irrationale" geistige Haltungen und entsprechende kulturelle Botschaften ebensoviel Raum einnahmen wie „systematische philosophische Thesen ... und theoretische Gedanken". Die Intellektuellen und Politiker, die sich mit der Vorstellungswelt der Dekadenz und des Fin de siècle identifizierten, betrachteten sich selbst freilich nicht als Degenerierte. Und sie waren auch keineswegs gewillt, sich zu Betroffenen einer, wie sie es sahen, weitreichenden Autoritäts-, Gesellschafts- und Wertekrise machen zu lassen oder sich als solche zu verstehen. Sie nahmen sich vielmehr vor, diese Krise zu überwinden und zu bewältigen, und zwar nicht etwa durch eine Reform und weitere Demokratisierung der alten, hierarchisch geordneten Gesellschaft, sondern durch ihre ideologische und materielle Wiederherstellung.

Das verbreitete Gefühl einer drohenden Krise bildete den bestimmenden Hintergrund – und nicht etwa bloß das entfernte Echo – der Revolte gegen Szientismus, Positivismus und Materialismus. Wenn die sozialistischen Parteien und die Arbeiterbewegung zur Hauptzielscheibe und zum Hauptopfer dieser Revolte wurden, dann deswegen, weil sie sich mittlerweile zu den wichtigsten Verteidigern verwaister fortschrittlich-liberaler Positionen entwickelt hatten, Positionen, die von der ausgebluteten liberalen Bewegung selbst schon vor der Jahrhundertwende aufgegeben worden waren. Mit anderen Worten: Die Sozialisten und die Gewerkschaften wurden nicht so sehr deswegen attackiert, weil sie revolutionäre oder revisionistische Ziele eigener Art verfolgt hätten, sondern vor allem, weil sie die „zweite Aufklärung" weiterführten und ins Volk trugen. Die „geistigen Erneuerer der 1890er Jahre" hätten, wollten sie sich dieser Aufklärung stellen, dem Sozialismus im Geiste einer konstruktiven Kritik begegnen müssen. Doch das wäre zuviel von ihnen verlangt gewesen, denn in ihren Augen waren die Sozialisten in erster Linie Wegbereiter der Massendemokratie, die ihre Welt der klassischen Kultur und Gelehrsamkeit bedrohte. Wie die herrschenden und regierenden Klassen, suchte auch die Intelligenz sich gesellschaftlich nach unten abzugrenzen, um ihre gefährdete Vorstellungs- und Wertewelt vor dem erwarteten Ansturm des großstädtischen Proletariats zu schützen. Ernest Renan, ein Pionier des Sozialdarwinismus, war einer der wenigen, die laut auszusprechen wagten, was viele seiner philosophierenden Zeitgenossen nur sich selbst anvertrauten: daß die Mehrzahl der Menschen „in einer untergeordneten Stellung" gehalten werden müsse, wenn Kultur und Wissenschaft weiterhin auf hohem Niveau gedeihen sollten. Renan legte der Gesellschaft nahe, sie solle sich, anstatt Bildungsmöglichkeiten für die unwissenden Massen bereitzustellen, lieber darauf konzentrieren, „Genies" hervorzubringen und dazu allenfalls noch „ein Publikum, das imstande ist, sie [die Genies] zu verstehen".

Die geistigen Erneuerer der Jahre nach 1890 fanden bei ihren eigenen Zeitgenossen wenig Beachtung. Wie die meisten avantgardistischen Künstler, schrieben auch sie in erster Linie für die eigene Zunft, und nur selten, wenn überhaupt, erreichten sie eine breitere Öffentlichkeit oder Adressaten, die den Zentren der Macht nahestanden. Nicht sie, sondern Darwin und Nietzsche waren die alles überragenden Köpfe jener Epoche. Zwar waren beide bei Anbruch dieses kritischen Vierteljahrhunderts zwischen 1890 und 1914 bereits tot, doch hatten sie einige der maßgeblichen Grundgedanken geliefert, die nun in kritischer Wendung gegen die Idee des aufgeklärten Fortschritts vorgebracht wurden. Simple Formeln wie die vom „Überleben der Stärkeren" oder vom „Willen zur Macht" fanden Eingang in die fortschrittsfeindlichen und antiliberalen Philosophien. Von angesehenen Zeitungen und Zeitschriften verbreitet und in den Salons der guten Gesellschaft diskutiert, gingen sie in den allgemeinen Vorurteilsschatz der herrschenden und regierenden Klassen ein, denen jede

Ideologie willkommen war, die sich als Waffe für ihren Gegenangriff gegen die dämonischen Demokraten verwenden ließ.

Im Zuge der ideologischen Aufwertung und Remobilisierung der alten Ordnung wurde der Sozialdarwinismus zum zentralen Element in der Weltanschauung der herrschenden und regierenden Klasse Europas. Das sozialdarwinistische Glaubensbekenntnis variierte natürlich, abhängig von Ort und Zeit, in erheblichem Maß. Gleichwohl ist nicht zu bestreiten, daß der Sozialdarwinismus sich zu einer gleichsam ökumenischen Weltanschauung entwickelte, deren „geheiligte Wörter und Sätze" weithin Anerkennung fanden. Sowohl die abbauenden Liberalen als auch die vorwärtsdrängenden Sozialisten erkannten, daß die Grundthesen des Sozialdarwinismus genau den antidemokratischen, hierarchisch orientierten Zielen und Denkweisen der Herrschenden und Regierenden entsprachen.

Der Sozialdarwinismus verdankte einen großen Teil der immensen Verbreitung und Bedeutung, die er gewann, der Tatsache, daß er eine synkretistische Philosophie war: Er war halb Naturwissenschaft, halb Glaubenslehre – in einem Zeitalter, das in zunehmendem Maß zwischen diesen beiden Polen hin- und hergerissen war. Die antirationalistischen und pessimistischen Denker des späten 19. Jahrhunderts übten zu keiner Zeit grundsätzliche Kritik an den Naturwissenschaften, die die Lebensquelle des materiellen und medizinischen Fortschritts und der rüstungstechnischen Entwicklung waren. Es kam der Überzeugungskraft des Sozialdarwinismus zugute, daß er die Gesetzmäßigkeiten der gesellschaftlichen Entwicklung mit rationellen und empiristischen Methoden zu erklären schien, die aus der Theorie der natürlichen Evolution übernommen waren. Er bot eine Lesart des Paradigmas vom Kampf ums Dasein an, die ebenso eine äußerst konservative wie eine gemäßigt fortschrittliche Deutung zuließ – auf der einen Seite den Hobbes'schen Kampf aller gegen alle; auf der anderen das „Überleben der Stärkeren" als theoretische Bürgschaft dafür, daß es eine Evolution nach vorne gebe. Die dem Sozialdarwinismus innewohnende Unklarheit hinsichtlich der Natur des Kampfes ums Dasein und hinsichtlich der bei der Auswahl obwaltenden Kriterien sicherte dieser Ideologie eine breite Anhängerschaft. Während die Befürworter des *laisser-faire* die Gesetzmäßigkeiten der Evolution und Auswahl gleichsam als Kronzeugen für die Naturgegebenheit des freien, uneingeschränkten Wettbewerbs zitieren konnten, interpretierten die protektionistisch gesinnten agrarischen und industriellen Gruppen sie als Rechtfertigungsgründe für einen neuen Merkantilismus. Anders gesagt: Der Sozialdarwinismus lieferte, wenn er auch keineswegs konkrete Handlungsanweisungen und Ziele vorgab, ein allgemeines Deutungsschema, in das einzelne Personen oder Gruppen die ihnen jeweils genehmen Auffassungen und Vorhaben einsetzen konnten.

Darwins Hauptwerk, *Über den Ursprung der Arten durch natürliche Zuchtwahl*, das dem Sozialdarwinismus seine theoretischen Grundlagen lieferte, erschien 1859. Marx und Engels priesen das Buch unmittelbar nach seinem Erscheinen, weil es Religion, Metaphysik und Morallehre aus dem Hause der Naturwissenschaften vertreiben werde. Auch verdiente es ihren Beifall für eine einheitliche Kausaltheorie, die den automatischen, irreversiblen und strukturierten Evolutionsprozeß in der Natur erklärte und die Aspekte des Konflikts und des Vorandrängens in der Entwicklung betonte. Allgemein lobenswert erschien ihnen, daß Darwin eine Grundlage für die Einsicht gelegt hatte, daß die Natur – die man bislang für statisch und harmonisch gehalten hatte – entwicklungsgeschichtlich der menschlichen Gesellschaft durchaus vergleichbar war. Dieser Erkenntnisfortschritt versetzte Marx in solche Euphorie, daß er in der Einleitung zum zweiten Band des *Kapital* die „Entwicklung der ökonomischen Gesellschaftsformation als einen naturgeschichtlichen Prozeß" bezeichnete. Und Engels erklärte 1883 in seiner Grabrede für Marx: „Wie Darwin das Gesetz der Entwicklung der organischen Natur, so entdeckte Marx das Entwicklungsgesetz der menschlichen Geschichte."

Zugleich jedoch begannen Marxisten an gewissen Epigonen Darwins, die die Hypothesen des großen Naturhistorikers auf gesellschaftliche Vorgänge übertrugen, Kritik zu üben. Ohne den heuristischen Erkenntniswert zu bestreiten, den der Vergleich zwischen naturgeschichtlicher und menschlicher Entwicklung haben mochte, verwiesen die Kritiker darauf, daß es zu viele grundlegende Unterschiede zwischen der Natur und dem Menschen gab, um das eine zum Muster des andern machen zu können. Unter Berufung auf Engels hoben die Marxisten vor allem hervor, daß der Mensch in erster Linie ein soziales und denkendes Wesen sei, das, statt sich blind dem Walten der Naturgesetze zu unterwerfen, seine Geschichte selbst mache – freilich unter dem Druck des wirtschaftlichen Wachstums und des Klassenkampfes. Die Marxisten gingen ferner davon aus, daß die menschliche Gesellschaft, auch über revolutionäre Umwälzungen, auf dem Weg zu einer konfliktfreien und befreiten Gesellschaft war. Die Darwinisten nahmen hingegen an, die Gesellschaft sei für alle Zeit zum Überlebenskampf verurteilt.

Mit der Renaissance des Etatismus verlagerte sich die Betonung innerhalb des sozialdarwinistischen Katechismus von der Heiligsprechung des ungezügelten Wettbewerbs in einer Wirtschaft und Politik des *laisser-faire* auf die Sanktionierung der staatlich kontrollierten Kämpfe einer nach innen und außen imperialistischen Gesellschaft. In der letzten Phase des 19. Jahrhunderts überschattete der organisierte Überlebenskampf zwischen den Nationen die spontanen und unkontrollierten Konflikte innerhalb der Gesellschaft. Diese Übertragung des Paradigmas vom immerwährenden Kampf ums Dasein aus der nationalen in die internationale Dimension fiel zusammen mit einem Wandel in der Weltanschauung der herrschenden und regierenden Klassen: von einem zuversichtlichen und flexiblen Traditionalismus zu einem pessimistischen und starren, um nicht zu sagen reaktionären Konservatismus.

Die alten Eliten waren bereit, den Primat der Außen- und Kolonialpolitik zur Stützung und Sicherung ihrer innenpolitischen Position zu nutzen. Da sie sich der Rückendeckung der Militärkaste sicher waren, konnten sie sogar Anspruch darauf erheben, für die Aufgabe, den Krieg aller gegen alle im globalen Maßstab zu führen, besonders qualifiziert zu sein; die militärische Stärke würde letztlich darüber entscheiden, welche Nationen als die tüchtigsten überleben würden.

Die zweite Hälfte des 19. Jahrhunderts hielt für die wenigen Großmächte, die nicht um das nationale Überleben schlechthin, sondern um eine Vormachtstellung rangen, eine Reihe von Lektionen bereit. Die Einigung Deutschlands mit Hilfe der preußischen Waffen, der Aufstieg Piemonts in Italien und der Triumph der Nordstaaten im amerikanischen Bürgerkrieg hatten die Gültigkeit des Gesetzes des Stärkeren erneut unter Beweis gestellt. Die Niederlage Frankreichs 1870/71, die Kapitulation Spaniens 1898 und die Demütigungen, die England im Burenkrieg hinnehmen mußte, beleuchteten entsprechend die mißlichen Folgen nationaler Schwäche und sinkender Macht.

Die gesellschaftlichen Konflikte, die ehemals als Zeichen und Quelle nationaler Kraft glorifiziert worden waren, wurden nun als schädlich, weil der Einheit und äußeren Stärke der Nation abträglich, gebrandmarkt. Doch waren die Sozialdarwinisten untereinander uneins über die Frage, wie diese unzweckmäßigen inneren Konflikte einzudämmen seien. Die hartgesottenen unter ihnen lehnten innere Reformen mit der Begründung ab, diese würden sich verweichlichend und desintegrierend auswirken, und setzten auf die Herausforderung und Prüfung des Krieges, der ihrer Meinung nach den Einzelnen härten und die Nation zu einer solidarischen Gemeinschaft zusammenschmieden würde. Die moderner denkenden und selbstbewußteren Darwinisten kehrten diese Argumentation um. Sie forderten die Regierung auf, grundlegende soziale Reformen durchzuführen, um so die Unterstützung der Bevölkerung zu gewinnen, die in einem Zeitalter der Massenheere ein so notwendiges Element der Kriegführung war. Diese beiden Hauptauffassungen existierten im Sozialdarwinismus nebeneinander, teilweise untermischt mit – vorläufig noch verhältnismäßig unerheblichen – rassistischen Aussagen.

Der Sozialdarwinismus war nicht so sehr der Ausgangspunkt für die weltanschauliche und politische Neuorientierung, die sich in Europa vollzog, als daß er ihr die theoretische Rechtfertigung lieferte. Er bot den sich neu konsolidierenden traditionellen herrschenden und regierenden Klassen eine pseudowissenschaftliche Legitimation an. Der Sozialdarwinismus paßte in ihr elitäres Denken, in dem die Idee der Ungleichheit der Menschen einen festen Platz hatte. Und da ihrer Ansicht nach die Menschen von Natur aus ungleich waren, mußte auch die Struktur der Gesellschaft diese Ungleichheit spiegeln, mußte es für alle Zeiten so bleiben, daß diese Gesellschaft von einer Minderheit beherrscht wurde, die zum Regieren berufen war.

Sozialdarwinismus und elitäres Denken wuchsen beide auf demselben ideologischen Nährboden. Beide verabscheuten und kritisierten die Aufklärung des 19. Jahrhunderts und insbesondere die Bewegung zugunsten einer gesellschaftlichen und politischen Demokratisierung. Der wertüberfrachtete Begriff der „Elite" erlebte seine eigentliche Konjunktur erst gegen Ende des 19. Jahrhunderts, und er gewann gerade in solchen Gesellschaften seine größte Verbreitung und Beliebtheit, in denen die feudalen Elemente dominierten. Doch auch in den anderen europäischen Ländern hallten die Elitetheorien wider und dienten zur Rechtfertigung autoritärer Herrschaftspraktiken – und zugleich auch als Waffen im Kampf gegen politische, gesellschaftliche und kulturelle Nivellierungstendenzen.

Nietzsche war in diesem Kampf der orphische Sänger. Bei allen absichtsvoll provokativen Widersprüchen und Wendungen, die seine Schriften kennzeichneten, dachte er konsequent und durchgehend antiliberal, antidemokratisch und antisozialistisch, und diese Tendenz verschärfte sich zunehmend. Zwar gewann sein Abscheu gegen den Fortschritt in seiner tragisch verdunkelten letzten Lebensphase besonders an Intensität, doch hatte er die gleichen kritischen Positionen im Grunde schon früher, in den Jahren seiner höchsten geistigen Leistungsfähigkeit eingenommen. In einer Hinsicht stieß die Darwinsche Theorie Nietzsche sicherlich ab: Die fortschrittlichen Implikationen der Evolutionstheorie waren für ihn unannehmbar. Doch das hinderte ihn nicht daran, ein überzeugter – und dazu ein pessimistischer und brutaler – Sozialdarwinist zu sein. Die Welt war für ihn eine Arena des ununterbrochenen Lebenskampfes, eines Kampfes, bei dem es freilich nicht um das bloße Existieren oder Überleben ging, sondern auch um Überlegenheit, Herrschaft, Ausbeutung und Unterjochung, d.h. um die schöpferische Selbstbehauptung des einzelnen. Nicht etwa, daß Nietzsche unter dem „Willen zur Macht", dem Zentralbegriff seines Denkens, ein bloß physisches Durchsetzungsvermögen verstanden hätte. Er sah im Gegenteil in den Bemühungen und Leistungen von Künstlern und Philosophen die Quintessenz dieses Machtwillens. Allerdings war Nietzsche bereit, zum Wohl der Kultur, der er einen absoluten Vorrang einräumte, notfalls den Rest der Menschheit zu versklaven.

Nietzsche schmähte sein eigenes Zeitalter, weil es zuließ, daß die Masse dem Machtwillen der „starken Naturen“ Fesseln anlegte. Für ihn waren das klassische Griechenland und das Europa der Renaissance leuchtende Beispiele für eine von Eliten geprägte Gesellschaft, in der eine kleine Führungsschicht, die sich durch aristokratische Sitten und erlesenen Geschmack auszeichnete, kulturelle Spitzenleistungen hervorbrachte, förderte und pflegte, ohne sich dabei im geringsten um die Masse zu kümmern, der Nietzsche die Qualität des Menschseins am liebsten abgesprochen hätte.

Nietzsche war in bezug auf die eigene Person nicht frei von aristokratischen Neigungen; das begann schon damit, daß er sich auf angeblich adlige polnische Vorfahren berief. Er bewunderte seinen Vater, weil der als Privatlehrer die vier Prinzessinnen des Hauses Sachsen-Altenburg unterrichtet und sein Pfarramt aus den Händen Friedrich Wilhelms IV. empfangen hatte, an dessen Geburtstag Nietzsche geboren war und dessen „Hohenzollernnamen“ er mit Stolz trug.

Das leidenschaftliche Bekenntnis zur Hochkultur, zum aristokratischen Prinzip und zum Motiv des Willens zur Macht war ein Grundelement seiner Kritik an der Moderne. Diese unerbittliche Kritik war in höchstem Maße politisch, wenn auch nicht parteipolitisch. In Nietzsches Augen litt ganz Europa, mit Ausnahme Rußlands, unter dem zersetzenden Einfluß des Bürgertums – der „Philister“, für die er eine geradezu zwanghafte Verachtung empfand – an einem auszehrenden Verlust an Willenskraft und Autorität. Was ihn besonders erschreckte, war die Entwicklung im kaiserlichen Deutschland, das seiner Ansicht nach zur Hälfte pseudoaristokratisch und zur Hälfte bürgerlich zu werden schien und dessen Kultur auf dem besten Weg war, zu verarmen. Zugegeben, Nietzsche übte auch Kritik an den alten Eliten – und namentlich an Bismarck –, denen er ihre, wie er es sah, plebiszitären Anbiederungsversuche, ihren fieberhaften Nationalismus, ihre geheuchelte Religiosität und ihre monarchische Gesinnung verübelte. Ansonsten jedoch schätzte er den Eisernen Kanzler wegen seiner junkerlichen Herkunft und rechnete es ihm sogar hoch an, daß er es geschickt verstand, den Reichstag zu manipulieren und damit Deutschland die „Idiotie“ des Stimmenzählens und den „parlamentarischen Blödsinn“ zu ersparen. Gleichzeitig forderte Nietzsche, die englische „Kleingeisterei“ und die Prinzipien des Parlamentarismus müßten aus Deutschland vertrieben werden, was sich in Zusammenarbeit mit Rußland erreichen lasse; denn dort hatte man die alte Ordnung unversehrt bewahrt. Zum mindestens, so hoffte er, werde das Zarenreich, das seiner Meinung nach bestimmt war, Asien und Europa zu beherrschen, Westeuropa dazu bringen, die „Komödie seiner Kleinstaaterei“ zu überwinden und sich zu einem einheitlichen Kulturraum zusammenzuschließen, „dem Griechenland unter römischer Herrschaft vergleichbar“.

Ein vereintes Europa müsse einen wahrhaft großen Staatsmann und eine supranationale Oberschicht hervorbringen, um dieses Ziel zu erreichen. Denn falls Europa in die Hände von Pöbel und Parlamenten fiele, werde seine Kultur „im Kampf zwischen den Armen und den Reichen" zermahlen.

Da ein geeintes Europa aber für die nähere Zukunft nicht in Sicht war, mußte Nietzsche wohl oder übel versuchen, vorderhand mit der gegebenen Welt zu Rande zu kommen. Die kulturelle Vitalität der französischen Hauptstadt erfüllte ihn mit Bewunderung. Er fand, daß die „Frage des Pessimismus, die Frage Wagner, fast alle psychologischen und artistischen Fragen" im besiegten Frankreich „unvergleichlich feiner und gründlicher erwogen" würden als in Deutschland, wo die Euphorie über den militärischen Erfolg und die errungene Großmachtstellung eine lähmende Wirkung auf die Künste ausübe. Gleichwohl wünschte sich Nietzsche in dem Bestreben, die lästerliche Dekadenz der Dritten Republik von Deutschland fernzuhalten, daß Berlin zu einem kraftvolleren und stabileren kulturellen Zentrum werden und näher an St. Petersburg heranrücken solle.

Wenn aber Nietzsche sich mit dem kulturellen Preis, den Deutschlands Aufstieg zur Weltmacht kostete, noch abfinden konnte, so war er doch unter keinen Umständen bereit, die mit dem Aufstieg des Bürgertums verbundenen kulturellen Kosten hinzunehmen. Die Bürger waren für ihn „Philister", über die er mitleidlos seinen Hohn ausgoß, weil sie jene dionysischen Impulse und dialektischen Spannungen nicht erzeugen konnten, die die unverzichtbare Voraussetzung für wirkliche schöpferische Leistungen waren. Er warf ihnen darüber hinaus vor, sie entzögen Deutschland mit ihrem affektierten Nachäffen traditioneller Kulturformen und ihrer kritiklosen Anbetung des Staates die Lebenskraft. Zu guter Letzt klagte Nietzsche sogar Wagner, sein höchstes Idol an, er hofiere in Bayreuth diese Philister mit seinem narkotisierenden *Parsifal,* und verhöhnte das Bayreuther Festspielhaus als den obszönen Schrein des deutschen Pseudo-Kulturstaats. Wo immer bürgerliche Emporkömmlinge sich mit Aristokraten mischten, wie das in Bayreuth geschah, verpesteten sie seiner Ansicht nach mit ihrem affektierten Gebaren die Atmosphäre.

Die Philister, einschließlich der Juden unter ihnen, betrachteten sich als Kern einer neuen Elite und mühten sich in dieser Eigenschaft verzweifelt ab, ihre gemeine Herkunft und ihr gewöhnliches Äußeres zu kaschieren. Unfähig, im reichhaltigen historischen Kostümfundus Europas eine passende Einkleidung zu finden, stürzten diese Emporkömmlinge sich, so sah Nietzsche es, in eine fortwährende „Maskerade der Stile"; ohne Unterlaß fuhren sie fort, die bedeutsamsten historischen Vorbilder „anzuprobieren, zu wechseln, abzulegen, einzupacken und vor allem zu studieren". Kein anderes Zeitalter, so meinte er, habe sich jemals so gründlich mit den „Sitten, Glaubensinhalten, der Ästhetik und Religion" der Vergangenheit vertraut gemacht, um einen „permanenten Karneval" inszenieren zu können. Hätte die „demokratische Vermengung der Stände und Rassen" Europa nicht in eine „bezaubernde und tolle Halbbarbarei" gestürzt, dann wären die Kräfte der alten Ordnung nicht gezwungen gewesen, diesen, dem 19. Jahrhundert eigentümlichen, historischen oder „sechsten Sinn" zu entwickeln.

Die Anmaßungen der Demokratie waren für Nietzsche der schlimmste Fluch des modernen Zeitalters. Dem Glauben an „große Menschen und gesellschaftliche Eliten" abhold, verfolgte die Demokratie das Ziel, Mehrheiten und Parlamente zu inthronisieren, die der Masse genehm waren und mit deren Hilfe die „Herdentiere" sich zu Herren aufwarfen. Nietzsche brandmarkte Rousseau als denjenigen, der, „Idealist und Kanaille in einer Person", der Revolution eine „Lehre von der Gleichheit" eingeflößt habe – es gebe kein „giftigeres Gift". Einzig und allein mutige „neue Philosophen" – wie Nietzsche selbst – könnten das nötige Gegenserum liefern, indem sie entgegengesetzte Ideale formulierten und „die vermeintlich ewigen Werte" umwerteten und ins Gegenteil verkehrten. Diese *nouveaux philosophes* würden auch zum Kampf gegen den Sozialismus ihren Beitrag leisten. Der Demokratie gegenüber wies diese jüngste Menschheitsplage nur den Vorteil auf, daß sie die Europäer beständig dazu anstachelte, nüchtern, klug, männlich und kriegerisch zu bleiben.

Als letzte Lösung wünschte Nietzsche sich freilich, es möge eine Kaste überlegener Herrenmenschen erstehen, die den Philistern und Sklavennaturen die Tür weisen und die Visionen und Werte einer imaginären aristokratischen Vergangenheit zur Geltung bringen würden. Nietzsche gestand voller Stolz, daß sein Anliegen, die Krise der Moderne zu predigen, und seine Forderung nach einer durchgreifenden moralischen Erneuerung im „aristokratischen Radikalismus" seines Denkens (wie Georg Brandes über Nietzsche sagte) gründeten. Schließlich galt sein erstes und oberstes Interesse der Brillanz und der ästhetischen Kultiviertheit einer kleinen aristokratischen Elite, gegen die der Rest der Bevölkerung nur eine wertlose graue Masse war. Doch er setzte nicht allein auf die Schöpferkraft und Kennerschaft geistiger Eliten, die in Philosophie, Literatur und Kunst – und hier namentlich in der Musik – Großes vollbringen sollten. Nicht der geringste unter den Widersprüchen im Denken Nietzsches war der, daß er im Interesse seiner Ideale nicht nur die Ästhetik einer hochentwickelten aristokratischen Kultur verherrlichte, sondern auch die Brutalität aristokratischer Machtpolitik.

Das Wesen einer „guten und gesunden Aristokratie" sei aber, daß sie „mit gutem Gewissen das Opfer einer Unzahl Menschen hinnimmt, welche *um ihretwillen* zu unvollständigen Menschen, zu Sklaven, zu Werkzeugen herabgedrückt und vermindert werden müssen". Diese notwendige Rücksichtslosigkeit der Elite entsprach nur der bewegenden Kraft des „Lebens selbst", das im wesentlichen auf Gewalt, Unterdrückung und Ausbeutung basierte. Das Leben war, kurz gesagt, nichts anderes als der „Wille zur Macht" – durch keinerlei Mitleid, Solidarität oder Wohlwollen gegenüber den „Sklaven" getrübt.

Der sowohl nach geistiger Selbstvervollkommnung als auch nach brutaler Machtentfaltung strebende Edle mußte auch ein ausgebildeter Kämpfer und Krieger sein. In den Augen Nietzsches hatte die Krise der Moderne zwei Gesichter: Dem jähen Einbruch des Herdenmenschentums und der negativen Dekadenz im Innern standen unerhörte „Kriege, Umwälzungen und Explosionen" im Äußeren gegenüber. Der Krieg war für Nation und Staat ebenso konstitutiv wie die Scheidung in Herren und Sklaven für die Gesellschaft. Darüber hinaus war der Kampf gegen äußere Feinde geeignet, den Willen zur Macht zu stärken. Da „das Paradies unter dem Schatten der Schwerter" zu finden war, würde die herannahende Epoche kriegerischer Auseinandersetzungen von nie dagewesener Größenordnung der Aristokratie Gelegenheit geben, ihre Kraft und Überlegenheit unter Beweis zu stellen und ihre Ehre und ihre heroische Führerschaft zu befestigen. Um es in einer Formel zusammenzufassen: Nietzsche beschwor die apokalyptische Vision eines kriegerischen Infernos herauf, in dessen Glut aus der negativen und fauligen Dekadenz, die der Krise Europas zugrunde lag, eine neue, positive und schöpferische Kraft hervorgehen würde.

Durch die Ideen Nietzsches erfuhren die Selbstzweifel, der Pessimismus und die Verzagtheit, welche sich im Europa des Fin de siècle der herrschenden und regierenden Klasse bemächtigten, einen frühen Ausdruck und zugleich einen zeitgemäßen Auftrieb. Diese Ideen harmonierten mit dem brennenden Weltschmerz und den Ängsten einer dünkelhaften und selbstbewußten Elite, die sich für den Kampf um eine Zukunft rüstete, in der der Fortbestand und die Weiterentwicklung der Hochkultur durch die Entfesselung dionysischer Lebenskräfte gewährleistet würden. Wie Nietzsche, der schließlich dazu kam, die „Unrichtigkeit des Schopenhauerschen ... Pessimismus" zurückzuweisen und sich zu einer „dynamischen Dekadenz der Kraft" zu bekennen, gingen diese Eliten von der Überzeugung aus, ihr im Grunde nicht rational begründbarer Anspruch auf ewige Wiederkehr werde die bestehende Ordnung nicht etwa sprengen, sondern sich ihr nahtlos einfügen. Hatte Nietzsche doch prophezeit, daß ein bestimmter Prozentsatz seiner Leser die Vorstellungen, die er von der Organisation der Gesellschaft habe, teilen werde, und daß diese Männer dann mit der Kraft und Entschlossenheit, die seine Philosophie ihnen verleihen werde, die Aristokratie erhalten und wiederherstellen könnten. Auf diese Weise würden sie dann ein erfüllteres Leben finden, als sie es als Diener des Volkes führen könnten.

Formeln aus dem Arsenal des Sozialdarwinismus und der Nietzscheschen Philosophie gehörten zwischen 1890 und 1914 in den höheren Sphären von Politik und Gesellschaft zur allgemeinen Weltanschauung. Aufgrund ihrer antidemokratischen, elitären und militanten Tendenz eigneten sie sich vorzüglich als ideologische Hilfsmittel, mit denen die unbeugsam rückwärtsgewandten Elemente der herrschenden und regierenden Klassen ihren tiefwurzelnden und stets regen Antiliberalismus gleichsam erheben, intellektualisieren konnten. Diese Formeln lieferten die geistigen Zutaten, die zur Umwandlung eines unreflektierten Traditionalismus in eine bewußte und organisierte aristokratische Reaktion benötigt wurden. Sozialdarwinistische und Nietzschesche Ideen waren sicherlich nicht Ausdruck oder gar Ursache einer Revolte gegen den liberalen Staat und die bürgerliche Gesellschaft. Sie förderten vielmehr die Rekonsolidierung jener konservativen Kräfte der alten Ordnung, die entschlossen waren, jede weitere Entwicklung von Liberalität und Demokratie zu blokkieren oder gar manches von dem, was in dieser Beziehung in der jüngsten Vergangenheit erreicht worden war, wieder rückgängig zu machen.

Vorstellungen und Argumente aus dem Darwinismus und der Nietzscheschen Philosophie bildeten eine der wesentlichen Quellen jenes anschwellenden Stromes pessimistischer, irrationaler Stimmungen und Einstellungen, der die fragilen Errungenschaften der Aufklärung des 19. Jahrhunderts hinwegzuschwemmen drohte. Sie trugen dazu bei, daß die Toleranz der oberen Schichten gegenüber der eigendynamischen Ausbreitung von Rationalität, Fortschritt und Demokratie zunehmend geringer wurde. Und sie weckten bei gewissen tathungrigen Eliten die Bereitschaft und Entschlossenheit, unter Einsatz von Machtmitteln und Mythen die Instinkte der Massen in den Dienst konservativer Ziele zu stellen. Zum sozialdarwinistischen und Nietzscheanischen Credo gehörte der Gedanke einer naturgegebenen und immerwährenden Scheidung der Gesellschaft in eine herrschende und regierende Minderheit mit überlegenen Eigenschaften und in die Masse, die nur von erniedrigenden Leidenschaften erfüllt war. Welcher Art die den herrschenden Eliten zugeschriebenen Eigenschaften waren, wurde zwar niemals und nirgends im einzelnen dargelegt, doch ging man davon aus, daß es Eigenschaften waren, die ihren Trägern die Fähigkeit verliehen, bewußte, rationale und moralische Entscheidungen zu treffen, wogegen den Massen diese Dimension individuellen Handelns vermeintlich ganz und gar verschlossen war. Darüber hinaus hielten sich die Eliten viel auf ihre Ehre, ihren Mut und ihre Aufrichtigkeit zugute. Den Bürger hielten sie für nicht würdig, in die politische Elite aufgenommen zu werden, denn ihm fehlten diese altehrwürdigen Qualitäten; außerdem stand er im Verdacht, die Zersetzung und Auflösung der alten Ordnung zu betreiben oder ihr Vorschub zu leisten. Anstatt aber das Bürgertum direkt anzugehen, zogen die Darwinisten und Nietzscheaner es vor, die Philister und die Juden aufs Korn zu nehmen. Im Rahmen der neuen Dämonologie wurde namentlich der Jude zum geläufigen negativen Inbegriff des Bourgeois. Während dem Adligen alle traditionell hochgeachteten Tugenden zukamen, darunter nicht zuletzt Rassereinheit, verkörperte der Jude alles, was demokratisch, liberal, antiklerikal, kosmopolitisch und pazifistisch war. Dazu kam noch, daß die Juden, als ein Volk von Händlern, Wucherern und Schieber verschrien, ohnehin in dem Ruf standen, habgierig und verschlagen zu sein. Alles in allem waren sie das Gegenbild zu den edlen Landwirten, Ordensbrüdern und Soldaten – den bewährten Trägern der feudal-aristokratischen europäischen Traditionen.

Man brauchte die Darwinschen und Nietzscheschen Texte nicht unbedingt genau zu lesen, um daraus Argumente zugunsten der an Virulenz gewinnenden aristokratischen Reaktion zu ziehen. Natürlich waren beider Lehren außergewöhnlich komplex und nicht ohne einzelne fortschrittliche und humanistische Elemente. Doch nach und nach brach sich eine ausschließlich interessenorientierte Rezeption Bahn, die einzig die darin enthaltenen elitären, vitalistischen und den grausamen Lebenskampf beschreibenden Elemente in den Mittelpunkt der Aufmerksamkeit rückte. Gerade weil die Ausführungen Darwins und Nietzsches unsystematisch und widersprüchlich waren, zugleich aber eine Fülle einleuchtender Aphorismen enthielten, luden sie zum Mißbrauch durch hurtige ideologische und politische Scharfmacher geradezu ein. In diesem Sinn war die neue Weltanschauung alles andere als unschuldig. Nietzsches nihilistische Maximen, über die er selbst sich zu erheben und die er umzuwerten vermeinte, wurden aus dem Zusammenhang gerissen – eine Zitiertechnik, die zum Markenzeichen der „schrecklichen Vereinfacher" der postliberalen Ära avancieren sollte. Es war wohlmeinenden Ästheten ein Leichtes, sich an die bilderstürmerischen Attacken, die Nietzsche gegen die Heuchelei und Dekadenz seiner Zeit geritten hatte, an seine schrillen Rufe nach einer Wiedergeburt der großen Kultur nach patrizischem Vorbild anzuschließen, sein Wüten gegen die Demokratie und für ein despotisches politisches System aber zu ignorieren. Und umgekehrt übersahen die Literaten und Politikaster der reaktionären Aristokratie geflissentlich Nietzsches ironische Ausfälle gegen die herrschende Klasse und ihre Kultur, während sie seine gnadenlose Kritik an den Ideen der Gleichheit und der Solidarität begierig aufgriffen, um ihre sozialdarwinistische Ideologie damit auszustaffieren. Was auch immer an optimistischen und humanistischen Ansätzen im Denken Darwins und Nietzsches vorhanden war, unterschlugen die Propheten der Dekadenz dreist – und natürlich vollkommen ungestraft. Abgesehen davon, daß viele von ihnen eine Modernisierung der Streitkräfte für die großen Kriege der nahen

Zukunft forderten, wiesen sie jedes auf wirklichen Fortschritt und echte Reformen gerichtete Ansinnen als Zumutung zurück.

Nicht nur die Propheten, sondern auch die Zeloten der „neuen Weltanschauung" verzehrten sich in akuten Ängsten und Besorgnissen. Die Paradoxien Nietzsches verfehlten nicht ihre Wirkung auf all jene Literaten, die angesichts der formlosen Ungewißheiten ihrer Zeit, die sie in ihren Fieberphantasien noch überhöhten, in Ratlosigkeit verfielen. Die Darwinisten ihrerseits fühlten sich durch konkrete und greifbare politische, wirtschaftliche und gesellschaftliche Gefahren im Inneren und Äußeren bedroht. Natürlich gab es Überschneidungen: Viele Neurotiker beschrieben auch Gefahren, die durchaus real waren, während viele der rationalen Schwarzmaler die drohenden Gefahren überschätzten. Wie dem auch sei: Einmal zum Sozialdarwinismus konvertiert, neigten die regierenden Eliten dazu, die Ängste, die sie selbst spürten, auf vermeintliche äußere Feinde zu projizieren und in Gestalt nach außen gerichteter Aggressionen abzureagieren. Damit wurden sie selbst zur eigentlichen Gefahr für Europa. Geleitet und bestärkt wurden sie in ihrem kriegerischen Gehabe von einer Lebensphilosophie des Willens, der Macht und des Mythos, deren dynamischen *idées-forces* sie zu dienen vorgaben.

Die Verbreitung darwinistischen und Nietzscheanischen Gedankenguts muß, wenngleich dies schwer meßbar ist, beträchtlich gewesen sein. In welcher Absicht diese Gedanken ursprünglich gedacht und niedergeschrieben worden waren, war weniger wichtig als die Bedürfnisse der Individuen, die sie sich zu eigen machten und sich ihrer zur Artikulierung ihrer Gefühle und zur Rechtfertigung ihres Handelns bedienten. In diesem Sinne war die Verbreitung dieser Ideen eher Folgewirkung als Ursache eines historischen Wandels. Während das Gros der Bevölkerung mit der neuen Philosophie überhaupt nicht in unmittelbare Berührung kam, wurde sie für die Eliten, die sich die Wiedererlangung ihrer Vorherrschaft zum Ziel gesetzt hatten, außerordentlich bedeutungsvoll. Da diese Eliten quantitativ verhältnismäßig klein und zudem in den Groß- und Hauptstädten konzentriert waren, konnten die sozialdarwinistischen und Nietzscheanischen Lehren unschwer viele, wenn nicht die meisten Mitglieder dieser Gruppen erreichen. Sie wurden in der Tat zu einem zentralen Bestandteil der Weltanschauung und der ehernen Lebensphilosophie der herrschenden und regierenden Klassen.

Darwin und Nietzsche waren der geistige und philosophische Ursprung des bösartigen und militanten ideologischen Sturmlaufs gegen Fortschritt, Liberalismus und Demokratie, mit dem der Feldzug zur Erhaltung oder Erneuerung der traditionellen Ordnung im späten 19. Jahrhundert eröffnet wurde. Auf diese Weise für die Absage an die Moderne sensibilisiert, wurden namhafte Fin-de-siècle-Ästheten, engagierte Literaten, polemische Publizisten, akademische Gesellschaftskritiker und nicht zuletzt konservative und reaktionäre Politiker zu passiven Konsumenten und aktiven Propagandisten der noch unerprobten Handlungsanweisungen.

Oscar Wilde und Stefan George waren die vielleicht typischsten aus der Reihe jener Ästheten, die sich der Aristokratie verbunden fühlten, für die es zum Protest gegen bürgerliches Philistertum und soziale Gleichmacherei gehörte, eine Dandy-Existenz zu kultivieren oder sich in ein kulturelles Mönchstum zurückzuziehen. In ihrem Verlangen nach einer Rückkehr zu alten aristokratischen Zeiten und ihrer Abneigung gegen das Vordringen der Demokratie befanden sie sich in Übereinstimmung mit Thomas Mann und Hugo von Hofmannsthal, bei denen der wehmütige Rückblick auf das vermeintlich feinere kulturelle Empfinden einer unwiederbringlich dahingegangenen Zeit zur Rechtfertigung für den persönlichen Anspruch auf eine privilegierte gesellschaftliche Stellung wurde. Obgleich alle Genannten aus bürgerlichem Hause stammten, gefielen sie sich in der Verherrlichung ultrapatrizischer Werte und Posen; das war eine Werbung für die Wiederentdeckung der zeitweilig aus der Mode gekommenen Tugenden und Pflichten des Elitemenschen. Das war keineswegs nur eine ästhetische und unpolitische Position, denn diese Männer trugen ganz bewußt zur ideologischen Aufwertung des Hierarchieprinzips bei – zu einer Zeit, da andere dies mit einer Kampfansage gegen Freiheit und Gleichheit verbanden. Auf jeden Fall kann man Wilde, George, Mann und Hofmannsthal vorwerfen, daß sie diese militanten, von durchsichtigen Interessenmotiven gespeisten fortschrittsfeindlichen Bestrebungen dadurch indirekt förderten, daß sie sich nicht ausdrücklich von ihnen distanzierten.

Maurice Barrès, Paul Bourget und Gabriele D'Annunzio waren nicht annähernd so zurückhaltend. Sie gebärdeten sich nicht nur als lautstarke und aktive Vorkämpfer eines antidemokratischen Elitarismus, sondern wollten auch mit ihren literarischen Arbeiten Jünger für die eigene radikale Überzeugung werben. Ihre polemischen Äußerungen und ihre Romane propagierten den Kult des Herrenmenschen und des Herrenvolkes, einen Kult, dessen heilige Sakramente die Kirche vollzog. Barrès, Bourget und D'Annunzio betrieben bewußt jene fatale Politik der Nostalgie, die in den Ruf nach einer Restauration des aufgeklärten Absolutismus, der hierarchisch geordneten Gesellschaft und der elitären Kultur im läuternden Fegefeuer des Krieges mündete.

Die rücksichtslosesten und brutalsten Darwinisten und Nietzscheaner fanden sich jedoch unter den Schriftstellern der zweiten Garnitur; allen voran sind hier Gustave Le Bon in Frankreich und Julius Langbehn in Deutschland zu nennen. Nach dem Verbreitungsgrad ihrer wichtigsten Schriften zu urteilen, waren Le Bon und Langbehn die meistgelesenen und vielleicht berühmtesten Propagandisten der zornig-finsteren Lehre.

Beide waren beseelt von einer tiefen Abneigung gegen die Demokratie und die Massen, von ehrerbietiger Hochachtung vor Grundbesitz und Stammbaum und von dem Glauben an die Ewigkeit des Lebenskampfes. Le Bon, der in jungen Jahren Sozialist gewesen war, beschäftigten und faszinierten am Marxismus nicht so sehr dessen herausfordernde sozioökonomische Theorien, sondern vielmehr die darin liegenden populistischen und demokratischen Implikationen. Überzeugt, daß die Masse sich niemals anders verhalten würde als instinktiv und irrational, trat er in seiner *Psychologie der Massen* (1895) und in seinen darauffolgenden Schriften für eine autoritäre Ordnung und die Herrschaft einer Elite ein bzw. lieferte Argumente zu deren Rechtfertigung.

Die Anschauungen Langbehns zielten in die gleiche Richtung. Bei ihm schwangen zwar, anders als bei Le Bon, keinerlei bonapartistische Untertöne mit, doch dafür hatten seine Schriften einen unübersehbaren antisemitischen Einschlag, wenn nicht der Antisemitismus überhaupt sein zentrales Motiv war. Langbehn schaffte es im Herbst des Jahres 1889, von der Mutter Nietzsches die Erlaubnis zu erwirken, sich um ihren Sohn zu kümmern, der zu diesem Zeitpunkt in einer psychiatrischen Klinik in Jena bereits in hoffnungslosem Zustand seinem Ende entgegendämmerte. Seine Idee war, Nietzsche als Galionsfigur an die Spitze einer Vereinigung edler Geister zu setzen, die den Kampf gegen die Demokratisierung und Nivellierung der deutschen Gesellschaft anführen sollte. Zwar ließ er diesen Plan kaum einen Monat später schon wieder fallen – ebenso wie er seine Bemühungen aufgab, Nietzsche vor der endgültigen Selbstzerstörung zu bewahren –, aber er schrieb ein sozial- und kulturkritisches Werk, das den Geist Nietzsches atmete. Bei aller Sprunghaftigkeit und Inkonsequenz der Gedankenführung war *Rembrandt als Erzieher* (1890) doch ein authentisches Zeugnis elitären ästhetischen und politischen Gedankenguts. Wie Nietzsche, bekannte sich auch Langbehn zum vom Junkertum geprägten und beherrschten Zweiten Reich, abgesehen davon, daß er das geltende allgemeine Wahlrecht überflüssig und schädlich fand. Langbehn war alles andere als ein unpolitischer Deutscher. Er sah in der Politik den wichtigsten und wirksamsten „Hebel" für eine Wiedererwekkung der darniederliegenden hohen Kunst, von der er – anders als Nietzsche – viel eher eine veredelnde Wirkung auf die Nation als auf den schöpferischen einzelnen erwartete. Er rief den Erbadel dazu auf, wieder die uneingeschränkte politische Herrschaft zu übernehmen und aus der Herde des „vierten Standes" ein fügsames Volk zu schmieden, das man gegen die Philister würde aufbieten können. Die Philister, so meinte Langbehn, müßten, weil sie die Feinde „des Kriegers und des Künstlers" seien, zwischen den Mühlsteinen der „adligen Minderheit" einerseits und des gewöhnlichen Volkes andererseits „zermahlen" werden.

Kein Zweifel, Langbehn hetzte gegen die Juden; für ihn stand fest, daß

„aus einem Juden ebensowenig ein Deutscher werden kann wie aus einer Pflaume ein Apfel". Doch wollte er seine Verunglimpfungen ausschließlich auf die assimilierten und assimilationsbereiten Juden bezogen wissen, nicht aber auf die „echten und altgläubigen Juden, die etwas Adliges an sich hatten, insofern sie jener alten sittlichen und geistigen Aristokratie angehörten, die von den modernen Juden verraten wurde". Wie so viele seiner Zeitgenossen, zielte auch Langbehn mit seinen Angriffen gegen die Juden und die Philister indirekt auf das gesamte Lager der Liberalen, Demokraten und Revolutionäre. Die Juden hatten in seinen Augen im Anschluß an den Verrat, den sie 1848 begingen, als Drahtzieher der liberal-fortschrittlichen Opposition gegen Bismarck gewirkt und ebenso auch die sozialdemokratische Bewegung gelenkt. Mittlerweile besetzten sie strategisch-wichtige Stellungen im öffentlichen und kulturellen Leben, Stellungen, von denen aus sie in der Lage waren, dem „Materialismus, Skeptizismus und der Demokratie" Vorschub zu leisten.

Langbehn porträtierte den Juden als den negativen Gegenpol zum Aristokraten. Daß er von „arischem Blut" sprach, ist unbestreitbar; allerdings war dieses kostbare Blut für Langbehn vor allem „aristokratisches Blut". Mit anderen Worten: Er rief nicht nach dem „Übermenschen" als einem neuen Typus des Führers. Er setzte vielmehr darauf, daß die alte Aristokratie ihre Herrschaft wiedererlangen und festigen würde, und hoffte, unter ihrer Führung werde es, im Rahmen eines allgemeinen Rückgriffs auf die Normen und Formen der Vergangenheit, auch zu einer Wiedergeburt des arischen Deutschtums kommen.

Auch unter den Akademikern der europäischen Kulturländer gab es etliche, die die düstere Lehre vom permanenten Überlebenskampf, von der weisen Elite und der irrationalen Masse in mehr oder weniger vereinfachten Versionen unter die Leute brachten: Karl Pearson in England, Ernest Renan, Alfred Fouillée und Georges Vacher de Lapouge in Frankreich sowie Ernst Haeckel, Ludwig Gumplowicz und Gustav Ratzenhofer in Deutschland bzw. Österreich. Indes waren diese pedantischen Herolde des ideologischen Sturmangriffs auf den fortschrittlichen Liberalismus nicht die einzigen Akademiker, die ihre Art von Antwort auf die Fragen der Epoche gaben. Auch die Vertreter der noch jungen Sozialwissenschaften mußten erkennen, daß das alte Regime durchaus noch die Macht besaß, die Bedingungen zu diktieren, unter denen die andrängenden Kräfte der Moderne sich, in gezähmter und angepaßter Form, entfalten durften. Die Antrittsvorlesung, mit der Max Weber sich 1895 in Freiburg einführte, bietet ein symptomatisches Zeugnis für diese resignative Einsicht. Er wählte einen feierlichen akademischen und universitären Anlaß, um eine Art politischer Abschiedsrede zu halten, in der er einräumte, die industriellen Magnaten seien, obgleich sie sich mit dem Junkertum zur Durchsetzung der beiden gemeinsamen Interessen gleichsam verbrüdert hätten, nicht in einer Position, von der aus sie die Vorrangstellung und die politische Übermacht der Junker mit Aussicht auf Erfolg herausfordern könnten. Es sei vielmehr eine Tatsache, daß die vorindustriellen Eliten ihre Position zu halten verstünden, indem sie die auf mehr demokratische Mitwirkung drängenden Kräfte einschüchterten und manipulierten und zugleich mit Erfolg potentielle Träger einer fortschrittlich-bürgerlichen Gegenelite in die bestehende Ordnung integrierten; das gelte nicht nur für Deutschland, sondern für ganz Europa.

Gaetano Mosca, Vilfredo Pareto und Robert Michels waren die ersten, die die Dynamik und Funktionsweise dieses Selbstbehauptungsprozesses untersuchten. Angesichts der Aussicht auf demokratische Mitwirkung oder gar Herrschaft von einer Mischung aus Abscheu und Furcht erfaßt, richteten diese Männer ihre Aufmerksamkeit auf die Frage, wie die Vorgänge der „Rekrutierung“ und Selbsterneuerung bei einer niemandem außer sich selbst verantwortlichen regierenden Klasse – oder auch bei anderen autonomen gesellschaftlichen Gebilden, selbst etwa bei einer sozialistischen Partei – funktionierten. Während Mosca glaubte, in erster Linie müßten talentierte Nachwuchskräfte aus aufstrebenden gesellschaftlichen Klassen rekrutiert werden, sah Pareto den Rekrutierungsprozeß dem Diktat einer gleichsam organischen Notwendigkeit unterworfen, die besagte, daß in einer regierenden Elite stets ein ausgewogenes Verhältnis zwischen „Löwen“ und „Füchsen“ herrschen müsse.

Ein Motiv Machiavellis aufnehmend, porträtierte Pareto die „Löwen“ der Elite nach dem Vorbild des Feudaladels. In seiner Darstellung waren es Leute, denen traditionelle Einrichtungen und traditionelle Wertvorstellungen über alles gingen, die allem Neuen mit Mißtrauen und Ablehnung begegneten, deren wirtschaftliches Handeln von Vorsicht bestimmt war und die die Gegenwart der Zukunft opferten. Darüber hinaus waren sie als nationale Gruppe stets bereit, Gewalt gegen äußere oder innere Feinde anzuwenden. Was Paretos „Füchse“ betraf, so waren sie fast das genaue Gegenbild der „Löwen“, oder anders gesagt: die Verkörperung und der Inbegriff bürgerlichen Strebens. Bei ihnen gingen Mut zum Betreten wirtschaftlichen Neulands, Risikofreudigkeit und Investitionsbereitschaft Hand in Hand mit einem zielbewußten, durch Klugheit, Geschick und Flexibilität gekennzeichneten Bemühen um schrittweise Veränderungen. Anders als ihre stets vorsichtigen aristokratischen Bündnispartner, lebten die „Füchse“ eher für die Gegenwart als für die Zukunft und vertrauten lieber auf ihren Witz als auf ihre Muskeln.

Was Pareto große Sorge bereitete, war die Beobachtung, daß das Gleichgewicht innerhalb der regierenden Eliten seiner Zeit sich zunehmend zugunsten von „Füchsen“ und eher füchsisch gearteten „Löwen“ verschob. Er tadelte Napoleon III. und Bismarck – und um so heftiger natürlich die regierende Klasse der Dritten Republik – dafür, daß sie dem

Grundsatz des allgemeinen Wahlrechts unnötige Zugeständnisse gemacht hätten. Ferner warf er den „schlauen Füchsen" innerhalb der regierenden Eliten Englands, Frankreichs und Italiens vor, sie verwöhnten Unruhestifter im eigenen Land durch allzu nachsichtige Behandlung und schwächten ihre Stellung gegenüber feindlichen Nationen namentlich dadurch, daß sie Kürzungen des Militärhaushalts zugunsten sozialer Ausgaben zuließen. Letzten Endes war Pareto jedoch zuversichtlich, daß die gebieterischen Notwendigkeiten der internationalen Politik den „Löwen" entgegenkommen und ihnen helfen würden, die Oberhand zu behalten.

Bei allen Unterschieden im Großen und Kleinen stimmten Mosca, Pareto und Michels doch darin überein, daß die regierende Klasse im engeren Sinn eine von der herrschenden Klasse als ganzer zwar nicht unabhängige, aber klar getrennte Gruppe war, daß es innerhalb dieser regierenden Elite einen Primat, ja eine relative Autonomie des Politischen gab und daß die Massen keinesfalls imstande seien, das abgeschottete und abgehobene politische System umzustürzen. In dem Maß, wie sie ihre Furcht vor den proletarischen Massen ablegten und in ihrer Bewunderung für das Bürgertum nachließen, wuchs bei diesen Theoretikern der Elite die Hochachtung und Ehrfurcht vor den Kräften der alten Ordnung, unter deren Fittichen das Bürgertum bereitwillig Zuflucht suchte.

Max Weber war ähnlich devot. Als klassenbewußter Vertreter des Bürgertums und geläuterter Liberaler war auch er über die Zähigkeit, mit der die Junker ihre Stellung verteidigten, und über den Eifer, mit dem das deutsche Bürgertum sich weiterhin in politischer und gesellschaftlicher Fügsamkeit übte, bedrückt. Weber, der die Aussichten auf einen wirklichen, funktionierenden Parlamentarismus skeptisch beurteilte, setzte seine Hoffnungen auf die höhere Bildung: Die Universitäten würden, so hoffte er, qualifizierte Fachleute bürgerlicher Herkunft als Nachwuchskräfte für den Staatsapparat hervorbringen, und er war zuversichtlich, daß die Anforderungen, die ein mit Disziplin zu bewältigendes Studium und die Arbeit in der Staatsverwaltung stellten, die Verführungskraft der noblen Gesellschaft – gegen die er selbst alles andere als immun war – aushöhlen und vermindern würden. Wie so viele liberale Anhänger des Elitegedankens aus der Epoche um die Jahrhundertwende übersah oder ignorierte auch Weber, wie weitgehend die Bildungsinstitutionen seiner Zeit Instrumente nicht des Wandels, sondern der Erhaltung des Status quo waren.

Mit der Zeit begann Weber an der Möglichkeit einer „Unterwanderung" der feudalisierten Beamtenschaft des Zweiten Reiches mit liberal gesinnten Leuten und Ideen zu zweifeln. Um die Jahrhundertwende hatte sich fast das gesamte politische Deutschland, einschließlich der höheren Beamtenschaft, die Auffassung zu eigen gemacht, daß Deutschland unbedingt „Weltpolitik" treiben müsse; diese Tendenz festigte die Position der feudalen Elemente in der ganzen politischen Sphäre zusätzlich. Das hinderte Weber nicht daran, begeistert mit den Wölfen zu heulen. Sowohl mit seinen politischen als auch mit seinen wissenschaftlichen Schriften trug er zur theoretischen – ja vielleicht zur ideologischen – Rechtfertigung der neuen außenpolitischen Richtung bei, hinter der als treibende Kraft keineswegs allein der Expansionstrieb des Industriekapitalismus stand. Gewiß, Max Weber hatte seit jeher den Konflikt als eine beständige und entscheidende bewegende Kraft bei der Gestaltung des gesellschaftlichen Systems und namentlich der Beziehungen der Klassen zueinander betrachtet. Doch nachdem Deutschland sich vorgenommen hatte, in den Kreis der Weltmächte einzutreten, maß er dem Konflikt noch größere Bedeutung und höheren Wert bei und vertrat die Überzeugung, daß das internationale System souveräner Staaten im Begriff sei, das gesellschaftliche System als den Hauptschauplatz des sozialen Behauptungskampfes abzulösen. Der Marxsche Klassenkampf – mit dem Weber sich zeitlebens theoretisch und politisch auseinandersetzte – würde, wenigestens vorübergehend, notwendigerweise vom Kampf zwischen den Nationen überlagert werden. Weber erkannte nur zu gut, daß er, indem er die Auffassung vom Primat der Außenpolitik sanktionierte, dazu beitrug, den Primat der preußischen Agrarier, der konservativen Industriellen und der feudalen Elemente in allen Bereichen des Staatsapparats zu stabilisieren. Im Zeichen der Expansion des Industriekapitalismus und der gleichzeitigen Krise des politischen Liberalismus sah das *ancien régime* sich mit zunehmenden Spannungen sowohl im Innern als auch in der Außenpolitik konfrontiert. Vor das Problem gestellt, das Dilemma zu sprengen, ohne dabei zugleich die Aura der Legitimität zu zerstören, zog Weber die Möglichkeit in Betracht, sich ein weiteres Mal einem großen Führer anzuvertrauen: die Nation bedürfe einer charismatischen, populären Führerfigur, die imstande wäre, einerseits das feudal-industrielle Lager in Schach zu halten und andererseits zugleich eine breite öffentliche Zustimmung und Unterstützung für die „Weltpolitik" zu mobilisieren. Weber stattete diesen charismatischen Führer im wesentlichen mit aristokratischen Eigenschaften aus. Qualitäten wie Großmut und Willensstärke schrieb er allen herausragenden Menschen zu, aber Heroismus und kühne Schlauheit betrachtete er offenbar als eigentümliche und hervorstechende Charakterzüge hoch-aristokratischer Emporkömmlinge und demagogischer Karrierepolitiker. Bezeichnenderweise hatte Weber zu der Zeit, als er seine Typologie der Herrschaftsformen ausarbeitete (in der die Figur des politisch nicht festgelegten charismatischen Führers eine so wichtige Rolle spielt), nicht nur vom „Weltschmerz" gekostet, sondern auch große Sympathien für das Denken Nietzsches und für die mystisch verklärte Aristokratophilie eines Stefan George und eines Friedrich Gundolf entwickelt.

Max Webers „Weltanschauung" gerann schließlich und endlich zu einer ungleichen Mischung aus Marx, Darwin und Nietzsche. Er stellte ihr Denken ebenso selektiv und sequentiell dar, wie er es sich aneignete. Als erstes klärte er sein Verhältnis zur marxistischen Theorie, wobei er freilich den sozialpsychologischen Begriff des „Status" als wichtige Variable zwischen „Klasse" und „Macht" einschob. Seine Auseinandersetzung mit dem Sozialdarwinismus hatte zur Folge, daß er die Permanenz des Kampfes – nicht ums Überleben qualitativ überlegener Gesellschaftsnormen, sondern um die relative und vorübergehende Vorherrschaft unter den Nationen – hervorhob. Tief verunsichert angesichts der brisanten gesellschaftlichen und politischen Widersprüche, die sich im Deutschen Reich auftaten, begann Weber sich für bestimmte Nietzscheanische Grundmotive wie den Glauben an schöpferische Eliten oder Übermenschen und die Anbetung der Hochkultur zu erwärmen. Nietzsches Aversion gegen den Nationalismus machte er sich hingegen ebensowenig zu eigen wie seinen apokalyptischen Pessimismus. Weber war vielmehr bereit, das Risiko jener katastrophalen Erschütterung, die er befürchtete, einzugehen, weil er um des übergeordneten Ziels der Aufrechterhaltung der sozialen Kontrolle willen die Integrität von Staat, Nation und Reich höher einstufte als alle anderen Werte. Anders als Nietzsche, der eine im Grunde und vor allem existentielle und geistige Katastrophe vorausgeahnt hatte, wußte Weber, daß die sich zuspitzende Krise auch eine politische und materielle Dimension aufweisen würde.

Die zentralen Motive der philosophischen und kulturell-ästhetischen Kritik an der Moderne flossen ein in ein aufpoliertes konservatives politisches Denken und Handeln. Kaum nötig zu sagen, daß der Konservatismus in sich ebenso zerstritten und gespalten war wie die anderen großen politischen Lager. Um die Jahrhundertwende gesellten sich an die Seite der farblosen Führer des traditionellen Konservatismus die Vorkämpfer radikalerer konservativer Strömungen: kaltschnäuzige Reaktionäre und fanatische Konterrevolutionäre. Was diese Gruppierungen voneinander trennte, waren unterschiedliche Auffassungen darüber, ob der Status quo erhalten, die Rückkehr zu einem *status quo ante* erzwungen oder lediglich auf eine sittlich-geistige Erneuerung hingearbeitet werden sollte. In strategischer und taktischer Hinsicht waren sie uneins darüber, ob die Konservativen nicht – wollten sie in einem Zeitalter der politischen Mitbestimmung der großen Masse erfolgreich Politik machen –, gezwungen sein könnten, die plebiszitäre Karte zu spielen. Doch bei allen Differenzen untereinander gab es zwischen den wichtigsten konservativen Gruppierungen doch bedeutsame ideologische Gemeinsamkeiten und enge organisatorische Querverbindungen, deren Grundlage die Einigkeit in der kompromißlosen Ablehnung des wirtschaftlichen Liberalismus, der politischen Demokratie und des sozialen Reformismus war, nicht zu reden vom Sozialismus.

Die Repräsentanten dieser untereinander nahe verwandten Spielarten des Konservatismus durchstreiften die Vergangenheit auf der Suche nach Motiven und Modellen, anhand derer sie ihre Weltanschauung auffrischen und mit neuen Ideen garnieren konnten. Obgleich jede Richtung ihren eigenen, den jeweiligen Zwecken dienlichen Ausschnitt aus der Vergangenheit hervorkramte, beriefen sie sich alle gleichermaßen auf die altehrwürdigen und zeitlos gültigen Tugenden der vorindustriellen Epochen und stellten sich selbst als deren Wächter und Erben dar. Ferner neigten sie alle gleichermaßen dazu, die Qualität des kulturellen und künstlerischen Schaffens als eine Art Fieberthermometer zu betrachten, an dem der Gesundheitszustand einer Gesellschaft und eines politischen Systems abgelesen werden konnte. In zumeist vager und verschwommener Form klagten sie die moderne Zivilisation an, sie zersetze und zerstöre die gesunden, ewig gültigen stilistischen, formalen und geschmacklichen Prinzipien der großen europäischen Kultur. Im Verein mit den desillusionierten Ästheten und Dekadenten des Fin de siècle brandmarkten namentlich die Ultrakonservativen die Großstadt und die mit ihr zusammen entstandenen Lebensformen als die Hauptbrutstätte jenes Modernismus, den sie verabscheuten und gegen den sie antraten. Ganz in diesem Sinne porträtierten sie die Kleinstädte und Dörfer mit ihren Bauern, Bürgern, Pfarrern und Honoratioren als ein gesundes Gegenideal zur lasterhaften Großstadt. Daß die ländlichen Lebensformen durchaus in ganz Europa noch vorherrschend waren, hinderte überängstliche Konservative nicht daran, ihren Untergang an die Wand zu malen, dessen Ausmaß und Tempo sie überschätzten und übertrieben. Parolen, die den Boden und den Bauern glorifizierten und zum Schutz beider aufforderten, tauchten denn auch in großer Schrift auf den Bannern eines aggressiven Nationalismus auf, unter denen sich schließlich alle konservativen Bataillone zusammenscharen sollten.

Das Leitbild der „Nation" war weit davon entfernt, politisch neutral zu sein oder gar reformistische oder revolutionäre Vorstellungen zu nähren. Es entwickelte sich vielmehr – zum Teil im Zuge einer bewußten Absetzung gegen das kosmopolitische Selbstverständnis der Liberalen und den Internationalismus der Sozialisten – zu einem Symbolbegriff für die alte Ordnung und die auf ihre Erhaltung eingeschworenen politischen Kräfte. In diesem Sinne diente der Kult der Nation zur propagandistischen Aufwertung einer gesellschaftlichen und politischen Ordnung, in der die feudalen Elemente entscheidende Schaltstellen besetzten, darunter insbesondere die wichtigsten Kommandopositionen in den sich rasch vergrößernden, aber überwiegend noch aus den bäuerlichen Massen rekrutierten nationalen Streitkräften. Die radikalsten Konservativen erwiesen sich als die fanatischsten Nationalisten. Diese kompromißlosen Nationalkonservativen, deren Minimalziel die Bewahrung des Status quo war, drängten auf eine materielle und geistige Erneuerung des *ancien régime;* vollziehen und bewähren sollte sich diese Erneuerung im Fegefeuer eines Krieges. Zweck dieser Kampagne, die sich des uneingeschränkten Segens der Kirchen erfreute, war es, die gesellschaftliche und politische Ordnung, die den Fortbestand der Vorherrschaft des Land- und Beamtenadels garantierte, zu stützen und zu verklären. Es währte nicht lange, bis das gewünschte Resultat erreicht war: Die feudalen Elemente, die einerseits zu Hauptprotagonisten der konservativen Wiedergeburt avancierten, verstanden sich andererseits als Verkörperung von Nation, Boden, Familie und Religion und als lebende Beispiele für Kardinaltugenden wie Ehre, Pflichtbewußtsein und Mut. Ungeachtet der früheren Dauerkonflikte zwischen Feudalherren und zentralisierter monarchischer Macht, ungeachtet auch der aktuellen Spannungen zwischen der hohen aristokratischen Beamtenschaft und der Krone, gelobte die adlige Oberschicht ihrem König und ihrem Land Loyalität. In der Tat waren diese Gruppen, wie sich zeigte, royalistischer und nationalistischer als die Monarchen selbst.

Wenn die europäischen Gesellschaften nach der Jahrhundertwende in eine Krise gerieten, dann waren die Urheber dieser Krise nicht etwa *aufständische* Massen, die gegen die bestehende Ordnung rebelliert hätten, sondern *auferstandene* Ultrakonservative, die diese Ordnung zementieren wollten. In den vierzehn Jahren bis zum Kriegsausbruch mußten die Arbeiterbewegungen und die untertanen Völkerschaften Europas immer heftigere Rückschläge hinnehmen, die ihre Schwächen offenbarten und deutlich machten, daß die Regierungen entschlossen – und stark genug – waren, die sozialen und nationalen Bewegungen unter Kuratel zu halten. Auch die russische Revolution von 1905/06 endete letztlich mit einer Konsolidierung des alten Regimes.

Nicht genug damit, daß sie mit Erfolg die Eindämmung und Zerschlagung radikaler sozialistischer, bäuerlicher und nationaler Oppositionsbewegungen betrieben, schraubten die Konservativen, unter dem Druck ihrer eigenen Ultras, auch die Resultate einer gemäßigten Reformpolitik voraufgegangener Regierungen zurück. Politiker wie Stolypin, Beck, Bethmann Hollweg, Caillaux, Asquith und Giolitti mußten zwischen 1907 und 1914 der konservativen Intransigenz weichen oder ihr mindestens erheblichen Tribut zollen. Nicht den Irrtümern oder dem tragischen Scheitern dieser Regierungschefs, sondern einer interessenorientierten „aristokratischen Reaktion“ ist es anzulasten, daß einige vielversprechende historische Chancen nicht genutzt wurden: die Heranziehung einer Schicht selbständiger Bauern in Rußland, die Zufriedenstellung der nationalen Minderheiten in Österreich-Ungarn, die Reform des Dreiklassenwahlrechts in Preußen, die Einführung einer progressiven Einkommenssteuer in Frankreich, die Gewährung einer begrenzten irischen Selbstverwaltung in Großbritannien, der Ausbau der parlamentarischen Kontrolle in Italien.

Die grundbesitzenden Eliten standen in den vordersten Reihen dieser aristokratischen Opposition und Reaktion gegen eine behutsame Reformpolitik oder einen flexiblen Konservatismus. Ihr enormes gesellschaftliches und kulturelles Gewicht und ihr überproportionaler Anteil an der politischen Macht erwiesen sich, wie wir weiter oben sahen, als entscheidende, ihre nachlassende wirtschaftliche Bedeutung aufwiegende Faktoren. Aber gerade weil die Agrarier fürchten mußten, ein Verfall ihrer wirtschaftlichen Stellung werde auch zu einem allgemeinen Statusverlust führen, fixierten sie sich auf die Vorstellung, ihre eigentlich politischen Machtbastionen befestigen zu müssen, die für sie die letzten Bollwerke gegen die anbrandende demokratische Flut waren. So betrachteten sie den Fortbestand ihrer politischen Verfügungsgewalt als unabdingbare Voraussetzung für die Bewahrung ihrer bedrohten wirtschaftlichen, gesellschaftlichen und kulturellen Positionen, die in vorindustriellen und vorbürgerlichen Strukturen wurzelten. Dünkelhaft und autoritär drängten die adligen Großgrundbesitzer auf einen entschlossenen und raschen Einsatz von Gewaltmitteln gegen jene, die ihren Status und ihre Existenz als Klasse bedrohten.

Sie konnten sich bei diesem Unterfangen der Unterstützung der Industriemagnaten sicher sein. Denn die waren ja auf staatliche Hilfen in Form von Subventionen, Aufträgen, günstigen Zöllen und einer wohlwollenden Besteuerung erpicht. Ihnen ging es allerdings weniger darum, ihre Position zu verteidigen, als sie zu verbessern. Ironischerweise trugen die Agrarier dadurch, daß sie mit den Industriekapitänen gemeinsame Sache machten, wider Willen zur Föderung gerade jener „modernen" Tendenzen bei, die ihren Niedergang beschleunigten.

Allmählich dämmerte Agrariern und Industriellen die Einsicht, daß ihre Politik der Interessenkungelei und des Opportunismus in einem Zeitalter zunehmender demokratischer Mitwirkung etwas zu kurze Beine hatte. Sie begaben sich daher auf die Suche nach einer breiteren Unterstützungsbasis für den hybriden Plan einer radikalen politischen Wende – bei kontrollierter industrieller Weiterentwicklung – und versuchten, jene städtischen und ländlichen Mittelschichten zu mobilisieren, die sich durch die fortschreitende Industrialisierung und die zunehmende Nivellierung der Gesellschaft bedroht fühlten. Statt allerdings selbst in die politische Arena zu steigen, delegierten sie diese Aufgabe an Politiker und Verbände, die sie protegierten und finanzierten; diese warben dann mit Parolen, die Ängste schürten, verletztem Statusbewußtsein schmeichelten und den latenten Chauvinismus anstachelten, für die konservative Erneuerungsbewegung.

Ihre vereinte Offensive hinderte Agrarier, Industrielle und ihre jeweiligen Gefolgsleute nicht daran, sich untereinander zu bekriegen, insbesondere nachdem die Feuer des militanten Sozialismus, des Syndikalismus und der nationalen Selbstbestimmung vorerst einmal ausgetreten waren. Angesichts ausgebluteter öffentlicher Kassen fiel es ihnen immer schwerer, in drängenden finanzpolitischen Fragen Einigung zu erzielen. Namentlich die steigenden Ausgaben für die Heeres- und Flottenrüstung mußten durch neue staatliche Einnahmequellen ausgeglichen werden, wenn es nicht zu verheerenden Haushaltsdefiziten kommen sollte. Da eine Erhöhung der indirekten und der regressiven Steuern politisch gefährlich oder undurchführbar erschien, blieb kein anderer Ausweg, als Kapitalbesitz, Einkommen oder Vermögenswerte stärker zu besteuern. Nichts hätte geeigneter sein können, Zwietracht innerhalb der herrschenden und regierenden Klassen zu säen, als dieses finanzpolitische Dilemma. Bezeichnenderweise zeigte sich jede der beteiligten Gruppen entschlossen, Steuererhöhungen, die zu ihren eigenen Lasten gehen würden, abzuwehren. Die Folge war, daß die Regierungen häufig wechselten oder aber handlungsunfähig wurden, und beides kam den ultrakonservativen Elementen innerhalb der Staatsbürokratie zugute.

Diese finanzielle Krise, die die politische Krise nach sich zog, war ein integraler Bestandteil der aristokratischen Reaktion, die ihren Anlauf zur Festigung des *status quo* – oder gar die Rückkehr zum *status quo ante* – in das Gewand eines übersteigerten Patriotismus hüllte. Gewiß, der Ultranationalismus war für konservative Gruppierungen mit entgegengesetzten Interessen so etwas wie ein ideologischer Kitt und verlieh ihnen zugleich eine popularitätsfördernde Aura der Selbstlosigkeit. Aber dieses nationalistische Gehabe beschleunigte auch den Rüstungswettlauf und verschärfte die internationalen Spannungen.

Die „aristokratische Reaktion“ verdankte ihre politische Wirksamkeit vor allem der Tatsache, daß – abgesehen von Frankreich – die hohen Ränge der Beamtenschaft weitgehend mit Leuten besetzt waren, die mit ihr in bezug auf Herkunft, Ethos und Weltanschauung verwandt waren. Um Schumpeter zu paraphrasieren: Der kirchlich gesalbte König war noch immer das „Herzstück“ einer politischen Ordnung, in der nach wie vor die Abkömmlinge der Aristokratie „die Staatsämter besetzten, die Streitkräfte befehligten und die Politik bestimmten“. Wenn diese politische Klasse auch „bürgerliche Interessen berücksichtigte“ und den Industriekapitalismus für ihre eigenen Zwecke einspannte, so regierte sie doch „nach vorkapitalistischen Mustern“.

Nach der Jahrhundertwende und vor allem nach der gescheiterten Revolution von 1905/06 in Rußland, die in Europa nachhallte, erlebten die meisten europäischen Staaten ein Wiedererstarken konservativer Strömungen. Diese Strömungen erfaßten die wichtigsten europäischen Länder ungeachtet der jeweils bestehenden Herrschafts- und Regierungssysteme, ungeachtet auch des Industrialisierungsgrades. Wenngleich diese Tendenz in den drei absolutistischen Monarchien Mittel- und Osteuropas am sichtbarsten in Erscheinung trat, war sie doch in den parlamentarisch regierten Staaten Westeuropas nicht weniger vorhanden.

In allen diesen Ländern rief die Radikalisierung und Konsolidierung der Rechten eine Krise hervor, einen „Zustand, der nach einer entscheidenden Veränderung zum Besserern *oder Schlechteren* verlangte". Anders gesagt: Die Krise des beginnenden 20. Jahrhunderts war weder ein Produkt historischer Zwangsläufigkeit, noch steuerte sie zwangsläufig auf eine bestimmte Lösung hin. Ein revolutionärer Ausgang war freilich angesichts des stabilen politischen Überbaus nicht zu erwarten, wohl aber eine Wende zur Reaktion oder zum Bonapartismus oder zu einer Mischung aus beidem. Wie alle früheren epochalen Krisen, die Europa erschüttert hatten, überschritt auch diese die Grenzen. Sicher spielten Ansteckung und Nachahmung dabei eine Rolle, andererseits aber mußte jedes Land dafür eine gewisse „Empfänglichkeit" haben. Ähnlich wie im 17. Jahrhundert und in der Zeit der Französischen Revolution verdankte diese „Epidemie" der politischen Verunsicherung ihre Ausbreitung auch dem Umstand, daß die gesellschaftlichen, wirtschaftlichen und politischen Strukturen der europäischen Länder viele latente Schwachpunkte hatten. Die größeren europäischen Länder waren wie „getrennte Theaterbühnen, auf denen zu gleicher Zeit in verschiedenen Sprachen und mit leichten nationalen Abwandlungen die gleiche große Tragödie gespielt wurde". Der schreiende Nationalismus und der Rüstungswettlauf jener Jahre verschärften ganz offenkundig den Spannungsdruck im Innern der europäischen Großmächte und bereiteten so den Boden für den totalen Krieg, den sie gegeneinander führen sollten.

Eigentliche Quelle der allgemeinen Krise, die sich Europas bemächtigte, war die Überreaktion der alten Eliten auf die (von ihnen überschätzte) Bedrohung ihrer mehr als privilegierten gesellschaftlichen Stellung. In ihrer Belagertenmentalität dramatisierten sie das Tempo der kapitalistischen Entwicklung, die revolutionäre Gesinnung des Proletariats, die Verletzlichkeit des staatlichen Ordnungsapparats und die Verselbständigungstendenzen des Industrie- und Bildungsbürgertums. Wenn es den Ultras gelang, eine so machtvolle Kampagne zur sozialen Selbstverteidigung zu mobilisieren, dann teilweise deswegen, weil die „neue Philosophie" des Irrationalismus, des Elitedenkens und der kulturellen Dekadenz in den Köpfen der herrschenden und regierenden Klasse Befürchtungen weckte und bestärkte, die in die gleiche Richtung wirkten. Diese „große Angst“, die unter den Herrschenden umging, förderte wiederum die Hinwendung zur Idee eines präventiven, „reinigenden“ Krieges, was eine Stärkung des Einflusses der Generalität und des militärischen Denkens auf höchster politischer Ebene zur Folge hatte. Von der um sich greifenden Militarisierung der Gesellschaft, der Politik und der Politiker profitierten in der Tat die alten herrschenden und regierenden Klassen, die die Krise Europas zu einem für sie günstigen Ende führen wollten – wenn es sein mußte, mittels eines vom Zaun gebrochenen Krieges.

Bei den Kriegen, welche die europäischen Staaten im 19. Jahrhundert geführt hatten, war es in der Regel um begrenzte, wohldefinierte und verhandelbare Ziele gegangen. Die Regierungen hatten zu den Waffen gegriffen, um konkrete territoriale, wirtschaftliche und militärische Ansprüche durchzusetzen, die sie je nach Interessenlage und Beurteilung der Situation neu festgelegt hatten, ohne daß sie dabei beständig um ihr eigenes politisches Überleben oder um die Stabilität der Gesellschaft und der herrschenden Ordnung hätten fürchten müssen. Nach der Jahrhundertwende jedoch wurde diese Auffassung des Krieges als eines realistisch kalkulierten und begrenzten Mittels zum Zweck allmählich in den Hintergrund gedrängt. Mit der Vertiefung der Krise wurden die Motive und Voraussetzungen für den internationalen bewaffneten Konflikt immer deutlicher politisiert. Der Krieg hörte allmählich auf, eine Fortsetzung der Außenpolitik mit anderen Mitteln zu sein: er wurde nun zum Auswuchs innerer politischer Spannungen: Die Regierenden der europäischen Mächte freundeten sich zunehmend mit dem Gedanken an, auf dem Umweg über den äußeren Konflikt innere Probleme zu lösen. In dem Maße, wie die Herstellung bestimmter innenpolitischer Wunschzustände zum Haupt- und Endzweck der Außenpolitik avancierte, wuchs die Vorstellung, daß der Krieg als Mittel zur Erreichung aller möglichen Ziele tauge, und wären diese noch so maßlos, willkürlich und vage. Nicht die Logik der Bündnispolitik oder der modernen Rüstungs- und Kriegstechnik, sondern die allgemeine Krise Europas lag dieser Radikalisierung und Universalisierung des Krieges zugrunde.

Diese Verwandlung des Krieges in ein Instrument der Innenpolitik setzte eine erhöhte Bereitschaft der Regierungen voraus, einen äußeren Konflikt auch dann vom Zaun zu brechen oder in Kauf zu nehmen, wenn damit ein enormes Risiko verbunden war. Dies galt um so mehr, als der ungeduldige Ruf nach dem Krieg, der von seiten gewisser ultrakonservativer Kreise erhoben wurde, bei hochrangigen zivilen und militärischen Führern mit einem hochgradig politisierten Verständnis von den Aufgaben und Funktionen des Krieges die Neigung zu Fehlkalkulationen und leichtfertigen Entschlüssen verstärkte. Die Denkweise, in der sie alle geschult waren, führte dazu, daß sie schwelende Feuer der Konfrontation eher anfachten, als daß sie sich bemüht hätten, sie zu ersticken oder zu löschen. Gerade weil diese Bereitschaft zum Krieg bei den Regierenden aller bedeutenden europäischen Staaten so ausgeprägt war, mußte die allgemeine Krise Europas fast zwangsläufig in die Katastrophe führen.

Die gesellschaftlich und politisch herrschenden Kräfte kamen zusehends davon ab, den Krieg als ein, wenn auch gelegentlich notwendiges, so doch trauriges und nur als letzte Zuflucht zu rechtfertigendes Übel zu betrachten. In einer von sozialdarwinistischen und Nietzscheanischen Einflüssen geschwängerten geistigen und psychologischen Atmosphäre wurde der Krieg vielmehr zu einem gepriesenen Allheilmittel. Aus dem Stahl- und Blutbad der Schlacht versprachen der einzelne gestählt, die Nation gestärkt, die Rasse gereinigt und gesundet, die Gesellschaft regeneriert und das moralische und sittliche Wesen des Volkes erneuert hervorzugehen. Der Krieg galt als eine existentielle Prüfung, ein Fegefeuer, das die physische Leistungsfähigkeit, die geistige Gesundheit, die Solidarität und die Tüchtigkeit des Einzelnen und der Nation auf die schwerste Probe stellen würde. Der Gedanke an eine mögliche Niederlage wurde praktisch vollkommen verdrängt, da man von der individuellen, gesellschaftlichen und politischen Überlegenheit der eigenen Seite völlig überzeugt war und das siegreiche Bestehen der Prüfung des Krieges als eine zwingende Folge dieser Überlegenheit betrachtete.

Dieser Kult des Krieges war ein elitäres Spiel, nichts für die Masse. Gewiß, nach und nach strömten den Hohepriestern des Kults Teile der einfachen Bevölkerung zu – Bauern, Kleinbürger, Angestellte und Arbeiter. Doch eine spontane Kriegsbegeisterung seitens der angeblich so aggressiven und blutdürstigen Massen gab es nicht. Die herrschenden Eliten und ihre Institutionen, einschließlich der christlichen Kirchen, mußten vielmehr etlichen agitatorischen Aufwand treiben, um ihre Leute – namentlich ihre männliche Jugend – in Kriegsstimmung zu versetzen, und sie taten dies mit gewohntem Geschick und Erfolg.

In dem Maße, wie die Völker Europas ihre politisch motivierte Militarisierung vorantrieben, entwickelten sich die Streitkräfte zu „Schulen der Nation" mit der Aufgabe, militärische Werte und Tugenden in die Gesellschaft zu tragen. In den Jahrzehnten seit 1871 hatten sich aus den Berufsarmeen mit ihren langdienenden freiwilligen Soldaten Massenheere mit kurzdienenden Wehrpflichtigen entwickelt, ohne daß freilich die alte Offizierskaste ihre Vorherrschaft eingebüßt hätte. Die Monarchen Europas liebten es, in Kommandeursuniform zu paradieren und in aufwendigen Zeremonien ihre Eliteregimenter zu inspizieren. Unnötig zu sagen, daß die Kaiser von Deutschland, Österreich-Ungarn und Rußland wesentlich weiterreichende militärische Kommandobefugnisse besaßen als der englische oder italienische König. Gleichwohl, alle fünf waren nominell Oberbefehlshaber ihrer Streitkräfte, und Männer aus ihrem engsten Familienkreis und aus ihrer unmittelbaren höfischen Umgebung bekleideten die nächsthöheren Kommandopositionen. Offiziere aristokratischer Herkunft konnten dank ihres gesellschaftlichen Ansehens und ihrer Verbindungen auch bei geringer militärischer Begabung und Ausbildung bis in hohe Positionen aufsteigen.

Wenngleich die rapide Vergrößerung der Heere es mit sich brachte, daß der Anteil nichtadliger, professionell geschulter Berufssoldaten am Offizierskorps zunahm, bestimmten die aristokratischen und geadelten Offiziere und diejenigen, denen ihr Ethos als Leitbild diente, mit ihrer Vorliebe für Hierarchie, Mannesmut und heroische Opferbereitschaft nach wie vor das Bild des europäischen Soldaten. Gewiß, der „Offizier alter Schule" kommandierte inzwischen Heeresverbände, die mit hochentwickelten technischen Waffen ausgerüstet waren und ohne die Eisenbahn kaum mehr manövrierfähig waren. Aber dies hinderte ihn nicht daran, noch immer der „Romantik" des Kampfes Mann gegen Mann mit dem Bajonett oder bei der Kavallerieattacke nachzuhängen. Vom Mythos des furchtlos angreifenden Kriegers erzählten die Degen und Säbel, die Steigbügel und Pferde, die nach wie vor Attribute des Offiziers waren, trotz oder vielleicht gerade wegen ihrer Funktionslosigkeit für militärische Zwecke. Überall in Europa blieben die Kavallerie- und Gardeoffiziere und -regimenter im militärischen Bereich die Crème de la crème. Ähnlich den herrschenden und regierenden Klassen, innerhalb derer die Aristokratie über das Bürgertum dominierte, vermochten auch in den Streitkräften die archaischen gesellschaftlichen Elemente ihre Vorherrschaft unangefochten zu behaupten. Die moderne Kriegführung war auf riesige stehende Heere ausgerichtet, deren Kavallerieregimenter auf Reiterattacken und deren Infanteriedivisionen auf die offene Feldschlacht hin gedrillt wurden – von einem aristokratischen Offizierskorps. Die Wehrpflichtigen wurden vor allem aus der Bauernschaft mit ihrem großen Reservoir an Analphabeten rekrutiert, in zweiter Linie aus den Reihen der dörflichen und provinziellen Arbeiter- und Handwerksgesellenschaft, weniger aus den Großstädten und Industrierevieren. In Deutschland stammten 1911 65 % aller Rekruten aus ländlichen Regionen, 22 % aus Klein- und Mittelstädten. In den anderen Festlandsstaaten war der Anteil der Landbevölkerung eher noch größer. Dies hatte natürlich auch damit zu tun, daß Rekruten aus bäuerlichen und dörflichen Lebensverhältnissen eher als andere daran gewöhnt und bereit waren, den Offizier als Autorität anzuerkennen und ihm selbst dann blindlings zu gehorchen, wenn er mit dem Leben seiner Soldaten nicht eben schonend umging.

Das britische Heer des frühen 20. Jahrhunderts unterschied sich zugegebenermaßen in vielfacher und bedeutsamer Hinsicht von denen auf dem Festland. Zunächst und vor allem blieb es eine relativ kleine, professionelle Freiwilligenarmee. Nicht das stehende Inlandsheer, sondern die Flotte und die militärischen oder paramilitärischen Kolonialtruppen bildeten den wichtigsten Schutzschild Großbritanniens und seines Weltreichs. Gleichwohl blieb, wie wir in einem früheren Kapitel gesehen haben, das englische Offizierskorps, namentlich was die höheren und höchsten Ränge betraf, ein ausgesprochen exklusiver Klub, dessen Mitglieder von Geburt, Erziehung und Ausbildung her Träger eines Normen- und Verhaltenskodex' waren, dessen zentrale Werte Pflichtgefühl, Askese, Patriotismus, Tapferkeit und Korpsgeist hießen. Mit der Zeit strömten dem Inlandsheer zwar immer mehr Freiwillige aus den Reihen der ungelernten Arbeiterschaft der mittelenglischen Industriereviere zu, aber die Eliteeinheiten hatten ihren stärksten Nährboden nach wie vor in den ländlichen Grafschaften des Südens und in den außerenglischen Provinzen. Es wird nicht überraschen zu erfahren, daß die nordirischen Ulster-Rebellen, von denen viele adligen Geblüts waren, dieses soldatische Ethos als ihr ureigenes Erbe reklamierten, als sie zur Verteidigung ihrer materiellen – und das hieß weitgehend: großagrarischen – Interessen eine paramilitärische Freiwilligentruppe aufstellten. Die aufständischen Aristokraten fanden übrigens bei einer großen Zahl höherer und niedrigerer britischer Offiziere, die, wenn es um die Verteidigung der alten Ordnung ging, ebenfalls royalistischer waren als der König, nicht nur Sympathie, sondern tatkräftige Unterstützung.

In Frankreich blieb das Heer trotz der durch die Dreyfus-Affäre erzwungenen Säuberung ein Bollwerk der Reaktion. Es mochte nach außen hin wie eine Bürgerarmee mit einem nicht-aristokratischen Offizierskorps erscheinen, aber das Gros der Mannschaften und Unteroffiziere rekrutierte sich nicht aus dem Proletariat, der bürgerlichen Mittelschicht oder gar dem Großbürgertum, sondern aus der Bauernschaft, der Schicht der kleinen Selbständigen und dem „Handwerksproletariat", d.h. den Lehrlingen, Gesellen und Gehilfen. Deren Heimat waren die Dörfer und Kleinstädte des ländlichen Frankreich, in denen der erklärte Vorsatz der Regierungen der Dritten Republik, ein säkulares, liberales und sozial konservatives Schul-, Wohlfahrts- und Verwaltungswesen aufzubauen, sich nur langsam und stückweise verwirklichte. Obgleich jedoch nur wenige französische Offiziere dem hohen Adel entstammten – während ein stetig wachsender Anteil aus dem mittleren Stadt- und Provinzbürgertum kam –, war das Offizierskorps insgesamt stramm konservativ und ließ in seinen Reihen kräftige rechtsgerichtete, um nicht zu sagen antirepublikanische und monarchistische Gesinnungen zu, denen die Akademie von Saint-Cyr kaum entgegenwirkte. Während die einfachen Soldaten stärker dem Einfluß ihres katholischen Priesters als dem republikanisch gesinnter Lehrer ausgesetzt waren, fühlten sich die Generale in der

Gesellschaft von Bischöfen und alteingesessenen Notabeln wohler als in der republikanischen Politiker, besonders wenn diese sich auch noch durch eine liberale oder linke Gesinnung auszeichneten. Der zunehmende Nationalismus, den die Kirchenführung guthieß, ließ die konservativen Kräfte innerhalb des Heers noch näher zusammenrücken. Es war nicht nur die Bedrohung durch den deutschen Nachbarn, die diese Kräfte zusammenhielt. Nachdem republikanische Regierungen erst einmal das Militär zur Niederschlagung von Streiks herbeigerufen hatten, entdeckten Offiziere und Soldaten ihre gemeinsame Angst vor dem Proletariat, das die Bedrohtheit ihrer vorindustriellen Welt symbolisierte, und sie handelten diesen Gefühlen entsprechend. Von einigen wenigen Ausnahmen abgesehen, förderten die französischen Generäle, Verfechter des *élan vital*, jene militanten Konservativen, die, nachdem sie die Linke ihrer patriotischen Tradition entfremdet hatten, nun eine neue *levée des masses* propagierten, weniger in der Absicht, die Mittelmächte einzuschüchtern, als um die auf Veränderung drängenden Kräfte im eigenen Land in die Schranken zu weisen. Das Gesetz über die dreijährige Wehrpflicht verfolgte das Ziel, die wichtigsten Bannerträger des industriellen und gesellschaftlichen Fortschritts, die Arbeiter, zu integrieren und zu neutralisieren, indem man sie in die Armee zwang, wo auch sie lernen würden, die roten Hosen zu tragen, Trompetensignalen zu gehorchen und ihre patriotische Pflicht zu tun: nämlich in einem Rausch von Patriotismus und Auslöschung des eigenen Ichs über den Feind herzufallen. Während manche republikanischen Politiker große Bedenken im Blick auf die immer enger werdende Bündnisgenossenschaft ihrer Republik mit der zaristischen Autokratie hegten – mochte dies auch als Gegengewicht gegen die deutsche Autokratie notwendig sein –, fiel den Offizieren des französischen Generalstabs die Verständigung mit ihren russischen Partnern leicht, denn beide hatten Befehlsgewalt über ein Heer bäuerlicher Soldaten, dessen Haupttribut an die moderne Zeit in der Fähigkeit bestand, mit der Eisenbahn, anstatt wie früher per Fußmarsch, auf die Schlachtfelder zu gelangen. Kaum nötig zu sagen, daß der Quai d'Orsay, eine aristokratische Bastion auch noch nach der Dreyfus-Affäre, die Verbindung mit Rußland ebenfalls befürwortete und förderte.

In den Kaiserreichen Mittel- und Osteuropas war das Heer mit dem Herrscher an der Spitze nicht nur das zentrale Bollwerk der alten Ordnung, sondern auch das sichtbarste und auffälligste Mittel der Selbstdarstellung, dessen sich der aristokratische Teil der herrschenden und regierenden Klasse bediente. Im Hohenzollernreich war die Spitze von Politik und Staat – alle Reichskanzler sowie die überwältigende Mehrheit der Minister, Staatssekretäre, Spitzenbeamten und Botschafter – stark vom Adel durchsetzt. Noch ausgeprägter war dieses Übergewicht der Hochgeborenen im größten und dominierenden Land des Deutschen Reiches, jedenfalls sofern man als Maßstab die Zusammensetzung des preußischen Kabinetts, des Herrenhauses und der hohen Beamtenschaft heranzieht. Vor allem war es das Offizierskorps der Armee, des respektheischenden Symbols des preußisch-deutschen Staates, wo das feudale Element in seiner konzentriertesten Form auftrat, namentlich was die höheren Offiziersränge betraf. Neben Kaiser Wilhelm II., dem die Rolle des obersten Kriegsherrn zukam – die er mit großem Gepränge spielte –, hatten Prinz Rupprecht von Bayern, der Herzog von Württemberg und der deutsche Kronprinz hohe Kommandoposten inne. Die aufeinanderfolgenden Generalstabschefs entstammten durchweg alten Dynastien des Landadels: Helmuth von Moltke, Erich von Falkenhayn und Paul von Hindenburg. Von den Generälen der drei höchsten Rangstufen konnten 77% auf einen traditionsreichen Stammbaum verweisen. 40% aller deutschen Generäle entstammten dem ostelbischen Adel. Allein die weitverzweigte Dynastie derer von Goltz stellte einen Feldmarschall und sechs Generäle. Von den anderen führenden Familien waren 1914 im Korps der aktiven Offiziere vertreten: 49 Puttkamers, 44 Kleists, 34 Litzewitz', 30 Bonins, 20 Kamekes, 16 Hertzbergs, Heydebrecks und Zastrows. Und auch solche erlesenen Namen wie Bülow, Arnim, Wedel, Oertzen, Wangenheim, Schwerin, Prittwitz und Knobelsdorff fanden sich auf der Liste der aktiven und der Reserveoffiziere. Die Nobilitierung nachrückender Offiziere, die der soldatisch fühlende Kaiser regelmäßig vornahm, bot eine zusätzliche Garantie dafür, daß der aristokratische Grundsatz der unbedingten Pflichterfüllung im Dienst des *ancien régime* für die gesamte Kommandostruktur verbindlich blieb. Gewiß, im Offizierskorps gab es tiefe Meinungsverschiedenheiten über die beständige Vergrößerung des Heers, die eine Aufblähung des Offizierskorps und damit eine zunehmende Ausdünnung des absolut kaisertreuen junkerlichen Elements mit seinem kriegerischen Ethos nach sich zog. Aber diese internen Gegensätze bedeuteten wenig im Vergleich mit der allen gemeinsamen eisernen Entschlossenheit, liberal, fortschrittlich oder gar sozialistisch orientierten Offizieren den Aufstieg in die militärische Führung zu verwehren. Als Schule der Nation war das deutsche Heer durch und durch konservativ. Seine Offiziere mühten sich, die Köpfe kritischer proletarischer Rekruten von allen Ideen zu säubern, die sie für „vaterlandslos" hielten – und wenn es sein mußte, indem sie sie weit weg von sozialistisch infizierten Industriegebieten, in der sicheren Abgeschiedenheit ländlicher Regionen, kasernierten. Mangelnde Loyalität der Wehrpflichtigen wurde freilich, nicht zuletzt dank der Volksschulen und der Kirchen, in Deutschland niemals zu einem Problem, nicht einmal in den Großstädten, wo Heereseinheiten auf Geheiß ihrer Offiziere Streiks niederschlugen oder gegen demonstrierende Menschenmassen aufmarschierten, ohne daß es zu Befehlsverweigerungen oder Desertionen kam. Kein General machte sich jemals ernsthafte Sorgen darüber, daß die Truppen vielleicht nicht mitziehen würden, wenn man sie in den Krieg führte, was auch immer der Anlaß und das Ziel eines solchen Entschlusses sein mochte.

Ein weitgehend ähnliches Bild bot sich im Habsburgerreich. In beiden Teilen der Doppelmonarchie beherrschte, wie wir an früherer Stelle sahen, der Adel die gesamte herrschende Klasse und insbesondere die Streitkräfte. Es mag sein, daß auf der Wiener Ringstraße ranghohe Uniformierte nicht ganz so aufdringlich in Erscheinung traten wie im Berliner Tiergarten. Und noch mehr hielten sich die Militärs in Budapest im Hintergrund, um nicht jene widerspenstigen ungarischen Adligen, die an den ungarisch sprechenden, aber assoziierten Honvéd-Regimentern kein Genügen fanden und lautstark nach einem eigenen ungarischen Heer riefen, über Gebühr zu reizen. Durch das Wiederaufleben des magyarischen Ultranationalismus, das diesen militärischen Forderungen Auftrieb verlieh, erstarkten die konservativen Kräfte in Österreich – eine Entwicklung, die sich nach 1907 verschärfte. Kaiser Franz Joseph I. und seine Berater waren, zumal sie von Franz Ferdinand, dem designierten Thronerben, hierin ganz entschieden bestärkt wurden, entschlossener denn je, die absolute Dominanz des österreichischen Offizierskorps aufrechtzuerhalten, das fest in der Hand alter und frischgebackener Aristokraten war. Die herrschenden Kreise Österreichs, die sich von inneren und äußeren Herausforderern ihrer Macht umringt sahen, betrachteten die Streitkräfte als die für den Zusammenhalt des Reiches und das Überleben des *ancien régime* wichtigste Klammer. Sie überschätzten die Stärke und die Radikalität nicht nur der völkischen Minderheiten und der sozialistischen Bewegungen, die Selbstbestimmung forderten, sondern vor allem des ungarischen Nationalismus, der sich im wesentlichen an finanz- und zollpolitischen Konflikten entzündete, und glaubten daher, das Dahinschwinden der Eintracht durch die Aufbietung militärischer Macht und Gewalt wettmachen zu müssen. Um einem Überhandnehmen der politischen und kulturellen Autonomiebestrebungen sowohl im österreichischen wie im ungarischen Teil der Doppelmonarchie entgegenzuwirken, hielten sie es für unabdingbar, weiterhin ein homogenes Heer zu haben, dessen Offiziere ihre Befehle in deutscher Sprache erteilten und an der Spitze ihrer multinationalen Truppen den Treueeid auf den Kaiser ablegten, das höchste Einigkeits- und Legitimationssymbol des Vielvölkerreiches. Mehr als jedes andere europäische Regime war das habsburgische auf seine Streitkräfte als eine „Schule der Einigung“ für dieses nationale Gebilde angewiesen. Gerade weil sie von der schmerzlichen Einsicht geplagt wurden, daß ihnen Zeit und Geld fehlten, um daraus einen wirklichen Nationalstaat zu machen, liebäugelten die Militärs unter General Conrad von Hötzendorff mit dem Gedanken, mittels eines Krieges die Vorherrschaft der deutsch-österreichischen herrschenden und regierenden Klasse für eine unbestimmte, aber ausreichende Zeit zu untermauern und zu stärken. Wenn die Oberbefehlshaber auf den Krieg als Teilmomemt einer aristokratischen Reaktion hindrängten, dann taten sie es hauptsächlich in der Absicht, ihr Regime innenpolitisch zu stärken, und nicht irgendwelcher außenpolitischen Ziele wegen – es sei denn, um Berlin zu beweisen, daß Wien noch immer ein zuverlässiger diplomatischer und militärischer Partner war.

Nach der Niederschlagung der Revolution von 1905/06 erlebte auch das Russische Reich eine aristokratische Reaktion. Nacheinander wurden Witte, Stolypin und selbst Kokovzev wegen zu großer Konzilianz ihres Premierministeramtes enthoben. Vom Zaren selbst angeführt oder doch ermuntert, schickten sich die Ultramonarchisten in den Reihen des Land- und Dienstadels an, durch eine fortschreitende Aushöhlung der jüngst zugestandenen Verfassungsgarantien, insbesondere der Befugnisse der Duma, das absolute autokratische Regime wiederherzustellen. Auch sie überschätzten die revolutionäre Kraft des Sozialismus und der untertanen Nationalitäten, ebenso wie sie übertriebene Befürchtungen hinsichtlich des Einflusses der gemäßigten und fortschrittlichen Liberalen innerhalb der politischen Öffentlichkeit und der Intelligenzija hegten.

In Rußland war es zugegebenermaßen so, daß viele Ultras, eingedenk der katastrophalen politischen Folgen des verlorenen Krieges gegen Japan, auf den sie im wesentlichen aus politischen Gründen hingearbeitet hatten, im Krieg kein geeignetes Mittel mehr zur Durchsetzung ihrer reaktionären Ziele sahen. Anstatt das Risiko einer erneuten Niederlage einzugehen, traten sie dafür ein, das geschmacklose Bündnis mit dem republikanischen Frankreich zu beenden und statt dessen eine Annäherung an das dem russischen artverwandte Regime in Berlin zu suchen. Sie setzten auf eine außenpolitische Entspannung und vertrauten darauf, daß die zaristische Armee im Bedarfsfall in der Lage sein würde, mit den Todfeinden der Autokratie im eigenen Land fertig zu werden.

Die Befürworter eines solchen neuen Kurses waren jedoch selbst im Lager der radikalen Konservativen in der Minderheit. Gewisse Gruppenrivalitäten bei Hofe und in der Bürokratie änderten nichts daran, daß die russischen Konservativen inner- und außerhalb der Regierung mit Rükkendeckung des Zaren eine Politik des Überreagierens betrieben, die sich finanziell und militärisch auf das Bündnis mit Frankreich stützte, ein Bündnis, das in sich die Möglichkeit eines Krieges aus politischen Motiven barg. Auch hier wieder erwies sich, daß das dem Zaren eng verbundene Militär am längeren Hebel saß. Großfürsten und blaublütige Generäle besetzten die höchsten Kommandopositionen, und auch das übrige Offizierskorps war entschieden in adliger Hand, was natürlich teilweise auch eine zwangsläufige Folge des mit automatischer Nobilitierung gekoppelten Rangstufensystems war. Selbst die dem alten Adel angehörenden

Offiziere hegten keinerlei Besorgnisse hinsichtlich der Modernisierung des Heereswesens und der Kriegstechnik: Sie kannten ihre bäuerlichen Soldaten und vertrauten auf deren fraglosen Gehorsam. Sie erhöhten intensiv die Mobilität ihrer Infanterietruppen, indem sie, der dringenden Empfehlung Frankreichs folgend, strategische Eisenbahnlinien zur Westgrenze ihres Reiches bauten. Weder die Offiziere noch die Mannschaften des russischen Heeres zeigten Anzeichen des Unwillens, wenn ihnen befohlen wurde, gegen streikende Arbeiter vorzugehen oder in den Grenzprovinzen die Einhaltung des Kriegsrechts zu erzwingen. Selbst nach den 1904/05 erlittenen Niederlagen war das Heer intakt geblieben und hatte, kaum aus Sibirien zurückgekehrt, die Aufstände im europäischen Rußland niedergeschlagen, die in einem durch den Krieg in Fernost entstandenen militärischen Vakuum aufgelodert waren. Nach Ende des russisch-japanischen Kriegs wurde das russische Heer beträchtlich vergrößert und modernisiert, nicht zuletzt weil die Duma nahezu geschlossen einer großzügigen Aufstockung des Militärhaushalts zugestimmt hatte. Angesichts der Tatsache, daß es weniger Bauern-, Arbeiter- und Studentenunruhen gab als in den Jahren vor der Revolution, erschien das Risiko, auf einen Krieg loszusteuern oder ihn sich aufdrängen zu lassen, minimal im Vergleich zu dem, was mit einem siegreich beendeten Waffengang zu gewinnen war: die Wiederaufrichtung eines vitalen *ancien régime*. Anstatt den armen Bauern die Chance zu geben, selbständige Landwirte auf eigenem Boden zu werden, zwangen die ausbeuterischen russischen Herrscher sie in Massen unter die Fahnen einer Armee, die für einen Angriffskrieg im Interesse feudaler Eliten gedrillt wurde.

Die Militarisierung Europas nahm eine jeden geschichtlichen Vergleich sprengende Dimension an. Nachdem sich das Tempo der Heeresvermehrungen nach 1905 nochmals beschleunigt hatte, waren die stehenden und Reserveheere der Festlandsmächte 1914 ins Riesenhafte gewachsen: Frankreich unterhielt, die „Kolonialtruppen" (160 000 Mann) nicht eingerechnet, ein stehendes Heer von über 800 000 Mann, Rußland eines von 1,5 Millionen, das bis 1917 auf 2 Millionen anwuchs. Deutschland und Österreich-Ungarn hatten 761 000 bzw. 500 000 Mann unter Waffen. Zählt man die Reservetruppen mit, so konnten die einander gegenüberstehenden Blöcke (ohne England) insgesamt 8 Millionen Soldaten aufbieten. Auch das italienische Heer entsprach, jedenfalls in seiner Größe, den Maßstäben der Zeit. Überdies waren in ganz Europa nicht wenige Männer und Frauen mit der Produktion jener Rüstungs- und Versorgungsgüter beschäftigt, die den Steuerzahlern so aufgeblähte Kriegsetats bescherten. Zwischen 1850 und 1913 hatten die europäischen Großmächte ihre Heeresausgaben verfünffacht. Allein in der Zeit zwischen 1908 und 1913 waren diese Ausgaben um nahezu 50% gestiegen – um rund 30% in England, 53% in Rußland, 69% in Deutschland und 86% in Frankreich. Die Steigerung der Ausgaben für den Flottenbau verlief während desselben Zeitraums noch rasanter, von knapp 45% in Deutschland über 60% in England bis zu 160% in Rußland.

Gewiß, die Kluft zwischen zwei gegensätzlichen, um nicht zu sagen feindlichen Bündnissystemen beschleunigte dieses Wettrüsten zu Lande und zu Wasser, und dieses Wettrüsten schürte wiederum das gegenseitige Mißtrauen und die Kriegsbereitschaft der Regierungen. Außerdem hatte der Rüstungswettlauf, indem er den europäischen Nationen so schwerwiegende und umstrittene finanzielle Lasten aufbürdete, zur Folge, daß die Bereitschaft der Regierenden wuchs, die Flucht nach vorne, d.h. in den Krieg, anzutreten, und zwar mit einem kühnen Offensivschlag, der zu einem schnellen Sieg führen und dem eigenen Land die selbstzerstörerischen Strapazen eines langen Auszehrungskrieges ersparen würde.

Die Disjunktion des internationalen Systems in zwei starre Blöcke, von denen jeder seine eigenen, auf einer Reihe höchst unwägbarer Voraussetzungen beruhenden strategischen Pläne hütete – so etwa Deutschland den Schlieffen-Plan oder Rußland sein durchorganisiertes Mobilmachungskonzept –, war mehr Resultat als Ursache. Das Rüstungsgeschwür, das Europa mit sich herumschleppte, war, furchterregend und grotesk zugleich, Ausdruck der allgemeinen Krise, in deren Fortgang die Ultrakonservativen allmählich die Oberhand über die weniger radikalen Nationalkonservativen gewannen. Die Ultras waren die Hauptnutznießer und Hauptfürsprecher einer Militarisierung, die mit einer Rehabilitierung des aristokratischen bzw. aristokratisch orientierten Offizierskorps einherging. Die Armeen, die dieses Offizierskorps befehligte, bestanden in ihrer Masse aus Wehrpflichtigen bäuerlicher und kleinstädtischer Herkunft, die aufgrund einer gleichsam ererbten Untertanenmentalität gewohnt und bereit waren, den Anweisungen von Offizieren Folge zu leisten, die zum Befehlen geboren, erzogen und abgerichtet waren. Und was die Partner/Konkurrenten der Ultras im herrschenden konservativen Block – das fraternisierende Bürgertum eingeschlossen – betraf, so fanden diese sich unter dem Einfluß modischer sozialdarwinistischer und Nietzscheanischer Ideen bereit, bei der Vorbereitung des Krieges mitzutun oder sich mindestens nicht dagegen zu wehren.

Die Militarisierung der Gesellschaft, zu der auch der wachsende Einfluß hoher Militärs in den höchsten politischen Gremien gehörte, war ein auffälliger und wesensmäßiger Aspekt der aristokratischen Reaktion, der an und für sich schon ankündigte, daß das, was bevorstand, nicht ein kleiner Krieg um begrenzte außenpolitische Ziele sein würde, sondern ein Umschlag der allgemeinen Krise in eine ebenso allgemeine kriegerische Entladung. Bezeichnenderweise wurde der „kommende Krieg" in den

Kreisen der informierten Öffentlichkeit stets als ein „europäischer Krieg“, als „Weltkrieg“, als ein „neuer dreißigjähriger Krieg“ oder als „Katastrophe“ bezeichnet. Darüber hinaus wurde ununterbrochen über die politischen Endziele dieses Krieges diskutiert. Keine namhafte Figur des öffentlichen Lebens äußerte Zweifel daran oder bestritt gar, daß es legitim sei, zwischen Außen- und Innenpolitik einen engen Wirkungszusammenhang zu konstatieren und im Hantieren mit Krieg und Frieden ein Mittel der Innenpolitik zu sehen. Gewiß, die herrschenden und regierenden Klassen Europas hatten keine durchdacht-realistischen Vorstellungen vom Charakter des Krieges, auf den sie hinarbeiteten – aber es gab durchaus eine ungefähre Ahnung von seinem möglichen Ausmaß, von den Verirrungen und Folgen, die er zeitigen konnte. Daß die Politiker und Militärs der Großmächte auf einen schnellen, begrenzten und entscheidenden Schlag eingestellt waren und weniger mit einem ausufernden Schlagabtausch rechneten, sei unbestritten, hofften und versprachen doch selbst die Fürsprecher eines „konfliktorientierten“ Krieges, die aufgezogene Militärmaschinerie (des eigenen Blocks) werde ihr Pensum so reibungslos abspulen, daß ein kurzer (und siegreicher) Waffengang die gewünschten Ergebnisse sowohl im Innern als auch im Äußern bringen würde. Auf einer anderen Bewußtseinsebene dämmerte ihnen jedoch sehr wohl, daß die Risiken und Kosten der Kriegführung ins Riesenhafte gewachsen waren und daß die Folgen des Zusammenpralls, auf den sie zusteuerten, nicht vorausberechnet werden konnten. Allein, man lebte in einer hektischen und krisenhaften Zeit, und dies verleitete die führenden zivilen Krisenmanager, ebenso wie die Generäle dazu, die Chancen für einen schnellen Sieg der eigenen Seite zu überschätzen, vor allem weil ihre vermeintlich rationalen Kampfkraft-Analysen unter dem verzerrenden Einfluß der „neuen Weltanschauung“ zustande gekommen waren. Dazu kam, daß die Psychologie und Politik des Überreagierens auf überschätzte innere und äußere Gefahren die Politiker und Staatsmänner dazu verleiteten, gleichsam in Notwehr den Einsatz eines möglicherweise selbstmörderischen Krieges zu wagen.

In der vordersten Reihe derjenigen, die die politischen Absichten hinter der Kriegstreiberei erkannten und enthüllten, standen die Sozialisten; in ihren Augen ging es den Ultras darum, mit Hilfe der nationalistischen und kriegerischen Propaganda den fortschrittlichen Liberalismus und die erstarkende Arbeiterbewegung zu spalten und mundtot zu machen. Indes, übereinstimmend mit Bertha von Suttner, Ivan Block, Leo Tolstoj und schließlich auch Norman Angel, die weltanschaulich einem anderen Lager angehörten, warnten die Sozialisten auch vor den fatalen Folgen, die ein Krieg für die herrschenden Klassen selbst haben würde. Wie Friedrich Nietzsche hatte auch Engels, und zwar genau um die gleiche Zeit, seinen Vorahnungen einer herannahenden Krise Worte gegeben, allerdings in der Erwartung, daß die Schrecken dieser Krise der Menschheit, insbesondere der Arbeiterklasse, letzten Endes zum Guten gereichen würden. Engels, ein außerordentlich scharfsinniger Militäranalytiker, war einer der ersten, die erkannten, daß die ungezügelte Aufrüstung den herrschenden und regierenden Klassen nicht nur äußerst wirksame Waffen gegen die Revolution an die Hand geben, sondern auch sie selbst in den Strudel einer fatalen militärischen Eskalation reißen würde. Schon 1887, noch ehe das Bündnissystem seine spätere Gestalt annahm, prophezeite Engels, jeder zukünftige Konflikt zwischen den Großmächten werde zwangsläufig zu einem „Weltkrieg von bis dahin unvorstellbarer Größenordnung und Härte" ausarten. In diesem Völkermorden würden sich „8 bis 10 Millionen Soldaten gegenseitig abschlachten; in drei oder vier Kriegsjahren würden erdteilweite Verwüstungen angerichtet; Hungersnot, Seuchen und allgemeines Elend würden Soldaten und Zivilisten in Bestien verwandeln, und Handel, Industrie und Kredit lägen vollständig darnieder und versänken in einem allgemeinen Bankrott." Eine Voraussage über den Verlauf oder Ausgang eines solchen zyklopischen Kampfes hielt Engels für ganz unmöglich. So viel aber schien ihm sicher: daß der allgemeine Zusammenbruch „*letzten Endes* den Sieg der arbeitenden Klasse" nach sich ziehen würde; zuvor würden jedoch erst einmal die „alten und traditionellen Regime stürzen, und Königskronen würden zu Dutzenden auf den Straßen kullern, ohne daß sich irgend jemand nach ihnen bücken würde" (Hervorhebung vom Autor).

Rund zwanzig Jahre später, während der Marokkokrise des Jahres 1905, erneuerte August Bebel, der Führer der deutschen Sozialdemokratie, im Reichstag die Warnung vor der Katastrophe. Er zeichnete das Bild eines europäischen Kontinents, „heimgesucht von einer ausufernden militärischen Auseinandersetzung, an der 16 bis 18 Millionen Soldaten ... ausgerüstet mit den neuesten Mordwaffen für dieses allseitige Gemetzel" beteiligt wären. Bebel erklärte aber auch, daß am Ende dieses großen allgemeinen Krieges der „große Kladderadatsch" stünde, für den die Sozialisten jede Verantwortung von sich weisen würden. Wenn Europa auf eine Katastrophe zusteuerte, dann deshalb, weil die herrschenden Klassen es so wollten; daher müßten sie, wenn die „Götterdämmerung der bürgerlichen Welt" anbreche, die Früchte ihres Extremismus selbst ernten. Sechs Jahre später beschuldigten die deutschen Sozialdemokraten in ihrem Wahlprogramm die herrschenden und regierenden Klassen der europäischen Mächte, sie rüsteten sich dafür, ihre Völker in einen „großen europäischen Krieg" zu stürzen; was sie betrieben, sei ein „Vabanquespiel, wie die Welt es noch nie gesehen hat"; der Krieg, den sie dabei riskierten, könne für Europa leicht zum „Untergangskrieg" werden. Trotz dieser und ähnlicher Ankündigungen eines drohenden Unheils gaben sich die deutschen Sozialisten weiterhin zuversichtlich, daß die sozialistische Gesellschaft der Zukunft notfalls auch im Fegefeuer der europäischen Katastrophe geschmiedet werden könne.

Auch Jean Jaurès, der große alte Mann des französischen Sozialismus, widmete seine Aufmerksamkeit von 1905 an immer intensiver der Gefahr eines allgemeinen europäischen Krieges. Gewiß, auch er hielt es für möglich oder sogar wahrscheinlich, daß ein solcher Konflikt den Weg zu einem sozialdemokratischen Europa ebnen würde. Dennoch war ihm der Gedanke zuwider, „dieses barbarische Spiel mitzumachen" und die Emanzipation der Arbeiter und Bauern auf eine so „mörderische Karte" zu setzen, zumal er fürchtete, ein allgemeiner Krieg könne ebensogut „in eine lange Periode der Krise, der Konterrevolution, der wütenden Reaktion, des erbitterten Nationalismus, der knebelnden Diktatur, des monströsen Militarismus ... der reaktionären Gewalt und der barbarischen Herrschaft von Haß, Rache und Unterdrückung münden". Als sich 1912 die Krise auf dem Balkan zuspitzte und in Frankreich die Schlacht um die dreijährige Wehrpflicht tobte, erklärte Jaurès warnend, angesichts der Tatsache, daß die Spannungen der Zeit aus europaweiten Ursachen erwüchsen, werde jeder lokale Konflikt zwangsläufig zum „schrecklichsten Völkermorden seit dem Dreißigjährigen Krieg" eskalieren.

Vorahnungen und Prophezeiungen einer herannahenden Kriegskatastrophe waren auch bei der kulturellen Avantgarde im Schwange. Die Untergangsstimmung brach sich Bahn in Bildern von Delaunay, Kandisky, Klee, Kokoschka, Marc und Seewald. Auch Schriftsteller, von Alfred Kubin und Georg Heym bis zu George Bernard Shaw und H. G. Wells, gaben dem Gefühl Ausdruck, daß Europa dem Abgrund entgegentaumelte. Hartgesottene Nietzscheaner rümpften über diese von der Sorge diktierten Unkenrufe der künstlerischen und literarischen Avantgarde sicherlich die Nase, aber einfach beiseiteschieben konnten sie sie nicht. Schließlich hatte Nietzsche selbst die Auffassung geäußert, die europäische Kultur steuere unter dem quälenden Druck zunehmender innerer Spannungen „auf eine Katastrophe zu", wenngleich er angedeutet hatte, Europa erhalte damit nur den gerechten Lohn dafür, daß es den Verlokkungen der Moderne nachgegeben hatte. In jedem Fall hatte Nietzsche damit gerechnet, daß die tiefgreifende geistige Auseinandersetzung zwischen Wahrheit und Falschheit Kriege von unvorstellbar zerstörerischer Grausamkeit heraufbeschwören würde, Kriege, die wie Erdbeben „Berge und Täler versetzen" würden. Von Nietzsche inspiriert, begrüßten die Futuristen diese in Aussicht stehende Katastrophe als „die einzig mögliche Gesundung der Welt".

Was indes besondere Hervorhebung verdient, ist die Tatsache, daß das Gefühl, die westliche Zivilistion nähere sich dem Zentrum eines epochalen Wirbelsturms, auch in den Köpfen vieler führender europäischer Politiker und Staatsmänner spukte, die gleichwohl, wenn auch gequälten

Herzens, weiter auf den Abgrund zumarschierten. Einer dieser Männer war Theobald von Bethmann Hollweg. 1856 auf dem Gut seiner Familie in Hohenfinow geboren, wurde er in den Traditionen des Junkertums erzogen und für eine Laufbahn im öffentlichen Dienst ausgebildet. Nachdem er ein Elitegymnasium absolviert, bei den Dragonern gedient und Jurisprudenz studiert hatte, trat er in die preußische Staatsverwaltung ein. Er erwarb sich bald den Ruf eines außerordentlich fähigen und loyalen Beamten; 1905 wurde er zum preußischen Innenminister, 1907 zum Vizekanzler und Reichsinnenminister und 1909 zum Reichskanzler ernannt.

Im April 1913 erklärte Bethmann Hollweg bei einer Reichstagsdebatte zum Militärhaushalt: „Kein Mensch könnte sich wohl die Ausmaße sowie das Elend und die Verheerung eines [zukünftigen] Weltbrandes vorstellen." Gegen eine solche Katastrophe würden, so meinte er, „alle vergangenen Kriege wahrscheinlich wie bloße Kinderspiele erscheinen". Da dies nun einmal so sei, werde jeder verantwortliche Staatsmann es sich zehnmal überlegen, ehe er „die Zündschnur in Brand steckt, die das Pulverfaß zur Explosion bringt". Der deutsche Kanzler schloß also die Möglichkeit, daß er den folgenschweren Schritt tun würde, nicht kategorisch aus, obwohl er im gleichen Atemzug erklärte, es sei nicht die Mehrheit der öffentlichen Meinung, die auf diesen Schritt dränge, sondern „lautstarke ... und leidenschaftlich entschlossene Minderheiten", die es verstünden, aus den neuen demokratischen Freiheiten Kapital zu schlagen. Im Juni 1914 richtete Bethmann einen Brief an den General der Kavallerie Baron Konstantin von Gebsattel, einen Ultra, dessen Auffassungen nicht für Hinz und Kunz, sondern für höchste Regierungskreise repräsentativ waren, und versuchte ihm auseinanderzusetzen, daß das Unterfangen, die im Innern des Reichs schwelenden Konflikte durch die Entfesselung eines Krieges zuzudecken, eine „Situation ähnlich der" heraufbeschwören würde, „die in Deutschland während des Dreißigjährigen Krieges und in Rußland zum Ende des russisch-japanischen Krieges bestand". Im gleichen Monat erklärte er dem bayerischen Gesandten Graf Hugo von Lerchenfeld, er wisse wohl, daß die konservativen Kreise „von einem Krieg die Wiederherstellung der inneren Gesundheit Deutschlands erwarteten"; er befürchte aber, daß „ein Weltkrieg mit ungewissem Ausgang die Sozialdemokratie ungeheuer stärken ... und so manchen Thron zu Fall bringen würde". Bethmann Hollweg verharrte in seinem Amt, obgleich er wußte, daß Wilhelm II., der höchste Entscheidungsträger, auf der Seite der Ultras stand, auch wenn er sich Anfang 1914 gegen das Ansinnen des Kronprinzen und des Barons Gebsattel verwahrt hatte, den ohnmächtigen Reichstag durch einen Staatsstreich vollends auszuschalten.

Nicht nur dem Kanzler und dem Kaiser, sondern auch der gesamten übrigen Führungsspitze des Reiches mußte mittlerweile längst klargeworden sein, was der Chef des Generalstabes, Helmuth von Moltke, am 29. Juli 1914 offen aussprach, als in Berlin unter seiner Mitwirkung die Weichen für den Krieg gestellt wurden: daß der Krieg, den man sich in den Kopf gesetzt hatte, „die Kultur des größten Teils von Europa auf Jahrzehnte hinaus zerstören würde". Trotz der Tatsache, daß die Kriegstreiber offenkundig auch in der Regierung das Übergewicht besaßen, war Jordan von Kröcher auf Vinzelberg, der Präsident des Preußischen Landtags, 1912 aus Protest gegen eine aus Gründen der politischen Vorsicht auf Ausgleich und Zeitgewinn bedachte Politik zurückgetreten; er hatte den „regierenden Kreisen" eine „unglaubliche Blindheit" bescheinigt und sie beschworen, endlich zu erkennen, daß „wir uns dem großen Kladderadatsch mit Riesenschritten nähern und keinen anderen Wunsch mehr haben können, als zu sterben wie anständige Männer".

Das gleiche allgemeine Gefühl, daß jeglicher zukünftige Krieg Europa in ein Inferno verwandeln würde, beherrschte die Atmosphäre in Wien und Budapest. Bei allen taktischen Meinungsverschiedenheiten, die zwischen den politischen Eliten Österreichs und Ungarns bestanden, waren sie sich weitgehend darin einig, daß ein Krieg sowohl die Doppelmonarchie als auch ganz Europa bis über die Grenzen der Belastbarkeit hinaus strapazieren würde. Hötzendorff, der sich hin und wieder als ausdrücklicher und entschiedener Verfechter des provozierten Krieges, sei es gegen Italien oder gegen Serbien, präsentiert hatte, traf Mitte 1914 eine Einschätzung, die wohl der Auffassung all jener entsprach, die von der Notwendigkeit einer Flucht nach vorne überzeugt waren: „Während ein Krieg 1908–09 ein Kartenspiel gewesen wäre, bei dem wir das Blatt aller Mitspieler gekannt hätten ... und 1912–13 eines, bei dem wir eine gute Gewinnchance gehabt hätten, [ist er] jetzt zu einem Vabanquespiel geworden."

Als Sergej D. Sasonov, der russische Außenminister, das erste Mal den Text des österreichischen Ultimatums an Serbien vom 23. Juli 1914 zu Gesicht bekam – eines Ultimatums, das von der deutschen Regierung zuvor geprüft und gutgeheißen worden war –, rief er sogleich aus, dies sei der Auftakt zu einem „europäischen Krieg". Er erklärte dem österreichischen Botschafter in St. Petersburg, Graf Friedrich Szápary, wenn sein Land – Österreich-Ungarn – einen Krieg gegen Serbien führe, werde es damit „Europa in Brand stecken"; er verstehe die berechtigte Trauer und Entrüstung der Habsburger über die Ermordung ihres Thronfolgers, aber deswegen einen europäischen Krieg vom Zaun zu brechen, habe „mit der monarchischen Idee nichts mehr zu tun". Szápary, für den diese Situation eine ungeheuerliche Nervenprobe war, entgegnete, er begreife sehr wohl, daß „jeder Konflikt zwischen den Großmächten ... nur die allerschlimmsten Folgen nach sich ziehen könnte, daß es nämlich hieße, die bestehende religiöse, sittliche und gesellschaftliche Ordnung aufs Spiel zu setzen". Um seiner Beurteilung besonderen Nachdruck zu verleihen, zitierte er die Warnung Sir Edward Greys vor einem europäischen Krieg und malte sie „in gespenstischen Farben, ... was Sasonovs vollkommene Zustimmung fand".

Daß der britische Außenminister vor allem die wirtschaftliche Seite des drohenden „Zusammenbruchs der Zivilisation" hervorhob, war vielleicht nur natürlich. Obgleich Sohn eines Provinzadligen und königlichen Stallmeisters, gehörte Grey zu den führenden Köpfen derjenigen unter den europäischen Regierungen, die sich mit Recht liberal nennen konnte und die ihre Zukunft mit der weiteren Gültigkeit der Grundsätze des Freihandels für das größte Kolonialimperium der Welt verband. Als Graf Albert von Mensdorff, der österreichische Botschafter in London, ihn am 23. Juli von dem Ultimatum in Kenntnis setzte, das man an Belgrad zu richten im Begriff war, gab er sofort zu bedenken, daß ein Krieg zwischen den vier Großmächten den „wirtschaftlichen Bankrott Europas" bedeuten würde und daß in den „meisten Ländern etliche Institutionen hinweggefegt würden, ohne Rücksicht auf Sieg oder Niederlage". Unmittelbar im Anschluß an diese Unterredung teilte Grey seine Besorgnisse auch dem englischen Botschafter in Wien, Sir Maurice Bunsen, mit. Ein Kontinentalkrieg würde, so telegraphierte er, so ungeheure Kosten und Störungen des Handels verursachen, daß er einen „vollständigen Zusammenbruch des europäischen Kredit- und Industriesystems mit sich bringen oder nach sich ziehen würde", was die „großen Industriestaaten in eine Situation brächte, die schlimmer wäre als die von 1848". Tags darauf erklärte Grey dem deutschen Botschafter in London, Fürst Karl Max von Linchowsky, seiner Ansicht nach seien die Folgen des Krieges „absolut unabschätzbar"; wie immer der Krieg ausgehen mochte, er werde zu einer „totalen Erschöpfung und Verarmung" führen, „Industrie und Handel wären ruiniert, die Macht des Kapitals vernichtet"; damit würden die Voraussetzungen für „revolutionäre Bewegungen wie die des Jahres 1848" gegeben sein. Grey kam auf diesen Punkt bei einer Unterredung mit Mensdorff am 29. Juli nochmals zurück, als er sagte, im Angesicht des wirtschaftlichen Zusammenbruchs und massenhafter Arbeitslosigkeit würden „die Industriearbeiter rebellieren", und es sei sehr wahrscheinlich, daß dann „das monarchische Prinzip auf der Strecke bliebe". Einmal davon abgesehen, daß seine vorrangige Sorge den wirtschaftlichen Auswirkungen des bevorstehenden Konflikts galt, die selbst in dem Fall, daß England neutral blieb, seine regierende und herrschende Klasse in Bedrängnis bringen würden, teilte Sir Edward Grey also, ebenso wie seine Kabinettskollegen, die Befürchtungen der Politiker und Staatsmänner der Festlandsmächte, daß ein Krieg für Europa eine Katastrophe bedeuten würde.

Die herrschenden Klassen Europas waren bereit, ihre Völker in ein Inferno zu führen, aus dem sie – eine überaus kühne Hoffnung! – als die relativen Sieger hervorgehen zu können glaubten. Anders gesagt: Wenn sie auch mit einer Katastrophe nie dagewesenen Ausmaßes rechneten, so doch nicht mit dem Weltuntergang – oder genauer: nicht mit dem Untergang *ihrer* Welt. Wenn es zum allgemeinen Krieg kam, dann war es gewiß denkbar, daß dieser Krieg aus allen Fugen geraten, alle Fesseln der militärischen Planung und Kontrolle sprengen, Millionen von Opfern heischen, massive Verheerungen anrichten und das gesellschaftliche Gefüge tief erschüttern würde. Gleichwohl wäre das nicht das „Ende der Geschichte".

Die Politiker und Generäle der aristokratischen Reaktion marschierten sicherlich nicht als Gegner oder Rivalen aus verschiedenen Richtungen, sondern viel eher als Komplizen Seite an Seite auf den Abgrund zu. Damit soll nicht geleugnet werden, daß es Spannungen zwischen den zivilen und militärischen Führern gab und daß die militärischen Planungen einschließlich der ihnen zugrundeliegenden operativen Vorentscheidungen den Handlungsspielraum der Politiker und Diplomaten einengten. Aber diese Gegensätze zwischen ziviler und militärischer Führung waren eingebettet in Fraktionskämpfe innerhalb des konservativen Lagers und der regierenden Klasse, die nicht den Zielen, sondern den Mitteln und Wegen zu ihrer Erreichung galten. Nachdem die aristokratische Reaktion die Repräsentanten des Militärs in höchste Regierungsämter emporgetragen hatte, konnte es gewiß nicht ausbleiben, daß die Generäle die Zivilisten „militarisierten", aber ebenso galt auch umgekehrt, daß die Zivilisten die Generäle politisierten. Die letzteren konnten der Politik nur deshalb ihren Stempel aufprägen, weil die Zivilisten selbst auf der Suche nach militärischen Lösungen für politische Probleme waren. Was beide aneinander fesselte, war, abgesehen von ihren gemeinsamen gesellschaftlichen und politischen Einstellungen, Interessen und Zielen, der Vorsatz, gegen politische Demokratisierung, soziale Nivellierung, industriellen Fortschritt und kulturellen Modernismus akzukämpfen. Diese *idées-forces* flossen, in einen militanten Patriotismus verpackt, massiv in die strategischen und taktischen Planungen ein. Daß diese Planungen auch das militärische Fachwissen der Generäle verlangten und berücksichtigten, ist klar. Doch daß die strategischen Planungen so stark auf massierte Sturmangriffe der Infanterietruppen, auf einen, mit wie großen Menschenopfern auch immer erkauften überfallartigen Sieg abhoben, war keineswegs eine alleinige oder zwingende Folge strategischer Theorien.

Im übrigen war das militärische Lehrbuchwissen ohnehin überholt. Die Generäle wollten den Blitzfeldzug von 1870 kopieren; damals hatte der erste Moltke dank einer bis dahin unbekannten Manövriergeschwindigkeit und eines konzentrierten Einsatzes von Infanteriedivisionen die

Franzosen regelrecht überrannt. Aber natürlich hatten sämtliche Generalstäbe mittlerweile ihre Lehren aus dem durchschlagenden Erfolg Moltkes gezogen. Eine weitere trügerische Hoffnung der Generäle bezog sich auf die vermeintlichen Vorteile, die sich aus einer effektiven strategischen Nutzung der Eisenbahn ziehen ließen; dabei ließen sie nicht nur außer acht, daß auch der Kriegsgegner über Eisenbahnen verfügte, sondern auch, daß die Schiene als Truppentransportmittel, unbeweglich auf eine Trasse fixiert, schon fast ebensosehr ein Denkmal der ersten industriellen Revolution war wie der Offizier ein Denkmal des Feudalismus.

Wie auch immer, die Zivilisten in den Regierungen waren nicht die Männer, die strategischen und operativen Vorgaben der Militärs einer genauen Prüfung zu unterwerfen. Nicht daß ihnen die Intelligenz und die Kenntnisse dazu gefehlt hätten. Doch die Staatsmänner waren in demselben überheblichen Wahn und in den gleichen politischen Zwängen befangen wie die Generäle. Daher blendeten sie andere Optionen aus, beispielsweise defensive Strategien, die die von Zeitplänen und gegenseitigem Mißtrauen ausgehenden Zwänge abgebaut hätten. Die Starrheit, mit der an diplomatischen und militärischen Leitkonzeptionen festgehalten wurde, wurzelte mindestens „ebensosehr in den Köpfen wie in den Eisenbahn-Einsatzplänen". Dazu kam, daß die Politiker und Staatsmänner Europas es unterließen, die Zauberformel vom raschen und massiven Durchbruch kritisch zu hinterfragen; der Grund hierfür war wohl die schmerzhafte Einsicht, daß die *anciens régimes* auf zu schwachen Füßen standen, um den Belastungen und Strapazen eines langanhaltenden Auszehrungskrieges standzuhalten. Ihre politische Situation und Haltung waren, kurz gesagt, höchst widersprüchlich, und aller Wahrscheinlichkeit nach wußten sie dies auch.

Im Juli/August 1914 marschierten die Regierenden der europäischen Großmächte, mit wenigen Ausnahmen Männer von durch und durch aristokratischem Zuschnitt, mit weit geöffneten Augen, in bewußter Kenntnis der wahrscheinlichen Folgen und ohne von der Öffentlichkeit ihrer Länder unter massiven Zugzwang gesetzt worden zu sein, über die Kante des Abgrunds. Kein einziger unter den Hauptbeteiligten geriet zu irgendeinem Zeitpunkt in Panik oder handelte aus engstirnigen persönlichen, bürokratischen oder parteipolitischen Motiven. Unter den Weichenstellern des Krieges waren keine politischen Amateure, keine romantischen Dilettanten, keine gewissenlosen Abenteurer; es waren – was immer man auch von ihren demagogischen Herolden und ihren hetzenden Hintermännern halten mag – gesellschaftlich hochstehende, gebildete und wohlhabende Männer, die entschlossen waren, die idealisierte Welt des alten Regimes zu erhalten oder wiederherzustellen. Aber diese Politiker und ihre Generäle wußten auch, daß sie, um dieses Ziel zu erreichen, Zuflucht zu den Mitteln der Gewalt nehmen mußten. Unter der Ägide des Zepters und der Mitra rüsteten sich die alten Eliten, ohne auf den Widerstand des Bürgertums zu stoßen, systematisch für das große Aufräumen, das sie mit ihren – wie sie meinten: unwiderstehlichen – Armeen zu bewerkstelligen gedachten. Sie, die Apokalyptischen Reiter, schickten sich an, in die Vergangenheit zurückzupreschen, nicht nur mit Kavallerieattacken und gezogenem Degen, sondern auch mit der Artillerie und der Eisenbahn, Geschöpfen jener modernen Welt, von der sie sich so tödlich bedroht wähnten.

Das kapitalistische Bürgertum, das in Symbiose mit den alten Eliten lebte, war aus eigenen Gründen und Interessen heraus bereit und willens, um nicht zu sagen, erpicht darauf, im Rahmen dieses mörderischen Unternehmens den Quartiermeister zu spielen. Die Herren und Hüter des mobilen Reichtums rechneten sich aus, daß die Erfordernisse der Kriegführung die Abhängigkeit des *ancien régime* von den „wirtschaftlichen Dienstleistungen des Kapitalismus" verstärken würden. Wie ihre Seniorpartner scheuten auch die Bourgeois nicht vor dem Krieg zurück, der, wie auch sie wußten, ein totaler Krieg sein würde, glaubten sie doch zuversichtlich, daß er Wasser im Überfluß auf die Mühlen von Industrie, Handel und Kredit leiten und damit Ansehen und Macht derer mehren werde, in deren Händen sich diese Generatoren des gesellschaftlichen Reichtums befanden. Was die Industriearbeiterschaft betraf, so war sie zu schwach und auch zu fest in Nation und Gesellschaft integriert, um dem Sog der Kriegsstimmung zu widerstehen, wenngleich man sagen muß, daß diese Bevölkerungsklasse die einzige war, in der eine nennenswerte Bereitschaft zum Widerstand existierte.

Nicht überall in Europa schlief die Arbeiterbewegung. In Rußland setzte 1912 eine neue Welle der Unruhe unter der Industriearbeiterschaft ein: In diesem Jahr kam es zu rund 200 Streiks, an denen insgesamt 725 000 Arbeiter beteiligt waren; 1913 waren es 2400 Streiks mit 887 000 Arbeitern und in den ersten 7 Monaten des Jahres 1914 3500 Streiks mit 1 337 000 Arbeitern. Diese Arbeitskämpfe konzentrierten sich auf Industriezentren wie St. Petersburg, Moskau und Baku. Besonders in der neuen Hauptstadt, aber auch anderswo, waren es junge ungelernte und angelernte Arbeiter, die sich als kämpferische Vorhut des Proletariats erwiesen. Viele von ihnen waren frisch vom Land zugewanderte Bauernsöhne, denen die Großstadt nicht viel mehr als schlecht bezahlte Arbeit und armselige Unterkünfte zu bieten hatte und die daher verbittert und leicht entflammbar waren. Diese Entwurzelten neigten am stärksten zu spontanen und hitzigen Aktionen. Die bolschewistischen und sozialrevolutionären Agitatoren und Organisatoren halfen diesem Aktionsbedürfnis lediglich nach und versuchten, die Streikbewegung zu politisieren.

Ihren Höhepunkt erreichten die Arbeiterunruhen mit dem großen Streik vom Juli 1914 in St. Petersburg, der jedoch kein Generalstreik war und friedlich zu Ende ging, weil es einer Reihe sozialistischer und gewerkschaftlicher Führer gelang, die jungen Militanten zum Zurückstecken zu bewegen.

Die Arbeitskämpfe der unmittelbaren Vorkriegsjahre stellten zwar alles in den Schatten, was es in Rußland in dieser Beziehung bislang gegeben hatte, aber sie waren doch noch weit davon entfernt, eine revolutionäre Situation zu schaffen. Nicht nur, daß die Streiks auf einige wenige Großstädte beschränkt blieben, sie liefen zudem völlig unkoordiniert ab. Namentlich der große Streik vom Juli 1914 blieb, von einigen unbedeutenderen Krawallen in Moskau und einer Reihe von Städten der westlichen und baltischen Provinzen abgesehen, praktisch auf die Hauptstadt beschränkt. Dazu kam, daß die streikenden Arbeiter allerorten, auch in St. Petersburg, auf sich allein gestellt waren. Weder Studenten und Intellektuelle noch die Mittelschichten und ihre politischen Vertreter machten irgendwelche Anstalten, die Sache der Arbeiter zu unterstützen. Nicht weniger nachteilig wirkte sich aus, daß es in den bäuerlichen Regionen ebensowenig zu Agitation und Unruhen kam wie bei der Bevölkerung der nichtrussischen Grenzprovinzen.

Da die Arbeitskämpfe weder gleichzeitig stattfanden noch aufeinander abgestimmt waren und da sie kein Echo und keine Unterstützung bei den nichtproletarischen Klassen fanden, war es für die Regierung verhältnismäßig leicht, sie einzudämmen. Der Staat wirkte im Vergleich zu 1905/06 gefestigter, seine Ordnungskräfte funktionierten zuverlässig und loyal. Die Behörden zögerten, als es Mitte des Jahres 1912 zu Streiks und Unruhen auf den sibirischen Goldfeldern an der Lena kam, nicht, Soldaten gegen die aufbegehrenden Zwangsarbeiter einzusetzen, mit dem Resultat, daß 170 von ihnen getötet und 372 verwundet wurden. Im Gefolge dieses Massakers, das die Arbeiterunruhen im europäischen Rußland auslöste, wurden die Industriearbeiter von Polizei, Kosaken- und Heerestruppen unter eine Art militärische Quarantäne gestellt und damit gesellschaftlich und politisch zusätzlich isoliert. Im Juli 1914, buchstäblich nur Tage und Stunden, bevor das österreichische Ultimatum an Serbien erging, gelang es den Polizeikräften, die rebellischen streikenden Arbeiter in den Industrie- und Arbeitervororten St. Petersburgs einzuschließen. Abgesehen von der Präsenz massierter Polizeitruppen, litten die Streik- und Aufstandsaktionen der Arbeiter vor allem an den eingeschleusten Polizeispitzeln und unter dem Mangel an Waffen.

Dennoch löste dieses Aufbegehren der russischen Arbeiterschaft einige Unruhe aus, insbesondere in Paris, wo man befürchtete, die zaristische Regierung werde sich in ihrer traditionellen Furcht vor Volksaufständen im entscheidenden Moment womöglich vor dem Eintritt in den Krieg drücken. Raymond Poincaré, der einzige Bürgerliche unter den Staatschefs der bedeutenderen europäischen Mächte, hatte kurz zuvor einen neuen Botschafter nach St. Petersburg entsandt. Wie Poincaré selbst, war auch Maurice Paléologue ein eingefleischter Nationalkonservativer, der der Instabilität und des halbherzigen Sozialreformismus republikanischer Regierungen überdrüssig war. Der neue französische Präsident mit seinen autokratischen Ambitionen wollte einen Mann seines Vertrauens als Botschafter in St. Petersburg wissen, der darauf sah, daß die zaristische Regierung ihre Kriegsvorbereitungen vorantrieb und keine Annäherungsversuche an Berlin machte. Außerdem erwartete Poincaré ausführliche Berichte über die innenpolitischen Verhältnisse bei Frankreichs wichtigstem Verbündeten. Und prompt brachte Paléologue am 21. Mai 1914, kurz nachdem er seinen Posten bezogen hatte, eine Depesche über die „revolutionären Kräfte in Rußland und ihr wahrscheinliches Verhalten im Falle einer allgemeinen Mobilmachung" auf den Weg.

Für Paléologue bestanden die „revolutionären Kräfte" aus den zwei Gruppen der Intellektuellen und der Arbeiter. Die Intellektuellen, zumeist Angehörige der akademischen und freien Berufe, waren, so schrieb er „Nihilisten ... ohne Disziplin oder Zusammenhalt und [mit] einem unbestimmten Programm, in dem es von mondsüchtigen Träumen, unausgegorenen Utopien und pessimistischen Spekulationen wimmelt". Mit einer personellen Stärke von 5000 bis 6000 „Führern und Soldaten" stellten diese nihilistischen Intellektuellen nach Ansicht Paléologues keinerlei Gefahr dar, vor allem weil die Ereignisse von 1905/06 sie desillusioniert und mutlos gemacht hatten. In der Studentenschaft äußere sich diese Resignation sogar im Überhandnehmen „von Selbstmorden und Neurosen". Das „intellektuelle Proletariat" sei zwar sehr wohl zu individuellem Opfer, Märtyrertum und politischem Mord fähig, aber nicht imstande, eine „große soziale Revolte" zu entfachen.

Als Folge der rasanten wirtschaftlichen Entwicklung Rußlands nahm die Zahl der Industriearbeiter rapide zu. In den industriellen Ballungszentren – St. Petersburg, Reval, Moskau, Lodz, Warschau, Odessa, Baku – stand nunmehr ein diszipliniertes Heer von 500 000 Arbeitern zur Verfügung, das auf die „vollständige Beseitigung der autokratischen Despotie" eingeschworen war. Der Generalstab dieses Heers, bei dem die Mitgliedschaft geheim blieb, arbeitete außerordentlich effektiv. Während das intellektuelle Proletariat über „keine anderen Waffen als die theoretische Propaganda und den individuellen Mordanschlag" verfügte, konnte das Fabrikproletariat die „schreckliche Waffe des Generalstreiks" einsetzen. Die „Avantgarde der proletarischen Armee" war der polnisch-jüdische „Bund" mit seinen 35 000 Mitgliedern, seiner Untergrundpresse und seiner geheimen Streikkasse. Obgleich es zwischen jüdischen Handwerkern und russischen Arbeitern nur wenig gegenseitige Sympathie, ja eher sogar ausgesprochene Aversionen gab, war der „Bund" doch „eine ernstzunehmende Kraft der Revolte und des Umsturzes".

So stark diese revolutionären Kräfte aber auch sein mochten, es standen ihnen gewichtige „Kräfte des Widerstandes und der Unterdrückung" gegenüber. Wenn Nikolaus II. auch in der gebildeten Öffentlichkeit wegen seiner einsiedlerischen Zurückgezogenheit und seiner Anfälligkeit für okkulte Einflüsse kritisiert wurde, so beeinträchtigte dies doch in keiner Weise das Ansehen, das er als Zar bei der Masse der Bevölkerung – ausgenommen bei den Juden – genoß. Keine revolutionäre Propaganda hatte es bis jetzt vermocht, den blenderischen Glanz des Kaisertums und den „autokratischen Fetischismus" zunichte zu machen, so daß die unangefochtene Autorität des Zaren dem Regime nach wie vor als höchst wirksame Überlebensgarantie diente.

Nächst der Autorität der Krone war die Polizei der große Schutzschild des Staates. „Eine riesige und wirkungsvoll zentralisierte Behörde", zählte die zaristische Polizei 38 000 Beamte, wozu sich noch eine Geheimkanzlei (die Ochrana) mit einem ausgedehnten Agentenapparat gesellte; die Behörde war mit „einem Budget von 162 Millionen *francs*" und dazu mit „einem Spezialfonds in Höhe von 25 Millionen *francs* für die Erledigung von Sonderaufträgen des Zaren" ausgestattet. In Zeiten der Unruhe pflegte die Regierung den Ausnahmezustand zu erklären, unter dessen Bedingungen die Polizei zu einer „allgewaltigen" Macht wurde, der zusätzlich noch 25 000 berittene Kosaken zur Verfügung standen. Daneben gab es aber auch noch eine Privatpolizei, und sie war die vielleicht „gefürchtetste Waffe des sozialen Konservatismus": eine mitgliederstarke „Geheimgesellschaft, die Union des Russischen Volkes, ... eine konterrevolutionäre Vereinigung, die geheime Verbindungen zur Regierung unterhält". Diese Gesellschaft hatte ihre eigene, „von der Ochrana bezuschußte und kontrollierte" Presse. Sie verbreitete ferner politische Traktate und Pamphlete, die das Volk „gegen die Feinde der Religion, des Zaren und des Staates" aufhetzten. Paléologue fügte sarkastisch hinzu: „Unser [französischer] Ausschuß für Öffentliche Sicherheit hätte mit Neid auf ein so schönes Werkzeug der Vergeltung und Herrschaftssicherung geblickt."

Und für den Fall, daß auch diese Mächte nicht ausreichten, hatte man noch ein „Heer von 1,3 Millionen Mann Friedensstärke" zur Verfügung, „darunter 30 000 Soldaten der kaiserlichen Garde". Sowohl die Informationsquellen Paléologues als auch die Berichte seiner Militärattachés bestätigten die „vollkommene Loyalität von Offizieren und Mannschaften", was bedeutete, daß „die Streitkräfte allem Anschein nach nicht von anarchistischer Propaganda verseucht sind".

Alles in allem saß also die zaristische Regierung eindeutig am längeren Hebel. Gewiß mußte man im Fall einer Generalmobilmachung damit rechnen, daß es in den bedeutenden Industriezentren zu Unruhen und Sabotageakten kommen würde. „Aber jeder ernsthafte Aufstand würde sofort im Blut ertränkt." Nach den Erfahrungen der Vergangenheit zu schließen, würden Revolutionäre „unter den Bedingungen eines nationalen Notstands sicherlich mit unnachsichtiger Härte bestraft werden". Wenn irgend etwas Richtiges an der Auffassung sei, daß Regierungen „nicht durch Revolutionen gestürzt werden, sondern weil ... [sie von sich aus] die Macht preisgeben", dann sei das russische Regime sicherlich noch längst nicht am Ende. Sollten seine Feinde losschlagen, so würde es „rücksichtslos zurückschlagen". Westeuropäer mochten „die Unterdrückung im russischen Staat als unmenschlich" empfinden, doch das spiele keine Rolle: „Das russische Volk [ist] es gewöhnt, mit enorm starken Dosen Absolutismus zu leben, und die gegenwärtige Dosis [übersteigt] die allgemeine Leidensfähigkeit nicht." Zum guten Schluß äußerte Paléologue die Vermutung, falls dem Zarenthron einmal eine wirkliche Bedrohung erwachse, so werde sie „nicht von der Revolution ausgehen, sondern von der Reaktion, und nicht als Nebenprodukt des Krieges, sondern in Friedenszeiten".

In der Folgezeit versicherte der französische Botschafter, in seiner Einstellung zu Deutschland ein Superrevanchist, General Joffre und Anderen immer wieder, trotz der neuerlichen Streikwelle würde und könnte die revolutionäre Bewegung die russische Generalmobilmachung nicht stören. Bis zum Juli 1914 blieb er kategorisch bei seiner Auffassung, daß „die Kräfte des autokratischen Zarismus den revolutionären Kräften weit überlegen" seien und daß man sich darauf verlassen könne, daß das russische Volk im Kriegsfalle kämpfen würde, und zwar sogar mit Begeisterung. Einschränkend fügte er jedoch hinzu: „Sollten die russischen Armeen nicht siegreich kämpfen oder sollte ihr Sieg sehr teuer erkämpft sein", dann würde es wiederum, „wie 1879 und 1905, zu einem Ausbruch der Volkswut kommen". Die Schlußfolgerung Paléologues lautete, der Ansicht Trotzkis nicht unähnlich: „Einzig die militärische Niederlage könnte den Sturz des Zarismus herbeiführen."

Ebenso wie die russische Arbeiterbewegung zu schwach war, um die Mobilmachung zu einem Risiko für die zaristische Regierung zu machen, waren die nationalistischen Bewegungen des östlichen Mitteleuropa zu schwach und zersplittert, um den Regierenden in Wien ernsthafte Sorgen zu bereiten. Im ersten Jahrzehnt des 20. Jahrhunderts waren die untertanen Völkerschaften, darunter auch die Serben, in ihren Autonomiebestrebungen auf der Stelle getreten. Ihre politischen Programme, Organisationen und Strategien waren ähnlich gemäßigt wie diejenigen der sozialdemokratischen Parteien Mittel- und Westeuropas. Von ganz wenigen Ausnahmen abgesehen, waren ihre Anführer überzeugte Verfechter einer Politik der kleinen Reformschritte, einerseits weil sie die Unterdrückungsmittel des Staates fürchteten und andererseits weil sie, wie die Führer der italienischen Einigungsbewegung vor ihnen, keine Neigung verspürten, die Massen, namentlich die Bauern, für ihre Ziele zu mobilisieren, etwa mit Hilfe radikaler sozialpolitischer Forderungen.

Bezeichnenderweise hatten der Geheimbund Schwarze Hand und die jugendlichen Mörder Franz Ferdinands ihren Rückhalt und ihre Basis nicht in der angeblich das habsburgische Joch verfluchenden slawischen Bevölkerung innerhalb des österreichisch-ungarischen Reichs, sondern jenseits der Grenze, in Serbien. Auch war ihre Tat kein Zeichen der Siegesgewißheit, sondern der Verzweiflung. Wie stets, so entsprach auch hier die symbolische Abschaffung eines verhaßten Regimes durch die Tötung eines Einzelnen der Strategie einer nationalistischen Bewegung, die sich festgefahren httte, die schwach und in sich zerstritten war.

Der Mordanschlag auf den Erzherzog und seine morganatische Gattin in der bosnischen Hauptstadt war gleichsam eine mikroskopische Inkarnation der allgemeinen Krise Europas. Da waren auf der einen Seite die sporadischen Gewaltaktionen militanter Gruppen, die eher den äußersten Rand als die breite Mitte ausgesprochen gemäßigter gewerkschaftlicher, sozialistischer und nationalistischer Bewegungen repräsentierten. Diese militanten Gruppen waren nicht nur zahlenmäßig schwach, ihre Aktionen wurden auch von der jeweiligen Mutterbewegung nicht gedeckt. Die von den Herrschenden verfolgte Politik der Überreaktion trieb jedoch aus diesen Bewegungen immer wieder extremistische Ableger hervor, mit der Folge, daß es um eine schrumpfende Mitte herum regelmäßig zu Abspaltungen kam.

Auf der anderen Seite waren da die andauernden Exzesse ultrakonservativer Kräfte, die sich enger und guter Verbindungen bis ins Zentrum der herrschenden und regierenden Klassen und Institutionen hinein erfreuten. Für ihre provokativen Entgleisungen wurden sie von ihren konservativen Gesinnungsvettern inner- und außerhalb der Regierung keineswegs zur Ordnung gerufen, im Gegenteil: Die Heißsporne der Reaktion gewannen im konservativen Lager mehr und mehr an Einfluß.

Franz Ferdinand war die perfekte Verkörperung jenes wiederauferstandenen Ultrakonservatismus und jener Politik der Überreaktion, in deren Bann die Nervenzentren der Macht zunehmend gerieten. Er war nicht nur ein herrischer Aristokrat, ein arroganter Absolutist, ein stolzer Deutsch-Österreicher, ein glühender Katholik und ein befehlsgewohnter Militarist; als Reaktionär reinsten Wassers war er auch ein aggressiver Antidemokrat, Antikapitalist, Antiliberalist, Antisozialist und Antimodernist; außerdem huldigte er einem selektiven Rassismus, der neben den Juden auch den Slawen und den Magyaren galt. Es ist denkbar, daß der Thronfolger zwischen einer Politik der Militärdiktatur im Innern und einer Politik des provozierten Krieges schwankte. Aber kaum jemand zweifelte daran, daß er, sobald er das Zepter in die Hand bekommen würde – Kaiser Franz Joseph I. war 1914 ein Greis von 84 Jahren –, mit Nachdruck einen rückwärtsgewendeten Kurs einschlagen würde. Vorläufig galt seine besondere Aufmerksamkeit dem Heer. Bezeichnenderweise hatte er bereits als Vierzehnjähriger einen Leutnantsrang erhalten und war danach in der militärischen Hierarchie zügig weiter nach oben gestiegen. Seit 1895 hatte er die Anwartschaft auf die Funktion des Oberbefehlshabers im Kriegsfall inne, und 1898 übernahm er den Vorsitz über ein Militärkabinett, das sich bald zu einer erzreaktionären Schattenregierung entwickelte. Der Erzherzog sah die Aufgabe des Heers darin, der Bevölkerung des ganzen Habsburgerreiches Loyalität und Disziplin beizubringen. Obgleich seine Kontrolle und Verantwortung sich auf alle Aspekte des Militärwesens erstreckten, zeigte Franz Ferdinand nicht das geringste Interesse an neuen Entwicklungen in bezug auf Bewaffnung und Taktik des Infanteriekrieges. Sein Zutrauen galt weiterhin unbeirrt der Kavallerie, was vielleicht damit zu tun hatte, daß er das Militär mindestens ebensosehr als ein Instrument der inneren Ordnungspolitik wie als eines der Kriegführung betrachtete.

Franz Ferdinand war bloß das unmittelbare Opfer jenes auf eigene Faust agierenden Terroristenkommandos, das die Todesschüsse von Sarajevo abfeuerte. Aber über diese Symbolfigur hinaus galten die Schüsse der Gesamtheit jener hochherrschaftlichen Eliten und Institutionen, die vor allem anderen ihre Vorrangstellung und ihr privilegiertes Leben weiter bewahren wollten und bereit waren, dieses Anliegen notfalls mit Hilfe von Gewalt und Krieg durchzusetzen. Aber diese Kräfte waren zu stark, zu allgegenwärtig, als daß sie unter den Schüssen einer kleinen Gruppe von Terroristen zusammengebrochen wären. Es bedurfte zweier Weltkriege und des Holocaust, oder gleichsam eines neuen Dreißigjährigen Krieges, um die europäischen Gesellschafts- und Wirtschaftssysteme endgültig vom parasitären Joch der feudalen und aristokratischen Anmaßung zu befreien.

Bibliographie

Einleitung

Anderson, Perry: Lineages of the Absolutist State, London 1974
Arendt, Hannah: Elemente und Ursprünge totaler Herrschaft, 3 Bde., Frankfurt/Berlin/Wien 1975
Aston, Trevor (Hg.): Crisis in Europe, 1560–1660, New York 1965
Barraclough, Geoffrey: Tendenzen der Geschichte im zwanzigsten Jahrhundert, übers. aus d. Engl. v. Herbert Thiele-Fredersdorf, 2. verb. Aufl. München 1971
Behrens, C. B. A.: The Ancien Régime, New York 1967
Bloch, Marc: La Société féodale, Paris 1939
Dahrendorf, Ralf: Gesellschaft und Demokratie in Deutschland, München 1967
Engels, Friedrich: Die Rolle der Gewalt in der Geschichte, Berlin-Ost 1964
Furet, François: Penser la Révolution française, Paris 1978
Goubert, Pierre: L'Ancien Régime, 2 Bde., Paris 1969–1973
Gramsci, Antonio: Selections from the Prison Notebooks, New York 1971
Halévy, Élie: The World Crisis of 1914–1918, Oxford 1930
Hayes, Carlton J. H.: A Generation of Materialism, 1871–1900, New York 1941
Hobsbawm, E. J.: Europäische Revolutionen, übers. aus d. Engl. v. Boris Goldenberg, München 1978
– Die Blütezeit des Kapitalismus: Eine Kulturgeschichte der Jahre 1848–1875. Aus d. Engl. v. Johannes George Scheffner, München 1977, Frankfurt 1980
Kehr, Eckart: Der Primat der Innenpolitik. Gesammelte Aufsätze zur preußisch-deutschen Sozialgeschichte im 19. und 20. Jahrhundert, hg. u. eingel. v. Hans-Ulrich Wehler, mit einem Vorw. v. Hans Herzfeld, Berlin 1965
Lenin, W. I.: Der Imperialismus als höchstes Stadium des Kapitalismus, Berlin-Ost 1962
Marcuse, Herbert: Negations: Essays in Critical Theory, Boston 1968
Marx, Karl: Der 18. Brumaire des Louis Bonaparte, mit e. Nachwort v. Herbert Marcuse, Frankfurt 1965
– und Engels, Friedrich: Die deutsche Ideologie. Kritik der neuesten deutschen Philosophie in ihren Repräsentanten Feuerbach, B. Bauer und Stirner und des deutschen Sozialismus in seinen verschiedenen Propheten, 4. Aufl. Berlin-Ost 1960
Moore, Barrington: Soziale Ursprünge von Diktatur und Demokratie. Die Rolle der Grundbesitzer und Bauern bei der Entstehung der modernen Welt, übers. aus d. Amerik. v. Gert H. Müller, Frankfurt 1969
Norman, E. Herbert: Japan's Emergence as a Modern State, in: John W. Dower (Hg.): Origins of the Modern Japanese State: Selected Writings of E. H. Norman, New York 1975
Ortega y Gasset, José: Der Aufstand der Massen, übers. v. Helene Weyl, 2. Aufl. Reinbek b. Hamburg 1974

Polanyi, Karl: The Great Transformation: Political and Economic Origins of Our Time, New York 1944
Schumpeter, Joseph A.: Kapitalismus, Sozialismus und Demokratie, mit e. Einl. v. E. Salin, übers. aus d. Engl. v. Susanne Preiswerk, 3. Aufl. München 1972
Steiner, George: In Blaubarts Burg: Anmerkungen zur Neudefinition der Kultur, übers. aus d. Engl. v. Friedrich Polakovićs, Frankfurt 1972
Tocqueville, Alexis de: Der alte Staat und die Revolution, hg. v. Jacob Peter, deutsch v. Theodor Oelckers, überarb. v. Rüdiger Volhard, Bremen 1959
Tuchmann, Barbara W.: Der stolze Turm. Ein Porträt der Welt vor dem Ersten Weltkrieg, 1890–1914, übers. aus d. Engl. v. Hartmut Garding, München 1969
Veblen, Thorstein: Imperial Germany and the Industrial Revolution, New York 1915
Vovelle, Michel: La Chute de la monarchie, 1787–1792, Paris 1972
Williams, Raymond: The Country and the City, New York 1973

1. Kapitel

Barral, Pierre: Les Agrariens français de Méline à Pisani, Paris 1968
–: Les Sociétés rurales du XXe siècle, Paris 1978
Bater, James H.: St. Petersburg: Industrialization and Change, Montreal 1976
Bechtel, Heinrich: Wirtschaftsgeschichte Deutschlands im 19. und 20. Jahrhundert, München 1956
Blum, Jerome: The End of the Old Order in Rural Europe, Princeton, N. J. 1978
Bouvier, Jean: Histoire économique et histoire sociale: Recherches sur le capitalisme contemporain, Genf 1968
–: Naissance d'une banque: Le Crédit Lyonnais, Paris 1968
Brodrick, George C.: English Land and English Landlords, London 1881
Cairncross, A. K.: Home and Foreign Investment, 1870–1913, Cambridge 1953
Cameron, Rondo: Banking and Economic Development, New York 1972
Castronovo, Valerio: Storia d'Italia, Bd. 4, T. 1: La storia economica, Turin 1975
Chandler, Alfred D.: The Visible Hand: The Managerial Revolution in American Business, Cambridge, Mass. 1977
Clapham, J. H.: The Economic Development of France and Germany, 1815 bis 1914, 4. Aufl. Cambridge 1945
Collinet, Michel: Essai sur la condition ouvrière, 1900–1950, Paris 1951
Courthéoux, J. P.: Les Pouvoirs économiques et sociaux dans un même secteur industriel: La Sidérurgie, in: Revue d'Histoire économique et sociale 38, 1960, 339–76
Crisp, Olga: Studies in the Russian Economy Before 1914, New York 1976
Daumard, Adeline: L'Évolution des structures sociales en France à l'époque de l'industrialisation, in: Revue Historique 502, 1972, 325–46
Deane, Phyllis und Cole, W. A.: British Economic Growth, 1688–1959: Trends and Structure, Cambridge 1962
Dobb, Maurice: Entwicklung des Kapitalismus. Vom Spätfeudalismus bis zur Gegenwart, übers. aus d. Engl. v. Franz Becker, Köln/Berlin 1970
Dovring, Folke: Land and Labor in Europe, 1900–1950, Den Haag 1956

Duby, Georges und Wallon, Armond (Hg.): Histoire de la France rurale, Bd. 3: Apogée et crise de la civilisation paysanne, 1789–1914, Paris 1976

Eddie, Scott M.: The Changing Pattern of Landownership in Hungary, 1867 bis 1914, in: Economic History Review 20, 1967, 293–310

Erickson, Charlotte: British Industrialists: Steel and Hosiery 1850–1950, Cambridge 1959

Fridenson, Patrick: Histoire des Usines Renault: Naissance de la grande entreprise, 1898–1939, Paris 1972

Gerschenkron, Alexander: Economic Backwardness in Historical Perspective, Cambridge, Mass. 1962

Giedion, Siegfried: Mechanization Takes Command, New York 1948

Gross, Nachum: Austrian Industrial Statistics 1880/85 and 1911/13, in: Zeitschrift für die gesamte Staatswissenschaft 124, 1968, 35–69

Guiral, Pierre und Thuillier, Guy: La Vie quotidienne des domestiques en France au XIXe siècle, Paris 1978

Häbich, Theodor: Deutsche Latifundien, Stuttgart 1947

Halsey, A. E. (Hg.): Trends in British Society since 1900: A Guide to the Changing Social Structure of Britain, New York 1972

Hannah, Leslie: The Rise of the Corporate Economy, Baltimore, Md. 1976

Hobsbawm, E. J.: Industrie und Empire. Britische Wirtschaftsgeschichte seit 1750, übers. aus d. Engl. v. Ursula Margetts, Frankfurt 1969

Hoffmann, Walther G.: The Growth of Industrial Economies, (eine verb. u. erw. engl. Fassung von: Stadien und Typen der Industrialisierung, Jena 1931) Manchester 1958

Jones, Gareth Stedman: Working-Class Culture and Working-Class Politics in London, 1870–1900: Notes on the Remaking of a Working Class, in: Journal of Social History 7, 1974, 460–508

Kahn, Alfred E.: Great Britain in the World Economy, New York 1946

Kemp, Tom: Industrialization in Nineteenth Century Europe, New York 1969

Kindleberger, Charles P.: Economic Growth in France and Britain, 1851–1950 , Cambridge, Mass. 1964

Landes, David S.: Der entfesselte Prometheus: Technologischer Wandel und industrielle Entwicklung in Westeuropa von 1750 bis zur Gegenwart, übers. aus d. Engl. v. Franz Becker, Köln 1973

Laux, James M.: In First Gear: The French Automobile Industry to 1914, Montreal 1976

Lebovics, Herman: ‚Agrarians' Versus ‚Industrializers', in: International Review of Social History 12, 1967, 31–65

Lévy-Leboyer, Maurice: Le Patronat français a-t-il été malthusien?, in: Le Mouvement Social 88, 1974, 3–50

Lyashchenko, Peter I.: History of the National Economy of Russia to the 1917 Revolution, New York 1970

McBride, Theresa M.: The Domestic Revolution: The Modernization of Household Service in England and France, 1820–1920, New York 1976

Matis, Herbert: Österreichs Wirtschaft, 1848–1913, Berlin 1972

Mayer, Hans (Hg.): Hundert Jahre österreichischer Wirtschaftsentwicklung, 1848–1948, Wien 1949

Mitchell, B. R.: Abstract of British Historical Statistics, Cambridge 1971
–: European Historical Statistics, 1750–1970, New York 1975
Moore, Barrington: Ungerechtigkeit: Die sozialen Ursachen von Unterordnung und Widerstand, übers. aus d. Engl. v. Detlev Puls, Frankfurt 1982
Moss, Bernard H.: The Origins of the French Labor Movement, 1830–1914: The Socialism of Skilled Workers, Berkeley, Ca. 1976
Neuburger, Hugh und Stokes, Houston H.: German Banks and German Growth, 1883–1914; An Empirical View, in: Journal of Economic History 34, 1974, 710–30
Palmade, Guy P.: Capitalisme et capitalistes français au XIXe siècle, Paris 1961
Payne, P. L.: The Emergence of the Large-Scale Company in Great Britain, 1870 bis 1940, in: Economic History Review 20, 1967, 519–41
Pohl, Manfred: Einführung in die deutsche Bankengeschichte, Frankfurt 1966
Puhle, Hans Jürgen: Politische Agrarbewegungen in kapitalistischen Industriegesellschaften, Göttingen 1975
Samuel, Raphael: The Workshop of the World: Steam Power and Hand Technology in mid-Victorian Britain, in: History Workshop 3, 1977, 6–72
Sartorius von Waltershausen, August: Deutsche Wirtschaftsgeschichte, 1815 bis 1914, 2. Aufl. Jena 1923
Saul, S. B.: The Myth of the Great Depression, 1873–1896, New York 1969
Sombart, Werner: Die Juden und das Wirtschaftsleben, München 1928
Statistisches Jahrbuch für das Deutsche Reich, 1913, Berlin 1913
Statistiques internationales rétrospectives, Bd. 1: La Population active et sa structure, Brüssel 1968
Stearns, Peter N.: Arbeiterleben. Industriearbeit und Alltag in Europa, 1890 bis 1914, übers. aus d. Engl. v. Hans Diefenbacher, Frankfurt/New York 1980
Tremel, Ferdinand: Wirtschafts- und Sozialgeschichte Österreichs, Wien 1969
Tross, Arnold: Der Aufbau der Eisen- und eisenverarbeitenden Industriekonzerne Deutschlands, Berlin 1923
Zorn, Wolfgang (Hg.): Handbuch der deutschen Wirtschafts- und Sozialgeschichte, Bd. 2: Das 19. und 20. Jahrhundert, Stuttgart 1976

2. *Kapitel*

Baldick, Robert: The Duel, New York 1966
Bergeron, Louis: Les Capitalistes en France, 1780–1914, Paris 1978
Bourdieu, Pierre und Passeron, Jean-Claude: Les Héritiers, Paris 1964
–: La Reproduction, Paris 1970
Bramsted, Ernest K.: Aristocracy and the Middle-Classes in Germany: Social Types in German Literature, 1830–1900, Chicago 1964
Bruce-Jones, Mark und Montgomery-Massingberd, Hugh: The British Aristocracy, London 1979
Cecil, Lamar: The Creation of Nobles in Prussia, 1871–1918, in: American Historical Review 75, 1970, 757–95
Chaussinand-Nogaret, Guy (Hg.): Une Histoire des élites, 1700–1848, Paris 1975
Daumard, Adeline: Les Bourgeois de Paris au XIXe siècle, Paris 1970

Demeter, Karl: Das deutsche Offizierskorps in Gesellschaft und Staat 1650–1945, 4. erw. Aufl. Frankfurt 1965
Du Pays de Clinchamps, Philippe: La Noblesse, Paris 1959
Elenco ufficiale nobiliare italiano, Bologna 1922
Elias, Norbert: Die höfische Gesellschaft: Untersuchungen zur Soziologie des Königtums und der höfischen Aristokratie, Neuwied 1969
–: Über den Prozeß der Zivilisation, 2 Bde., Frankfurt 1978
Ellul, Jacques: Métamorphose du bourgeois, Paris 1967
Emmons, Terence: The Russian Landed Gentry and Politics, in: Russian Review 33, 1974, 269–83
Engelmann, Bernt: Krupp: Die Geschichte eines Hauses, Legenden und Wirklichkeit, München 1978
Feguiz, P. L.: Il volto sconosciuto dell'Italia, 2 Bde., Milano 1966
Fontane, Theodor: Der Stechlin, Berlin 1899
–: Frau Jenny Treibel, Berlin 1893
Fugger, Nora Fürstin: Im Glanz der Kaiserzeit, Wien 1932
Giddens, Anthony: Die Klassenstruktur fortgeschrittener Gesellschaften, übers. aus d. Engl. v. Cora Stephan, Frankfurt 1979
Girouard, Mark: Life in the English Country House: A Social and Architectural History, New Haven, Conn. 1978
Goblot, Edmond: La Barrière et le niveau: Étude sociologique sur la bourgeoisie française moderne, Paris 1967
Görlitz, W.: Die Junker: Adel und Bauer im deutschen Osten, Glücksburg 1957
Graña, César: Bohemia Versus Bourgeois, New York 1964
Groethuysen, Bernhard: Die Entstehung der bürgerlichen Welt- und Lebensanschauung in Frankreich, Halle 1927
Guttsman, W. L. (Hg.): The English Ruling Class, London 1969
Hamburg, Gary Michael: Land, Economy and Society in Tsarist Russia: Interest Politics of the Landed Gentry during the Agrarian Crisis of the Late Nineteenth Century, unveröff. Diss. Stanford University 1978
Huizinga, Johan: Herbst des Mittelalters. Studien über Lebens- und Geistesformen des 14. und 15. Jahrhunderts in Frankreich und in den Niederlanden, 9. Aufl. Stuttgart 1965
Jäger-Sunstenau, Hanns: Statistik der Nobilitierungen in Österreich, 1701–1918, in: Österreichisches Familienarchiv 1, 1963, 3 ff.
Jaray, Gabriel Louis: La Question sociale et le socialisme en Hongrie, Paris 1909
Karady, Victor und Kemẽny, Istvãn: Les Juifs dans la structure des classes en Hongrie: Essai sur les antécédents historiques des crises d'antisémitisme du XXe siècle, in: Actes de la Recherche en Sciences Sociales 22, 1978, 25–59
Kruedener, Jürgen von: Die Rolle des Hofes im Absolutismus, Stuttgart 1973
Lewis, Roy und Maude, Agnes: The English Middle Classes, London 1949
Machtan, Lothar und Milles, Dietrich: Die Klassensymbiose von Junkertum und Bourgeois: Zum Verhältnis von gesellschaftlicher und politischer Herrschaft in Preußen-Deutschland 1850–1878/9, Frankfurt/Berlin/Wien 1980
Mann, Thomas: Buddenbrooks, Berlin 1901
Mayer, Arno J.: The Lower Middle Class as Historical Problem, in: Journal of Modern History 47, 1975, 409–36

McCagg, William O.: Enoblement in Dualistic Hungary, in: East European Quarterly 5, 1971, 13–26
–: Jewish Nobles and Geniuses in Modern Hungary, Boulder, Colo. 1972
McMillan, James: The Honours Game, London 1969
Manchester, William: Krupp. Zwölf Generationen, übers. aus d. Engl. v. Evelyn Linke u. a., München 1969
March, Harold: The Two Worlds of Marcel Proust, Philadelphia, Pa. 1948
Michels, Robert: Probleme der Sozialphilosophie, Leipzig/Berlin 1914
Muncy, Lysbeth Walker, The Junker in Prussian Administration under William II., 1888–1914, Providence, R. I. 1944
Musil, Robert: Der Mann ohne Eigenschaften (Hrsg. A. Frisé), Hamburg 1956
Oertzen, Friedrich Wilhelm von: Junker: Preussischer Adel im Jahrhundert des Liberalismus, Oldenburg 1939
Painter, George D.: Marcel Proust, 2 Bde., New York 1978
Perrott, Roy: The Aristocrats: A Portrait of Britain's Nobility and Their Way of Life Today, London 1968
Phillips, Gregory P.: The Diehards: Aristocratic Society and Politics in Edwardian England, Cambridge, Mass. 1979
Ponteil, Félix: Les Classes bourgeoises et l'avènement de la démocratie, 1815 bis 1914, Paris 1968
Preradovich, Nikolaus von: Die Führungsschichten in Österreich und Preußen, 1804–1918, Wiesbaden 1955
Pritzkoleit, Kurt: Wem gehört Deutschland? Wien/München/Basel 1957
Proust, Marcel: Auf der Suche nach der verlorenen Zeit, übers. aus d. Franz. v. Eva Rechel-Mertens, 7 Bde., Frankfurt 1956–60
Pumphrey, Ralph: The Creation of Peerages in England, 1837–1911, unveröff. Diss. Yale University 1934
Riehl, Wilhelm Heinrich: Die bürgerliche Gesellschaft, Frankfurt a. M. 1976
Riese, Laure: Les Salons littéraires parisiens, Toulouse 1962
Romano, Salvatore: Le classi sociali in Italia, Turin 1965
Rothenberg, Gunther E.: The Army of Francis Joseph, West Lafayette, Ind. 1976
Rubenstein, W. D.: Wealth, Elites and the Class Structure of Modern Britain, in: Past and Present 76, 1977, 101–126
Schnapper, Dominique: L'Italie rouge et noire, Paris 1971
Schwering, Axel von: The Berlin Court under William II., London 1915
Siegert, Heinz (Hg.): Adel in Österreich, Wien 1971
Sinclair, Andrew: The Last of the Best: The Aristocracy of Europe in the Twentieth Century, New York 1969
Sombart, Werner: Der Bourgeois, München/Leipzig 1913
Spring, David (Hg.): European Landed Elites in the Nineteenth Century, Baltimore, Md. 1977
Tarde, Gabriel: Les Lois de l'imitation, Paris 1895
Thompson, F. M. L.: British Landed Society in the Nineteenth Century, Toronto 1963
Veblen, Thorstein: Theorie der feinen Leute. Eine ökonomische Untersuchung der Institutionen, übers. aus d. Amerik. v. Suzanne Heinz und Peter von Haselberg, Köln/Berlin 1958

Whittam, John: The Politics of the Italian Army, 1861–1918, Hamden, Conn. 1976
Wortman, Richard: Court Ceremonial and Bureaucracy in Nineteenth Century Russia, unveröff. MS 1979
Zeldin, Theodore: France, 1848–1945, 2 Bde., New York 1973–1977
Zunkel, Friedrich: Industriebürgertum in Westdeutschland, in: Moderne deutsche Sozialgeschichte, hg. v. Hans-Ulrich Wehler, Köln/Berlin 1966

3. *Kapitel*

Anderson, R. D.: France, 1870–1914: Politics and Society, London 1977
Armstrong, John A.: The European Administrative Elite, Princeton, N. J. 1973
Beau de Loménie, E.: Les Responsabilités des dynasties bourgeoises, Bd. 2: Sous la Troisième république: De Mac-Mahon à Poincaré, Paris 1947
Beer, Samuel H.: British Politics in the Collectivist Age, New York 1965
Bernstein, Serge und Milza, Pierre: L'Italie contemporaine, Paris 1973
Bois, Paul: Paysans de l'Ouest, Paris 1971
Bolton, Glorney: Roman Century, 1870–1970, London 1970
Bromhead, P. A.: The House of Lords and Contemporary Politics, 1911–1957, New York 1958
Cannadine, Davin: The Context, Performance, and Meaning of Ritual: The British Monarchy and the Invention of Tradition, c. 1800–1977, erscheint demnächst in Past and Present
–: The Transformation of Civic Ritual in Modern Britain: The Colchester Oyster Feast, in: Past and Present 94, 1982, 107–130
Charle, Christophe: Les Hauts Fonctionnaires en France au XIXe siècle, Paris 1965
Charnay, Jean-Paul: Le Suffrage politique en France, Paris 1965
Charques, Richard: The Twilight of Imperial Russia, London 1958
Chastenet, Jacques: Histoire de la Troisième république: Triomphes et malaises, Paris 1964
Chmielewski, Edward: Stolypin's Last Crisis, in: California Slavic Studies 3, 1964, 95–126
Coppa, Frank J.: Planning, Protection and Politics in Liberal Italy, Washington, D. C. 1971
Desmarest, Jacques: L'Évolution de la France contemporaine: Des oppositions à l'unité, 1897–1914, Paris 1977
Feuchtwanger, Edgar J.: Preußen: Mythos und Realität, übers. aus d. Engl. v. Regina Pugmire, Frankfurt 1972
Florinsky, Michael T.: The End of the Russian Empire, New York 1961
Gash, Norman, Southgate, Donald, Dilks, David und Ramsden, John: The Conservatives: A History from their Origins to 1965, London 1977
Girardet, Raoul: La Société militaire dans la France contemporaine, 1815–1939, Paris 1953
Grusky, Oscar: Career Patterns and Characteristics of British Naval Officers, in: British Journal of Sociology 26, 1975, 35–51

Guttsman, W. L.: The British Political Elite, New York 1963
Hosking, Geoffrey A.: The Russian Constitutional Experiment: Government and Duma, 1907–1914, Cambridge 1973
Jászi, Oscar: The Dissolution of the Habsburg Monarchy, Chicago 1929
Katz, Robert: The Fall of the House of Savoy, New York 1971
Kelsall, R. K.: Higher Civil Servants in Britain: From 1870 to the Present, New York 1955
Kingsley, J. Donald: Representative Bureaucracy: An Interpretation of the British Civil Service, Yellow Springs, Ohio 1944
Kochan, Lionel: Russia in Revolution, 1890–1918, New York 1966
Lowell, A. Lawrence: Governments and Parties in Continental Europe, 2 Bde., Boston 1896
Lukes, Stephen: Essay in Social Theory, New York 1977
Manning, Roberta T.: The Crisis of the Old Order in Russia: Gentry and Government, 1861–1914, Princeton, N. J. 1981
–: The Zemstvo and Politics, 1864–1914, in: Terence Emmons (Hg.): The Zemstvo: An Experiment in Local Self-Government, Cambridge 1982
Massie, Robert K.: Nikolaus und Alexandra. Die letzten Romanows und das Ende des zaristischen Rußland, übers. aus d. Engl. v. Julius Herrmann, Frankfurt 1968
Michels, Robert: Zur Soziologie des Parteiwesens in der modernen Demokratie. Untersuchungen über die oligarchischen Tendenzen des Gruppenlebens, hg. u. mit e. Nachwort v. Werner Conze, Stuttgart 1957
Miliband, Ralph: Marxism and Politics, New York 1977
Neufeld, Maurice F.: Italy: School for Awakening Countries, Ithaca, N. Y. 1961
Ostrogorski, Moisei: Democracy and the Organization of Political Parties, 2 Bde., 1902, unveränd. Nachdruck New York 1970
Otley, C. B.: The Educational Background of British Army Officers, in: Sociology 7, 1973, 192–209
–: The Social Origins of British Army Officers, in: Sociological Review 18, 1970, 213–239
Pares, Bernard: The Fall of the Russian Monarchy, New York 1939
Pintner, Walter M. und Rowney, Don K. (Hg.): Russian Officialdom: The Bureaucratization of Russian Society from the Seventeenth to the Twentieth Century, Chapel Hill, N. C. 1980
Pritzkoleit, Kurt: Das kommandierte Wunder: Deutschlands Weg im zwanzigsten Jahrhundert, Wien/München/Basel 1959
Razzell, P. E.: Social Origins of Officers in the Indian and British Home Army, 1758–1962, in: British Journal of Sociology 14, 1963, 248–260
Rebérioux, Madeleine: La République radicale? 1898–1914, Paris 1975
Robinson, Geroid T.: Rural Russia Under the Old Regime, New York 1932
Seton-Watson, Hugh: Der Verfall des Zarenreiches, 1855–1914, übers. aus d. Engl. v. Josef Hahn, München 1954
Shapiro, David (Hg.): The Right in France 1890–1919, Carbondale 1962
Siegfried, André: Tableau politique de la France de l'ouest sous la IIIe république, Paris 1913
Sorlin, Pierre: La Société française, 1840–1968, Bd. 1: 1840–1914, Paris 1969

Stanworth, Philip und Giddens, Anthony (Hg.): Elites and Power in British Society, Cambridge 1974
Sternberger, Dolf und Vogel, Bernhard: Die Wahl der Parlamente und anderer Staatsorgane, Bd. 1: Europa, Berlin 1969
Tannenbaum, Edward R. und Noether, Emiliana P.: Modern Italy, New York 1974
Underwood, F. M.: United Italy, London 1912
Walsh, W. B.: Political Parties in the Russian Dumas, in: Journal of Modern History 22, 1950, 144–150
Weber, Eugen: Peasants into Frenchmen: The Modernization of Rural France, 1870–1914, Stanford, Ca. 1976
Wehler, Hans-Ulrich: Das deutsche Kaiserreich, 1871–1918, Göttingen 1973
Wildman, Allan K.: The End of the Russian Imperial Army, Princeton, N. J. 1980
Zaionchkovsky, Peter A. : The Russian Autocracy Under Alexander III., Gulf Breeze, Fla. 1976

4. Kapitel

Adorno, Theodor W.: Dissonanzen: Musik in der verwalteten Welt, Göttingen 1972
–: Einleitung in die Musiksoziologie, München 1971
–: Prismen: Kulturkritik und Gesellschaft, Frankfurt 1955
Asor Rosa, Alberto: Storia d'Italia, Bd. 4, T. 2: La cultura, Turin 1975
Auerbach, Erich: Mimesis. Dargestellte Wirklichkeit in der abendländischen Literatur, 2. verb. u. erw. Aufl. Bern 1959
Balandier, Georges: Politische Anthropologie, nach der 2. durchges. Aufl. aus dem Franz. übers. v. Friedrich Giese, München 1972
Baltzarék, Franz, Hoffmann, Alfred und Stekl, Hannes: Wirtschaft und Gesellschaft der Wiener Stadterweiterung, Wiesbaden 1975
Barea, Ilsa, Vienna, New York 1966
Barzini, Luigi: Die Italiener, aus dem Amerik. übers. v. Margrit Bode, Frankfurt 1967
Bastide, Roger: Art et société, Paris 1977
Baumgarth, Christa: Geschichte des Futurismus, München 1966
Bazin, Germain: The Museum Age, New York 1967
Behrman, Samuel Nathaniel: Duveen und die Millionäre. Zur Soziologie des Kunsthandels in Amerika, aus dem Engl. übers. v. Stefanie Neumann, Reinbek b. Hamburg 1960
Bence-Jones, Mark: Palaces of the Raj, London 1973
Benjamin, Walter: Illuminationen. Ausgewählte Schriften, Frankfurt 1977
Bentmann, Reinhard und Müller, Michael: Die Villa als Herrschaftsarchitektur: Versuch einer kunst- und sozialgeschichtlichen Analyse, Frankfurt 1979
Berger, John: Glanz und Elend des Malers Pablo Picasso, aus dem Engl. übers. v. Anna Stolz, Reinbek b. Hamburg 1981
–: Sehen: Das Bild der Welt in der Bilderwelt, aus dem Engl. übers. v. Axel Schenk, Reinbek b. Hamburg 2. Aufl. 1979

Billy, André: L'Époque contemporaine, 1905–1930, Paris 1956
–: L'Époque 1900, Paris 1951
Bobek, Hans und Lichtenberger, Elisabeth: Wien, Graz/Köln 1966
Broch, Hermann: Hofmannsthal und seine Zeit, Frankfurt 1974
Buckle, Richard: Diaghilev, New York 1979
Bürger, Peter: Theorie der Avantgarde, Frankfurt 1974
Carassus, Emilien: Le Snobisme et les lettres françaises de Paul Bourget à Marcel Proust, 1884–1914, Paris 1966
Charle, Christophe: Champ littéraire et champ du pouvoir: Les Écrivains et l'Affaire Dreyfus, in: Annales 32, 1977, 240–264
Crubellier, Maurice: Histoire culturelle de la France: XIXe-XXe siècle, Paris 1974
Decker, Hannah S.: Freud in Germany: Revolution and Reaction in Science, 1893–1907, New York 1977
Dellheim, Charles J.: Medievalism in Modernity: Studies in the Victorians' Encounter with Their Historic Inheritance, unveröff. Diss. Yale University 1980
Dufrenne, Mikel: Art et Politique, Paris 1974
Egbert, Donald Drew: Social Radicalism and the Arts, New York 1970
Eisler, Hanns: Materialien zu einer Dialektik der Musik, Leipzig 1973
Elgar, F.: L'Académisme de l'art officiel sous la IIIe république, in: Carrefour v. 8. Feb. 1956
Engelmann, Bernt: Trotz alledem: Deutsche Radikale, 1777–1977, München 1979
Fremantle, Anne: The Papal Encyclicals in Their Historical Context, New York 1972
Friedell, Egon: Kulturgeschichte der Neuzeit: Die Krisis der europäischen Seele von der schwarzen Pest bis zum Ersten Weltkrieg, München 1974
Gathorne-Hardy, Jonathan: The Old School Tie, New York 1977
Gaudibert, Pierre: Action culturelle: Intégration et/ou subversion, Paris 1972
Gay, Peter: Freud, Jews and Other Germans, New York 1978
Gilbert, Alan D.: Religion and Society in Industrial England, 1740–1914, New York 1976
Gilman, Richard: Decadence: The Strange Life of an Epithet, New York 1975
Giraudoux, Jean: Pleins Pouvoirs? Frankreichs Furcht vor der Zweitrangigkeit. Auszüge aus Dichtungen, Schriften und Reden, hg. v. Roland Krug, Berlin 1941
Golding, John: Cubism, 2. Aufl., New York 1968
Graña, Cesar: Fact and Symbol: Essays in the Sociology of Art and Literature, New York 1971
Gray, Camilla: Das große Experiment: Die russische Kunst 1863–1922, aus dem Engl. übers. v. Eva Rapsilber, Köln 1974
Gregor, Joseph: Kulturgeschichte des Balletts, Wien 1944
Griffiths, Richard: The Reactionary Revolution: The Catholic Revival in French Literature, 1870–1914, New York 1965
Grigoriev, S. L.: The Diaghilev Ballet, 1909–1929, London 1953
Grover, Stuart R.: The World of Art Movement in Russia, in: Russian Review 32, 1973, 28–42
Hall, Ron: Family Backgrounds of Etonians, in: Richard Rose (Hg.): Studies in British Politics, New York 1966

Hauser, Arnold: Sozialgeschichte der Kunst und Literatur, München 1978
Hess, Thomas B. und Ashbery, John (Hg.): Art of the Academy, New York 1971
Hinz, Berthold: Die Malerei im deutschen Faschismus: Kunst und Konterrevolution, Frankfurt 1977
Hynes, Samuel: The Edwardian Turn of Mind, Princeton, N. J. 1968
Janz, Rolf-Peter und Laerman, Klaus: Arthur Schnitzler: Zur Diagnose des Wiener Bürgertums im Fin de Siècle, Stuttgart 1977
Johnston, William M.: Österreichische Kultur- und Geistesgeschichte: Gesellschaft und Ideen im Donauraum 1848–1938, aus d. Engl. übers. v. Otto Grohma, Wien/Köln/Graz 1974
Kandinsky, Wassily und Marc, Franz (Hg.): Der Blaue Reiter, Dokumentarische Neuausgabe v. Klaus Lankheit, München 1965
Kassow, Samuel D.: The Russian University in Crisis, 1899–1911, unveröff. Diss. Princeton University 1976
Kohn, Caroline: Karl Kraus, Stuttgart 1966
König, René: Macht und Reiz der Mode, Düsseldorf/Wien 1971
–: The Restless Image: A Sociology of Fashion, London 1973
Lalo, Charles: L'Art et la vie sociale, Paris 1921
Laurent, Jeanne: La République et les beaux-arts, Paris 1955
Laver, James: Taste and Fashion from the French Revolution Until Today, New York 1938
Le Bot, Marc: Peinture et machinisme, Paris 1973
Lecanouet, Édouard: L'Église française sous la IIIe république, Paris 1930
Lenman, Robin: Politics and Culture: The State and Avant-Garde in Munich, 1886–1914, in: Richard J. Evans (Hg.): Society and Politics in Wilhelmine Germany, New York 1978
Lichtenberger, Elisabeth: Wirtschaftsfunktion und Sozialstruktur, Wien 1970
Lilge, Frederic: The Abuse of Learning: The Failure of the German University, New York 1948
McClelland, James C.: Autocrats and Academics: Education, Culture, and Society in Tsarist Russia, Chicago 1979
McManners, John: Church and State in France, 1870–1914, New York 1972
Marraro, Howard R.: The New Education in Italy, New York 1936
Marx, Roland: Réligion et société en Angleterre, Paris 1978
Masur, Gerhard: Das kaiserliche Berlin, aus dem Engl. übers. v. Charlotte Roland und Hans Maeter, München/Wien/Zürich 1971
Meeks, Carroll L. V.: The Railroad Station, New Haven 1956
Minihan, Janet: The Nationalization of Culture: The Development of State Subsidies to the Arts in Great Britain, New York 1977
Minio-Paluello, Lorenzo: Education in Fascist Italy, 1946, unveränd. Nachdruck New York 1979
Moers, Ellen: The Dandy: Brummel to Beerbohm, New York 1960
Morgan, D. H. J.: The Social and Educational Background of Anglican Bishops, in: British Journal of Sociology 20, 1969, 295–310
Moulin, Raymonde: Le Marché de la peinture en France, Paris 1967
Naumann, Michael: Der Abbau einer verkehrten Welt: Satire und politische Wirklichkeit im Werk von Karl Kraus, München 1969

Nordau, Max: Entartung, 2 Bde., Berlin 1895
Ogilvie, R. M.: Latin and Greek: A History of the Influence of the Classics on English Life from 1600 to 1918, Hamden, Conn. 1964
Paret, Peter: Art and the National Image: The Conflict over Germany's Participation in the St. Louis Exposition, in: Central European History 11, 1978, 173 bis 183
Pevsner, Nikolaus: A History of Building Types, Princeton, N. J. 1976
Pierrard, Pierre: Le Prêtre français, Paris 1969
Poggioli, Renato: The Theory of the Avant-Garde, New York 1971
Poulat, Émile: Église contre bourgeoisie, Paris 1977
Proffer, Carl und Ellendea (Hg.): The Silver Age of Russian Culture, Ann Arbor, Mich. 1975
Prost, Antoine: L'Enseignement en France, 1800–1967, Paris 1968
Richard, Lionel: D'une Apocalypse à l'autre, Paris 1976
–: Le Nazisme et la culture, Paris 1978
Ringer, Fritz: The Decline of the German Mandarins: The German Academic Community, 1890–1933, Cambridge, Mass. 1969
–: Education and Society in Modern Europe, Bloomington, Ind. 1979
Roazen, Paul: Sigmund Freud und sein Kreis. Eine biographische Geschichte der Psychoanalyse, aus d. Engl. übers. v. G. H. Müller, Bergisch Gladbach 1976
Samuel, R. H. und Thomas, R. Hinton: Education and Society in Modern Germany, New York 1949
Sanderson, Michael: The Universities and British Industry, 1850–1970, London 1972
Schoch, Rainer: Das Herrschaftsbild in der Malerei, München 1975
Schorske, Carl E.: Fin-de-Siècle Vienna: Politics and Culture, New York 1980
Schüler, Winfried: Der Bayreuther Kreis von seiner Entstehung bis zum Ausgang der Wilhelminischen Ära, Münster 1971
Sedlmayr, Hans: Verlust der Mitte. Die bildende Kunst des 19. und 20. Jahrhunderts als Symptom und Symbol der Zeit, 8. Aufl. Salzburg 1965
Service, Alastair: Edwardian Architecture, New York 1978
Shapiro, Theda: Painters and Politics: The European Avant-Garde and Society, 1900–1925, New York 1976
Starr, Frederick: Melnikov, Princeton, N. J. 1978
–: The Revival and Schism of Urban Planning in Twentieth-Century Russia, in: Michael F. Hamm (Hg.): The City in Russian History, Lexington 1976
Strobl, Alice: Zu den Fakultätsbildern von Gustav Klimt, in: Albertina Studien 2, 1964, 138–169
Stuckenschmidt, H. H.: Neue Musik, Frankfurt 1951
Swart, Koenraad W.: The Sense of Decadence in Nineteenth-Century France, Den Haag 1964
Tisdall, Caroline und Bozzolla, Angelo: Futurism, New York 1978
Vaisse, Pierre: La Troisième République et les peintres: Recherches sur les rapports des pouvoirs publics et de la peinture en France de 1870 à 1914, Thèse d'État, Université de Paris IV 1980
Williams, Raymond: Marxism and Literature, New York 1977

Wittlin, Alma S.: The Museum: Its History and its Tasks in Education, London 1949
Wolff, Pierre: La Musique contemporaine, Paris 1954
Yarwood, Doreen: The Architecture of Italy, New York 1971

5. Kapitel

Althusser, Louis: Idéologie et appareils idéologiques de l'état, in: Pensée 151, 1970, 9–21
Ansart, Pierre: Idéologies: Conflits et pouvoir, Paris 1977
Assoun, Paul-Laurent: Freud et Nietzsche, Paris 1980
Bachrach, Peter: Die Theorie demokratischer Elitenherrschaft. Eine kritische Analyse, aus d. Engl. übers. v. Hanne Irle und Gert Schäfer, Frankfurt 1970
Bannister, James Mark: The Survival of the Fittest Is Our Doctrine, in: Journal of the History of Ideas 31, 1970, 377–398
Barzun, Jacques: Darwin, Marx, Wagner, Garden City, N. Y. 1958
Beetham, David: Max Weber and the Theory of Modern Politics, London 1974
Bendix, Reinhard: Max Weber – das Werk. Darstellung, Analyse, Ergebnisse, aus d. Engl. übers. v. Renate Rausch, München 1974
Bergmann, Klaus: Agrarromantik und Großstadtfeindschaft, Meisenheim a. Glan 1970
Bestuzhev, I. V.: Russian Foreign Policy, February-June 1914, in: Journal of Contemporary History 1, 1966, 93–111
Bottomore, Thomas Burton: Elite und Gesellschaft: Eine Übersicht über die Entwicklung des Eliteproblems, aus d. Engl. übers. v. Gerda Kurz und Siglinde Summerer, München 1974
Boudot, Pierre: Nietzsche et les écrivains français, 1930–1960, Paris 1970
Brandes, George: Menschen und Werke, Frankfurt 1970
Buci-Glucksmann, Christine: Gramsci et l'état, Paris 1975
Burnham, James: The Machiavellians, London 1943
Clark, Linda Loeb: Social Darwinism and French Intellectuals, 1860–1915, unveröff. Diss. University of North Carolina, Chapel Hill 1968
Conrad-Martius, Hedwig: Utopien der Menschenzüchtung: Der Sozialdarwinismus und seine Folgen, München 1955
Conry, Yvette: L'Introduction du darwinisme en France au XIXe siècle, Paris 1974
Danto, Arthur C.: Nietzsche as Philosopher, New York 1965
Drake, Richard: Byzantium for Rome: The Politics of Nostalgia in Umbertian Italy, 1878–1900, Chapel Hill, N. C. 1980
Edelman, Robert: Gentry Politics on the Eve of the Russian Revolution: The Nationalist Party, 1907–1917, New Brunswick, N. J. 1980
Fouillée, Alfred: L'Evolutionisme des idées-forces, Paris 1890
–: Nietzsche et l'immoralisme, Paris 1920
–: La Psychologie des idées-forces, Paris 1893
Gasman, Daniel: The Scientific Origins of National Socialism: Social Darwinism in Ernst Haeckel and the German Monist League, New York 1971

Geyer, Dietrich: Der russische Imperialismus, Göttingen 1977
Glick, Thomas F. (Hg.): The Comparative Reception of Darwinism, Austin, Tex. 1974
Goodheart, Eugene: The Failure of Criticism, Cambridge, Mass. 1978
Greiffenhagen, Martin: Das Dilemma des Konservatismus in Deutschland, München 1977
Guillaumin, Colette: L'Idéologie raciste: Genèse et langage actuel, Paris 1972
Himmelfarb, Gertrude: Darwin and the Darwinian Revolution, Gloucester, Mass. 1967
Hofstadter, Richard: Social Darwinism in American Thought, New York 1959
Hughes, H. Stuart: Consciousness and Society: The Reorientation of European Social Thought, 1890–1930, New York 1958
Jackson, Holbrook: The Eighteen-Nineties, 1913, unveränd. Nachdruck New York 1976
Janowitz, Morris: The Professional Soldier: A Social and Political Portrait, Chicago 1960
Joll, James: 1914: The Unspoken Assumptions, London 1968
Kaufmann, Walter: Nietzsche, New York 1956
Kennedy, Paul M. (Hg.): The War Plans of the Great Powers, 1880–1914, London 1979
Koch, H. W.: Social Darwinism as a Factor in the ‚New Imperialism', in: H. W. Koch (Hg.): The Origins of the First World War, New York 1972
–: Der Sozialdarwinismus: Seine Genese und sein Einfluß auf das imperialistische Denken, München 1973
Lammers, Donald: Arno Mayer and the British Decision for War: 1914, in: Journal of British Studies 12, 1973, 137–165
Langbehn, Julius: Rembrandt als Erzieher, Leipzig 1903
Lichtheim, George: Marxism, New York 1961
Lowi, Theodore J.: The End of Liberalism, New York 1969
Lukács, Georg: Die Zerstörung der Vernunft, Bd. 2: Irrationalismus und Imperialismus, Bd. 3: Irrationalismus und Soziologie, Neuwied 1974
Mann, Thomas: Nietzsches Philosophie im Lichte unserer Erfahrung, Berlin 1948
Mannheim, Karl: Essays on the Sociology of Knowledge, New York 1952
Masur, Gerhard: Propheten von gestern. Zur europäischen Kultur 1890–1914, aus dem Engl. übersetzt v. Alfred Dunkel, Frankfurt 1965
Mayer, Arno J.: Internal Crisis and War Since 1870, in: Charles L. Bertrand (Hg.): Revolutionary Situations in Europe, 1917–1922: Germany, Italy, Austria-Hungary, Montreal 1977
Mitzman, Arthur: The Iron Cage: A Historical Interpretation of Max Weber, New York 1969
–: Sociology and Estrangement: Three Sociologists of Imperial Germany, New York 1973
Mommsen, Wolfgang J.: Domestic Factors in German Foreign Policy Before 1914, in: Central European History 4, 1973, 3–43
Moore, James R.: The Post-Darwinian Controversies: A Study of the Protestant Struggle to Come to Terms with Darwin in Great Britain and America, 1870 bis 1900, Cambridge, Mass. 1979

Mosca, Gaetano: Die herrschende Klasse. Grundlagen der politischen Wissenschaft, aus dem Ital. übers. v. Franz Borkenau, Bern 1950

Nasmyth, George: Social Progress and Darwinian Theory, New York 1916

Nietzsche, Friedrich: Gesammelte Werke, hg. v. Richard Oehler, Max Oehler und Friedrich Christian Würzbach, 23 Bde., München 1920–1929

–: Werke, hg. v. Karl Schlechta, 3 Bde., München 1960–1962

Pareto, Vilfredo: The Mind and Society, 4 Bde, New York 1935

Plamenatz, John: Ideologie, aus d. Engl. übers. v. Wilhelm Höck, München 1972

Podach, Erich: Nietzsches Zusammenbruch, Heidelberg 1930

Poulantzas, Nicos: Politische Macht und gesellschaftliche Klassen, aus d. Franz. v. Günter Seib und Erika Hültenschmidt, 2. überarb. Aufl. Frankfurt 1975

Robinson, Ronald und Gallagher, John: Africa and the Victorians: The Official Mind of Imperialism, New York 1961

Rogers, James A.: Marxist and Russian Darwinism, in: Jahrbücher für Geschichte Osteuropas 13, 1965, 199–211

Rogger, Hans: Russia in 1914, in: Journal of Contemporary History 1, 1966, 95 bis 120

Russell, Bertrand: Philosophie des Abendlandes. Ihr Zusammenhang mit der politischen und sozialen Entwicklung, aus d. Engl. übers. v. Elisabeth Fischer-Wernecke und Ruth Gillischewski, 3. Aufl. Darmstadt 1954

Scally, Robert J.: The Origins of the Lloyd George Coalition: The Politics of Social Imperialism, 1900–1918, Princeton, N. J. 1975

Schroeder, Paul W.: World War I as Galloping Gertie, in: Journal of Modern History 44, 1972, 320–345

Schumpeter, Joseph A.: Zur Soziologie der Imperialismen, Tübingen 1919

Semmel, Bernard: Imperialism and Social Reform: English Social-Imperial Thought, 1895–1914, Cambridge, Mass. 1960

Sheehan, James J.: Der deutsche Liberalismus. A. d. Engl. v. K. H. Siber, München 1983

Steiner, Zara S.: Britain and the Origins of the First World War, New York 1977

Stern, Fritz: Kulturpessimismus als politische Gefahr. Eine Analyse nationaler Ideologie in Deutschland, aus d. Engl. übers. v. Alfred P. Zeller, Bern/Stuttgart/Wien 1963

Sternhell, Zeev: La Droite révolutionnaire, 1885–1914: Les Origines français du fascisme, Paris 1978

Struve, Walter: Elites Against Democracy: Leadership Ideals in Bourgeois Political Thought in Germany, 1890–1933, Princeton, N. J. 1973

Sykes, Alan: Tariff Reform in British Politics, 1903–1913, Oxford 1979

Thatcher, David S.: Nietzsche in England, 1890–1914, Toronto 1954

Thayer, John A.: Italy and the Great War: Politics and Culture, 1870–1915, Madison, Wisc. 1964

Therborn, Göran: Science, Class, and Society: On the Formation of Sociology and Historical Materialism, London 1976

Vagts, Alfred: A History of Militarism, New York 1937

Vucinich, Alexander: Social Thought in Tsarist Russia: The Quest for a General Science of Society, 1861–1914, Chicago 1976

Weber, Max: Gesammelte politische Schriften, München 1921

Weiss, John: Conservatism in Europe, 1770–1945: Traditionalism Reaction and Counter-Revolution, New York 1977
Wilkinson, Rupert: Gentlemanly Power: British Leadership and the Public School Tradition, New York 1964
Wolfe, Alan: The Limits of Legitimacy: Political Contradictions of Contemporary Capitalism, New York 1977
Zmarzlik, Hans-Günter: Der Sozialdarwinismus in Deutschland als geschichtliches Problem, in: Vierteljahrshefte für Zeitgeschichte 11, 1963, 246–273
Zweig, Stefan: Der Kampf mit dem Dämon. Hölderlin, Kleist, Nietzsche, Leipzig 1925

Deutsche Gesellschaftsgeschichte

Von Hans Ulrich Wehler

Erster Band: 1700–1815

Vom Feudalismus des Alten Reiches bis zur Defensiven Modernisierung der Reformära

1987. XII, 676 Seiten. Leinen.

Zweiter Band: 1815–1848/49

Von der Reformära bis zur industriellen und Politischen »Deutschen Doppelrevolution«

1987. XII, 914 Seiten. Leinen

Dritter Band: 1849–1918

Von der »Deutschen Doppelrevolution« bis zum Ende des Ersten Weltkrieges

In Vorbereitung

Vierter Band: 1918–1949

Vom Ende des Ersten Weltkrieges bis zur zweiten deutschen Republik

In Vorbereitung

Zum ersten Mal legt ein Historiker eine Gesamtdarstellung der deutschen Geschichte vor, die nicht vorwiegend politikgeschichtlich interessiert ist, die vielmehr die Entwicklung der Gesellschaft in Deutschland zum Gegenstand hat. In vier Epochenabschnitten wird jeweils die Wechselwirkung von Wirtschaft, sozialer Ungleichheit, politischer Herrschaft und Kultur behandelt.

Verlag C. H. Beck